Allgemeines
Reisepraktisches

Kairo

Mittelägypten

Luxor

Assuan

Unternubien und
Nasser-Stausee

Text und Recherche: Ralph-Raymond Braun
Lektorat: Horst Christoph
Redaktion und Layout: Claudia Hutter
Fotos: Ralph-Raymond Braun
Covergestaltung: Karl Serwotka
Covermotive: Bild oben: Astronomischer Himmel in der Vorhalle des Tempels von Dendera
Bild unten: Der Nil bei Assuan
Karten: Judit Ladik, Gábor Sztrecska, Michaela Nitzsche

Die in diesem Reisebuch enthaltenen Informationen wurden vom Autor nach bestem Wissen erstellt und von ihm und dem Verlag mit größtmöglicher Sorgfalt überprüft. Dennoch sind, wie wir im Sinne des Produkthaftungsrechts betonen müssen, inhaltliche Fehler nicht mit letzter Gewissheit auszuschließen. Daher erfolgen die Angaben ohne jegliche Verpflichtung oder Garantie des Autors bzw. des Verlags. Beide übernehmen keinerlei Verantwortung bzw. Haftung für mögliche Unstimmigkeiten. Wir bitten um Verständnis und sind jederzeit für Anregungen und Verbesserungsvorschläge dankbar.

ISBN 978-3-89953-596-9

© Copyright Michael Müller Verlag GmbH, Erlangen, 2011. Alle Rechte vorbehalten. Alle Angaben ohne Gewähr. Druck: Stürtz GmbH, Würzburg.

Aktuelle Infos zu unseren Titeln, Hintergrundgeschichten zu unseren Reisezielen sowie brandneue Tipps erhalten Sie in unserem regelmäßig erscheinenden Newsletter, den Sie im Internet unter **www.michael-mueller-verlag.de** kostenlos abonnieren können.

1. Auflage 2011

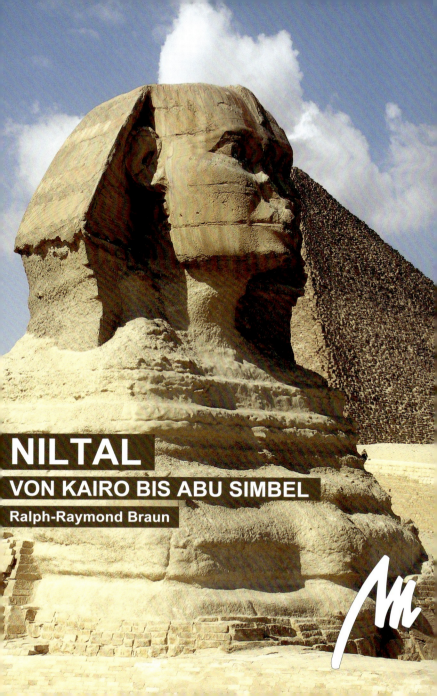

NILTAL
VON KAIRO BIS ABU SIMBEL
Ralph-Raymond Braun

INHALT

Willkommen am Nil! 9

Geschichte(n) und Hintergründe	11	10.000 Jahre auf einen Blick	20
Der Nil als Lebensader	11	Geschichte Ägyptens	21
Das Klima	15	Politik und Präsidenten	42
Pflanzen und Tiere	16	Die Welt der Pharaonen	43

Reisepraktisches 51

Einreisebestimmungen	51	Nilkreuzfahrt	58
Anreise	52	Übernachten – von fürstlich bis einfach	60
Bewegungsfreiheit im Land	53		
Unterwegs mit Mietwagen, Bus, Sammeltaxi, Taxi, Bahn	53	Essen und Trinken – zwischen Garküche und Luxusrestaurant	61
Inlandsflüge	57		

Wissenswertes von A bis Z 66

Von Kairo bis Abu Simbel 75

Kairo 76

Geschichte der Stadt	77	Kairos wichtigste Sehenswürdigkeiten	88
Orientierung	78		
Information	79	Stadtzentrum	95
Flughafen	79	Gezira/Zamalek	99
Fernbusse und Züge	80	Khan el-Khalili	104
U-Bahn	80	Nördliche Altstadt	107
Stadtbus, Minibus, Taxi und Schiff	81	Südliche Altstadt	113
Verschiedenes	82	Zitadelle	118
Übernachten	83	Saiyida Zeinab & Ibn Tulun	122
Nachtleben	86	Koptisches Viertel	126

Pyramiden von Giza 133

Cheops-Pyramide	135	Sphinx	138
Chephren- und Mykerinos-Pyramide	138		

Umgebung von Kairo 140

Saqqara	140	Memphis	146
Memphis und Dahschur	146	Pyramiden von Dahschur	147

Mittelägypten 148

El-Minya	149	Tell el-Amarna	156
Sehenswertes um El-Minya	152	Sohag	160
Beni Hassan	152	Umgebung von Sohag	160
Hermopolis	153	Abydos	162
Tuna el-Gebel	153	Osireion	166
Mellaui	155	Dendera	166

Luxor ... 170

Verbindungen	172	Weitere Gräber in Scheich Abd el-Qurna	201
Verschiedenes	172	Stadt der Grabarbeiter (Deir el-Medina)	202
Übernachten	174	Tal der Königinnen	202
Essen & Trinken	176	Die Tempel	203
Karnak	178	Tempel der Hatschepsut (Deir el-Bahri)	203
Luxor-Tempel	181	Ramesseum	206
Museen	183	Memnonkolosse / Tempel Amenophis' III.	208
Westufer von Luxor (Theben West)	186	Medinet Habu	209
Über den Nil	186		
Die Gräber	192		
Tal der Könige (Biban el-Moluk)	192		
Gräber der Noblen	199		

Zwischen Luxor und Assuan ... 212

Esna	212	Gebel es-Silsila	218
El-Kab	212	Kom Ombo	219
Edfu	215	Der Tempel von Kom Ombo	220

Assuan ... 222

Sehenswertes in der Stadt	229	Philae	238
Insel Elephantine	231	Alter Staudamm	241
Weitere Inseln	234	Hochdamm (Sadd el-'Ali)	242
Sehenswertes am Westufer	234	Neu-Kalabscha	244

Unternubien/Nasser-Stausee ... 246

Geschichte Nubiens	246	Tempel von Derr	252
Urlaub auf dem Nasser-Stausee	248	Grab des Pennut	252
Neu-Sebu'a	249	Qasr Ibrim	252
Tempel von Wadi es-Sebu'a	249	Toschka	253
Tempel von Dakka	249	Abu Simbel	254
Tempel von Maharraka	249	Großer Tempel	255
Neu-Amada	250	Kleiner Tempel	258
Tempel von Amada	250	Kuppeln	258

Glossar ... 259

Register ... 261

Kartenverzeichnis

Ägypten Übersicht .... Umschlaginnenklappe vorne
Kairo Zentrum .... Umschlaginnenklappe hinten
Metro in Kairo .... Umschlagaußenklappe hinten

Ägypt. Museum, Erdgeschoss 90	Luxor Westufer:
Ägypt. Museum, Obergeschoss 93	El Beirat el-Gezira 189
Amun-Tempel von Karnak 180	Luxor 175
Assuan 223	Luxor-Tempel 182
Cheops-Pyramide 136	Medinet Habu 211
Der Süden von Kairo 128/129	Nasser-Stausee 247
Elephantine,	Nord-Saqqara 141
Ärchäologischer Bezirk 233	Oberägypten 214
El-Minya 150	Philae 239
Gezira und Zamalek 101	Pyramiden von Giza 134
Großer Tempel von Abu Simbel 256	Ramesseum 207
Großraum Kairo 77	Sethos-Tempel in Abydos 164
Hathor-Tempel von Dendera 167	Sohag 161
Hatschepsut-Tempel 205	Tal der Könige 193
Horus-Tempel von Edfu 217	Tell el-Amarna 156
Kairo, islamische Altstadt 109	Tempel von Kom Ombo 221
Kairo, Zitadelle 119	Umgebung von Assuan 237
Khan el-Khalili 104	Westufer von Luxor 187
Luxor Übersicht 171	

Alles im Kasten

Sehnsucht nach Wasser –
   ein Zeitzeuge über die Nilflut ... 13
Wüstenschiffe ... 17
Bewässerung am Nil ... 23
Kleopatra ... 28
Sultan el-Hakim –
   verrückt oder entrückt? ... 30
Endzeitliches Gemetzel… ... 31
Gamal Abdel Nasser –
   der gute Diktator ... 34
Hadsch – zehntägige Pilgerfahrt
   nach Mekka ... 38
Die Götter der Pharaonen ... 44
Vertrauen ist gut,
   Kontrolle ist besser ... 56
Zeitreisen auf dem Nil – auf alten
   Zweimastern und Dampfschiffen ... 59
Zu viel des Guten ... 62
Wein aus der Wüste ... 65
Die Mutter aller Städte ... 78
Kairos neue Taxis ... 82
Die Hundefänger ... 85
Das Kairoer Filmfestival ... 87
Echnaton – Kunst
   oder Krankheit? ... 92
Der Bawab –
   mehr als nur Pförtner ... 103
Bei den Juwelieren ... 106
Märkte im alten Kairo ... 110
Maschrabiya – die hohe Schule
   der Holzarbeit ... 111
Die Gassen der Altstadt ... 113
Die Azhariten und der Staat ... 115
Der Suk der Zeltmacher ... 116
Ägyptens „neue" Verbrechen ... 121
Über den Bau der
   Ibn-Tulun-Moschee ... 123

Koptische Kunst ... 127
Koptischer Gottesdienst ... 131
Der Bau der Pyramiden –
   Rätsel für die Ewigkeit? ... 137
Stierkämpfe in Saqqara ... 143
Wer schützt Ägyptens Altertümer? ... 145
„Ketzerkönig" Echnaton ... 159
Namenlose Pharaonen ... 169
Besichtigungsprogramm Luxor ... 177
Neu-Qurna ... 191
3000 Jahre Grabraub ... 192
Tutanchamun –
   Tod durch Malaria? ... 194
Das Grab der Ramses-Söhne ... 198
Das Dorf der Grabräuber ... 201
Hatschepsut – Karriere
   einer Königstochter ... 204
Hauptsache groß – Ramses
   als Bauherr ... 208
Aus dem Reisetagebuch
   von Gustave Flaubert ... 209
Hadsch-Malerei ... 210
Bitterer Zucker ... 213
Teatime mit Agatha Christie ... 224
Den Ackerbauern nützlich ... 232
Henna-Schmuck ... 235
Die letzten Hieroglyphen ... 240
Ökologische Folgen des
   Hochdamms ... 243
Meroitisch – die Sprache,
   die niemand versteht ... 245
Urlaub auf dem Nasser-Stausee ... 249
Ritueller Königssuizid ... 250
Der Herr des Nils ist zurück ... 251
Lichtspiel ... 255
Europa befreit Abu Simbel ... 257

Was haben Sie entdeckt?

Haben Sie den ultimativen Strand gefunden, ein freundliches Restaurant mit leckerer Speisekarte, ein nettes Hotel mit Atmosphäre?

Wenn Sie Ergänzungen, Verbesserungen oder neue Tipps zum Buch haben, lassen Sie es uns wissen!

Schreiben Sie an:

Ralph-Raymond Braun

c/o Michael Müller Verlag GmbH

Gerberei 19

91054 Erlangen

E-Mail: ralph-raymond.braun@michael-mueller-verlag.de

▲ Eine Allee widderköpfiger Sphingen begrüßt die Besucher der Tempelstadt

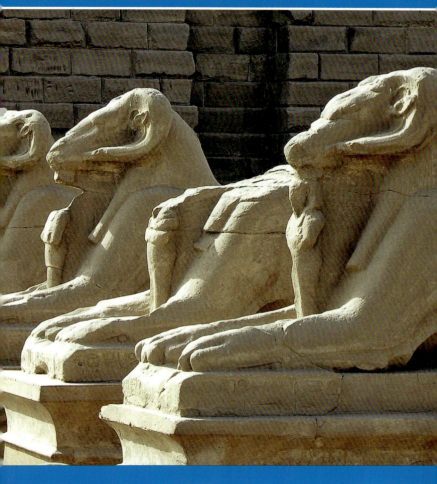

Willkommen am Nil!

Natur 10	Nilkreuzfahrt 58
Geschichte 21	Übernachten 60
Politik und Präsidenten 42	Essen und Trinken 61
Die Welt der Pharaonen 43	Wissenswertes von A bis Z ... 66
Reisepraktisches 51	

Willkommen am Nil!

Der Amazonas mag ihm den Rang als „längster Strom der Erde" streitig machen, der Kongo hat ein deutlich größeres Einzugsgebiet, und selbst die Donau führt mehr als die doppelte Wassermenge. Trotz alledem ist der Nil unter allen Strömen der größte. Denn ohne ihn gäbe es kein Ägypten – keine Pharaonen, keine Pyramiden, nicht diese Tempel nie gesehenen Ausmaßes, kein Christentum, kurz, unsere Zivilisation sähe ohne den Nil ganz anders aus. Kein Wunder also, dass eine Kreuzfahrt auf dem Nil oder eine Tour entlang seiner Ufer zu den Spuren und Schätzen der Pharaonen vielen Reiselustigen als Highlight all ihrer Reiseerfahrungen gilt.

Die Hauptstadt **Kairo** hat im Volksmund nicht umsonst den gleichen Namen wie Gesamt-Ägypten: *Misr* mit seinen 15, 18 oder 20 Millionen Einwohnern erscheint als ein Mikrokosmos des Landes am Nil. Moscheen, Karawansereien und koptisch-christliche Denkmäler stehen hier dicht an dicht. Allein im Ägyptischen Museum kann man Tage zubringen, daneben warten noch zwei Dutzend weitere Museen. Basare locken zum Schauen und Shoppen – und konkurrieren mit modernen Einkaufszentren, in denen internationale Markenware vergleichsweise günstig zu haben ist. Hier das traditionelle Teehaus der Shisha-Raucher, dort der Szenetreff einer hippen Jeunesse dorée – dies nur einer der vielen Gegensätze in der größten Metropole des afrikanischen Kontinents. Und gleich vor der Stadt reihen sich am Wüstenrand die Pyramiden: Ein Muss ist das Weltwundertrio von Giza; auch Saqqara sollte man gesehen haben.

Mittelägypten, also das Niltal flussauf von Kairo bis in die Provinz Sohag, erwacht gerade aus dem touristischen Winterschlaf. Mit den Denkmälern von Kairo und Luxor kann es nicht mithalten. Doch ist der Urlauber hier weitgehend ohne seinesgleichen und lernt eine vom Tourismus noch wenig berührte Region kennen. Von **el-Minya** aus besucht man die Felsengräber von Beni Hassan oder Tell el-Armana, die Stadt des Ketzerkönigs Echnaton.

In **Luxor** wandelt der Urlauber, umringt von Händlern, Droschkenkutschern, Bootsleuten und selbst ernannten Fremdenführern, auf den Spuren ruhmreicher Vergangenheit. Die Wandmalereien der Pharaonengräber im Tal der Könige begeistern ebenso wie die Tempelanlagen von Karnak und Luxor mit ihren gewaltigen Pylonen, den imposanten Säulenhallen und der frisch ausgegrabenen Sphingen-Allee.

Für andere ist **Assuan** die schönste Stadt am Nil. Seine dunkelhäutigen Nubier machen es zur afrikanischsten Stadt Ägyptens. Schon vor hundert Jahren wussten reiche Europäer um das angenehm trockene Winterklima, suchten Linderung ihrer Gebrechen oder ließen es sich einfach nur wohl sein. Agatha Christie schrieb hier ihren Bestseller „Tod auf dem Nil". Boote laden zur gemächlichen Segeltour auf dem Nil oder zur Fahrt zum Tempel von Philae.

Der Tagestrip im Flugzeug von Assuan zu den Felsentempeln in **Abu Simbel** ist ein Höhepunkt vieler Ägypten-Programme – doch gemütlicher reist sich's mit dem Schiff. Auf diesen noch eher exklusiven Kreuzfahrten über den **Nasser-Stausee** werden auch die zum Schutz vor den Fluten an einen höheren Standort versetzten Wüstentempel von Unternubien angelaufen.

Ob als Kreuzfahrt oder zu Land, eine Nilreise ist aufregend, anstrengend, oft mörderisch heiß – doch niemand vermag sich dem Kaleidoskop der Eindrücke zu entziehen. Staunen gerät hier zum Dauerzustand.

Geschichte(n) und Hintergründe

Ägypten in Zahlen

Fläche: 997.739 km²
Nord-Süd-Ausdehnung: 1025 km
Ost-West-Ausdehnung: 1240 km
Höchster Berg: Gebel Katharina, 2637 m
Längster Fluss: Nil, 6670 km
Einwohner: 77 Mio. (2009), davon leben 25 % unter der Armutsgrenze
Hauptstadt: Kairo (ca. 16 Mio. Einw.)
Bruttoinlandsprodukt: entspricht etwa 4200 $ Kaufkraft je Einwohner
Anteil Landwirtschaft: 13 %
Anteil Industrie: 39 %
Lebenserwartung: durchschnittlich 72 Jahre
Religionen: 90 % Muslime, 10 % Christen
Analphabeten: ca. 30 %

Der Nil als Lebensader

Nildelta und Niltal, die nur knapp 5 % der Landesfläche ausmachen, sind die beiden wichtigsten Großräume Ägyptens. Auf ihren fruchtbaren Böden drängt sich beinahe die gesamte Bevölkerung des Landes.

„Denn es ist klar und der Verständige sieht es, ohne dass man es ihm sagt, dass die Gebiete Ägyptens ein Geschenk des Flusses sind", notierte der griechische Historiker Herodot, der den 6670 km langen Strom bis hinauf nach Assuan gereist war. Doch warum der Erde längster Fluss ausgerechnet in der heißen Jahreszeit anschwoll, blieb ihm und den antiken Denkern ein Rätsel. Aristoteles fasste die recht verwegenen Theorien über die Nilflut in einem Traktat zusammen und löste die Streitfrage streng logisch: Nur die Sommerregen in den Bergen Äthiopiens könnten die Ursache sein.

Die Nilflut

Mitte Mai erreicht die aus Äthiopien kommende Flutwelle des **Blauen Nils** Khartum und schneidet hier, am Zusammenfluss mit dem Weißen Nil, dem aus Zentralafrika kommenden Bruder den Weg ab, der dann sozusagen auf der Stelle tritt und zu einem großen See gestaut wird. 50 Tage lang steigt das Wasser, 80 Tage geht es zurück. Der **Weiße Nil**, der keineswegs weiß, sondern schmutzig-grau daherkommt, ist zwar ein gutes Stück länger als sein Pendant, doch seine Wassermenge ist verhältnismäßig gering. Er schickt nicht mehr Wasser ins Mittelmeer als der Rhein in die Nordsee. Entscheidend dafür, dass der Nil nicht irgendwo versickert, sondern auch in sommerlicher Gluthitze eine 2500 km lange Wüstenstrecke überwindet und dabei die größte Flussoase der Welt schafft, sind die braungrünen Wasser des Blauen Nils und die des gleichfalls aus Äthiopien kommenden Atbara, der nördlich von Khartum in den vereinigten Nil mündet.

Nach dieser letzten Stärkung wälzt sich der Strom durch die endlose Monotonie der Wüste, in der es niemals regnet, schlägt einen Haken um die Höhenzüge aus nubischem Sandstein, überwindet die Granitbarrieren mehrerer **Katarakte**, harmlose Stromschnellen, die während der Nilflut gänzlich untergehen, und erreicht schließlich die ägyptische Grenze und den **Nasser-Stausee**. Dieser fängt in seinem Stauraum die Flut ab und entlässt über die Dammkrone und den letzten Katarakt bei Assuan jenen zahmen, gebändigten Nil, den der Ägyptenreisende heute kennenlernt: einen von bukolischer Landschaft mit Palmen und Zuckerrohrfeldern, Wasserbüffeln und Kuhreihern und – nicht zu vergessen – den majestätischen Tempelruinen gesäumten Strom, dessen in Oberägypten noch blaugrünes Wasser mit den weißen Segeln der vom sanften, stetigen Nordwind beförderten Feluken kontrastiert – dies alles vor dem gelbbraunen Hintergrund der Wüste, die das Flusstal auf beiden Seiten in die Zange nimmt, um dann flussab immer weiter zurückzuweichen. Gleich hinter Kairo und etwa 150 km vor dem Mittelmeer verliert der Nil schließlich seinen zuletzt zielstrebig nordwärts führenden Weg und fächert sich in die Mündungsarme auf. In der Antike waren es noch sieben, fünf sind versandet, bleiben zwei, die sich bei Rosetta und Damietta im Meer verlieren.

Während „Flut" anderenorts mit berstenden Dämmen und Katastrophenszenarien assoziiert wird, war die Nilflut, kam sie nur im richtigen Maß, für Ägypten ein Segen. Sie brachte den fruchtbaren Nilschlamm aus den äthiopischen Bergen auf die überfluteten Felder längs des Stroms, der sich dort im Lauf der Jahrtausende zu einer etwa 12 m tiefen Schicht ablagerte. Nicht umsonst lassen die altägyptischen Schöpfungsmythen das erste Leben auf den vom zurückweichenden Urmeer freigegebenen Inseln entstehen. Auch die im 19. und frühen 20. Jh. gebauten **Staudämme** ließen der Nilflut noch ihren freien Lauf: Wenn das Hochwasser kam, öffnete man alle Tore. Erst der Sadd el-'Ali (Assuan-Hochdamm) hielt die Flut und damit den Nilschlamm zurück.

Statt des natürlichen Düngers transportiert der Fluss heute andere Dinge: 1151 Tonnen Feststoffe, 296 Tonnen gelöster Stoffe, 168 Tonnen Öl und 165 Tonnen Schwermetalle werden mit dem weitgehend ungeklärten Abwasser von Industrie und Haushalten täglich (!) in den Strom geleitet, der gleichzeitig die Felder bewässert. Von den etwa 50.000 Tonnen Pestiziden, die Ägyptens Bauern jedes Jahr ausbringen, gelangt schätzungsweise die Hälfte schließlich in den Fluss, aus dem nahezu das gesamte Land sein Trinkwasser bezieht. Langjähriger „Genuss" des Kairoer Leitungswassers, so warnen Experten, schädigt Nieren und Leber.

> ### Sehnsucht nach Wasser – ein Zeitzeuge über die Nilflut
>
> „In England spricht Jedermann vom Wetter und jedes Gespräch wird mit Ausdrücken über Hitze oder Kälte, Regen oder Trockenheit angefangen; in Ägypten aber, wenigstens während eines Theiles des Jahres, bildet das Steigen des Niles den allgemeinen Unterhaltungsgegenstand. Bisweilen steigt der Fluß ungewöhnlich schnell, und dann wird von nichts als Überschwemmungen gesprochen; denn wenn der Fluß zu sehr austritt, werden ganze Dörfer weggeschwemmt; und da sie zum größten Theile aus an der Sonne getrockneten Ziegeln und Lehm gebaut sind, werden sie vollständig vernichtet; und sobald das Wasser sich setzt, sind alle Gränzzeichen verwischt, der Lauf der Kanäle verändert, und Hügel und Dämme weggewaschen: Bei solchen Gelegenheiten haben die kleineren Grundbesitzer große Schwierigkeit, ihr Besitzthum wieder zu bekommen; denn wenige von ihnen wissen, wie weit sich ihre Felder in der einen oder anderen Richtung erstrecken, wenn nicht ein Baum, ein Stein oder irgend etwas Anderes nachbleibt, um die Gränze des flachen Schlammstückes des Einen von dem seines Nachbarn zu bezeichnen.
>
> Das häufigere und weit mehr gefürchtete Unglück aber ist das Ausbleiben des Hochwassers. Dies war der Fall im Jahre 1833, und wir hörten von nichts Anderem sprechen. ‚Ist es heute sehr gestiegen?' fragt der Eine. – ‚Ja es ist einen halben Pik seit heute Morgen gestiegen.' – ‚Was! Nicht mehr? Im Namen des Propheten, was soll aus der Baumwolle werden?' – ‚Ja, und Doura (Hirse) wird ganz gewiß von der Sonne verbrannt werden, wenn wir nicht noch vier Piks Wasser bekommen.' Kurz, der Nil hat in Allem seinen Willen; Alles hängt von der Art ab, wie er sich zu verhalten beliebt, und El Bahar (der Fluß) ist von früh bis Abend in Jedermanns Munde. Während der Zeit des Steigens gehen Ausrufer mehrere Male des Tages durch die Stadt, und geben die genaue Höhe an, auf welche das Wasser gestiegen ist, und die genaue Anzahl der Piks, welche am Nilometer unter Wasser stehen."
>
> Robert Curzon, 1847

Die Nilquellen

Die Frage nach den Quellen des Nils wusste die Antike nur vage zu beantworten. Zum Ursprung des Blauen Nils drang als erster Europäer anno 1618 *Pedro Paez* vor. Mangels astronomischer Instrumente konnte er den Ort oberhalb des Tana-Sees nicht genau bestimmen, doch hinterließ der portugiesische Missionar zur Enttäuschung späterer Forscher, die sich gern selbst mit der Entdeckung geschmückt hätten, eine zutreffende Beschreibung.

Schwieriger gestaltete sich die Suche nach dem Anfang des Weißen Nils. Alle Expeditionen scheiterten spätestens im sudanesischen Sumpfland, dem Sudd. Immerhin verfehlte *Claudius Ptolemäus*, der die „Mondberge", das über 5000 m hohe Ruwenzori-Massiv zwischen Uganda und Kongo-Zaire, als Quellgebiet nannte, die Lösung nur um etwa 250 km. Er lag damit nicht schlechter als der britische Armeeoffizier *John Hanning Speke*, der 1858 als erster Europäer den Victoria-See sah und sich bei einem zweiten Anlauf von hier bis nach Gondokoro, dem damals letzten Vorposten der arabischen Händler am Oberlauf des Nils, durchschlug und den Fluss bis nach Kairo hinuntersegelte. „The Nil is settled!" (Der Nil ist gelöst!), kabelte er begeistert von der ersten ägyptischen Telegrafenstation nach London.

> *Lesetipp*: Georg Brunold, *Nilfieber. Der legendäre Wettlauf zu den Quellen in Originalberichten.*

Des Rätsels endgültige Lösung blieb dem New-York-Times-Reporter *Henry Morton Stanley* überlassen, der zuvor schon den verschollenen Forschungsreisenden David Livingston aufgespürt hatte, welcher auch in Sachen Nilquelle unterwegs gewesen war. Mit mehreren Tonnen Ausrüstung, darunter ein 12 m langes, in Einzelteile zerlegtes Stahlboot, und 270 Trägern brach die Expedition von Sansibar auf und erreichte nach dreieinhalb Monaten am 8. März 1875 den Victoria-See. Stanley ließ die „Lady Alice" zusammensetzen und umrundete in weiteren 57 Tagen den See, wobei er den im Südwesten Ruandas entspringenden Kagera als dessen längsten Zufluss entdeckte. Auf einer späteren Reise lüftete er schließlich auch das Geheimnis der Ptolemäischen Mondberge, die sich 300 km nördlich der Nilquelle erheben. Das über 5000 m hohe Ruwenzori-Gebirge an der Grenze zwischen Uganda und dem Kongo hatte sich früheren Forschern stets hinter einem dichtem Wolkenschleier verborgen.

Das Klima

Mit Ausnahme der Mittelmeerküste herrscht subtropisches Wüstenklima. Die beste Reisezeit ist die Periode von Mitte Oktober bis Anfang Mai. Die Sommer sind besonders in Oberägypten sehr heiß und trocken.

Im **Sommer** schätzen Europäer wie Ägypter das Wetter der Mittelmeerküste: sonnig und warm, doch nicht zu heiß, dazu oft eine angenehme Brise. Weiter gen Süden steigen die Temperaturen rasch an. In Kairo sind Tagesspitzen von etwa

Das Wetter in Kairo

Monat	Temperatur in °C				Relative Luftfeuchte	Mittlere Anzahl der Regentage
	Tägliches Maximum	Tägliches Minimum	Absolutes Maximum	Absolutes Minimum		
Jan.	19	9	30	3	43–75 %	3
Febr.	21	9	36	1	38–70 %	2
März	24	11	39	5	34–67 %	1
April	28	14	42	9	30–62 %	<1
Mai	32	17	44	12	27–57 %	<1
Juni	35	20	46	16	29–63 %	<1
Juli	35	22	46	19	32–70 %	0
Aug.	35	22	42	18	36–73 %	0
Sept.	33	20	42	16	41–75 %	0
Okt.	30	18	39	12	40–75 %	0
Nov.	25	14	37	5	45–77 %	2
Dez.	21	10	33	5	47–77 %	3

Mittlerer Jahresniederschlag: 24 mm; jährlich 20 Nebeltage, 3 Tage Chamsin (Sandsturm)

Das Wetter in Assuan

Monat	Temperatur in °C				Relative Luftfeuchte	Mittlere Anzahl der Regentage
	Tägliches Maximum	Tägliches Minimum	Absolutes Maximum	Absolutes Minimum		
Jan.	24	10	38	3	27–52 %	0
Febr.	27	14	39	2	21–45 %	0
März	31	14	44	6	16–36 %	0
April	36	19	48	10	14–30 %	0
Mai	40	24	48	11	13–26 %	0,5
Juni	42	25	51	20	14–28 %	0
Juli	42	26	48	22	16–29 %	0
Aug.	42	26	48	22	18–32 %	0
Sept.	40	24	48	18	19–37 %	0
Okt.	38	22	47	13	21–41 %	0
Nov.	31	17	42	8	27–49 %	0
Dez.	27	13	37	4	30–53 %	0

Mittlerer Jahresniederschlag: 1 mm

35 °C üblich, in Assuan klettert die Quecksilbersäule zwischen Mai und September regelmäßig auf über 40 °C. Auch nachts werden dann wenigstens 25 °C gemessen.

Von November bis Anfang März fallen an der Mittelmeerküste die **Winterregen**. Nur an wenigen Tagen jedoch erreichen die Regenfälle auch Kairo, und noch weiter im Süden bleibt auch der Winter nahezu ohne Niederschläge. Die Höchsttemperaturen in Kairo betragen in den kältesten Monaten noch um 20 °C, nachts sind es etwa 10 °C. Angenehm warm bleibt es tagsüber in Luxor und Assuan, doch sobald die Sonne untergeht, sind von Dezember bis Februar dicke Pullover und Anoraks angesagt.

Unangenehm ist der *Chamsin*, ein heißer, zum Glück seltener Wüstenwind, der im März und April seine Staubfracht über Ägypten ablädt. Dann brennen die Augen, knirscht es zwischen den Zähnen, zeigen die eingestaubten Straßenkleider der hastenden Passanten einen einheitlichen Braunton.

Aktuelle Wetterinformationen unter www.wetteronline.de.

Flora und Fauna – von Dattelpalmen und Wüstenschiffen

Die Pflanzen

In Ägypten überschneiden sich mediterrane, nordafrikanische und kleinasiatische Pflanzengemeinschaften. Farbenfrohe Märkte zeigen die Früchte aus den Gärten am Nil.

Aufgrund der intensiven landwirtschaftlichen Nutzung wachsen im Niltal vor allem Kulturpflanzen. Für die natürliche Vegetation bleibt kein Platz mehr. Unter den Bäumen steht seit der pharaonischen Zeit die **Dattelpalme** an erster Stelle. Es gibt ganz unterschiedliche Sorten Datteln, manche taugen nur als Viehfutter. Bei der Befruchtung verlässt man sich nicht auf den Wind, sondern bestäubt die weiblichen Blüten von Hand mit den abgeschnittenen Wedeln der männlichen Bäume. Nicht nur die Früchte werden verwertet. Der Stamm dient als Stütze oder – gespalten – als Balken für die Zimmerdecke, aus den Rippen der Wedel fertigt man Körbe, Käfige und Möbel, aus den Fasern Seile und aus den Fruchtstielen Besen.

Ob Königspalme, Gummibaum, Hibiskus oder Bougainvillea, ob Bananenstaude oder Orangenbaum, die allermeisten der heute am Nil wachsenden **Nutz-** und **Zierpflanzen** stammen aus fernen Landen. Reliefs im Tempel der Königin Hatschepsut zeigen, wie eine von der Pharaonin ins sagenhafte Punt (Somalia) entsandte Expedition mit exotischen Pflanzen zurückkehrt. Und Thutmosis III. brachte von seinem Syrien-Feldzug botanische Beute in Gestalt zuvor unbekannter Gewächse an den Nil. Auch neuzeitliche Herrscher bereicherten die Landschaft Ägyptens. So engagierte der Khedive Ismail 1869 mit dem Franzosen Barillet-Deschamps den berühmtesten Gartenplaner seiner Zeit samt einer Schar europäischer Helfer, um die Paläste und die Stadt Kairo mit Parks zu verschönern.

Lesetipps: Nabil el-Hadidi, *The Street Trees of Egypt* (AUC Press). Warda Bircher u. a., *Encyclopedia of Fruit Trees and Edible Flowering Plants in Egypt and the Subtropics* (AUC Press), ein wissenschaftliches Nachschlagewerk.

Wüstenschiffe

Den alten Pharaonen waren sie noch unbekannt: Frühestens 500 v. Chr. kamen die ersten Kamele, genauer: einhöckrige Dromedare *(Camelus dromedariensis)*, nach Ägypten und wurden für den Karawanenhandel und die Beduinen schnell unverzichtbar. Heute, nach Straßenbau und Motorisierung, drohen sie zur Folklore und zum puren Amüsement der Urlauber zu verkommen. Zwei Wochen kann ein Kamel ohne Wasser auskommen, um dann auf einen Schlag hundert Liter zu saufen, die es in der Magenwand speichert. Kaum eine Spezies ist so an die Wüste angepasst: Beim Ausatmen kühlt der Wasserdampf über die Nase Augen und Hirn, die Niere entzieht dem Harn Restwasser und führt es in den Blutkreislauf zurück. Knorpel und Schwielen an Gelenken und Bauch schützen beim Niederknien vor der Bodenhitze, tellerförmige Hufe verhindern ein Einsinken im Sand.

Den Beduinen liefert das Kamel Fleisch, Milch und Fell – für den Transport benutzen sie heute weitgehend Lastwagen und Pick-ups. Die prächtigsten Tiere, nahezu weiße, auf Geschwindigkeit getrimmte Rennkamele, hält in Ägypten die Reitertruppe der Armee. Kamelkarawanen? Es gibt sie noch. Start im Sudan, im oberägyptischen Darau Umsteigen auf den Pick-up und weiter nach Kairo, Endstation Zentralschlachthof.

Die Welt der Tiere

Beim Stichwort Wüste denkt man sogleich an Kamele. Selbst die sesshaften, Pick-up fahrenden Beduinen wollen auf die majestätischen Wüstenschiffe noch nicht verzichten. Weitaus häufiger sind jedoch die Fliegen, die Mensch und Tier plagen.

Aufgrund der vielen Wüstenflächen ist die Artenvielfalt der frei lebenden Säugetiere in Ägypten nicht sonderlich ausgeprägt. Löwen, Giraffen und andere afrikanische Steppentiere, die noch in historischer Zeit in Ägypten heimisch waren, wurden durch die allmähliche Klimaveränderung und das Vordringen der Wüste von ihren Verwandten in Schwarzafrika abgeschnitten und starben als isolierte Populationen schließlich aus. So trifft man in der Umgebung menschlicher Ansiedlungen vor allem auf Esel, Schafe, Ziegen, ab und an auf Wasserbüffel und immer wieder auch auf Kamele.

> *Lesetipp*: Richard Hoath, *A Field Guide to the Mammals of Egypt*, Kairo (AUC)

Rotfüchse haben sich gut an den Menschen angepasst und finden auf den Müllkippen mehr Nahrung denn je. Ohnehin sind in Ägypten jene Arten am erfolgreichsten, die sich gut mit den Menschen und ihren Abfällen arrangiert haben: Ratten, verwilderte Hauskatzen und wilde Hunde.

▸ **Reptilien**: Mit der Kälte können die Kriechtiere gut umgehen, doch bei Körpertemperaturen von über 45 °C zerfallen die lebensnotwendigen Enzyme, und das körpereigene Eiweiß würde gerinnen wie ein Ei in der Pfanne. Der Wüstensand aber kann sich in der Mittagssonne bis auf 80 °C aufheizen, und so trifft man Reptilien vor allem dort an, wo sich zwischen Steinen genügend schattige Plätze finden. Echsenkönige der ägyptischen Wüsten sind die **Dornschwanzagame** *(Uromastix aegyptius)* und der einen Meter lange **Wüstenwaran** *(Varanus griseus)*. Sein Verwandter, der **Nilwaran** *(Varanus niloticus)*, lebt am Ufer der Kanäle und nährt sich von Fischen und Fröschen.

Flussab von Assuan wurde 1891 das letzte **Krokodil** von einem britischen Offizier erlegt. Im Nasser-Stausee jedoch haben sich die Tiere, seit der Artenschutz die Jagd verbietet, wieder prächtig vermehrt, und auf einer Schifffahrt nach Abu Simbel bekommt man mit Glück das eine oder andere Exemplar zu Gesicht. Auch **Afrikanische Weichschildkröten** tummeln sich im See, während der Nil die Heimat der an ihrer rüsselartigen Schnauze zu erkennenden **Nilschildkröte** ist. Die einst an der

Auch mit fünfzig noch ein perfektes Gebiss – kaputte Zähne wachsen dem Herrn des Nils einfach nach

gesamten Mittelmeerküste des Landes verbreitete **Ägyptische Landschildkröte** *(Testudo kleinmanni* und *Testudo werneri)* ist dagegen nahezu ausgerottet.

In Dünenlandschaften leben giftige **Sandvipern**, die im Sand vergraben auf ihre Beute aus Kleintieren lauern. Die **Hornviper** *(Pseudocerastes persicus)* bevölkert Geröll- und Felslandschaften. Tödlich ist der Biss einer **Sandrasselotter** *(Atractaspis engaddensis)*; diese Schlangen sind tagaktiv und werden deshalb recht häufig gesichtet. Die seltene **Wüstenkobra** *(Walterinesia aegyptia)* hat im Unterschied zu ihrer indischen Verwandten keine „Haube" und vermag ihr Gift nicht zu spucken – gefährlich ist allein der Biss. Am Rande des Fruchtlandes lebt die äußerst giftige **Uräusschlange**, die auch **Ägyptische Kobra** *(Naja haje)* genannt wird und den alten Ägyptern als magisches Schutzsymbol galt.

> *Lesetipp:* Sherif Baha el-Din, *A Guide to the Reptiles and Amphibians of Egypt* (erschienen bei AUC-Press und auch in Ägypten erhältlich)

▸ **Vögel**: Typische Vertreter der Vogelwelt an den Ufern des Nils sind Spatzen, Krähen und Reiher. Fast ein Haustier ist für den Bauern der weiße Kuhreiher, der das Vieh vom Ungeziefer säubert. Tauben werden wegen ihres als Dünger geschätzten Kots gezüchtet und bewohnen pittoreske Vogelhäuser. Sie gelten zudem als Delikatesse. Selten geworden ist dagegen der **Ibis**, den die alten Ägypter als heiligen Vogel verehrten. Zu den Wasservögeln zählen Wildgänse und -enten, Kiebitze und Bachstelzen. Manches Blesshuhn aus deutschen Landen verbringt den Winter auf dem Nil. Schnepfen und Wachteln machen auf ihrem Weg zwischen Europa und Zentralafrika in Ägypten Station – und enden häufig in den Fallen der Vogelfänger. Weit verbreitet ist der Turmfalke; hoch oben von den Tempelmauern hört man seinen durchdringenden Schrei, oder man sieht ihn auf der Suche nach Mäusen und Echsen über die Felder schweben.

Weitgehend ungestört vom Menschen hat sich an den Ufern des Nasser-Stausees in den letzten Jahrzehnten ein völlig neues Biotop entwickelt. Hier nisten Nilgänse, rasten Teichrohrsänger und Pelikane auf ihrem Vogelzug. Als ornithologisch besonders wertvolle Biotope gelten darüber hinaus der Qarun-See im Fayum, die Seen im Wadi Fayran und die Inseln bei Assuan. Ornithologische Reisen nach Ägypten veranstaltet die Dr. Koch GmbH (www.dr-koch-reisen.de).

> *Lesetipps:* Bertel Bruun, *Common Birds of Egypt*. Richard Porter und David Cottridge, *A Photographic Guide to Birds of Egypt and the Middle East* (beide erschienen bei AUC-Press und in Ägypten erhältlich).

Störche und Reiher im Kairoer Zoo

Die Pharaonin Hatschepsut Aug' in Aug' mit dem Widdergott Chnum

10.000 Jahre auf einen Blick

Bis etwa ins 7. Jh. v. Chr. sind sich die Forscher zwar weitgehend über die Abfolge, nicht aber über die Datierung der ägyptischen Geschichte einig. Eine Minderheit setzt die Ereignisse um bis zu 300 Jahre früher an.

Vor Christus

8000–3000	Unterbrochen von längeren Trockenzeiten ist die ägyptische Wüste eine Savannenlandschaft mit regelmäßigen Regenfällen.
5200–3400	Südwestlich von Assuan züchten die Menschen der Nabta-Kultur Rinder und bauen Steinkreise.
4400–4000	Badari-Kultur in Oberägypten, Anfänge des Ackerbaus im Niltal
3300	Um Abydos (Oberägypten) entsteht der erste ägyptische Staat.
3150–3000	Die vordynastischen Pharaonen von Abydos unterwerfen Unterägypten, Beginn der Hochkultur (Pharaonenzeit).
2650–2150	Altes Reich (3.–6. Dynastie)
2625	Bau der ersten Pyramide in Saqqara
2550–2475	Bau der Pyramiden von Giza
2150–2050	Dürreperiode und Erste Zwischenzeit (7.–10. Dynastie)
2050–1650	Mittleres Reich (11.–14. Dynastie)
1670–1570	Die vorderasiatischen Hyksos fallen in Ägypten ein.
1550–1070	Neues Reich (18.–20. Dynastie)
1070–332	Spätzeit (21.–30. Dynastie)
332–30	Griechische Herrschaft: Nach der Eroberung durch Alexander den Großen herrschen die Ptolemäer über Ägypten.
30 v. Chr. bis 395 n. Chr.	Ägypten wird römische Provinz, die Kaiser herrschen als Pharaonen.

Nach Christus

395–640	Byzantinische Herrschaft
451	Auf dem Konzil von Chalkedon trennt sich die ägyptische (koptische) Kirche von der Reichskirche.
640	Muslimische Eroberung Ägyptens durch 'Amr Ibn el-'As
658–968	Herrschaft der Omaijaden, Abbasiden, Tuluniden, Ichschididen
968–1171	Herrschaft der Fatimiden
1171–1250	Herrschaft der Aijubiden
1250–1517	Die Mameluken herrschen über Ägypten.
1517–1798	Ägypten ist Provinz des Osmanischen Reichs, die Regierung bleibt in den Händen der Mameluken.
1798–1801	Expedition Napoleons und französische Herrschaft
1805–1952	Mohammed Ali und seine Dynastie regieren Ägypten.
1869	Eröffnung des Suezkanals
1914–1918	Erster Weltkrieg, Kämpfe zwischen Türken und Briten auf dem Sinai
1882–1946	Besetzung Ägyptens durch britische Truppen
1952/53	Staatsstreich der „Freien Offiziere", Ausrufung der Republik
1956	Verstaatlichung des Suezkanals, Suezkrise und Krieg mit Israel
1967	Sechstagekrieg, Israel besetzt die Sinai-Halbinsel
1973	Oktoberkrieg zwischen Ägypten und Israel
1979	Im Camp-David-Abkommen wird die Rückgabe des Sinai an Ägypten vereinbart.
1981	Nach der Ermordung von Anwar el-Sadat wird Hosni Mubarak neuer Präsident Ägyptens.
1982	Israel gibt das letzte Teilstück des Sinai an Ägypten zurück.
1985	Die Reiseveranstalter entdecken den Sinai und das Rote Meer.
1997	Bei einem Terroranschlag in Luxor sterben 58 Touristen.
2009	Unter dem Vorwand, die Schweinegrippe zu bekämpfen, lässt Präsident Mubarak alle im Land lebenden Schweine keulen.

Geschichte Ägyptens

Das Reich der Pharaonen

Mit der Vereinigung Ober- und Unterägyptens durch den legendären Pharao Narmer begann vor 5000 Jahren die ägyptische Hochkultur.

Eine damals dem Tempel in Abydos gestiftete Schminkpalette zeigt plastisch die **Reichseinigung**: Der oberägyptische König *Narmer* (andere Quellen nennen ihn Menes) schlägt mit der Keule auf einen am Schopf gepackten Unterägypter ein. Auf der Rückseite schreitet Narmer, jetzt schon mit der unterägyptischen Krone, die Reihe der gefallenen Feinde ab. Als erster **Pharao** herrscht er über das geeinte Ägypten. Mit ihm beginnt die Geschichte der Herrscherhäuser, die nach dem ptolemäischen Priester *Maneto* in 31. Dynastien eingeteilt wird. Ging alles nach Plan, so wurde der älteste Sohn, den der Herrscher mit seiner Hauptfrau hatte, zum Kronprinzen. Doch auch die älteste Tochter war für die Erbfolge von

Bedeutung, denn die Ehe mit ihr stärkte den Thronanspruch. Nicht zuletzt um das königliche Blut rein zu halten, wählte der künftige Pharao oft seine Schwester oder Halbschwester zur Hauptfrau.

> Zur „Welt der Pharaonen" siehe auch S. 43-50.

Das Alte Reich

Bis etwa 2600 v. Chr. entwickelte die ägyptische Kultur ihre Grundzüge, die bis zur Christianisierung, also über drei Jahrtausende, Bestand hatten. Noch die römischen Kaiser ließen sich auf den Wänden der ägyptischen Tempel in derselben Gestalt darstellen, in der uns Narmer auf seiner Schminkpalette entgegentritt. Aus schlichten Bilderzeichen entstand die **Schrift**, aus chaotischen Zeichnungen entwickelten sich die typischen Flachreliefs, und der König wuchs zum Gott auf Erden und zur Verkörperung jedweder Ordnung.

In der Frühzeit beherrschten die Pharaonen das Land noch mit Hilfe ihres Familienverbandes. Einige wenige Gutshöfe reichten aus, um die königliche Familie und ihren Hofstaat zu versorgen. In der 3. Dynastie (ab 2650 v. Chr.) entwickelte sich dann der vom König mit Hilfe eines **Beamtenapparats** straff geführte **Zentralstaat**. Nur so konnten die wachsenden Gemeinschaftsaufgaben bewältigt werden, ob es nun Kriegszüge und Handelsexpeditionen waren oder der Bau von Kanälen, Deichen und Pyramiden.

Imhotep, der später ebenfalls vergöttlichte Architekt des Pharaos *Djoser*, wagte den Schritt von der unterirdischen Grabkammer *(Mastaba)* zur gleich 60 m hohen **Pyramide** – seine Stufenpyramide von Saqqara ist, soweit bekannt, der älteste Steinbau. Die Botschaft war klar: Auf den Stufen steigt die Seele des Herrschers gen Himmel. Nach Djoser investierte jeder Pharao des Alten Reichs einen beträchtlichen Teil der Arbeitskraft und des Reichtums Ägyptens in sein Grabmal, und schon etwa ein Jahrhundert nach der Stufenpyramide erreichte dieser Kult mit der Pyramide des *Cheops* (4. Dynastie) in Giza seinen 146 Meter hohen Höhepunkt. Sohn *Djedefre* hätte den Vater gern übertrumpft, starb aber zu früh, sodass die Bauarbeiten abgebrochen werden mussten.

Wert auf Dauer legten die alten Ägypter nur bei ihren Totenhäusern und **Tempeln**. Die Hütten der Lebenden, selbst die Paläste der Herrscher, wurden nur aus Lehm errichtet und sind längst zu Staub zerfallen. Der steinerne Berg um den Leichnam des Pharao war dagegen für die Ewigkeit ausgelegt. Schon zu Lebzeiten ein Gott, sollte er aus dem Jenseits für das Wohlergehen der damals etwa anderthalb Millionen Ägypter sorgen und auch ihnen ein ewiges Leben sichern. Das halbe Land schuftete dafür, brach Steine, transportierte sie auf dem Nil oder eigens gegrabenen Seitenkanälen und hievte sie schließlich nach oben. Viele Skelette auf dem Friedhof der Pyramidenbauer in Giza zeugen mit ihren deformierten Rückenwirbeln von geschleppten Lasten, andere weisen bei Unfällen gebrochene Gliedmaßen auf.

Es waren die Fellachen, die den gewaltigen Hofstaat in **Memphis** (Hauptstadt seit der 3. Dynastie) ernährten, dazu die übers Land verteilten Priester, Schreiber, Lageristen und Schiffer. Die **Bauern** hatten keinen eigenen Hof, sondern lebten auf einem Gut, das dem Tempel, dem König oder einem Vornehmen gehörte. Geld gab es nicht – stattdessen bekamen sie Nahrung, Kleidung und auch mal einen Tonkrug. Während der Vegetationsperiode standen Frischgemüse, Fisch und gelegentlich Geflügel auf dem Speisetisch der kleinen Leute. Das Getreide kam in die Speicher, als Vorrat für den Frühsommer und die Hungerjahre. Gewöhnlich jedes zweite Jahr wurden die Äcker und das bewegliche Gut gezählt. Dann legte man fest, wie viel Getreide, Vieh, Leinwand und Öl jede Domäne abzugeben hatte.

Seit alters her grenzten die Ägypter große Uferflächen mit Deichen ab, um die **Nilflut** zu kontrollieren und das Wasser auch nach der Flutwelle noch einige Zeit auf den Feldern zu halten. War das höchstgelegene Bassin ausreichend durchfeuchtet, schlossen die Fellachen den Zulauf und öffneten den Damm zu angrenzenden, tiefer liegenden Becken. Nach diesem Schema wurde bis ins 20. Jh. das Land bewässert.

Wenn im Herbst das Wasser zurückging, kamen die Monate der **Aussaat**. Die Bauern streuten die Saat und trieben Büffel und Rinder über die Felder, um die Körner in die feuchte Erde einzutrampeln. Im Frühjahr wurde geerntet, und anschließend lagen die Felder bis zur nächsten Überschwemmung brach, was der Staatsgewalt Gelegenheit gab, die Bauern zu den großen Baumaßnahmen wie etwa den Pyramiden heranzuziehen.

Bewässerung am Nil

Bei einer geschickt gewählten Fruchtfolge erlaubt das Klima in Ägypten drei Ernten im Jahr. Diese höhere Ausnutzung des Bodens setzt aber ganzjährige Bewässerung voraus. Nur in ihren Gärten machten sich die Fellachen diese Mühe und schöpften auch im Winter und Frühjahr das Wasser mit dem **Nattal**, einem einfachen Ledereimer, aus tiefer liegenden Kanälen oder dem Strom selbst auf die Felder.

Ein anderes Schöpfgerät, dem man noch heute begegnet, ist das **Schaduf**, eine Art Schöpfwippe. Von der Spitze einer 3 m langen Holzstange hängt ein Eimer, am anderen Ende ein Gegengewicht. In ihrer unteren Hälfte ist die Stange im rechten Winkel an einer waagrechten Achse befestigt, die rechts und links auf zwei Lehmtürmchen aufliegt. So kann der Eimer auf und ab bewegt werden und entleert dabei, wenn ihn der Bauer mit einer Schnur und der richtigen Technik zu sich ans Ufer zieht, sein geschöpftes Wasser.

Die **Sakije** wurde von den Hyksos nach Ägypten gebracht. Ähnlich wie alte Mahlwerke wird diese Bewässerungsapparatur von Tieren gedreht. Über ein Rad laufen an einer Kette aufgereihte Tonkrüge bis zu 10 m tief in einen Schacht hinab und befördern das Wasser an die Oberfläche.

Als Königin der Schöpfanlagen gilt die in Mesopotamien entwickelte **Nurije**, die unter den Ptolemäern ihren Weg nach Ägypten fand. Diese mächtigen, unterschlächtigen Mühlrädern vergleichbaren Hebewerke sieht man etwa im Fayum. Sie werden von der Fließkraft des Wassers selbst angetrieben.

Dem griechischen Ingenieur Archimedes wird die Erfindung des **Tanbur** zugeschrieben, einer transportablen Wasserschnecke („Archimedische Schraube"), die bis heute vor allem im Nildelta zur Bewässerung von Feldern und Gärten eingesetzt wird.

Gegen Ende des Alten Reiches mutierte der vorher göttliche Pharao zum (menschlichen) Sohn des Sonnengottes Re. Die Pyramiden wurden klein und kleiner, stattdessen bauten die Herrscher nun Sonnentempel. Hungerjahre ließen das Alte Reich zusammenbrechen. Korrupte Beamte verkauften unter der Hand das Getreide aus den Kornspeichern. Die moralische Autorität der Könige, die ihr Volk nicht mehr zu ernähren vermochten, war zerfallen – die Hungrigen stellten sich auf die Seite der Gaufürsten, die die Macht des Pharaos herausforderten. So entwickelten die einzelnen Gaue mehr und mehr ein Eigenleben, bis sich das Land in konkurrierende Teile auflöste. Und wie so oft in Perioden der Krise blühte in dieser **Ersten Zwischenzeit** (2150–2050 v. Chr.) die Literatur – Utopie statt Realität, wie schön es hätte sein können und wie schlecht es tatsächlich war.

Das Mittlere Reich

Doch das Königtum gewann wieder die Oberhand. Die neuen Herren des **Mittleren Reichs** (2050–1650 v. Chr.) stammten zunächst aus dem oberägyptischen **Theben**. *Amenemhet*, Wesir seines Vorgängers *Mentuhotep*, begründete die 12. Dynastie, die von Lischt aus das Land regierte. Mit harter Hand – noch ihre Statuen im Ägyptischen Museum blicken ernst bis furchteinflößend – entledigten sie sich der Gaufürsten, strafften die Verwaltung und gewannen wieder die Verfügungsgewalt über sämtlichen Grund und Boden. Dabei ging ihnen die neue Schicht der **Berufssoldaten** zur Hand, die fortan ein eigenständiger Machtfaktor und nicht mehr zu übergehen waren. Vieles erreichten die Herrscher nun mit Zwang: Schriftquellen dieser Zeit berichten von Gefängnissen voll mit Menschen, die ihre Abgaben nicht zahlen konnten. Stilgerecht fiel Amenemhet I. schließlich einem Attentat zum Opfer. Von den Folgen dieser Tat berichtet die Autobiografie des königlichen Haremsbeamten *Sinuhe*, ein Meisterwerk der altägyptischen Literatur. Berühmt ist auch die um diese Zeit entstandene „Weisheitslehre des Cheti". Diese Satire verspottet alle Berufe, nur die Profession des Schreibers bleibt ausgenommen.

Amenemhets Nachfolger, *Sesostris I.*, war in den Fußstapfen seines Vaters vor allem mit Feldzügen gen **Nubien** beschäftigt. Bis an den 2. Katarakt verschob sich die Reichsgrenze, das klassische Goldland und die Vorposten des Afrikahandels waren nun unter ägyptischer Kontrolle. Die vielleicht nachhaltigste Leistung der 12. Dynastie wird *Sesostris II.* zugeschrieben. Er, so wissen die Annalen, begann mit der Entwässerung und Urbarmachung des **Fayum**. Und als erster Pharao richtete er sein Grab nicht mehr zum Polarstern als Fixpunkt des Himmelsgewölbes aus: Das Totenreich wurde nun nicht mehr im Himmel, sondern bei Osiris und Ptah in der Unterwelt vermutet.

Der erneute Zusammenbruch Ägyptens und der Beginn der **Zweiten Zwischenzeit** fällt in die Mitte des 17. Jh. v. Chr. Aus Mesopotamien stürmten Barbaren auf von Pferden gezogenen Kampfwagen heran. Wissenschaftler streiten bis heute über die Identität dieser in den ägyptischen Annalen **Hyksos** geheißenen Eroberer. Eine andere, auf ganz zeitgemäße Ängste anspielende These besagt, die Hyksos-Episode sei keineswegs der Einfall einer marodierenden Truppe gewesen. Vielmehr hätten die Ägypter sich, wie es auch die Bibel berichtet, einst Fremde als „Gastarbeiter" ins Land geholt, und diese Einwanderer seien ihnen eines Tages über den Kopf gewachsen. Von den Hyksos – ob nun Eroberer oder Einwanderer – übernahmen die Ägypter waffentechnische Neuerungen wie den von Pferden gezogenen Kampfwagen oder den aus mehreren Holzlagen zusammengesetzten Bogen. Zu den friedlichen Errungenschaften dieser Epoche zählen bessere Webstühle und neue Musikinstrumente.

Das Neue Reich

Die Erneuerung kam wiederum aus **Theben**. Die Pharaonen des **Neuen Reichs** (1550–1070 v. Chr.) waren nach außen hin höchst aggressive Krieger. Tempelschulen wurden zu Kadettenanstalten, und statt in Pyramiden ließen sich die Herrscher in Felsengräbern bestatten. Erst im Neuen Reich wurde der Pharao wörtlich zum Pharao. Das durch die Bibel in den modernen Sprachgebrauch gekommene Wort ist vom ägyptischen *per aa* abgeleitet, das zunächst nur „großes Haus" oder „Königspalast" bedeutete.

Amenophis I. (1527–1506 v. Chr.) und *Thutmosis I.* (1506–1494 v. Chr.) ziehen im Norden bis zum Euphrat gegen die Mitanni zu Felde, im Süden geht es wieder den Nubiern an den Kragen. Als erster Herrscher lässt sich Thutmosis im Tal der Könige beisetzen. Sohn *Thutmosis II.* (1494–1490 v. Chr.) heiratet seine Halbschwester *Hatschepsut* (siehe S. 206), die nach dem Tod des Gatten als Regentin für den jungen Stiefsohn und Halbneffen Thutmosis III. regiert. Wir wissen nicht, ob Hatschepsut 1469/68 auf natürlichem Weg aus dem Leben schied. Jedenfalls initiierte der nun endlich von seiner Stiefmutter befreite *Thutmosis III.* (1468–1436 v. Chr.) einen Bildersturm, wie ihn das Land noch nicht gesehen hatte. Selbst von den Spitzen der höchsten Obelisken ließ er den Namen der Hatschepsut tilgen.

Dank äußeren Friedens konnte die Regierungszeit von *Amenophis III.* (1402–1364), Urenkel von Thutmosis III., höchsten Glanz entfalten. Die guten Beziehungen zu den Nachbarn sicherte er durch dynastische Heiraten, etwa mit Mitanni-Prinzessin Giluchepa, und durch üppige Geschenke an Vasallen und Verbündete. Es scheint, als habe Amenophis den Einfluss der thebanischen Priesterschaft mindern wollen. Die obersten Beamten stammten zunehmend aus Memphis. Dass der König mit der Praxis der Geschwisterehen brach und mit *Teje* ein Mädchen aus einfachen Verhältnissen zur Hauptfrau nahm, dürfte auch nicht nach dem Geschmack der Traditionalisten gewesen sein.

So war der radikale Bruch unter Sohn und Nachfolger *Amenophis IV.* (1364–1347 v. Chr.) bereits vorgezeichnet. Der nannte sich Echnaton (siehe S. 92), huldigte dem Sonnengott Aton statt dem Amun und verlegte die Hauptstadt von Theben nach **Amarna**. Doch diese Neuerungen hatten nicht lange Bestand. Der mit der schönen *Nofretete* verheiratete Ketzerpharao starb in seinem 16. Regierungsjahr, wenige Wochen danach auch der geheimnisumwitterte Mitregent *Semenchkare*. Damit fiel der Thron an den jugendlichen *Tutanchaton* (1347–1338 v. Chr.), der seinen Namen sogleich in *Tutanchamun* (siehe S. 196) änderte und die alten Götter wieder einsetzte. Doch nicht diese Maßnahme, sondern der Glücksfall eines unversehrt aufgefundenen Grabes machte Tutanchamun berühmt. Hinter ihm stand sein Erzieher *Eje*, der dann als letzter Pharao der 18. Dynastie regierte (1337–1333 v. Chr.).

Haremhab (1333–1306 v. Chr.), ein aus Mittelägypten stammender General, vollendete die Rückkehr zu den alten Verhältnissen und tat alles, um seine vier Vorgänger aus den Annalen und von den Tempelwänden zu tilgen. Zum Nachfolger setzte er einen anderen erfahrenen Krieger ein: Paramessu, der sich als Pharao *Ramses I.* (1306–1304 v. Chr.) nannte. Theben blieb Verwaltungsmittelpunkt und religiöses Zentrum, doch die königliche Residenz wurde nach Pi-Ramses ins östliche Delta verlegt. Nach Ramses I. ging die Krone zum ersten Mal seit langer Zeit wieder an einen Nachfolger in direkter Linie. *Sethos I.* (1304–1290 v. Chr.) machte Ägypten noch einmal zum mächtigsten Reich der Alten Welt. Im Tempel von Abydos, den er

26 Geschichte Ägyptens

Ramses II. und sein Obelisk im Luxor-Tempel

als Nationalheiligtum errichten ließ, feiern die Reliefs seine Siege über die Hethiter, Amoriter und Libyer.

Ramses II. (1290–1224) gilt als der ägyptische Pharao schlechthin. Keiner hinterließ so viele Bauwerke wie er. Eine Ramses-Büste des British Museum inspirierte 1817 den britischen Dichter Percy B. Shelley zu seinem Gedicht „Osymandias", das den Ruf dieses Pharaos nachhaltig schädigte und ihn zum Symbol der Tyrannei werden ließ. Die Architektur tendiert zum Monumentalen, zu sehen etwa im Großen Säulensaal von Karnak oder im Felsentempel von Abu Simbel. Malerei und Plastik kommen eher grob daher, statt Flachreliefs werden nun Tiefreliefs gemeißelt, was schneller geht und von potenziellen Usurpatoren aufwendiger auszulöschen ist. Schon im fünften Regierungsjahr führte Ramses II. ein Heer gegen die Hethiter. Beide Seiten feiern in ihren Annalen die Schlacht von Kadesch am Orontes als Sieg. 1270 v. Chr. schließen die Großmächte Frieden und besiegeln diesen durch die Heirat zwischen Ramses und der hethitischen Prinzessin Manefrure.

Unter den angeblich weit über hundert Nachkommen des Ramses verdient Sohn *Chaemweset* Erwähnung, weil er zahlreiche Bauwerke instand setzen ließ. Den Thron erbte der 13. Sohn *Merenptah* (1224–1214 v. Chr.), in dessen Regierungszeit früher der Auszug und die Verfolgung der Israeliten datiert wurden – heute vermutet man den realen Kern dieser biblischen Überlieferung eher in der Hyksos-Zeit. Merenptah erwehrte sich der mysteriösen Seevölker, die zusammen mit libyschen Stämmen ins Delta einfielen.

Ramses III. (1184–1153 v. Chr.), zweiter König der 20. Dynastie, orientierte sich an seinem berühmten Vorgänger und gilt als der letzte große Pharao dieses Namens. Seine Schlachten sind an den Mauern des mächtigen Totentempels Medinet Habu verewigt, den er sich in Theben bauen ließ. Kriege und Größenwahn bei den öffentlichen Bauten hatten jedoch bereits die Fundamente des Ruins gelegt, zunächst den der Staatskasse. Ins Heer wurden fremdländische Söldner aufgenommen, die sich nicht anders verhielten als später die germanischen Truppen der Römer, indem sie einen der ihren auf den Thron hoben. Unter den folgenden Ramessiden – die Chroniken zählen noch Ramses IV. bis XI. (1143–1070 n. Chr.) – nahmen Ansehen und Autorität der Herrscher immer mehr ab. Noch zu Lebzeiten des letzten Ramses übernahm der Amun-Priester *Herihor* die Macht in Theben, derweil in Unterägypten der Söldnerführer *Smendes* den Thron eroberte.

Mit ihm begann die **Spätzeit**, als welche die Periode bis zur Ankunft Alexanders des Großen bezeichnet wird. Fremde Dynastien wie Nubier und Libyer beherrschten das Land. Assyrische Pharaonen brachen endgültig die Vormachtstellung der Amun-Priester, bevor sich die 26. Dynastie (664–525 v. Chr.) an einer Renaissance des alten Ägypten versuchte. In die Zeit dieser nach ihrer Hauptstadt **Sais** auch *Saiten* genannten Herrscher fällt die Einführung des Eisens. Pharao *Necho II.* ließ einen Kanal zwischen dem pelusischem Nilarm und Rotem Meer beginnen und schickte 2000 Jahre vor Vasco da Gama phönizische Seeleute um ganz Afrika herum.

> *Lesetipp:* Erik Hornung, *Grundzüge der ägyptischen Geschichte*, Primus-Verlag Darmstadt. Gibt einen verständlichen und gut lesbaren Überblick über zweieinhalbtausend Jahre ägyptischer Geschichte.

Ptolemäer und Römer

Unter den griechischstämmigen Ptolemäern geriet Ägypten in den Bannkreis der Mittelmeerwelt. Ihre letzte Herrscherin war die legendäre Pharaonin Kleopatra.

Nachdem er die Perser geschlagen hatte, fiel *Alexander dem Großen* 332 v. Chr. auch das Nilland zu. Bei der auf des Makedonen frühen Todes folgenden Reichsteilung setzte sich am Nil der griechische General *Ptolemaios Soter* durch, dessen Dynastie, die **Ptolemäer**, bis 30 v. Chr. regierte und ihre Hauptstadt **Alexandria** zur führenden Metropole der hellenistischen Welt ausbaute. Obwohl die Ptolemäer, wie später auch die römischen Kaiser, in Ägypten als Pharaonen auftraten, blieben sie ihrem griechischen Erbe verhaftet. Aus dem anfangs unvermittelten Nebeneinander griechischer Herren- und ägyptischer Untertanenkultur erwuchs bald ein Synkretismus: In Malerei, Bildhauerei, Architektur und Literatur, ja sogar in der Religion verschmolzen Elemente aus beiden Kulturkreisen.

Das Ende der Ptolemäerdynastie hätte in Hollywood ersonnen sein können: *Ptolemaios XIII.* ermordet seinen römischen Vormund Pompeius und vertreibt seine mitregierende Schwester **Kleopatra VII.** Diese verbündet sich mit dem in Rom zur Macht gekommenen *Cäsar*, der sich nach Alexandria aufmacht und den aufständischen Ptolemaios besiegt. Aus der politischen Allianz zwischen Cäsar und Kleopatra wird ein Liebesverhältnis. Als beider Söhnchen *Cäsarion* gerade zwei Jahre alt ist, lässt Kleopatra einen weiteren Bruder und Mitregenten, *Ptolemaios XIV.*, töten und setzt Cäsarion an seine Stelle.

Nach der Erdolchung Cäsars in Rom setzte die Königin ihr Spiel mit dem als Aufpasser nach Ägypten entsandten **Marcus Antonius** fort. Wieder verband sich Neigung mit Realpolitik. Antonius brauchte die Ressourcen Ägyptens in seinem Machtkampf mit *Oktavian*, und Kleopatra suchte mit der Allianz, Thron und Land vor der römischen Herrschaft zu retten. Vergeblich. Oktavian setzte sich durch, wurde Kaiser Augustus und machte Ägypten zur römischen Provinz mit dem Status einer Art kaiserlichen Privatdomäne – Kleopatra und Antonius, die Verlierer, sahen sich zum Freitod genötigt.

Nach der römischen Besetzung war Ägypten ein strikter Apartheidstaat: ganz oben die dünne römische Beamtenschicht samt ihren Legionären, dann die gräzisierten Stadtbürger Alexandrias, schließlich unten die im persönlichen Eigentum des römi-

28 Geschichte Ägyptens

schen Kaisers stehende Landbevölkerung. So sehr diese Klassen durch Sprache, Kultur und administrative Schranken auch getrennt waren, das **Christentum** fand in allen Kreisen Anhänger.

Kleopatra

Ihr Name steht für Leidenschaft und Sinnlichkeit, für Macht und Intrige. Schön soll sie nicht gewesen sein, die Zeitgenossen machten sich über ihre lange Nase lustig, doch hoch gebildet und von starker persönlicher Ausstrahlung.

Die schöne Kleopatra und Sohn Cäsarion; zu ihren Füßen Cäsar

Schon der Vater, Ptolemaios XII. Neos Dionysos, schacherte mit der Großmacht Rom um den Fortbestand seines Reiches und ließ eine Tochter samt zwei Schwägern ermorden, als sie sich an die Spitze eines Volksaufstands gegen ihn und seine Steuereintreiber stellten. Kleopatras Bruder und Mitregent Ptolemaios XIII. ertrank zu ihrem Glück im Nil; dessen Nachfolger, ihren Halbbruder, ließ sie ermorden, ebenso einen dritten Bruder. So lösten die Herrscher damals ihre familiären und politischen Probleme.

Sie umgarnte die römischen Politiker Cäsar und Marcus Antonius. Mit Oktavian, dem späteren Kaiser Augustus, kam sie nicht mehr zurecht. Der Schmach, im Triumphwagen durch Rom gezogen zu werden, zog sie den Selbstmord vor. Ob durch den Giftbecher oder eine Schlange, ist umstritten. Thronerbe Cäsarion, in letzter Minute auf einem Schiff ins Exil nach Puntland geschickt, war töricht genug, auf halber Strecke umzukehren und sich Oktavian anzudienen, um von dessen Häschern getötet zu werden.

Kleopatra ist Gegenstand von zwei Dutzend Biografien, ihr Leben wurde verfilmt und vercomict. Shakespeare und Shaw fielen über ihre Legende her. „Zwei Kaiser fielen ihr zum Raub. Da hat sie sich zu Tod gehurt und welkte hin und wurd' zu Staub", lästerte Brecht in der Dreigroschenoper. Meist waren es Männer, deren künstlerische Phantasie sie inspirierte und deren Werke zum Thema Männerphantasien ebenso viel aussagen wie über die letzte Pharaonin.

In ihrer Heimat lebt sie als volkstümliche Zigarettenmarke weiter. Ihr Bildnis an der Rückwand des Tempels von Dendera enttäuscht die Touristen, denn die Darstellung zeigt sie laut DuMont nicht anders als ihre männlichen Pharaonenvorfahren auch. Abgesehen von Abbildern auf abgegriffenen Münzen und idealisierten Büsten gibt es kein Porträt von ihr. Hätten Sie sie gern kennengelernt?

Schon im 2. Jh. hatte sich die neue Religion bis nach Oberägypten ausgebreitet, und unter Kaiser Justinian (reg. 527–565) wurde der letzte heidnische Tempel auf der Nilinsel Philae geschlossen. Auf dem Lande entwickelte sich eine eher einfache Volksfrömmigkeit, die mit Paulus von Theben, Antonius und Pachomius die Väter des abend- wie morgenländischen Mönchtums hervorbrachte und das Christentum mit älteren, asketischen Lebensformen verband. Dem stand Alexandria mit seiner religiösen Hochschule als ein intellektuelles Zentrum gegenüber, wo die philosophisch-theologischen Strömungen der Zeit wie Gnosis, neuplatonische Ideen und manichäisches Gedankengut miteinander rangen. Arius und Athanasius, die großen Widersacher des ersten Konzils von Nicäa (325), stammten beide aus Alexandria.

Lesetipp: Katja Lemke u. a., *Ägyptens späte Blüte. Die Römer am Nil,* Mainz (Zabern-Verlag). Ein Autorenteam bringt uns das römische Ägypten näher. Zahlreiche Fotos und Abbildungen lockern die kulturgeschichtlich orientierten Kapitel auf.

Sultane und Kalifen

Mit der Eroberung Ägyptens durch den arabischen Feldherren 'Amr Ibn el-'As im Jahr 640 begann die Islamisierung des Landes und seiner Kultur. Am Nil ließen sich arabische Stämme nieder und verbreiteten den neuen Glauben und die arabische Sprache.

Zwei Jahrhunderte blieb Ägypten Provinz, die von Statthaltern der Kalifen in Damaskus oder Bagdad regiert wurde. Unter den **Fatimiden** (969–1171) stieg Ägypten dann zur Führungsmacht der islamischen Welt auf. Die Fatimidenherrscher führten ihre Abstammung auf Mohammeds Tochter Fatima und seinen Schwiegersohn Ali zurück. Sie waren Schiiten, gehörten also zur jener Minderheit im Islam, welche die Kalifen aus den Geschlechtern der Omaijaden und Abbasiden als unrechtmäßige Führer verurteilte. Ägyptens Unabhängigkeit von den Kalifen in Bagdad bekam damit auch eine religiöse Grundlage.

Um die Mitte des 12. Jh. hatten die **Kreuzritter** ganz Palästina unter ihre Kontrolle gebracht und blickten begierig nach Ägypten. Die Fatimiden baten den Sultan von Damaskus um Hilfstruppen zur Verteidigung gegen die Christen. In diesem Expeditionskorps war auch der kurdische Offizier **Salah ed-Din** („Saladin"). Er stürzte die Fatimiden 1171 in einem Staatsstreich. Ob er den Angriff der Christen oder die Rache der fatimidischen Partei fürchtete, jedenfalls ließ Salah ed-Din in Kairo die Zitadelle als Festung für sich und sein Heer anlegen. Mit der Befreiung Jerusalems von den Kreuzrittern ging er als Held in die islamische Geschichte ein.

Auch die **Aijubiden**, wie sich Salah ed-Dins Dynastie nannte, wurden schließlich von den Geistern überwältigt, die sie selbst gerufen hatten. Voller Misstrauen gegen sein eigenes Heer stellte Saladins Nachfolger Salih Ayub ein frisches Regiment aus gekauften und militärisch ausgebildeten Sklaven türkischen Ursprungs zusammen, den **Mameluken**. Unmittelbar vor der Landung des von *Ludwig IX.* geführten Kreuzfahrerheeres starb der Sultan überraschend. Seine Frau *Schagarat ed-Durr*, eine Armenierin, und der Mamelukengeneral *Aybek* hielten die Nachricht vom Tod des Herrschers geheim, bis die Christen geschlagen waren und der in Damaskus weilende Thronerbe Kairo erreicht hatte.

Stiefsohn *Turanschah* zeigte sich wenig dankbar und suchte sich der Mameluken zu entledigen. Die brachten ihn darauf um und erhoben Schagarat selbst auf den

Thron. Die Reaktionen des Auslandes fielen entsprechend aus. „Wenn ihr keinen Mann habt, um über Ägypten zu herrschen, so können wir euch wohl einen schicken", tönte es spöttisch und drohend zugleich aus Bagdad, dessen Abbasidenkalif den Anspruch auf Ägypten noch nicht aufgegeben hatte, und auch manche Mameluken fanden es unerhört, den Befehlen einer Frau gehorchen zu müssen.

> ### Sultan el-Hakim: verrückt oder entrückt?
> Als ein recht bizarrer Herrscher erwies sich der Fatimidensultan el-Hakim. Schon im zarten Alter von 15 Jahren tötete der Sohn von Sultan el-Aziz und einer griechischen Konkubine seinen Lehrer und bald auch seine Ratgeber. Um sich ein Bild von der Stimmung des Volkes zu machen, ritt el-Hakim gerne als Bettler verkleidet nachts durch die Stadt. Mehr und mehr gewannen seine neurotischen und despotischen Charakterzüge die Oberhand. Der fatimidische Nero verordnete den Kairoern, nur noch des Nachts zu arbeiten und dafür am Tage zu schlafen. Um seine weiblichen Untertanen ins Haus zu verbannen, verbot er bei harter Strafe die Fertigung von Frauenschuhen. Und wehe dem, der el-Hakims Befehle missachtete. Kaufleute, die er während seiner Ausritte beim Betrug ertappte, hatte el-Hakims Leibsklave auf der Stelle und vor den Augen des Meisters zu vergewaltigen. Auf das Gerücht hin, seine Schwester Sitt el-Mulk habe in el-Fustat einen Liebhaber, ließ der eifersüchtige Sultan das Viertel anzünden. Bis die Hebammen des Hofs Sitt el-Mulks Unschuld untersucht und bezeugt hatten, lagen ganze Straßenzüge in Schutt und Asche.
> Eines Morgens kehrte el-Hakim von seiner Tour nicht mehr zurück. Das Maultier fand sich später auf dem Moqattam-Hügel, doch vom Reiter keine Spur. Der Kalif blieb verschollen. Die Kopten sagen, Jesus sei dem Sultan erschienen, und dieser habe sich dann als bekehrter Sünder in ein Kloster zurückgezogen. Andere glauben, Sitt el-Mulk habe den verrückten Bruder schließlich töten lassen, weil er ihr an die Wäsche wollte. Doch ist el-Hakim wirklich tot? Den Drusen gilt er als der verborgene Imam, der eines Tages zurückkehren und das Gottesreich auf Erden einrichten wird.

Die Dynastie der **Bahri-Mameluken** (so genannt nach der Lage ihrer Kaserne am *bahr*, dem Fluss) brachte es von 1250 bis 1382 auf 25 Sultane, und aus den Reihen der nachfolgenden tscherkessischen **Burdschi-Mameluken** (ihr Hauptquartier war ein *burdsch*, ein Turm auf der Zitadelle) wurden von 1382 bis 1517 weitere 21 Sultane gezählt. Kaum einer starb eines natürlichen Todes oder kam in dieser von Intrigen, Meuchelmorden und Blutbädern gekennzeichneten Epoche legal an die Macht. Vom Volk war die Kriegerkaste schon durch ihre türkische Sprache getrennt. Hemmungslose Ausbeutung brachte die Mittel für die unter den Mameluken entstandenen prächtigen Bauten und den üppigen Lebensstil der Sklavenfürsten.

Die Machtübernahme durch die **Osmanen** brachte für das Volk am Nil keine großen Veränderungen. De facto regierten weiter die Mameluken; nur an der Spitze stand ein von Konstantinopel eingesetzter Provinzstatthalter, und mit dem Steueraufkommen musste außer den lokalen Bedürfnissen jetzt auch die Habgier des türkischen Hofes befriedigt werden. Ägypten wie der gesamte östliche Mittelmeerraum gerieten allmählich in den Schatten der Weltpolitik, die sich mit der Entdeckung Amerikas und des Seeweges nach Indien in andere Richtungen orientierte.

Napoleon in Ägypten

1798 kam Europa in Gestalt Napoleons mit Gewalt über Ägypten. Die Mameluken waren gewandte und tapfere Reiter, doch der französischen Kriegsmaschinerie, die den ritterlichen Einzelkampf vermied und aus der Ferne schoss, waren sie hoffnungslos unterlegen.

167 Experten, die Creme der französischen Wissenschaften, begleiteten die Armee: Mathematiker, Astronomen, Geografen, Geologen, Botaniker, Arabisten, Archäologen. Selbst Literaten und Maler waren dabei, um die Expedition zu dokumentieren. In der erst 1825 abgeschlossenen *Description de l'Egypte* legten die Wissenschaftler der Expedition ihre gesammelten Kenntnisse über Ägypten nieder. Seinen Teil zum folgenden Boom der Ägyptologie tat der von einem französischen Soldaten gefundene „Stein von Rosetta" (Raschid) mit einer in zwei Sprachen und drei Schriften notierten Inschrift. An einer Wachskopie entzifferte Jahre später Jean-François Champollion die Hieroglyphen.

> **Endzeitliches Gemetzel …**
>
> „Es war das erste Jahr großen endzeitlichen Gemetzels und Wechsels, in dem Ereignisse auf uns niederprasselten, so daß wir erblaßten; Vervielfachung alles Schlimmen, Überstürzung aller Dinge; Aufeinanderfolgen von Unglücken, voll von Mißgeschicken; Umkehrung alles Natürlichen, Revolution alles Gebührlichen; Abfolge von Scheußlichkeiten, entgegen geregelter Häuslichkeit; der Ordnung Ersterben, Beginn von Verderben; allgemeine Zerstörung, Verwirrung und Empörung; Gott zerstörte durch Tyrannen die Dörfer und den Frieden ihrer Mannen", notierte der Chronist el-Gabarti über die französische Herrschaft.

Zwar gelang es den Osmanen mit britischer Hilfe, die Franzosen bald wieder aus Ägypten zu vertreiben, doch bewirkten die gerade mal drei Jahre unter französischer Verwaltung nachhaltige Veränderungen. Erstmals 1798 soll es gewesen sein, als sich am Ezbekiya-Teich Personen verschiedenen Geschlechts in städtischer Öffentlichkeit gemeinsam zeigten. Die neuen Cafés, Tavernen und Bordelle schlossen keineswegs nach Abzug der Franzosen, sondern fanden einheimische Kundschaft. Noch als englisches Protektorat blieb das Nilland eine Domäne französischer Wissenschaft und Kultur. Ägypter, die ihre Zugehörigkeit zur „alten Elite" der oberen Zehntausend demonstrieren wollen, sprechen bis heute miteinander französisch und grenzen sich so von den anglophilen neureichen Aufsteigern ab.

Modernisierung mit Zuckerbrot und Peitsche

Nach dem Abzug der Franzosen ging aus dem Intrigenspiel zwischen Mameluken-Beys und osmanischen Paschas der Sohn eines albanischen Tabakhändlers als Sieger hervor: Mohammed Ali führte Ägypten in die Moderne.

Am liebsten überzeugte er seine Gegner. War das nicht möglich, suchte er sie zu kaufen, und als Ultima Ratio brachte er sie um. So geschehen mit einigen hundert Mameluken, die vor Napoleon im Lande das Sagen hatten: Ali lud sie zum Festmahl auf die Zitadelle, setzte sie gefangen und ließ sie köpfen.

Auch wenn die Nachwelt bei den „Taten" Mohammed Alis in erster Linie an dieses **Mamelukenmassaker** denkt, gründet sich seine historische Größe auf andere Hinterlassenschaften und Unternehmen. Er beschränkte sich nicht wie seine Vorgänger darauf, Ägypten einer Zitrone gleich für den privaten Geldbeutel auszupressen und ansonsten im Dornröschenschlaf zu belassen. Mohammed Ali war ein Visionär und seine Vision die eines modernen Ägypten. Er besaß Zähigkeit und Fähigkeit genug, diese Vision in 40 Regierungsjahren zu verwirklichen.

Dabei halfen ihm **europäische Berater**, besonders Franzosen, die nach dem Sturz Napoleons zuhauf arbeitslos und leicht zu locken waren. Der Pascha reformierte das Heer, schuf ein weltliches Bildungssystem, führte neue Nutzpflanzen wie Oliven und Indigo ein, erweiterte den Baumwollanbau und legte den Grundstein der ägyptischen Textilindustrie. In seinen Brennereien ließ er destillieren, alle Feldfrüchte unterwarf er dem Staatsmonopol und diktierte die Preise.

Da Mohammed Ali und seine Familie bewusst Osmanen blieben und die meisten Spezialisten im Staatsapparat Ausländer waren, konnten die einfachen Ägypter gegenüber den Herrschern und Fremden eine eigene Identität nicht nur als Beherrschte, sondern auch als Nationalvolk entwickeln. Was wiederum bis heute nachwirkt: Der Ägypter fühlt sich zuerst als Ägypter und nur nachrangig als Araber oder Moslem.

Die damals so hoffnungsvoll begonnene **Industrialisierung** des Landes scheiterte nicht deshalb, weil Ägypter von Natur aus keine geschickten Arbeiter oder Fabrikanten wären. Es war vielmehr Europa, das die Konkurrenz vom Nil erfolgreich zu verhindern wusste. In aufgezwungenen Verträgen (1840 veranstalteten die Engländer demonstrativ eine Flottenparade vor dem Schlafzimmerfenster Mohammed Alis in Alexandria) wurde der ägyptische Markt für ausländisches Kapital und europäische Waren geöffnet und dem Pascha die Zollhoheit genommen. Ausländische Güter waren hinfort steuerbegünstigt, fremde Kaufleute der ägyptischen Justiz entzogen und nur besonderen, von den Konsuln besetzten Tribunalen verantwortlich. Europa brauchte Rohmaterial und Märkte für seine Industrie sowie Nahrung für seine Fabrikarbeiter. Damals wurde die internationale Arbeitsteilung in ihren Grundzügen entworfen. Länder wie Ägypten, die Roh- und Fertigwaren gleichermaßen herstellen wollten, wies man in ihre Schranken.

Die Nachfolger Mohammed Alis sahen sich England, Frankreich und dem osmanischen Sultan gegenüber, die ihren Einfluss am Nil zu stärken suchten. 1851 gewährte Vizekönig Abbas dem englischen Eisenbahnunternehmer James Stevenson die Konzession für eine Schienenverbindung Alexandria–Kairo–Suez, und im April 1859 begann Lesseps' *Compagnie Universelle du Canal Maritime de Suez* mit den Arbeiten am Kanal, der Ägypten in den Staatsbankrott treiben sollte.

Auf dem Papier blieb Ägypten eine Provinz des Osmanischen Reichs. Doch mit dem Bau des **Suezkanals** war es für die Weltmacht Großbritannien zu wichtig geworden, um es weiter Vizekönigen, Khediven und Sultanen zu überlassen. 1882 besetzten britische Truppen Ägypten, das unter dem Diktat der Konsuln und Hochkommissare Ihrer Majestät zu einer riesigen Baumwollplantage für die Tuchfabriken von Lancashire wurde. Der Verarmung von Stadt und Handwerk stand der wachsende Wohlstand einer Gruppe von Großgrundbesitzern gegenüber, allen voran die königliche Familie, die in der Besatzungsmacht einen guten Kunden und deshalb an den politischen Verhältnissen nichts auszusetzen fanden. Drei Viertel der ausländischen Investitionen flossen in die Landwirtschaft und die Nilregulierung (Unterer Assuan-Damm 1902, Delta-Damm 1890/1910).

Das unabhängige Ägypten

Die nominelle türkische Herrschaft über Ägypten endete mit dem Ersten Weltkrieg. Großbritannien, das gegen die mit den Deutschen verbündeten Osmanen kämpfte, erklärte Ägypten 1915 zum Protektorat. Erst 1922 wurde das Land mit Einschränkungen in die Unabhängigkeit entlassen.

Die englischen „Vorbehalte" waren: Sicherheit für die Verbindungswege des Empire, Verteidigung Ägyptens gegen Dritte, Schutz ausländischer Interessen und von Minderheiten, britische Kontrolle des Sudan.

Zweiter Weltkrieg: Der Vorstoß von General Rommels Panzertruppen auf el-Alamein wurde von vielen ägyptischen Nationalisten als Auftakt zur endgültigen Befreiung ihres Landes von den Engländern geschätzt. Führer der „Jungägypter" *(Misr el-Fatah)* hatten schon 1936 auf dem Nürnberger Reichsparteitag Hitler gehuldigt. „*Ilal amam ya Rommel!*" („Vorwärts, Rommel!"), erschallte es nun auf den Straßen Kairos. Besonders aber alarmierte den britischen Oberbefehlshaber die Nachricht, dass König Faruk insgeheim mit den Achsenmächten verhandle. Am Morgen des 4. Februar 1942 umstellten englische Panzer den Palast und zwangen dem König einen neuen Ministerpräsidenten auf, der sich alliierten Wünschen gegenüber willfährig zu zeigen versprach. Was hieß: Kriegsrecht, Pressezensur und das Unterbinden aller prodeutschen Umtriebe.

Unterdessen formierten sich neue Kräfte, die das Schicksal des Nillandes bis heute bestimmen: Im Rundfunk hörten die Ägypter nicht nur die hinreißenden Konzerte Umm Kulthums, sie erfuhren auch von den Schandtaten der alliierten Besatzer in Libyen, Syrien, Palästina, dem Irak und auf der arabischen Halbinsel. Neben das „Ägypten den Ägyptern" der Nationalisten trat ein „Die arabische Welt den Arabern", und es debattierten die Intellektuellen in den Kaffeehäusern über eine geeinte arabische Nation unter ägyptischer Führung.

1948 sollte die erste Nation im ersten Krieg gegen den frisch gegründeten Staat Israel ihr Probestück liefern. Unvorbereitet und unkoordiniert, wie die Armeen der einzelnen Staaten waren, konnten sie nur den Ostteil Jerusalems und die Westbank für die Palästinenser retten. Innenpolitisch war diese Niederlage ein gewichtiger Nagel für den Sarg, in dem vier Jahre später die Monarchie von den „Freien Offizieren" beerdigt werden sollte.

Revolution am Nil: Die „Freien und reinen Offiziere", wie sie sich selbst nannten, putschten am 26. Juli 1952. Leicht verspätet verlas Oberstleutnant Anwar el-Sadat ihre Proklamation im Rundfunk. Die entscheidenden Stunden mit seinen Kindern im Kino verbracht zu haben („Ich kannte das Losungswort nicht!") empfand der spätere Präsident zeitlebens als ehrenrührigen Makel. Den König schickten die Meuterer ins Exil, womit die Dynastie Mehmet Alis ein unrühmliches Ende nahm. „Ihre Aufgabe wird nicht einfach sein. Sie wissen, es ist schwer, Ägypten zu regieren", waren Faruks letzte Worte an die Putschisten, bevor er mit seiner Jacht gen Italien in See stach – nie wieder setzte er seinen Fuß auf ägyptischen Boden.

1952 lebten im schmalen Streifen entlang des Nils auf jedem Quadratmeter nutzbaren Bodens im Durchschnitt zehnmal mehr Menschen als in Frankreich und viermal mehr als in Deutschland. Und jede Minute kam ein Mensch hinzu, im Jahr mehr als eine halbe Million. Diese wachsende Bevölkerung ausreichend zu ernähren war die größte Leistung des neuen Regimes, an dessen Spitze sich Gamal Abdel Nasser als starker Mann und Präsident setzte. Die schon im Herbst 1952 verkündete Agrarreform beschränkte den Landbesitz pro Kopf auf zunächst 80, ab 1969 auf 40 Hektar. Immerhin 15 % der landwirtschaftlichen Nutzfläche wurden so umverteilt. Nutznießer waren Landarbeiter, Pächter und Kleinbauern.

> ### Gamal Abdel Nasser – der gute Diktator?
>
> Gamal Abdel Nasser (1918–1970) war einer der bedeutendsten arabischen Staatsmänner des letzten Jahrhunderts. Als Kopf der „Freien Offiziere" plante und führte er 1952 den Putsch gegen die Monarchie. Nachdem er seine Konkurrenten ins politische Abseits manövriert hatte, übernahm der in einem Dorf bei Assiut geborene Sohn eines Postbeamten 1954 die Regierungsgewalt und ließ sich schließlich per Volksabstimmung zum Präsidenten küren.
>
> Auf internationalem Parkett zählte er mit dem Jugoslawen Josip Broz Tito und dem Inder Jawarhalal Nehru zu den Führern der blockfreien Staaten, die einen „dritten Weg" zwischen Ost und West suchten. Mit Nassers Widerstand gegen ein US-dominiertes Militärbündnis im arabischen Raum („Bagdad-Pakt") kühlten die Beziehungen zum Westen weiter ab, der Ägypten mit dem Entzug der Militär- und Finanzhilfe bestrafte. Nasser revanchierte sich mit der Verstaatlichung des Suezkanals und gewann die Sowjetunion für die Finanzierung des Assuan-Staudamms.
>
> Zu seinen großen innenpolitischen Erfolgen gehört die Verteilung des Großgrundbesitzes an Kleinbauern und Pächter, eine Reform, die in den 90er-Jahren wieder rückabgewickelt wurde. Auf der Habenseite des Nasserismus stehen auch der Ausbau des Schulwesens, der Aufbau eines flächendeckenden Netzes von Gesundheitsstationen im ländlichen Raum und eine Beschäftigungsgarantie für alle Akademiker nach Abschluss der Ausbildung. Sein Land regierte der Ra'is („Führer") jedoch mit harter Hand und Hilfe der Geheimdienste. Kommunisten wurden ebenso verfolgt wie die islamistische Moslembruderschaft.
>
> Trotzdem war der charismatische Redner beim Volk beliebt wie kein anderer ägyptischer König oder Präsident des 20. Jh. Zu seiner Beerdigung am 1. Oktober 1970 erlebte Kairo den bislang größten Massenauflauf seiner Geschichte. Mehr als eine Million Menschen säumten die Route des Trauerzugs, und der Polizei gelang es nicht, den angereisten Staatsgästen einen Weg zum Leichnam zu bahnen. Selbst gestandene Männer weinten, zerrissen ihre Kleider und schrien: „Gamal Abdel Nasser, verlass uns nicht!" Noch heute betrachten viele Ägypter die Jahre unter Nasser als goldenes Zeitalter.

Suezkrise: Nach dem Ende des Zweiten Weltkriegs hatte die Royal Air Force Ägyptens Himmel und Flugfelder geräumt, war die Royal Navy aus Alexandria, Safaga und anderen Häfen abgezogen und hatte die Royal Army das Land am Nil verlassen – nur die Zone um den Suezkanal war weiterhin unter britischer Verwaltung geblieben, bis Ägyptens Präsident Gamal Abdel Nasser im Juli 1956 die Kanalgesellschaft verstaatlichte und die Kanalzone besetzen ließ. Frankreich und England zeigten sich bestürzt: die Briten, weil ihre Regierung drei Achtel der Kanalaktien besaß, die Franzosen, da der Hauptanteil der von Ferdinand de Lesseps gegründeten Kanalgesellschaft in französischen Händen lag. Am 29. Oktober 1956 griffen israelische Soldaten die Ägypter auf dem Sinai an. Zwei Tage später bombardierten die

Engländer Port Said. Die Sowjetunion drohte mit einer Intervention, die Amerikaner gaben den Europäern eins auf die Finger – sie sollten die Rolle des Weltpolizisten künftig den Supermächten überlassen. Schließlich landeten UN-Truppen am Kanal, um einen Waffenstillstand und den Rückzug der Invasoren zu überwachen. *Time* erklärte Nasser zum „Mann des Jahres", denn niemand habe es wie er geschafft, aus einer Niederlage als Sieger hervorzugehen.

Land gegen Frieden

Die nächste militärische Auseinandersetzung mit dem ungeliebten Nachbarn hatte für Ägypten schlimmere Folgen. Am 6. Juni 1967 überschritten israelische Truppen die Grenze und rückten in kürzester Zeit bis an den Suezkanal vor. Nach dem **Sechstagekrieg** gehörte der Sinai für 15 Jahre zu Israel. Während sich in Ofira (Scharm el-Scheich) die ersten Taucher und Badegäste tummelten, lieferten sich Israelis und Ägypter nun einen jahrelangen Abnutzungskrieg: Die einen schossen über den Kanal, die anderen bombardierten Suez und sogar Ziele am Nil.

Nassers Nachfolger *Anwar el-Sadat* tilgte mit einem Überraschungsangriff die Schmach der Niederlage. Am 6. Oktober 1973, dem israelischen Feiertag Yom Kippur, stießen ägyptische Panzer tief in den Sinai vor. Doch bevor die Vereinten Nationen schließlich einen Waffenstillstand vermittelten, hatten im Süden auch die israelischen Verbände den Kanal überschritten und standen am Stadtrand von Suez. So feiern heute beide Seiten den **Oktoberkrieg** als militärischen Sieg. Politisch zog Ägypten den größeren Nutzen: Das Friedensabkommen von Camp David (1979) brachte dem Land im Tausch gegen die Anerkennung des Staates Israel die Rückgabe des Sinai, der 1982 von den letzten israelischen Siedlern und Soldaten geräumt wurde.

Fette Katzen und faule Kredite

Unter dem Etikett „*Infitah*" (Öffnung) betrieb Sadat neben der Annäherung an den Westen auch eine Liberalisierung des Wirtschaftslebens. Nutznießer waren die von den alten Baumwollbaronen wie den Unterschichten gleichermaßen verachteten „fetten Katzen", nämlich Teile des Bürgertums, die als Händler, Bauunternehmer oder Bodenspekulanten in wenigen Jahren immense Reichtümer anhäuften. Im Gegensatz zu Nasser war Sadat nie ein Präsident der einfachen Leute. Für sie ist er nicht der Held der Kanalüberquerung, sondern jener, der die „Katzen fett werden ließ", die Pyramiden mit einem Vergnügungspark entweihen wollte, überall im Lande große Villen besaß und den Brotpreis erhöhte. Hatte er nicht sogar das Nilwasser an die Israelis verkaufen wollen? Ein neuer Pharao, dem Volk entfremdet. Am 6. Oktober 1981 starb Anwar el-Sadat, der als frommer Moslem galt, im Kugelhagel muslimischer Radikaler.

Seinem Nachfolger *Hosni Mubarak* fiel kein leichtes Erbe zu. „Islamische" Investitionsgesellschaften versprachen das schnelle Geld mit gottgefälligen Finanzanlagen und lockten so besonders den Arbeitsmigranten umgerechnet rund 11 Mrd. US-Dollar aus der Tasche – mitunter ein Spiel, bei dem die angeblichen Erträge aus den Einlagen gezahlt wurden. Diese schwarzen Schafe nahm der Staat 1988/89 zum Vorwand, auch die seriösen Anlagefirmen mit administrativen Knebeln in den Kollaps zu treiben und so die Banken von der lästig gewordenen Konkurrenz zu befreien.

36 Geschichte Ägyptens

Zwei Jahre später gerieten dann auch die Banken in Schieflage. Wegen des Golfkriegs blieben die Touristen aus, und die Migranten schickten kein Geld mehr. Jeder dritte Kredit, so schätzen Experten, war faul. Der Staat rettete das Finanzsystem mit massiven Geldspritzen – und konnte die darüber ins Trudeln geratene Währung nur mit Hilfe des Weltwährungsfonds stabilisieren. Dieser verordnete Ägypten die übliche Rosskur: Abbau der Subventionen und Sozialleistungen, Privatisierung der Staatsbetriebe, eine Politik des knappen Geldes.

Treuer Partner

Verlierer der Strukturanpassung sind vor allem die Bauern und der ländliche Raum. Mit der Rückabwicklung der Nasserschen Landreform verloren viele Pächter ihr Land und suchen ihr Glück nun in den Armenvierteln Kairos und Alexandrias. In die noch verbliebenen öffentlichen Betriebe wird nichts mehr investiert, staatliche Schulen und Gesundheitseinrichtungen siechen dahin. Überraschenderweise und entgegen den neoliberalen Lehrbüchern tritt der Staat jedoch mehr denn je als Finanzier in Erscheinung, kauft sich zur Stützung der Aktienkurse in bereits privatisierte Betriebe wieder ein oder gewährt den großen Firmenkonglomeraten günstige Millionenkredite.

Die sozialen Unterschiede sind heute wieder so groß wie zu Zeiten der Monarchie: 90 % der Bevölkerung müssen sich mit Einkommen am oder unter dem Existenzminimum begnügen und zusehen, wie die restlichen 10 % in Saus und Braus leben und dies auch deutlich zeigen. „Zurück zum Koran" fordern die Religiösen, streben einen ethisch gezähmten Kapitalismus an und sehen in der „Verwestlichung" die Ursache allen Übels.

Außenpolitisch ist Ägypten eine treuer Verbündeter der Vereinigten Staaten und wird dafür mit Hilfsgeldern und gelegentlichen Schuldenerlassen belohnt. Dass es mit Menschenrechten und Demokratie nicht weit her ist, nimmt die Weltmacht in Kauf. Hauptsache, der oft zitierte „Zorn der arabischen Straße" kann sich auf Ägyptens Straßen nicht entfalten – die gehören den Sicherheitskräften. Zu unserer Sicherheit.

„Deluxe" sind auf dieser Fähre allenfalls die Träume

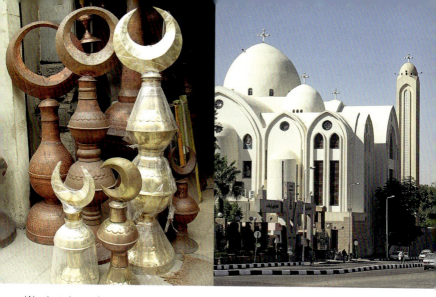

Wer hat den schönsten Halbmond?   *Wer das prächtigste Kreuz?*

Islam und Christentum – die modernen Religionen

Die weit überwiegende Mehrheit der Ägypter bekennt sich zum Islam. Die Kopten – die ägyptischen Christen – leben über das ganze Land verstreut, haben ihre Hochburg aber in Mittelägypten. In Kairo ist das Stadtviertel Misr el-Qadima („Alt-Kairo") weitgehend christlich.

Der Islam

„Es gibt keinen Gott außer Allah, und Mohammed ist sein Prophet", verkündet der Muezzin in jedem Gebetsruf. Wer dieses Glaubensbekenntnis ausspricht, gilt als Moslem.

Dass sie von Andersgläubigen in Analogie zu Christen oft Mohammedaner genannt werden, beleidigt die muslimischen Gläubigen zutiefst. Denn Mohammed wird eben nur als Prophet, nicht als Gott verehrt. Ihm verkündete Allah durch den Erzengel Gabriel den *Koran*. Diese abschließende Offenbarung vollendete das Werk früherer Propheten wie etwa Abraham, Moses oder Jesus. Schon 20 Jahre nach Mohammeds Tod (632) ordneten Gelehrte die Offenbarungen und gaben dem Koran seine bis heute verbindliche Fassung. Den Koran ergänzt die im Hadith niedergeschriebene *Sunna* („Gewohnheit"), die Überlieferung von Mohammeds Taten und Reden – im Unterschied zum göttlichen Wort des Korans.

Das **Glaubensbekenntnis** ist die wichtigste der *fünf Säulen des Glaubens,* denen jeder Moslem folgen soll. An zweiter Stelle steht das fünfmal am Tag zu verrichtende **Gebet,** bei dem sich der Moslem mit dem Gesicht gen Mekka wendet. Besonders eifrige Beter erkennt man an der *Zebiba*, einem dunklen Fleck auf der Stirn, der vom häufigen Berühren des Bodens herrührt. Wenigstens einmal die Woche sollen die Gläubigen zum gemeinsamen Gebet zusammenkommen. In der Moschee weist der *Mihrab* (Gebetsnische) die Richtung nach Mekka. Vom erhöhten *Minbar* (Kanzel) hält der Vorbeter die Freitagspredigt. Kaum ein Muezzin steigt noch persönlich aufs *Minarett*, um die Gläubigen zum Gebet zu rufen. Heute spricht der Gebetsrufer unten in ein Mikrofon, brüllende Lautsprecher ersparen ihm die Kletterei.

Hadsch – zehntägige Pilgerfahrt nach Mekka

Einmal im Leben, so das Gebot, soll jeder männliche Moslem, der gesund und finanziell dazu in der Lage ist, im Du'l-Higga, dem letzten Monat des Jahres, nach Mekka pilgern. Alle Gläubigen, denen die göttliche Gnade der saudi-arabischen Staatsbürgerschaft versagt blieb und die auch nicht in den Genuss der persönlichen Einladung eines der vielen saudischen Prinzen kommen, benötigen für die so genannte *Hadsch* ein Einreisevisum. Und da die heiligen Stätten nicht mehr als 2,5 Millionen Pilger gleichzeitig bewältigen können – auch bei dieser Zahl kommt es immer wieder zu diversen Katastrophen –, beschloss eine Konferenz der Organisation islamischer Staaten, dass jedes muslimische Land nur für ein Tausendstel seiner Bevölkerung Visa erhält. Demnach dürfen jedes Jahr nur 70.000 Ägypter auf Pilgerfahrt gehen – ein Bruchteil derer, die gerne möchten.

Für die 19-stündige Busfahrt mit zehn Nächten in einfacher Unterkunft zahlen die Pilger etwa 5000 Pfund, für eine Flugreise sogar 7000. Bei Durchschnittsgehältern von etwa 300 Pfund kostet die Hadsch damit mehr als für Touristen eine Nilfahrt der Luxusklasse. Reiseveranstalter kombinieren ihr begehrtes Visakontingent nur mit Übernachtungen im Nobelhotel und verlangen dafür wenigstens 18.000 Pfund.

Während der Reise kleiden sich die Pilger in weiße, nahtlose Umhänge und tragen Sandalen. Frauen müssen ihren Körper mit Ausnahme des Gesichts und der Hände verhüllen. Das Ritual in Mekka beginnt mit dem siebenfachen Umkreisen der *Kaaba* (von arabisch „Würfel"), dem zentralen Heiligtum des Islam. Dieses mit einer schwarzen Brokatdecke verhängte Haus Gottes wurde, so der Glaube, bereits von Abraham und seinem Sohn Ismail errichtet und befindet sich im Innenhof der Großen Moschee *(Masjid al-Haram)*. An der Südecke ist etwa in Augenhöhe der berühmte schwarze Stein eingemauert. Vielleicht handelt es sich um einen Meteoriten, doch wurde er nie wissenschaftlich untersucht. Muslime glauben, Abraham habe diesen inzwischen durch die ständigen Berührungen glatt polierten Stein beim Erbauen der Kaaba vom Erzengel Gabriel empfangen. Bei jeder Umrundung der Kaaba haben die Gläubigen ein anderes Gebet zu sprechen. Die meisten lesen sie von Zetteln ab, um keine Fehler zu machen.

Andertags trotten die Pilger in einer langen Halle auf der Ostseite der Großen Moschee vierzehnmal von einem Ende *(Safa)* zum anderen *(Marwa)*. Hagar, die Magd Abrahams und Mutter seines Sohnes Ismail, wurde nach der Überlieferung von ihrem Stamm verstoßen und suchte in der Wüste Wasser für sich und ihr Kind. Der Gang durch die Halle soll an diese Suche erinnern und endet an der Quelle *Zemzem*, die Gott schließlich vor den Füßen Hagars sprudeln ließ. Auch zwei Gebete am *Maqam Ibrahim*, dem Platz, wo das Haus Ibrahims stand, gehören zum Programm.

Islam und Christentum

> Am achten Tag der Hadsch werden die Pilger in Bussen in das Städtchen *Mena* transportiert und machen sich hier am nächsten Morgen auf den Weg zum Berg *Arafat*, wo sie von Mittag bis Abend in einem millionenstimmigen Chor Gott anrufen. Im Hintergrund warten Ambulanzen, um jene abzutransportieren, deren Kreislauf in der prallen Hitze kollabiert. Nach Sonnenuntergang sammeln die Pilger Kiesel, mit denen sie am nächsten Morgen, dem ersten Tag des Opferfestes, die Felsnadel *Gamaret el-Aqaba* steinigen, die den Teufel symbolisiert – ein Ritual, das wiederum siebenmal vollzogen werden muss, bevor dann im Gedenken an das Opfer Abrahams ein Schaf geschlachtet wird. Nur wenige Tiere werden zerlegt und verspeist – die meisten Kadaver verscharren Bulldozer in riesigen, zuvor ausgehobenen Gruben. Nach dem Opfer rasieren sich die Männer das Haupt und kehren nach Mekka zurück. Zum Abschluss muss wieder die Kaaba siebenmal umrundet werden, der Gamaret el-Aqaba gesteinigt und nochmals die Kaaba besucht werden. Dann geht's wieder nach Hause.

Die dritte Säule ist die **Almosengabe** *(zakat)*, die sich heute der Staat unter dem Etikett „Vermögenssteuer" aneignet. Daneben gibt es eine besondere Naturalgabe, meist Fleisch, die an Festtagen bedürftigen Nachbarn, Bekannten und Verwandten zukommt. Als besonders verdienstvoll gelten Almosen, die anonym gegeben werden.

Vierte Pflicht des Gläubigen ist das **Fasten**. Während des Fastenmonats Ramadan wird zwischen Sonnenauf- und -untergang der Verzicht auf Essen, Trinken, Rauchen und Beischlaf verlangt. Wobei das Versäumte nach Einbruch der Dunkelheit umso eifriger nachgeholt wird, sodass etwa die Fleischer gerade im Ramadan Spitzenumsätze erzielen.

> **Unrein** (und verboten) sind den Muslimen Alkohol, Schweinefleisch generell sowie anderes Fleisch, wenn die Tiere nicht geschächtet wurden. Unreinheit entsteht auch durch Schlaf, Verrichtung der Notdurft, die Berührung der eigenen Genitalien oder einer Person des anderen Geschlechts. Nacktheit ist dem Islam unmoralisch.
>
> Eine je nach dem Grad der Unreinheit große oder kleine **Waschung** stellt die zur Verrichtung des Gebets erforderliche rituelle Reinheit wieder her. Der kleinen Waschung (Kopf, Füße, Hände und Unterarme) dienen die Brunnen vor der Moschee. Auch der Gebetsplatz muss sauber sein. In der Moschee zieht man deshalb die Schuhe aus. Andernorts sorgt der Gebetsteppich und notfalls auch eine untergelegte Zeitung für den reinen Boden.

Die letzte Säule erwartet von den Gläubigen wenigstens eine **Pilgerfahrt** nach Mekka, die im Monat Du'l-Higga angetreten wird (→ Kastentext *Hadsch*).

Für alle Gebote außer dem Glaubensbekenntnis gelten Ausnahmen. Schwangere, Stillende, Kinder, Kranke, Gebrechliche, Reisende, Soldaten und aus „wichtigem Grund" zu schwerer Arbeit Genötigte sind im Ramadan vom Fasten befreit und gehalten, das Versäumte später nachzuholen.

Über die fünf Säulen hinaus regelt die *Scharia* das Leben der Gläubigen. Man kann sie sich als eine Art Rechtsbibliothek vorstellen, die auch Essensvorschriften, Ehe- und Erbrecht, Bestimmungen über den Handel bis hin zum Straf- und Prozessrecht umfasst. In der Scharia sind alle Grundzüge und viele Details der gerechten und gottgefälligen Gesellschaft festgelegt. Das in sich geschlossene und unabänderliche Gesetzessystem wurde in den ersten drei Jahrhunderten des Islam aus dem Koran und der Sunna abgeleitet. Spätere Gesetze und Entscheidungen müssen mit der Scharia im Einklang stehen.

Die Koptische Kirche

Nach der christlichen Überlieferung brachte der Evangelist Markus den neuen Glauben nach Ägypten. Die meisten der 7 bis 13 Millionen ägyptischer Christen – ihre genaue Zahl ist ein Staatsgeheimnis – leben heute in Kairo und im mittelägyptischen Niltal.

Viele Besucher assoziieren Ägypten einerseits mit pharaonischen Pyramiden, juwelenbedeckten Mumienkästen, Hieroglyphen und Kleopatra, andererseits mit islamischen Moscheen, Festungen und der modernen arabischen Welt. Beide Sphären scheinen ohne weiteren Zusammenhang und zeitlich durch ein großes, dunkles Loch getrennt. Doch dem ist nicht so. Zwischen dem pharaonischen und zeitgenössisch-islamischen Ägypten stehen, sowohl kulturell als auch im historischen Prozess, die **Kopten**. So nennt man heute die ägyptischen Christen, eben die Gläubigen der koptischen Kirche. Aus dem altägyptischen Namen des Heiligtums von Memphis, *Het-Ka-Ptah*, entwickelten die Griechen *Aigyptos*, was die Araber wiederum in *el-qubti* umwandelten. Die islamischen Eroberer grenzten so die Bewohner des Nillandes von der zugewanderten arabischen Oberschicht ab. Als dann immer mehr Ägypter zum Islam übertraten und mit den Zuwanderern verschmolzen, bezeichnete das Gegensatzpaar Araber/Kopten nurmehr die Religionszugehörigkeit, nämlich islamisch bzw. christlich.

Die auf dem Konzil von Chalkedon (451) vollzogene **Abspaltung** des koptischen Patriarchats von der damals noch geeinten griechisch-römischen Kirche hatte mehr politische denn theologische Ursachen. Kämpfe um die Vormacht unter den Patriarchen von Konstantinopel, Antiochia und Alexandria verbanden sich mit Spekulationen um die wahre Natur Jesu. Die griechisch-römische Kompromissformel mit den beiden „unvermischt und ungetrennt verbundenen" menschlichen und göttlichen Naturen Jesu erkannten die Ägypter nicht an, sondern beharrten auf einer einzigen göttlich-menschlichen Natur.

Der theologische Streit war für die Ägypter ein guter Vorwand, sich wenigstens in religiösen Angelegenheiten von den Autoritäten in Rom und Konstantinopel zu emanzipieren. In der heidnischen Zeit hatten die römischen Kaiser auch Ägyptens Christen gnadenlos malträtiert. Die Christenverfolgungen unter Kaiser Diokletian blieben in so schrecklicher Erinnerung, dass der **koptische Kalender** bis heute mit dem Regierungsantritt des Kaisers am 12. September 284 unserer Zeitrechnung beginnt, um dieser „Ära der Märtyrer" zu gedenken.

Nach dem konstantinischen Toleranzedikt bzw. der Erhebung des Christentums zur **Staatsreligion** (380) besserte sich das Verhältnis zur weltlichen Obrigkeit nicht. Unter dem christlichen Deckmantel pflegten die Alexandriner Patriarchen nationalistische und fremdenfeindliche Gefühle, die sich in Judenpogromen und der Ermordung der neuplatonischen Philosophin Hypatia entluden. Die Kirchenversammlung von Ephesos (449) ging als „Räubersynode" in die Geschichte ein, da die Ägypter ihre religiösen Auffassungen mit einer Horde bewaffneter Mönche nachhaltig durchsetzen.

Die Koptische Kirche 41

Schon die Heilige Familie besuchte den Nil

Nach der Kirchenspaltung stritten, ebenfalls häufig ganz unchristlich mit Mord und Totschlag, der vom Kaiser unterstützte griechische Patriarch und sein ägyptischer (koptischer) Kollege gegeneinander. So begrüßten die Kopten den islamischen Feldherrn 'Amr Ibn el-'As konsequent als Befreier und nicht als ungläubigen Heiden. Etwa um 900 war die Mehrheit der Ägypter allerdings zum Islam übergetreten, und ab der Jahrtausendwende kam es zu Verfolgungen, Kirchenschließungen, Kleiderordnungen und weiteren Diskriminierungen der Christen.

Schließlich teilte die **koptische Sprache**, eine Fortentwicklung des Altägyptischen, das Schicksal des Lateins und wurde zu einer „toten" Kirchensprache, die heute nur noch in der Liturgie benutzt wird. Wer einmal ein koptisches Gesangbuch oder eine Bibel in die Hand nimmt, sieht neben dem koptischen Text (geschrieben mit um acht Sonderzeichen erweiterten griechischen Lettern) eine arabische Übersetzung. Nicht nur die Gemeinde, auch mancher Priester würde sonst den Text nicht verstehen.

Der Pflege koptischer Theologie, Sprache und Kultur widmet sich das **Koptische Institut** in der Hauptstadt, die Gemeinschaft unterhält darüber hinaus ihre eigenen Krankenanstalten, Waisenhäuser und Altenheime. Am unteren Ende der sozialen Skala rangieren Kairos private Müllsammler und -verwerter, die ausschließlich Kopten sind; gleichzeitig dürfte die christliche Minorität unter den freien Berufen der oberen Mittelschicht (Anwälte, Ärzte usw.) und den Inhabern von Handelsgeschäften überproportional vertreten sein. In den politischen Spitzenrängen dagegen sucht man Kopten genauso vergebens wie unter den gewählten Abgeordneten – von jenen Parlamentsmandaten, die der Staatspräsident nach Gutdünken vergeben darf, werden allerdings einige Sitze den Kopten eingeräumt. Auch der bekannteste koptische Politiker, der frühere UN-Generalsekretär Boutros Boutros-Ghali, konnte am Nil nicht höher als bis zum Staatssekretär aufsteigen.

Lesetipp: Emma Brunner-Traut, *Die Kopten. Leben und Lehre der frühen Christen*. Auch unter www.copticchurch.net und www.copticpope.org findet man zahlreiche Infos zum koptischen Christentum.

Politik und Präsidenten

Wenn die Ägypter alle paar Jahre an die Urnen gerufen werden, um die 444 Abgeordneten des Parlaments neu zu wählen, steht das Ergebnis im Großen und Ganzen bereits fest: Gewinnen wird auch diesmal wieder die Regierungspartei NDP.

Der eine oder andere altgediente NDP-Kandidat mag vielleicht seinen Wahlkreis gegen einen „unabhängigen" Konkurrenten verlieren; andere, von der Partei nicht aufgestellt, gehen auf eigene Faust und mit viel Geld ins Rennen – nach der Wahl werden sich auch die „Unabhängigen" der Regierungsfraktion anschließen, denn nur so können sie Einfluss ausüben und haben Zugriff auf die Fleischtöpfe. Kein Wunder also, dass die Ägypter keine allzu begeisterten Urnengänger sind.

Der starke Mann im Land ist **Staatspräsident** Mohammed Hosni Mubarak. Unter seinem Vorgänger Anwar el-Sadat Vizepräsident, erbte er nach dessen Ermordung 1981 die Macht. Sadat wiederum war als Stellvertreter des an Herzversagen gestorbenen Gamal Abdel Nasser auf den Präsidentenstuhl gekommen, sodass noch jeder Präsident dieses Amt bis zum Tode ausübte und an seinen Vize vererbte, den der vorsichtige Mubarak bislang allerdings noch nicht ernannt hat. Derzeit sieht es so aus, als wolle er seinen Sohn Gamal als Nachfolger etablieren und ihn die nächsten Präsidentenwahlen gewinnen lassen.

Ägyptens **Außenpolitik** balanciert zwischen einem „kalten Frieden" mit Israel, der Kooperation mit den arabischen Nachbarn einschließlich Libyen und der Bindung an die USA, die in Ägypten mehrere Militärstützpunkte unterhalten und das Land mit großzügiger Wirtschafts- und Militärhilfe bedenken, die nur von den Zahlungen an Israel übertroffen wird.

Alle Präsidenten kamen aus dem Militär, und pensionierte Generäle haben gute Chancen auf Spitzenposten in der zivilen Verwaltung wie etwa den Job als Provinzgouverneur. Ein anderes Herrschaftsinstrument sind die verschiedenen Geheim- und Sicherheitsdienste, die es zwar nicht mehr so wild treiben wie unter Nasser, denen Amnesty International und andere Menschenrechtsgruppen aber gleichwohl die exzessive Anwendung von Folter vorwerfen. Das 1981 ausgerufene Kriegsrecht wird vom Parlament seither routinemäßig verlängert und erstickt alle Keime einer im westlichen Sinn offenen Gesellschaft. Streiks sind verboten, öffentliche Demonstrationen gibt es nur als Regierungsveranstaltung, und wer einen Verein gründen will, braucht die Erlaubnis der Sicherheitsorgane. Islamisten, die gewalttätigen ebenso wie die friedlichen, werden von Militärgerichten gewöhnlich zum Tod durch Erhängen verurteilt oder bereits zuvor von der Polizei wegen „Widerstands gegen die Verhaftung" erschossen. Über die öffentliche Moral und politische Meinungsäußerung wacht eine Zensurbehörde. Dennoch ist die ägyptische Presse für arabische Verhältnisse relativ frei.

Die Welt der Pharaonen

„Was die Geschichte der Menschheit betrifft, hat man mir folgendes einstimmig erzählt: Die Ägypter waren die ersten, die die Länge des Jahres festhielten und es in zwölf Monate einteilten. Ebenso seien die Ägypter die ersten gewesen, die den Göttern Altäre, Bilder und Tempel errichtet und Figuren in Stein gemeißelt hätten. Ferner waren die Ägypter die ersten, die heilige Feste, Umzüge und Opferfeiern veranstaltet haben. Ferner ist von den Ägyptern auch zuerst festgestellt worden, welcher Monat und Tag den einzelnen Göttern heilig ist und welche Schicksale, welches Ende und welchen Charakter die an diesem oder jenem Tag Geborenen haben werden. Die Ägypter haben auch als erste den Gedanken ausgesprochen, daß die Seele des Menschen unsterblich sei." *(Herodot, „Historien")*

Religion

Die alten Ägypter huldigten Tausenden von Göttern. Neben den landesweit verehrten Gottheiten hatten jeder Ort, jede Region ihre Schöpfungsmythen und Götter, die zudem verschiedenerlei Gestalt und Namen annehmen oder miteinander verschmelzen konnten. Priesterschaften und Pharaonen versuchten, diese Vielfalt zu ordnen und dabei ihren eigenen Hauptgott zum Urgeist der Schöpfung und Urahn der anderen Götter zu machen. Höhepunkt dieser Entwicklung war die Herrschaft des Pharaos Echnaton, der mit **Aton** nur noch einen einzigen Gott gelten ließ (siehe Kasten S. 159). In der Spätzeit bildeten **Amun, Ptah** und **Re** eine Trinität, die über allen anderen Göttern stand.

Die alten Ägypter glaubten an eine Wiederbelebung des Verstorbenen im Jenseits – sofern er das Totengericht bestand und die Hinterbliebenen die Totenriten korrekt vollzogen hatten. Weil man sich dieses jenseitige Leben als ein Spiegelbild des irdischen vorstellte, verwandte man viel Mühe darauf, den Körper mittels Mumifizierung zu erhalten und ihn auch materiell für die andere Welt auszustatten: Speis und Trank, Kleidung und Gerätschaften wurden dem Toten als Grabbeigaben oder wenigstens symbolisch in Gestalt von Modellen, Reliefs und Wandmalereien mit ins „Haus der Ewigkeit" gegeben. Kleine Figürchen (uschebti) standen für die Diener, die dem Grabherren im Jenseits die Arbeit abnehmen sollten.

Beim **Totengericht** wiegt Anubis das Herz des Verstorbenen gegen die Wahrheit auf, Schreibergott Thoth führt Protokoll, und der Totenrichter Osiris spricht das Urteil. Die Probe besteht, wer sich im Diesseits gemäß den ethisch-moralischen Normen verhalten hat. In diesem Fall vereinen sich die beim Tod getrennten Aspekte Leib, Seele *(Ba)* und Lebenskraft *(Ka)* erneut. Wen das Totengericht verwirft, den verschlingt das Höllenmonster und bereitet ihm den zweiten, endgültigen Tod, indem er als anonyme Materie wieder der Schöpfungsmasse beigemischt wird.

Lesetipp: J. Assmann, *Tod und Jenseits im Alten Ägypten*, München, C. H. Beck

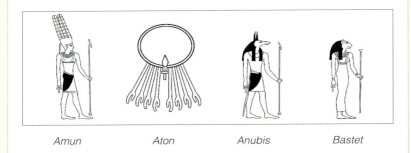

Amun   *Aton*   *Anubis*   *Bastet*

Die Götter der Pharaonen

Aus der nur für Spezialisten übersehbaren Vielfalt seien hier die wichtigsten Götter vorgestellt, die uns in den Gräbern und Tempeln immer wieder begegnen.

Amun: „Der Verborgene" aus Karnak wurde mit dem Aufstieg Thebens zur Hauptstadt zu einem Staatsgott. Als Amun-Re wurde er als Sonnengott verehrt.

Anubis: Der „Herr des Heiligen Landes" geleitete die Seelen vor das Totengericht und ist Schutzpatron der Balsamierer.

Aton: Von Echnaton zum alleinigen Gott erhobener Sonnengott.

Bastet: Im Alten Reich mit einem Löwenkopf dargestellt, gab sie später ihre zerstörerischen Elemente an Sechmet ab und wurde zur freundlichen Katzengöttin, die in der Spätzeit insbesondere in Bubastis verehrt wurde.

Chnum: Vor allem in Esna und Assuan verehrter Widdergott, der das Nilwasser spendete und als Schöpfer den Menschen auf seiner Töpferscheibe formte.

Hathor: Mutter- und Himmelsgöttin, später auch als Göttin der Liebe und Musik verehrt, erscheint sie in Frauen- oder Kuhgestalt. Ihr Haupttempel war Dendera.

Horus: Der falkenköpfige Himmelsgott aus Edfu war Sohn von Isis und Osiris. Der Pharao galt als seine Inkarnation.

Isis: Die Gemahlin des Osiris wurde landesweit als Schutz- und Himmelsgöttin verehrt. Als „Gottesmutter" (des Horus) war sie in mancher Hinsicht Vorbild der christlichen Maria. Ihr Haupttempel steht auf der Insel Philae (Assuan).

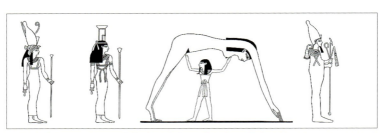

Mut   *Nephthys*   *Nut*   *Osiris*

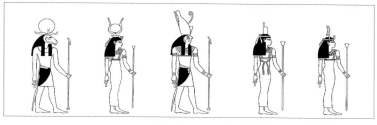

Chnum   *Hathor*   *Horus*   *Isis*   *Maat*

Maat: Die personifizierte Göttin der Wahrheit, Gerechtigkeit und Ordnung der Welt.

Mut: Als Geier oder in Menschengestalt dargestellte Gattin des Amun.

Nephthys: Gemeinsam mit ihrer Schwester Isis begleitet sie die Toten auf dem Weg zur Wiederbelebung im Jenseits.

Nut: Das personifizierte Himmelsgewölbe, oft dargestellt als Frau, die sich, getragen vom Luftgott Schu, über den Erdgott Geb beugt.

Osiris: Bruder des Seth, Gatte der Isis und Vater des Horus, Symbol der Fruchtbarkeit und Auferstehung, Herrscher des Jenseits.

Ptah: Ein alter Fruchtbarkeits- und Schöpfergott aus Memphis, Schutzherr der Handwerker und Künstler, später gleich dem Osiris als Totengott verehrt.

Re: Der Sonnengott von Heliopolis war einer der mächtigsten Götter des alten Ägypten und wurde deshalb besonders häufig mit anderen Gottheiten verschmolzen, z. B. mit Amun zu Amun-Re, mit Horus zu Re-Harachte.

Sechmet: „Die Mächtige", löwenköpfige Tochter des Re und Gemahlin des Ptah, repräsentierte die vernichtende Kraft der sengenden Sonne.

Seth: Der mit einem zoologisch nicht bestimmbaren Tierkopf dargestellte Wüstengott war Bruder und Mörder des Osiris und galt gemeinhin als Inkarnation des Bösen.

Thoth: Der Gott der Weisheit wiegt beim Totengericht das Herz des Menschen gegen seine Taten. Er wird als Mensch mit Ibis-Kopf, gelegentlich auch als Pavian dargestellt.

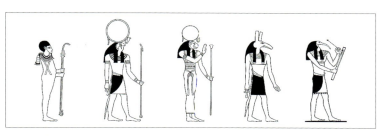

Ptah   *Re*   *Sechmet*   *Seth*   *Thoth*

Architektur – Pyramiden, Gräber, Tempel

Wohnhäuser, Kornspeicher, Kasernen und Paläste – alle ihre profanen Bauten errichteten die alten Ägypter aus Lehmziegeln und gaben sie damit der Vergänglichkeit preis. Aus Stein waren allein die Sakralbauten, gebaut für die Ewigkeit.

Pyramiden

Während des Alten und Mittleren Reichs wurden zwischen Abu Roasch (nördlich von Giza) und Illahun (Fayum), also auf einer Luftlinie von rund 100 km am Westufer des Nils, etwa 100 königliche Grabanlagen in Pyramidengestalt gebaut, von denen noch 30 einigermaßen erhalten sind. Im Neuen Reich dagegen bevorzugten die Herrscher Felsengräber; nur noch reiche Privatleute bauten jetzt, in deutlich kleinerer Dimension, Grabpyramiden. Eine späte Renaissance als Königsgrab erlebte die Pyramide bei den Herrschern von Meroe (Sudan) und schließlich in Äthiopien.

Beim ältesten Steinbau, der im 27. Jh. v. Chr. errichteten *Stufenpyramide* (S. 142 f.) des Pharaos Djoser in *Saqqara*, haben die Steine noch die Größe von Lehmziegeln, und die zur Pyramide gehörenden steinernen Gebäude imitieren den Lehmbau. Imhotep, der geniale Baumeister dieser ersten Pyramide, wurde später als Gott verehrt. In *Maidum* vollzog sich der Übergang von der Stufenpyramide zur „glatten" Pyramide, in *Dahschur* (S. 147) wurde die mit einer Steigung von 55 Grad extrem steil begonnene *Knickpyramide* in ihrem oberen Teil mit einem geringeren Neigungswinkel vollendet, und in *Giza* (S. 133 ff.) fanden die Pyramiden schließlich ihre klassische Form.

Bei der klassischen Pyramide liegt der Grabraum unter oder im Kern der Pyramide. Zur Anlage gehört außerdem der *Verehrungstempel* für den Totenkult und der nach den Beisetzungsfeierlichkeiten verschlossene *Taltempel* an der Grenze zwischen Fruchtland und Wüste, also dem Eingang ins Totenreich. Schließlich gibt es die kleine Nebenpyramide, deren Zweck noch immer ungeklärt ist. An der Außenseite der Pyramide verrät nichts, keine Inschrift und keine Figur, den Namen des Bauherren. Nur im unzugänglichen Inneren wird er gelegentlich in Totentexten genannt. Pyramiden sind weniger Denkmal herrschaftlicher Macht, sondern vor allem Hilfsmittel, um des Pharaos Weiterleben im Jenseits und damit das Wohl des Volkes zu sichern.

Mit ihrer exakten Orientierung an den Himmelsrichtungen und den ungeheuren Massen präzise behauener Steine, gebaut zu einer Zeit, als weder Kompass, Flaschenzug noch Rad bekannt waren und es in Ägypten auch keine eisernen Werkzeuge gab, erscheinen die Pyramiden als technische Wunder (oder werden gar Außerirdischen zugeschrieben). Auf monumentalen Rampen wurden die an der Cheops-Pyramide etwa 2,5 Tonnen schweren Steine nach oben gezogen oder mit Hebelwippen dorthin gehievt. Nicht Sklaven, sondern die vom Glauben an ihre religiöse Pflicht beseelten ägyptischen Bauern bauten die Pyramiden jeweils während der Sommermonate, wenn die Felder wegen der Nilflut nicht zu bestellen waren.

Gräber

Aus den Pharaonengräbern der Frühzeit entwickelten sich die vor allem in Giza und Saqqara zu begutachtenden **Mastabas** (Bankgräber), in denen die vornehmen Höflinge des Alten Reichs bestattet wurden. Über der unterirdischen Grabkammer und Gemächern mit den Grabbeigaben befanden sich die Räume für den Totenkult: Im unzugänglichen *Serdab* nahm eine hölzerne oder steinerne Statue des Verstorbenen symbolisch die Gaben entgegen, die an der Westseite des angrenzenden *Op-*

ferraums vor einer Scheintür dargebracht wurden. Reiche Grabherren erweiterten ihre Mastaba um Vorhöfe und Pfeilerhallen und bestatteten hier ihre ganze Familie.

Waren Mastaba und Pyramide die typischen Grabformen des weithin ebenen Unterägypten, bevorzugten die Vornehmen in Oberägypten bereits im Alten Reich **Felsengräber** in den Steilhängen am Westrand des Niltals. Das typische Felsengrab dieser Zeit hatte einen offenen Vorhof mit einer in den Fels gemeißelten Schaufassade, von der ein Gang in die Grabkammer führte.

Mit dem Aufstieg des oberägyptischen Theben zur Hauptstadt ließen sich dann von der 18. bis zur 20. Dynastie auch die Pharaonen im Fels beisetzen: Das *Tal der Könige* birgt etwa 70 Pharaonengräber, im nahen *Tal der Königinnen* wurden die Familien der Herrscher beigesetzt. Während die begüterten Privatleute auch im Neuen Reich am offenen Vorhof festhielten, waren die Gräber der Herrscher gänzlich unter der Erde. Zum Schutz vor Plünderern wurden die Eingänge nach der Beisetzung verschüttet, den Totenkult vollzog man weitab in Tempeln am Rande des Fruchtlands.

Tempel

Neben diesen Totentempeln, deren prächtigster wohl *Deir el-Bahri* (S. 205 f.) – die Anlage der Pharaonin Hatschepsut in Theben – ist, hatten die alten Ägypter auch Göttertempel, die als Wohnung des Heiligen galten. Die alten Sonnentempel des Gottes Re waren noch schlichte Einfriedungen, in deren Zentrum sich ein Obelisk als Symbol des Gottes und der Opferaltar befanden. Die meisten Göttertempel folgen jedoch dem klassischen Schema, wie es uns etwa bei den gut erhaltenen ptolemäisch-römischen Kultstätten in *Edfu* (S. 217 ff.) oder *Dendera* (S. 166 ff.) begegnet.

Eine Mauer aus Lehmziegeln grenzte den heiligen Ort von der profanen Welt ab, eine Prozessionsstraße führte vom Nil oder einem Kanal zum Tempeleingang zwischen zwei mächtigen, turmartigen Pylonen. Durch den anschließenden, von einem Säulenumgang umgebenen *Vorhof* kam man in eine Säulenhalle, von dieser in eine zweite, wo die täglichen Opfer vorbereitet wurden, und dann schließlich in das abgedunkelte Allerheiligste, den Raum mit der Kultstatue, zu dem nur Pharao und Oberpriester Zutritt hatten. Ihn umgaben *Kapellen* für die im Tempel verehrten Nebengötter und Magazine, in denen etwa die Barke für die Prozessionen der Statue stand, ihre Garderobe, Räucherwerk und Salben für das Ritual und Vorräte für die täglichen Mahlzeiten der Gottheit verwahrt wurden.

Wände und Säulen wurden über und über mit religiösen Darstellungen, meist Opferszenen, verziert, manche Pharaonen ließen auch ihre Heldentaten in Stein meißeln. Im außen liegenden Tageslichtbereich sind die Szenen als versenkte Reliefs ausgeführt, im schummrigen Tempelinneren als erhabene Reliefs. Von der einstigen Farbenpracht kann man sich heute nur noch an wenigen Orten (besonders in *Abydos*, S. 162 ff.) eine Vorstellung machen, denn Wind und Wetter haben die Farben weitgehend verblassen lassen.

Zu jedem Tempel gehören auch ein heiliger Teich und ein Brunnen, dazu in der Spätzeit ein Geburtshaus *(Mammisi)*, in dem die Geburt des Gotteskindes gefeiert wurde. Gleich den mittelalterlichen Kathedralen war der Bau eines Tempels das Werk von Generationen.

Lesetipp: Matthias Seidel und Regine Schulz, *Faszination von A bis Z. Das alte Ägypten (*Meyers Lexikonverlag). Ein handliches und preiswertes Nachschlagewerk zur Pharaonenzeit, auch zum Mitnehmen geeignet.

Kunst – Bilder für die Ewigkeit

In den unvollendeten Gräbern lässt sich die Technik der altägyptischen Reliefkunst und Malerei nachvollziehen. Wo das Gestein, wie etwa in Luxor, zu brüchig war, um direkt bearbeitet zu werden, überzog man die Wände mit Nilschlamm und Gips. Auf diesen Malgrund wurde ein schachbrettartiges Raster von Hilfslinien aufgetragen, in das die Handwerker nach dem überlieferten Kanon mit roter Tinte die Vorzeichnung einschrieben. Nach der in Schwarz vorgenommenen Korrektur durch den Meister trugen die Arbeiter die mineralischen, durch Eiweiß und Leim gebundenen Naturfarben auf. Kreativität war dabei nicht gefragt, und die Proportionen veränderten sich im Lauf der Jahrtausende nur wenig. Nur das Zeitlose, sich ewig Wiederholende war von Wert, also die möglichst exakte Reproduktion des Kanons.

Wie die Reliefs erscheinen uns auch die gemalten Figuren als befremdlich steif und verrenkt. Kein Wunder, denn die alten Ägypter zeichneten in ihren Tempeln und Gräbern aspektivisch. Während das Gesicht mit Stirn, Nase und Mund im Profil dargestellt wird, erscheint das Auge in der Frontalansicht. Auch Hals und Schultern sind in Vorderansicht gezeichnet, die Brust unterhalb der Achsel zeigt wieder eine Seitenansicht, die durch die Brustwarze noch betont wird. Die Seitenansicht setzt sich bis zu den Füßen fort, nur der gleich der Brustwarze gegen die Körpermitte verschobene Nabel deutet eine Drehung an. Sämtliche Personen, ob tot oder lebend, ob Gott, König oder Mensch, ob sitzend oder stehend, wurden nach diesem Schema dargestellt.

Ägyptische Kunst: „Wesensbild" statt Abbild

Wie wir von Tonscherben und alltäglichen Kritzeleien wissen, beherrschten die alten Ägypter die perspektivische Darstellung durchaus. Für die sakrale Kunst galten jedoch andere Regeln. Sie sollte, unabhängig von der Sicht des Betrachters und losgelöst von Zeit und Raum, die wesentlichen Merkmale („Aspekte") des Dargestellten festhalten. Nicht die Erscheinung, sondern das „Wesensbild" sollte gezeigt werden.

Der Pharao

Dem Mythos nach war Osiris der erste König von Ägypten. Sein Vater Re hatte ihn auf die Erde entsandt. Anfangs noch Götter, wurden die Pharaonen bereits im Alten Reich zu Göttersöhnen herabgestuft. Als „lebender Horus auf Erden", so der vornehmste Titel des Königs, war er Mittler zwischen Göttern und Menschen. Von ihm hing das Wohlergehen des Landes, ja die gottgewollte Weltordnung ab. Diese *Maat* zu sichern war seine wichtigste Aufgabe. Dazu bedurfte es offenbar des direkten Kontakts mit der Erde: Bis in die 18. Dynastie wird der Pharao stets barfüßig dargestellt. Sein Schuhwerk sehen wir nur, wenn der königliche Sandalenverwalter es ihm hinterherträgt.

Im Pharao war alle Gewalt vereint: Er war Herr über alle Untertanen, ihm gehörte das gesamte Land, er leitete die Verwaltung, war oberster Richter. Da er im Auftrag der Götter handelte, konnte er nach Überzeugung der Ägypter keine Fehler machen. Allein er entschied über Krieg und Frieden. Der Pharao war gleichzeitig auch oberster Priester. Wenn die vielen Priester im Land den Göttern huldigten, dann handelten sie symbolisch an seiner Stelle, denn nur er konnte die Gebete den Göttern überbringen.

Lobpreisungen bis zum Ersticken

Zeigte er sich dem Volk, dann in einem Löwensessel auf einer von acht Palastbeamten gestützten Sänfte. Läufer bahnten ihm mit Stöcken den Weg, dann folgten die Leibwächter, die Wedel- und Schirmträger. „Ich habe sehr große Anbetungen gemacht und Lobpreisungen bis zum Ersticken. Ich habe gejubelt, weil man mich den Boden berühren ließ, mein Kopf hat den Himmel durchstoßen. Ich habe den Bauch der Sterne aufgekratzt (…). Meine Stadt war im Fest, meine Truppen jubelten (…), die Greise und die Kinder waren im Jubel", beschreibt Gouverneur Sarenput einen Besuch seines Pharaos Sesostris I. in Assuan.

Über die Etikette am königlichen Hof erfahren wir aus den Quellen nur wenig. Nach dem sizilianischen Autor Diodor (1. Jh. v. Chr.) war der Tagesablauf Seiner Majestät streng geregelt: „Nicht nur die Zeit für das Abhalten von Audienzen und für die Rechtsprechung war festgelegt, sondern auch, wann er spazieren ging, sich badete oder mit seiner Frau schlief." Auch über die Diät des Königs, nämlich „Kalbfleisch, Ente und ein wenig Wein", weiß Diodor Bescheid, doch ist seine Glaubwürdigkeit stark umstritten. In der Gegenwart des Königs sitzen zu dürfen war ein nur ausnahmsweise gewährtes Privileg. Hohe Beamte verbeugten sich mit demütig erhobenen Armen, die meisten Würdenträger hatten sich zu Boden zu werfen. Um überhaupt in die Nähe des Königs gelangen zu können, musste man über gesellschaftlichen Rang oder die Gunst der Hofleute verfügen. Diese waren oft Verwandte des Königs, denn die Blutsverwandtschaft schützte den Herrscher vor der Entweihung beim Ritual.

Der Hofstaat

Die Zeremonien rund um das Erwachen und Aufstehen des Königs ahmten seine Kulthandlungen vor der Götterstatue im Tempel nach. Seine Körperpflege und rituelle Reinigung erneuerten die heilige Kraft, die über Nacht abgenommen hatte. Danach reichten ihm der „Vorsteher des königlichen Leinens" die Kleider und der „Vorsteher der Friseure des Königs" die Perücke. Der vom Gürtel herabhängende Löwenschwanz erinnert noch an die mit einem Tierfell bekleideten vordynastischen Stammeshäuptlinge. Standen wichtige Staatsangelegenheiten an, übergaben der „Beamte des Diadems" die Krone und andere Würdenträger Krummstab und Geißel als Insignien der Macht.

Doch auch ein Gottessohn war nicht sicher vor Ränkespiel und Revolte. Oft genug ging es darum, den minderjährigen Thronfolger um sein Erbe zu bringen und einen anderen zum Pharao einzusetzen. So warnt Amenemhet seinen Sohn Sesostris I.: „Nimm dich in Acht vor den Untergebenen (…). Nähere dich ihnen nicht in deiner Einmaligkeit. Vertraue keinem Bruder, kenne keinen Freund, schaffe dir keine Vertrauten – das führt zu nichts. Wenn du schläfst, behüte dich selbst, denn niemand hat Anhänger am Tage des Unheils."

„Das Große Haus"

Wörtlich übersetzt bedeutet Pharao „das Große Haus", meint also ursprünglich den Palast des Königs. Da diese Herrscherpaläste aus Lehm und nicht aus Stein gebaut waren, ist von ihnen fast nichts erhalten – letzte Überreste sieht man etwa in Medinet Habu und Abydos. Man stellt sie sich als ganze Stadtbezirke mit üppigen Gärten, Kanälen und Springbrunnen vor. Vom „Erscheinungsfenster", dem Balkon über dem Haupteingang, nahm der Herrscher Paraden und Prozessionen ab und überschüttete seine Günstlinge mit Geschenken.

Sein Privatleben mit Familie, Dienerschaft und Harem pflegte der Herrscher im „Haus der Verehrung". Böden, Wände und Decken waren bemalt oder mit Fayencen verkleidet, zum Mobiliar gehörten Liegen, Sessel, Stühle, Tische, Schränkchen und Truhen. Im Schlafgemach standen Nachttopf und Wasserkannen für die Toilette bereit. Ein Treppchen erleichterte Ihrer Majestät und seinen Beischläferinnen den Einstieg in das mit Decken und Kissen reichlich gepolsterte Himmelbett. Barbarisch unbequem mutet die Sitte an, das königliche Haupt nicht auf ein Kopfkissen zu betten, sondern den Nacken auf ein halbrundes Holzgestell zu stützen. So blieb die Frisur erhalten – doch oft genug, wie man vermuten darf, um den Preis der morgendlichen Genickstarre.

Die Memnonkolosse bewachten einst den größten Tempel in Theben-West

Reisepraktisches

Einreisebestimmungen

Visum: EU-Bürger und Schweizer benötigen einen noch mindestens sechs Monate (für Deutsche: zwei Monate) gültigen Reisepass bzw. Kinderausweis. Die Einreise mit dem Personalausweis ist möglich, sofern man zusätzlich ein Passbild für das Visum mitbringt. Das Visum wird bei Ankunft auf den Flughäfen oder in den Häfen erteilt, Individualreisende erhalten die erforderliche Gebührenmarke für umgerechnet 15 $ in den Wechselstuben vor der Passkontrolle. Für Pauschalreisende sollte die Reiseleitung diese Formalität erledigen. Wer von Libyen, Israel oder dem Sudan auf dem Landweg einreist, sollte sich das Visum vorab bei einer ägyptischen Auslandsvertretung besorgen.

Die aktuellen und detaillierten Einreisebestimmungen finden Sie im Internet auf den Seiten der Ägyptischen Botschaft Berlin, www.egyptian-embassy.de.

Das normale Touristenvisum ist einen Monat gültig. Wer ein paar Tage überzieht, geht straflos aus, wer dagegen bei der Ausreise mit einem seit zwei Wochen und länger abgelaufenen Visum erwischt wird, muss eine saftige Strafe berappen. Deshalb lässt man besser ein abgelaufenes **Visum verlängern**: Dies erledigen für einen Gesamtaufenthalt von bis zu sechs Monaten die Ausländerbehörden in Kairo und in den Provinzhauptstädten, die dafür außer einem Passbild eine geringe Gebühr verlangen.

Devisen: Die Ein- und Ausfuhr der Landeswährung ist auf 5000 LE begrenzt. Angesichts der schlechten Wechselkurse im Ausland wäre es allerdings ohnehin töricht, Ägyptische Pfund über die Grenze zu bringen. Wer große Bargeldbeträge in Fremdwährungen mit sich trägt, sollte diese bei der Einreise registrieren lassen, um später nicht als Geldwäscher oder anderweitiger Vergehen verdächtigt zu werden.

Einreise mit Tieren: Erforderlich ist ein amtsärztliches Gesundheitszeugnis. Die Tollwutimpfung darf nicht länger als zwei Wochen zurückliegen.

Zoll: Die ägyptischen Zollbestimmungen unterscheiden sich kaum vom internationalen Standard. Verboten ist die Einfuhr von Waffen, Munition und Sprengstoffen, von Drogen, Pornos und Schriften, die dem nationalen Interesse zuwiderlaufen oder die öffentliche Moral gefährden. Vermeiden Sie die Einfuhr von Videofilmen und DVDs – diese werden erst von einem Zensor begutachtet, und das kann dauern. Mitgebracht werden dürfen bis zu 200 Zigaretten und 1 Liter Spirituosen. Innerhalb von 24 Stunden nach der Einreise dürfen Sie in den *Egypt Duty Free Shops* weitere drei Flaschen Schnaps kaufen, die im Pass vermerkt werden. Für die Ausfuhr von Antiquitäten benötigen Sie eine Erlaubnis der Antikenverwaltung, die für Normalsterbliche kaum zu erlangen ist. Vorsicht bei Imitaten: Der Zöllner mag auch diese für echt halten.

Exotische Tiere, Krokodilledertaschen, Korallen, seltene Muscheln – all dies und noch einiges mehr darf nach dem Washingtoner **Artenschutzabkommen** nicht ohne weiteres von einem Land ins andere gebracht werden und wird spätestens am deutschen Flughafen vom Zoll beschlagnahmt.

Willkommen am Flughafen Kairo

Anreise

Vier bis fünf Stunden ist man zwischen Deutschland und Kairo, Luxor oder Assuan, den wichtigsten internationalen Flughäfen am Nil, in der Luft. Neben Egypt Air bedienen auch Air Berlin, Condor, TUIfly, Swiss und Austrian Airlines die Routen ins Zielgebiet.

Auch wenn ausländische Ferienflieger heute meist direkt nach Hurghada, Scharm el-Scheich und Luxor fliegen, bleibt Kairo die Drehscheibe des ägyptischen Flugverkehrs. *Lufthansa* bietet Sondertarife von Frankfurt oder München nach Kairo und zurück ab 300 €. Wer einmal Umsteigen und einen kleinen Umweg in Kauf nimmt, kommt zu manchen Zeiten mit *Alitalia, Air France* oder der ungarischen *Malev* noch günstiger an den Nil. Die zur Star Alliance gehörende *Egypt Air*, die in puncto Service von den Fachzeitschriften nicht immer die besten Noten bekommt, bietet auch Linienflüge über Kairo nach Hurghada und Scharm el-Scheich an und verlangt dafür rund 500 €.

Direktflüge nach Ägypten (Stand 2010)

Kairo (CAI) mit Egypt Air, Lufthansa, TUIfly, Swiss, AUA
Luxor (LXR) mit Egypt Air, Air Berlin, Condor, Hamburg International, TUIfly
Hurghada (HRG) mit Egypt Air, Air Berlin, Condor, Hamburg International
Marsa Alam (RMF) mit Air Berlin, Condor, TUIfly
Scharm el-Scheich (SSH) mit Air Berlin, Condor, Hamburg International, TUIfly

Fluggesellschaften im Internet

www.aua.com
www.airberlin.de
www.condor.de
ww.egyptair.com
www.hamburg-international.de
www.lufthansa.de
www.swiss.com
www.tuifly.com

Internet-Angebote

Suchmaschinen bieten Hilfe und Preisvergleiche bei der Jagd nach dem Schnäppchen-Flug.

www.ltur.de – l'tur, der zum TUI-Konzern gehörende Marktführer im Last-Minute-Bereich, sucht und bucht auch Flüge. Bei unserem Test waren manche Angebote um wenige Euro teurer als bei der Konkurrenz. Verkauf auch über Filialen in ganz Deutschland.
www.travelchannel.de – Der Reisedienst

des Ottoversands findet zuverlässige und manchmal auch günstigere Angebote als l'tur. Zu loben ist auch die idiotensichere Menüführung.
www.flug.idealo.de – Diese Preissuchmaschine vergleicht die Angebote mehrerer Buchungsdienste wie z.B. **Opodo, Expedia** und **seat 24**.
www.skyscanner.de – Das derzeit aufwendigste Flugpreisportal ist nicht ganz einfach zu bedienen, liefert aber auch allerlei Zusatzinfos zu Flugverbindungen und -alternativen.

Bewegungsfreiheit im Land

Je nach Sicherheitslage wurden in den letzten Jahren bestimmte Gebiete oder Verkehrswege für Touristen zeitweise völlig gesperrt oder ihnen Polizei-Eskorten zur Seite gestellt.

Nicht alle Reisebeschränkungen dienen vorrangig dem Schutz der Touristen. In den für Ausländer gesperrten Grenz- und Wüstengebieten im Süden und Westen Ägyptens will sich das Militär nicht in die Karten schauen lassen und fürchtet das Eindringen von Schmugglern, Terroristen oder sonstigen unwillkommenen Besuchern. Wo konkret Fremde gerade unerwünscht sind, erfährt der Ausländer am besten vor Ort. Wenn ihm an einem der zahlreichen Checkpoints die Weiterfahrt höflich verweigert wird und auch das nächste Touristenbüro kein Permit besorgt, sondern nur Ausflüchte bereit hat, dann weiß er: Sperrgebiet.

> **Auf Konvoistrecken gilt**: Touristenbusse, Mietwagen und (Sammel-)Taxis mit Ausländern dürfen die Strecke nur zu den vorgesehenen Zeiten und mit Polizei-Eskorte befahren. Stopps gibt es unterwegs nur dann, wenn der gesamte Konvoi anhält. „Gemischte Sammeltaxis" mit Einheimischen und Ausländern sind nicht erlaubt. Einzige Chance, auf diesen Strecken ohne Konvoi zu fahren, sind die öffentlichen Busse oder der Zug. Oder man bucht bei der Polizei für schlappe 500 LE seine eigene Eskorte – dafür darf man dann Tempo und Route selbst bestimmen.

Unterwegs mit Mietwagen, Bus, Sammeltaxi, Taxi, Bahn

Wer eine Nilkreuzfahrt oder ein Ausflugsprogramm bucht, muss sich um seine Fortbewegung nicht weiter kümmern. Doch auch auf eigene Faust lässt sich das Land gut bereisen. Busse und Sammeltaxis erreichen zu Spottpreisen noch das letzte Dorf. Für Ausflüge in die Einsamkeit stehen Mietwagen und Kamele bereit.

Mietwagen

Mietwagen sind in Ägypten noch wenig verbreitet und relativ teuer. Bislang bieten nur einzelne Reiseveranstalter (z. B. TUI) Fly-&-Drive-Arrangements.

Vorab kann man einen Mietwagen beispielsweise über *www.billiger-mietwagen.de* oder *www.holidayautos.de* buchen. Für einen in Ägypten angemieteten Kleinwagen rechne man mit unbegrenzten Kilometern wenigstens 400 $ pro Woche – ein Taxi mit Fahrer kommt da günstiger, und auch die chaotische Fahrweise anderer Verkehrsteilnehmer animiert wenig dazu, sich selbst ans Steuer zu setzen. Schließlich legt es auch der technische Zustand vieler Leihwagen nahe, das Beheben von Pannen einem Fahrer zu überlassen.

• *Preise* Für einen kleinen Wagen (z. B. Opel Corsa) rechne man bei Vorabbuchung via Internet und mit guter Versicherung etwa 250 €/Woche. Bei Spontanbuchungen in Ägypten selbst zahlt man pro Tag inkl. 100 km 40 $, inkl. 250 km 50 $, mit unbegrenzten Kilometern 60 $. Geländewagen beginnen bei 80 $. Eine Limousine mit Chauffeur ist für rund 150 $/Tag zu haben.

• *Zahlung* Vorauszahlung bei Übernahme wird erwartet. Am liebsten ist den Verleihern ein Blanko-Kreditkartenformular zur Sicherheit und anschließende Barzahlung, um so die Kommission der Kreditkartenfirmen sparen zu können. Wer ohne Kreditkarte anmietet, muss eine hohe Kaution in bar hinterlegen.

• *Versicherungsschutz* Schauen Sie besonders bei der Wagenmiete in Ägypten ins Kleingedruckte! In den Leihpreisen sind z. B. bei Europcar Haftpflichtversicherung und Vollkasko mit einer Selbstbeteiligung von rund 100 $ (bei Diebstahl des Wagens 315 $) eingeschlossen. Will man dieses Risiko ausschalten, sind zusätzlich 6–7 $ pro Tag fällig. Platte Reifen, zerborstene Scheiben, eine defekte Ölwanne und weitere derartige Schäden sind nicht versichert! Zudem beschränkt der Vertrag die Fahrerlaubnis bei herkömmlichen Pkw auf Asphaltstraßen.

• *Verkehrsregeln* **Vorfahrt** hat das größere und stärkere Fahrzeug mit dem mutigeren Fahrer.

Ampeln müssen nur dann beachtet werden, wenn zusätzlich noch ein Polizist an der Kreuzung steht.

Hupen beweist die Potenz, grüßt alle Bekannten, warnt die übrigen Verkehrsteilnehmer (besonders Fußgänger) und zeigt ein beginnendes Überholmanöver an.

Höchstgeschwindigkeit: Wo andere Autofahrer das Limit von innerorts 50, auf Landstraßen 80 und Autobahnen 100 km/h einhalten, ist mit einer Radarfalle zu rechnen.

Parken ist im Prinzip überall möglich. In Städten mit Parkraumnot verwalten informelle Parkwächter die Abstellplätze, und wo kein Auto steht, hat dies seinen Grund (weil der Ladenbesitzer die Fläche beansprucht, die Polizei gerade hier gerne abschleppen lässt usw.).

Rechtsfahrgebot: Im Prinzip ja, doch wenn Ihnen einmal ein Geisterfahrer auf Ihrer Fahrbahn begegnet, will der möglicherweise nur links abbiegen oder auf der falschen Straßenseite parken.

Licht: Rücklicht ist überflüssig, denn warum beleuchten, was man hinter sich gelassen hat? Nachts betreiben einander entgegenkommende Fahrzeuge ein Wechselspiel mit Fernlicht, Abblendlicht und völliger Verdunkelung.

Als Fußgänger die Straße überqueren: Fahrer bremsen erst, wenn der Fußgänger tatsächlich losläuft, und erwarten, dass dieser Richtung und Tempo beibehält und auf keinen Fall auf der Straße stehen bleibt.

Erwischte Verkehrssünder: Ihnen nimmt die Polizei gelegentlich Führerschein, Wagenpapiere oder Nummernschild ab, die dann in der Provinzhauptstadt auf dem Revier der Verkehrspolizei wieder ausgelöst werden können.

Entfernungen in Kilometer

	Siwa	Alexandria	Kairo	Assiut	Luxor	Assuan	Farafra
Siwa	—	605	830	1220	1540	1760	600
Alexandria	605	—	220	610	930	1050	770
Kairo	830	220	—	390	710	930	550
Assiut	1220	610	390	—	320	540	750
Luxor	1540	830	710	320	—	220	820
Assuan	1760	1050	930	540	220	—	1040
Farafra	600	770	550	750	820	1040	—

Unfälle: Kleine Blechschäden werden in einer lautstarken Auseinandersetzung verhandelt. Bei größeren lohnt es sich, die Polizei hinzuzuziehen (Protokoll für die Versicherung). Für überfahrene Hühner, Ziegen und Schafe erwartet der Eigentümer Entschädigung zum Marktpreis. Wer mit dem Auto einen Fußgänger verletzt, ist nach islamischem Rechtsverständnis grundsätzlich schuld und muss mit spontanem Volkszorn rechnen.

Bus

Die Überlandbusse, die zwischen den großen Städten verkehren, sind relativ komfortabel. Oft übertreiben die Chauffeure den Komfort sogar: Die Klimaanlage sorgt für Eiseskälte, und aus den Lautsprechern plärren die Akteure des Videostreifens, der über das Bordfernsehen gezeigt wird. Dann sind Pullover und Ohrenstöpsel angebracht. Nachtbusse (nur auf den langen Strecken) sind etwas schneller, kosten aber einen Aufschlag.

Die meisten Städte begnügen sich zum Glück mit einem zentralen Terminal für alle Buslinien. Fahrpläne wechseln, aber die Abfahrtszeiten werden pünktlich eingehalten! Wer zu spät kommt, hat Pech gehabt. Verlässliche Auskunft über die Abfahrtszeiten erhalten Fremde letztlich nur an den Busbahnhöfen – Fahrpläne im Internet oder auch nur eine englischsprachige Telefonauskunft gibt es bisher nicht.

Für Langstrecken wie etwa Kairo–Luxor kauft man die Tickets (mit Platzreservierung) besser ein bis zwei Tage im Voraus. Bei kürzeren Entfernungen oder in Kleinstädten ist eine Reservierung nicht immer möglich und nötig; schlimmstenfalls bekommt man nur einen Stehplatz.

Hauptsache, er fährt

Sammeltaxi (servis)

Der innerstädtische Transport ist überwiegend Sache der Sammeltaxis. Kleinbusse pendeln auf festen Routen in die Außenbezirke, und selbst die gewöhnlichen Taxis (Limousinen) arbeiten oft als *servis*. Das Fahrtziel gibt der Kunde vor, der zuerst einsteigt. Der Fahrer versucht dann, unterwegs noch weitere Passagiere aufzusammeln, die in die gleiche Richtung wollen. Taxameter, sofern überhaupt vorhanden, werden nur ungern benutzt. Auch an die offiziellen Tarife, ob vom Taxameter angezeigt oder mancherorts auf einem amtlich abgestempelten Blatt im Auto ausliegend, hält sich niemand. Sie würden oft nicht einmal die Unkosten des Taxifahrers decken, und so zahlen selbst Einheimische freiwillig mehr. Wer sich auskennt und um den „üblichen" Preis weiß, muss beim Einsteigen nicht feilschen, sondern zahlt am Ende der Fahrt kommentarlos die angemessene Summe. Als Anhaltspunkt kann man im Stadtverkehr von etwa 1 LE pro Kopf und Kilometer ausgehen. Erkundigen Sie sich in Ihrem Hotel oder bei ortskundigen Urlaubern nach den üblichen Preisen. Wer den Taxichauffeur nach dem Preis fragt, gibt sich als ahnungslose Melkkuh zu erkennen.

> **Vertrauen ist gut, Kontrolle ist besser**
> Größere Gepäckstücke werden bei Überlandfahrten gern aufs Dach geladen. Vergewissern Sie sich selbst, dass Ihr Koffer oder Rucksack auch ordentlich festgezurrt ist, und vertrauen Sie nicht blind dem Fahrer – denn der vertraut manchmal blind dem Herrgott, und wenn es das Schicksal dann will, fällt auch mal ein Koffer runter. Vom Schaden ganz abgesehen wird die Sache besonders ärgerlich, wenn zunächst keiner den Sturz bemerkt und später die Strecke mühsam nach dem verlorenen Stück abgesucht werden muss.

Taxi (spesial)

Ein an der Straße angehaltenes Taxi ist grundsätzlich ein Sammeltaxi. Wenn der Fahrer unvermutet von *spesial* zu reden beginnt, will er Ihnen eine Exklusivfahrt verkaufen und keine weiteren Passagiere mehr mitnehmen. Bestehen Sie in diesem Fall auf der Abrechnung nach dem Taxameter. Taxis, die vor Hotels, Restaurants oder am Flughafen stehen, sind allesamt *spesial* und warten auf besonders zahlungskräftige Kundschaft. Für längere Ausflüge und Tagestouren ist ein *spesial* jedoch immer noch deutlich preiswerter als ein Mietwagen.

Bahn

Die Eisenbahn ist auf längeren Strecken im Niltal das Transportmittel schlechthin. Vor dem Fenster rauscht das Landleben vorbei, im Großraumabteil knüpft man schnell Kontakte mit Einheimischen.

Der Zug empfiehlt sich besonders für Fahrten von Kairo nach Luxor und Assuan. Auf dieser Strecke verkehren die weitgehend Touristen vorbehaltenen „Sleeper" oder **Tourist Trains**. Abendessen und Frühstück sind im Preis inbegriffen. Doch der hat es mit rund 60 $ pro Person für die einfache Fahrt im Zweierabteil in sich – billiger zwar als ein Flug, aber für ägyptische Verhältnisse ein Vermögen.

> Nach einer neuen Bestimmung sollen Ausländer für Fahrten von Kairo nach Oberägypten nur noch die sogenannten **Tourist Trains** benutzen. Doch wird diese Regel nicht konsequent durchgesetzt.

So bleibt als Alternative die Fahrt mit Sitzplatz. Die klimatisierte **1. Klasse** (Kairo–Assuan 110 LE, 13 Std.) bietet im Großraumabteil gehobenes Publikum, Sitzreihen mit 2+1 Plätzen, viel Beinfreiheit und freie Mittelgänge bzw. Stehplatzverbot. Essen wird am Platz serviert. Familien bzw. Kleingruppen können gegen einen geringen Aufpreis auch ein recht geräumiges eigenes Abteil mit 6 Sitzplätzen buchen (**Klasse Nefertiti**). In der klimatisierten **2. Klasse AC** geht es etwas enger zu (Reihen mit 2x2 Sitzen), doch die Sessel sind auch hier deutlich komfortabler als bei der Deutschen Bahn. Die Tickets kosten etwa die Hälfte des Preises der 1. Klasse.

Die Bummelzüge mit Wagen der 2. und 3. Klasse tun sich auf längeren Strecken nur hartgesottene Eisenbahnfans an. Hier pferchen sich auf harten Bänken die Armen zusammen, die auf jeden Piaster schauen müssen.

- *Information/Reservierung* Im Internet unter www.egyptrail.gov.com: guter Fahrplan mit Verbindungsübersicht, die Internetbuchung funktioniert aber nur mit ägyptischen Kreditkarten. Hinweise zu Schlafwagenzügen erhält man unter www.sleepingtrains.com. Schlafwagenreservierung unter ✆ 02-2574 9474. Aktuelle Infos zum Bahnfahren in Ägypten auch unter www.seat61.com.
- *Nach Luxor/Assuan im normalen Zug* Der Zwang zum Tourist Train lässt sich umgehen, wenn man sich die Fahrkarte für einen der normalen Schnellzüge von einem Ägypter kaufen lässt. Fragen Sie an der Hotelrezeption.
Gegen einen kleinen Aufpreis kann man die Fahrkarte auch im Zug selbst beim Schaffner kaufen. Das funktioniert gut zwischen Luxor und Assuan. Selbst in ausgebuchten Zügen von und nach Kairo werden immer einige Plätze für VIPs freigehalten, über die der Schaffner verfügen kann, solange kein General oder Abgeordneter den Sitz beansprucht.
- *Ermäßigung* Bei Vorlage eines internationalen Studentenausweises.
- *Hinweise* Die Abteile sind oft stark **klimatisiert**! Eine warme Jacke kann hilfreich sein. Auch ist es sinnvoll, eigenes Toilettenpapier mitzunehmen, da dieses oft fehlt. Vor allem nach längerer Fahrt ist nicht immer unbedingt mit sauberen **Toiletten** zu rechnen. **Getränke** und **Speisen** im Zug sind für ägyptische Verhältnisse teuer. Anders als beim Fahrkartenverkauf wird hier nicht immer korrekt abgerechnet.

Kairo – Assuan	Touristenzüge			andere Züge	
Zug-Nr.	84	82	86	980	996
Kairo	–	–	21:10	8:00	22.00
Giza	20:15	20:45	21.35	8:20	22:20
Luxor	5:10	5:40	6:40	18:10	7:35
Assuan	8:15	8:45	9:45	21:30	10:55
Assuan – Kairo	Touristenzüge			andere Züge	
Zug-Nr.	83	85	87	983	989
Assuan	17:15	18:30	20:30	7:00	21:30
Luxor	20:20	21:40	23:40	10:25	1:10
Giza	5:45	6:45	8:30	–	–
Kairo	–	–	8:55	21:05	10:40

Inlandsflüge

Bislang konnte sich die Staatsfluglinie der inländischen Konkurrenz weitgehend erwehren. So ist der innerägyptische Lufttransport entsprechend teuer. Ein einfacher Flug von Kairo nach Assuan kostet etwa 120 €.

Preiswerter sind die Inlandsstrecken, wenn sie in Verbindung mit einem Egypt-Air-Auslandsflug gebucht werden. Von Kairo, der Drehscheibe des ägyptischen Luftverkehrs, starten die Flieger mehrmals täglich nach Alexandria, Hurghada, Scharm el-Scheich, Luxor und Assuan. Seltener werden Assiut, Marsa Alam, Marsa Matruh und die Oasen Charga und Dachla angeflogen. Weitere Verbindungen bestehen zwischen Assuan und Abu Simbel sowie Scharm el-Scheich, Luxor und Hurghada. Da die Flüge oft von Reisegruppen gebucht werden, bleiben für Einzelreisende nur wenige Plätze übrig, die schnell verkauft oder überbucht sind. Frühzeitige Reservierung ist deshalb ebenso unabdingbar wie die erneute Bestätigung drei Tage vor dem Abflug. Die Flugauskunft der Egypt Air erreicht man unter folgenden Telefonnummern: Abu Simbel ✆ 097-2324735, 2324836; Assuan 097-231500-0, -2, -3, -4; Kairo 02-23900999; Luxor ✆ 095-238058-0, -1, -1, -3, -4.

Nilkreuzfahrt

Die Ruhe des Wassers und das langsame Vorbeigleiten der Landschaft geben der Nilkreuzfahrt ihren hohen Erholungswert. Kaum an Bord, stellt sich sofort Urlaubsstimmung ein.

Nahezu alle Ägypten-Reiseveranstalter haben Nilkreuzfahrten im Angebot. Die Standardprogramme setzen vor die eigentliche Kreuzfahrt einige Tage Kairo, im Anschluss wird oft ein Badeaufenthalt am Roten Meer gebucht.

Die Nilfahrt führt von Assuan nach Luxor oder umgekehrt. Auf der 200 km langen Strecke drängen sich rund 300 Schiffe. Nachts liegen die Boote vor Anker, dazu kommen Stopps für Besichtigungen und Wartezeiten an der Schleuse von Esna, sodass die Kreuzfahrt alles in allem gewöhnlich vier Tage dauert.

Eine Nilfahrt ist nicht mit einer Kreuzfahrt auf einem Ozeanriesen zu vergleichen. Die Schiffe sind gewöhnlich zweckmäßig und nüchtern eingerichtet – Luxusschiffe wie die *SS Karim*, ein restaurierter Schaufelraddampfer mit Originalmaschine von 1917, der früher Staatsgäste über den Nil schipperte, sind die Ausnahme von der Regel. Großzügige Gesellschaftsräume fehlen ebenso wie Kapitänsdinner und Galaball, dafür geht es leger zu. Die je nach Schiff 20 bis 100 Kabinen sind mit 11 bis 20 m² erheblich kleiner als Hotelzimmer vergleichbarer Kategorie, denn auf engem Raum muss möglichst viel untergebracht werden.

Nur in Ausnahmefällen lassen sich die Kabinenfenster öffnen. Pech hat, wer beim Einchecken eine Kabine ohne Ausblick im Unterdeck zugeteilt bekommt. Weil es zu wenig Anlegestellen gibt, werden die schwimmenden Hotels abends längsseits nebeneinander vertäut – man blickt also aus dem Fenster auf das Nachbarschiff und bekommt eventuell dessen Lärm und Abgase ab, denn die Stromaggregate laufen rund um die Uhr.

Spezialisten für Nilkreuzfahrten sind beispielsweise: *Helios Reisen*, ✆ 089-54495200, www.helios-reisen.de; *Oft Reisen*, ✆ 07156-16110, www.oft-reisen.de; *Phoenix Reisen*, ✆ 0228-72628-0, phoenixreisen.com. Last-Minute-Nilfahrten bekommt man in Luxor z. B. bei *Thomas Cook* in der Arkade des Old Winter Palace – gewöhnlich sind sie jedoch teurer als bereits vom Heimatland aus gebuchte Angebote.

Zeitreisen auf dem Nil – auf alten Zweimastern und Dampfschiffen

Dahabiyas, „Goldene Boote", hießen dereinst die Königinnen unter den Nilseglern. Nur eine Handvoll dieser Zweimaster, auf denen noch die ersten Gruppen von Thomas Cook Ägypten bereisten, haben bis ins Zeitalter der Dieselschiffe überlebt. Wenn eine Dahabiya mit mächtig aufgeblähten Segeln passiert, reiben sich die Passagiere der Kreuzfahrtschiffe verwundert und ein wenig neidisch die Augen.

Dongola und **Zarafa**: Die etwa 1835 gebaute Dongola und ihr Schwesterschiff Zarafa begegneten schon Amelia Edwards und fuhr unter Sultan Hussein Kamil (reg. 1914–17) die Herrscherfamilie spazieren. Die restaurierten Schiffe verkehrt zwischen Luxor und Assuan. Sie haben fünf bzw. neun komfortable Kabinen mit Bad. Reisen auf der Dongola oder Zarafa können unter www.orientaltours.de gebucht werden.

Vivant Denon: Der 1889 gebaute Segler trägt den Namen eines Franzosen, der uns die beste Schilderung von Napoleons Ägyptenexpedition hinterließ. Als Direktor der Pariser Museen organisierte er später in Kaisers Namen den Kunstraub im französisch beherrschten Europa. Das Schiff gehört dem Franzosen Didier Caille, der es während einiger Wochen im Winterhalbjahr für 5500 € pro Woche verchartert. Infos unter www.dahabeya.net.

Neferu-Ra: Das Schiff wurde 1910 für einen Baumwollbaron gebaut. Bill and Nancy Petty fanden die Dahabiya in el-Minya als Restaurantschiff vertäut und ließen sie in Luxor restaurieren. Das Schiff hat in vier Kabinen gerade mal fünf Betten, ein modernes Bad und WC wurden eingebaut. Über www.museumtours.com kann das Schiff ab 5000 € pro Woche gemietet werden.

Royal Cleopatra: Das Aschenputtel unter den luxuriösen Nilseglern ist eine 2001 vom Stapel gelaufene Jacht. Anders als bei den historischen Nilschiffen befinden sich die Kabinen und Aufbauten hier nicht am Heck, sondern mittschiffs zwischen den Masten. Dafür ist die *Royal Cleopatra* auch etwas preiswerter als ihre restaurierten Konkurrenten. Sie kann über www.nilecruiseegypt.net gebucht werden.

Neben den historischen und nachgebauten Segeljachten gibt es auch heute noch Dampfschiffe. Noch zwischen Luxor und Assuan unterwegs ist der Heck-Seitenraddampfer **SS Karim**. Das 1917 auf einer britischen Werft gebaute Schiff diente den Königen Fuad und Faruk als Privatjacht, nach der Revolution stand es den Staatspräsidenten zur Verfügung. Jedes Rad hat seine eigene Maschine, sodass die beiden Räder auch in entgegengesetzter Richtung bewegt werden können. Das Schiff hat 30 Außenkabinen und ist über Spring Tours (www.springtours. com) zu buchen.

Nicht weniger exklusiv ist die 1885 vom Stapel gelaufene **SS Sudan**. Unter dem Namen *MS Karnak* diente sie als Drehort von Agatha Christies Thriller „Tod auf dem Nil". Bei einem umfassenden Umbau erhielt das Schiff im Jahre 1994 zusätzlich zu den Schaufelrädern noch Schrauben, die mit einem Dieselmotor angetrieben werden. So kann es heute wahlweise mit Dampfkraft oder mit Dieselöl fahren. Das Schiff verfügt über mit Antiquitäten ausgestattete Außenkabinen. Lounge, Speisesaal, Bibliothek und Cocktailbar sind originalgetreu eingerichtet. Auch die SS Sudan bietet während der Saison mehrtägige Touristenfahrten auf der Strecke Assuan–Luxor und kann über www.steam-ship-sudan.com gebucht werden.

Nilfahrt auf einer Feluke: Wer in Europa gern mit dem Zelt unterwegs ist, mag die beschauliche und romantische Nilreise im traditionellen Segelboot (arab. *faluka*) erwägen. Mehrtägige Fahrten starten in aller Regel in Assuan und führen flussabwärts nach Kom Ombo oder Edfu. Man genießt den angenehm kühlen Wind um die Nase, den Ausblick aufs Wasser und auf die fruchtbare Uferlandschaft vor dem Hintergrund der Wüstenberge. Kabinen haben die kleinen Boote natürlich nicht. Man übernachtet unter freiem Himmel auf dem Boot oder auf einem Inselchen, wäscht sich mit Nilwasser, kocht auf einem Campingkocher. Nur wenige Reiseveranstalter haben solche Touren im Programm. Gewöhnlich „bucht" man in Assuan direkt bei einem der nubischen Schiffsführer. Mehr dazu auf S. 231.

Hotels wie das Kairoer Mena House verheißen Glanz und Gloria

Übernachten – von fürstlich bis einfach

Die touristischen Zentren halten ein breites Angebot an Unterkünften vom Luxushotel über die familiäre Pension bis hin zur kaum zumutbaren Billigabsteige bereit. Ferienwohnungen oder gar Privatzimmer werden nicht vermietet, die wenigen Campingmöglichkeiten eignen sich nur für Wohnmobilfahrer.

Hotels

Da die besseren Hotels den Reiseveranstaltern großzügige Rabatte einräumen, fährt der Pauschaltourist oder Internetbucher (via Expedia und dergleichen Plattformen) günstiger als Reisende, die erst vor Ort und auf eigene Faust eine gehobene Unterkunft suchen.

Trotzdem sind Häuser wie das Hilton und Sheraton im Weltmaßstab vergleichsweise billig. Umso mehr gilt das für die einfachen Herbergen. Schon für 50 LE bzw. 7 € findet man ein ordentliches, sprich: sauberes Doppelzimmer mit Bad. Singles, die Einzelzimmer beanspruchen, reisen wie üblich etwas teurer als Paare. Sehr einfache Hotels bieten gelegentlich Mehrbettzimmer an, die man mit anderen Reisenden teilt.

Ägyptische Hotels dürfen sich von Staats wegen mit bis zu fünf Sternen schmücken. Die Luxushotels gehören zu den internationalen Ketten wie Mövenpick, Hilton und Marriott und haben den üblichen Komfort; beim Service sollte man allerdings keine mitteleuropäischen Maßstäbe anlegen. In den mittleren Kategorien kann das Niveau der Häuser erheblich schwanken: Ein durchaus gutes Hotel bekommt beispielsweise nur zwei Sterne, wenn es weniger als 30 Zimmer hat. Andererseits kann ein Drei-Sterne-Haus auch ziemlich heruntergekommen sein, aber die rein formalen Bedingungen (Zimmergröße, Ausstattung, Lift, Bäder usw.) trotzdem erfüllen. Weil die Betreiber die Instandhaltung vernachlässigen und zugleich Ausstattungsstandard und selbst Architektur in den letzten Jahren um einiges besser wurden, sind neu eröffnete oder wenigstens generalsanierte Hotels den älteren vorzuziehen. Für Individualreisende lohnt es also, ein Hotel vorher anzuschauen. Leider spricht sich ein besonders gutes Preis-Leistungs-Verhältnis schnell herum – diese Häuser sind oft ausgebucht, ohne Reservierung findet man dort kein Unterkommen.

● *Hotelpreise* Hotels mit drei und mehr Sternen berechnen die Preise für Ausländer weitgehend auf Dollarbasis. Diese Hotels müssen dann auch in ausländischer Währung (bevorzugt Euro oder Dollar) oder per Kreditkarte bezahlt werden. Bei den einfachen Häusern (1–2 Sterne) werden die Preise dagegen in der Landeswährung festgelegt.
Gerade in den teureren Hotels stehen die offiziellen Preise aber oft nur auf dem Papier. Die einen vermieten überhaupt nur an Reiseveranstalter und wollen keine Individualtouristen. In solchen Fällen sind in diesem Buch auch nur Pauschalpreise angegeben. Andere wechseln die Preise je nach Saison und Auslastung, wieder andere lassen mit sich handeln. Insoweit können die von uns vor Ort recherchierten Preise nur ein Anhaltspunkt sein.

Essen und Trinken – zwischen Garküche und Luxusrestaurant

An fahrbaren Imbissständen beginnen die Ägypter auf dem Weg zur Arbeit ihren Tag mit dem Nationalgericht Foul Medames, dazu gibt es Salat und vielleicht in heißem Fett gebackenes Bohnenpüree (ta'amiya); anschließend, wenn die Zeit noch reicht, ein Glas Tee.

Foul, das „Fleisch des kleinen Mannes", ist das mit Abstand wichtigste Gericht. Ägypter, die es ins Ausland verschlagen hat, zeigen nach einigen Tagen regelrechte Entzugserscheinungen: Für einen Teller Foul würden sie noch so raffinierte Köstlichkeiten stehen lassen. Die Grundbestandteile Saubohnen, Linsen und Wasser, manchmal mit Karotten, Tomaten und klein gehackten Zwiebeln angereichert, werden über Nacht in einem geschlossenen Gefäß auf kleiner Flamme geköchelt. Früher brachte man die birnenförmigen Kochtöpfe ins nächste Badehaus und nutzte die nächtliche Glut des Ofens. Das eigentliche Geheimnis jedes Foulverkäufers ist die Mischung aus Öl, Zitronensaft, Salz, Kümmel und anderen Gewürzen, die erst unmittelbar vor dem Servieren hinzugegeben wird und dem Gericht seine individuelle Note verleiht.

Andere Imbissstände haben sich auf in schwimmendem Fett gebackene Schmankerln spezialisiert. Neben Pommes und Auberginenschnipseln verkaufen sie in der

Hauptsache **Ta'amiya**. Die ägyptische Ta'amiya wird gewöhnlich aus Bohnen hergestellt, während in Syrien und Palästina für die äußerlich kaum vom Ta'amiya unterscheidbaren Bratlinge *(felafel)* Kichererbsen verwendet werden. Die über Nacht eingeweichten Bohnen püriert man mit etwas Lauch, Zwiebeln und reichlich Knoblauch, würzt mit Dill, Koriander, Petersilie, Cayennepfeffer, Kümmel, Salz und etwas Backsoda. Nachdem die Masse eine Stunde lang gezogen hat, werden kurze, etwa 2 cm dicke Würstchen geformt, mit Sesam paniert und im schwimmenden Fett ausgebacken.

Zu den Bohnengerichten wird, besonders in der heißen Jahreszeit, gern **Turschi** bestellt, sauer eingelegtes Mischgemüse. Manchmal sind gar Limonen samt Schale darunter, die zu verzehren nicht jedermanns Sache ist. Wem dies zu ägyptisch ist, der findet an größeren Frühstücksständen auch **Sandwiches** mit Ei, Käse, Rindswurst und dergleichen mehr.

Was dem Ägypter am Morgen sein Foul, ist ihm im Lauf des Tages sein **Kuschari**, eine Mischung aus Reis, Nudeln, Linsen, gebratenen Zwiebeln und manchmal Kichererbsen. Für umgerechnet keine 25 Cent wird *doublo* serviert, nämlich die doppelte Portion. Falsch zu bestellen ist praktisch unmöglich: In einem Kuschari-Lokal gibt es ausschließlich Kuschari, nur als Dessert steht vielleicht noch ein Reispudding im Kühlschrank. Mit der scharfen Soße, die in Flaschen auf dem Tisch steht, sollte man sparsam umgehen. Nur ein paar Tropfen, und Ihr Gaumen fühlt sich an wie nach dem Kuss eines feuerspeienden Drachen.

> ### Zu viel des Guten
>
> Hunger und Unterernährung sind kein ernstes Problem am Nil. Im Gegenteil: Die meisten Ägypter sind zu fett. Zu wenig Eiweiß und zu viele Kalorien als Ergebnis übermäßigen Brot- und Zuckergenusses bereiten den Medizinern Sorge. Mit 35 kg Zucker pro Kopf und Jahr sind die Ägypter Afrikameister im Zuckerverbrauch – und stehen auch in der internationalen Hitliste der Diabetes-Häufigkeit an vorderer Stelle. Eine andere Mangelkrankheit ist Anämie (infolge Eisenmangels). Dick ist besonders bei den Frauen in. Der Softdrink-Riese Coca-Cola hatte große Mühe, *Cola-Light* auf dem ägyptischen Markt einzuführen – es fehle an Kalorienbewusstsein!

Nicht fehlen dürfen auf dem „Tisch der Armen" Frühlingszwiebeln, Tomaten, **Moluchia** (fein gewiegte Blätter einer spinatähnlichen Pflanze, die in Hühner- oder Kaninchenbrühe gekocht werden) und als allgegenwärtige Beilage das Fladenbrot.

Richtiges **Fleisch** *(lachma)* war und ist auf dem Speisezettel der einfachen Leute etwas Besonderes – und für die Reichen ein Mittel zu demonstrieren, dass man eben Geld hat. So ist in der Tradition der ägyptischen Gastronomie das Fleischlokal streng getrennt von jenen ordinären Stätten, die sich mit dem Garen von Saubohnen abmühen. In einem guten Kebab-Haus bestellt man nach Gewicht, für den durchschnittlichen Esser reicht ein halbes Pfund. So preiswert uns ein einfaches Fleischgericht erscheinen mag, ein ägyptischer Durchschnittsbeamter muss dafür ein Zehntel seines Monatsgehalts auf den Tisch legen. Neben gegrillten Fleischstückchen, **Kebab**, und Hackfleisch vom Spieß, **Kufta** – beide aus Lamm- und Hammelfleisch hergestellt – gibt es oft auch Tauben und, seltener, Wachteln. **Schwarma**, das bei uns als Gyros bekannt gewordene Schabefleisch vom Drehspieß, wird an Imbissständen verkauft. Rindfleisch findet man nur in gehobenen Restaurants mit internationaler Speisekarte, Kamelfleisch wird nur im Haushalt verwendet. Selbst Muslime mit westlichem Lebensstil meiden Fleisch vom Schwein, das als unreines Tier tabu ist.

Umso beliebter sind Hühnchen, **Firach**. Neben dem bei McDonalds, Kentucky Fried Chicken und Andrea's (dem ägyptischen „Wienerwald") wie wohl überall auf der Welt zubereiteten Grillhuhn am Spieß *(firach maschwiya)* gibt es auch raffiniertere Varianten: etwa gebraten mit Oliven *(firach bil zeytoun)* oder in Jogurt gekocht *(firckh matboucha bil zabadi)* und mit frischer Minze serviert.

Auch der Fisch, **Samak**, wird in den Restaurantküchen überwiegend gegrillt *(maswil)*, manchmal aber auch als Ragout *(tagen)* zubereitet. Aus einheimischen Gewässern werden Brassen, Tintenfische, Krabben und sogar Hummer gefischt. Eine Spezialität der Mittelmeerküste ist **Fenikh**, ein kleiner, stark gesalzener Fisch, der übel riecht und roh gegessen dennoch als Delikatesse gilt.

Einige Zutaten wie Zwiebeln, Knoblauch, Bohnen und Linsen, Okraschoten, Moluchia und **Batarekh** (Fischrogen) standen schon auf dem Speiseplan der Pharaonen. Wandmalereien in den Tempeln und Gräbern zeigen mit Opferspeisen überreich gedeckte Tische. Andere Gerichte brachten die fremden Eroberer aus ihrer Heimat mit. Am deutlichsten ist der türkische Einfluss in der ägyptischen Küche zu spüren. Die Soldaten Selims des Grausamen sollen mit ihrer Vorliebe für **Burghul** (türkisch *bulgur*, eine Weizenzubereitung), **Baklava** (süße Blätterteigschnitten), **Kunefa** (türkisch *künefer*, eine süße, käsehaltige Teigspeise), **Schischkebab** (Grillspieß), gefüllte Paprika, Auberginen und Weinblätter die Küche am Nil bereichert haben. Auch **Mousaka**, zwischen Türken und Griechen Gegenstand heftigen Streits über das Urheberrecht, kam durch die Türken nach Ägypten.

Aus Marokko kam der Couscous, und aus Syrien und dem Libanon stammen viele der **Mezedes** (kalte Vorspeisen). Bei einem üppigen Mahl mit zahlreichen Gästen werden gleichzeitig oder nacheinander 20 bis 30 Platten mit verschiedenen kalten Vorspeisen serviert, unter denen auch der kritischste Esser etwas seinem Geschmack Entsprechendes findet: Salate mit Dips und Soßen, Gemüse, Fleisch- und Fischspezialitäten, Käse. Unklar ist die Herkunft der **Tahina**, einer sämigen Soße aus Olivenöl und gemahlenem Sesam, gewürzt mit Zitrone, Pfeffer, Salz und Kümmel. Gelegentlich kommt sie auch als **Hummus** (aus Kichererbsen) oder **Babaghanusch** (aus pürierten Auberginen) auf den Tisch. Kenner löffeln diese sämigen Soßen mit der Tasche des Fladenbrots.

Zum Abschluss jedes Gastmahls kommen die Süßspeisen auf den Tisch – je süßer, desto besser. Zucker steht für Fest, Freude und Wohlbefinden. Wer es gut mit seinem Gast meint, gibt ihm noch ein Würfelchen Zucker extra in den Tee, wer Kindern Zuneigung beweisen will, schenkt ihnen Bonbons. So schwimmen manche Teigwaren mit gehackten Nüssen, Pistazien und Mandeln in dickem Zuckersirup oder sind reich-

Brot und nochmals Brot darf bei keinem Essen fehlen

lich mit Honig übergossen. Wer es maßvoller wünscht, kann sich an **Milhalabiya** (Reispudding) und Crème Caramel gütlich halten.

Getränke

Tee & Kaffee: Ägyptens Nationalgetränk Tee *(schai)* wird traditionell durch Aufkochen der Teeblätter zubereitet. Teebeutel gelten jedoch als modern und schick. Im Winter wärmt ein mit Milch, Zimt und Nüssen angesetzter Gewürztee *(sahleb)*, in der warmen Jahreszeit trinken die Ägypter gern Schwarztee mit Minze *(schai bi naana)*. Auch Kräutertee *(helwa)*, Fencheltee *(yassun)* und Hibiskustee *(karkade)* sind in jedem Kaffeehaus zu bekommen. Kaffee wird als türkischer Mokka *(ahwa turki)* und je nach Wunsch des Gastes ohne Zucker *(saada)*, mit Zucker *(masbut)* oder extrem süß *(siyaada)* gekocht.

Fruchtsäfte & Wasser: Straßenstände bieten frisch gepresste Säfte aus dem Obst der Saison wie Orange *(burtu'an)*, Mango *(manga)*, Erdbeere *(farawla)* und Granatapfel *(asiir rumi)* an, dazu Bananenmilch *(mus bi laban)* und Zuckerrohrsaft *(aasab)*. Zu den exotischeren Drinks zählen Dattellimonade *(charrub)* und *tamrhindi*, hergestellt aus Tamarindenwurzeln und geschmacklich irgendwo zwischen Lakritze und schwarzem Johannisbeersaft angesiedelt.

Leitungswasser *(maya baladi)* ist entweder hochgradig gechlort und damit von unangenehmem Geschmack oder weniger gechlort und somit hygienisch nicht unbedenklich, auch wenn die meisten Einheimischen ihr Leben lang nur dieses Wasser trinken. Der Urlauber greift besser auf Mineralwasser *(maya maadaniya)* in Flaschen zurück. *Baraka* ist am meisten verbreitet, während der Kauf einer Flasche *Safi* Geld in die Kasse der ägyptischen Streitkräfte bringt, die mit zahlreichen Firmen und Beteiligungen einen Teil der Kosten für die Landesverteidigung selbst erwirtschaften.

Bier: Während sich die Ägyptologen ausführlich mit der Braukunst der Pharaonenzeit beschäftigten, harrt die Geschichte der neuzeitlichen Bierbrauerei Ägyptens noch der Bearbeitung durch trinkfreudige Historiker. Soweit bekannt, begann die Brauerei Crown 1897 in Alexandria mit der Produktion eines *Stout*, dem bald ein *Pilsener* folgte. In den Zwanzigern tauchte erstmals der Markenname *Stella* auf, und 1958 brachte die inzwischen nach den neuen Besitzern *Bomonti* genannte Brauerei ein *Munchner Beer* auf den Markt, das später gar zum *Bier* und 1973 zum *Bayrish Beer* mutierte. Pilsener, Munchner und Bayrish gingen ebenso sang- und klanglos unter wie die Bomontis, doch Stella blieb. Der blaue Stern im gelben Oval ziert seit 80 Jahren das Etikett von Ägyptens beliebtester Biermarke, ein weiteres Markenzeichen sind die grünen Pfandflaschen in unverwechselbarer Gestalt. Gebraut wird es inzwischen von der zur Heineken-Holding gehörenden *Al-Ahram Beverage Company*. Neben dem klassischen Stella gibt es ein *Heineken* in kleineren Einwegflaschen, das süffige *Sakara* und ein Premium namens *Meister*. Auch die Frommen müssen auf ihr Bier nicht verzichten: sie greifen zum alkoholfreien *Birrel*.

Aus den Sudhäusern des Ferienorts el-Gouna am Roten Meer kommen, unter Aufsicht eines deutschen Braumeisters nach dem deutschen Reinheitsgebot gebraut, das leichte *Luxor*, Ägyptens erstes Weizenbier, und das Schwarzbier *Luxor Nuba*. Mit ihnen will ein internationales Konsortium das bisherige Beinahe-Monopol der *Al-Ahram Beverage Company* brechen.

Hochprozentiges: Importierte Alkoholika sind in Ägypten unverschämt teuer – der Staat belastet sie mit einem Steuersatz von 3000 (in Worten: dreitausend) Prozent. Umso lieber werden sie in den Hotelbars ausgeschenkt. Die einheimischen Alkoholika sind zwar nicht von Weltklasse, für einen Longdrink oder gar einen Rausch aber gut genug. Beim ägyptischen Brandy hat man die Auswahl zwischen *Maa'tak* (beste Qualität), *Ahmar* (der billigste) und *Vin* (der beliebteste). Die Etiketten von Gin und Whiskey sind Weltmarken nachempfunden und erst auf den zweiten, noch nüchternen Blick von ihren Vorbildern zu unterscheiden. Notorische Trinker halten sich vor allem an *Zibib*, den ägyptischen Ouzo.

Wein aus der Wüste

Ein Vorzug Ägyptens, den zu loben man allerdings etwas vorsichtig sein sollte, sind seine guten Weine. Nicht, dass Ägypter stets nur *meschrubat* (wörtlich „das Erlaubte", nämlich Alkoholfreies) trinken würden. Wie die gut besuchten Geschäfte des staatlichen Alkohol-Monopols vermuten lassen, wird sogar ziemlich gesoffen – nur eben zu Hause; öffentlich zeigen will sein sündiges Laster kaum ein Moslem.

Vielleicht liegt die Neigung zum Alkohol einfach im „pharaonischen Blut". Bier, so wissen die Ägyptologen, war das wichtigste Getränk im alten Ägypten. Und in den Wandgemälden der alten Gräber kredenzen spärlich bekleidete Dienerinnen den Verstorbenen Kelche mit Wein, sind Szenen von der Weinlese und der Arbeit an den Torkeln dargestellt. Im Grab des Tutenchamun fand Howard Carter drei Dutzend Weinkrüge, deren Aufschriften Jahrgang und Winzer nennen.

An die altägyptische Weintradition knüpfte Ende des 19. Jh. der Grieche Nestor Gianaclis an. In der Mariotis, der heutigen Tahrir-Provinz, wo schon die Römer ihren *Vinum Mariticum* gezogen hatten, kaufte er Land und pflanzte aus Griechenland, Frankreich und Italien eingeführte Reben an. Das in der kargen Landschaft nötige Wasser brachte ein Stichkanal vom Nil.

Gianaclis wurde zum Markenzeichen des ägyptischen Weinbaus. Die Spitzenabfüllungen durften auf keiner Gala des Hofes und der besseren Gesellschaft fehlen. Die 70 km² große Plantage eines der größten zusammenhängenden Weinbaugebiete der Welt beschäftigte fast 2000 Arbeiter, nicht gezählt die vielen Beduinen, die sich nur in der Erntezeit verdingten. Nasser nationalisierte den Betrieb und vereinigte ihn mit verschiedenen Schnapsbrennereien zur *Egyptian Vineyards and Distilleries Company*. Mit vielen anderen griechischen Geschäftsleuten mussten auch Gianaclis Erben das Land verlassen. Nur Kellermeister Alexander Kondilios blieb bis in die 1980er-Jahre als Garant der guten Weine im Amt. Nach seiner Pensionierung ging es mit der Qualität jedoch drastisch bergab.

Nunmehr erneut privatisiert und im Besitz der *Al-Ahram Beverage Company (ABC)*, nimmt das Weingut einen neuen Anlauf in Sachen Qualität und Marketing. Französische Berater sollen das Risiko ausschließen, statt des erhofften Weines eine Flasche Essig zu öffnen. Ob die neuen Eigner den Absatz von *Obelisque* und *Grand Marquis*, von *Omar Khayyam* (rot), *Rubis* (rosé), *Cru de Ptolemées* oder *Gianaclis* (beide weiß) über die bisherige Jahresproduktion von etwa 150.000 Hektolitern steigern können, bleibt abzuwarten. Bei einem Ladenpreis von 60 LE für die 0,7-Liter-Flasche, 75 % davon gehen als Steuer an den Staat, bleibt Wein für die Ägypter ein Luxusgut. Einem Export in die arabischen Länder steht der wiedererstarkte Islam entgegen, und die Ausfuhr in die EU verhindert die Brüsseler Lobby der europäischen Winzer.

Wissenswertes von A bis Z

Bakschisch	66	Lesestoff	71
Behinderte	66	Maße und Gewichte	71
Diplomatische Vertretungen	67	Notruf	71
Einkaufen/Souvenirs	67	Öffnungszeiten	72
Elektrizität	68	Post	72
Feiertage	68	Religiöse Stätten	72
Geld	68	Sicherheit	72
Gesundheit	69	Telefon	73
Information	70	Zeit	73

Bakschisch

Selbst ein Rucksackreisender ist nach den Maßstäben des Durchschnittsägypters unermesslich reich. Und so wird von Ausländern für jede noch so kleine Dienstleistung ein Trinkgeld erwartet. Bereits am Flughafen werden sich ungerufene Kofferträger um Ihr Gepäck balgen – nicht aus Freundlichkeit, sondern um ein *Bakschisch* zu verdienen. Geradezu unverschämt zeigen sich viele Taxifahrer. Da hier bereits ein saftiger Ausländerzuschlag im regulären Fahrpreis enthalten ist, wäre ein zusätzliches Bakschisch nicht angemessen.

Neben dem Bakschisch als Trinkgeld kennt man die **Gefälligkeit**: etwa für einen Wächter, der Sie außerhalb der regulären Zeiten durch eine archäologische Stätte führt, oder für einen Beamten, der eine Ausnahme von Regeln macht, die vielleicht nur deshalb geschaffen wurden, um für ihre Umgehung etwas kassieren zu können. Von regelrechten Bestechungsversuchen sollten Sie dagegen absehen. Nicht, dass es in Ägypten keine Bestechung gäbe, im Gegenteil. Doch als Fremder kennen Sie weder die komplizierten Regeln noch die Preise und könnten sich schnell die Finger verbrennen.

Schließlich gibt es noch die **Gabe an den Bettler**. Betteln gilt als ehrenrührig – wer es dennoch tut, zumal als Frau, hat's wirklich nötig, und viele Bettler am Straßenrand verkaufen anstandshalber Streichhölzer, Papiertaschentücher oder andere Kleinigkeiten. Selbst arme Ägypter geben Bettlern ein paar Münzen – tun Sie's auch. Bettelnde **Kinder** sollten Sie jedoch ignorieren. Sie gehen, teils Sport, teils Spiel, ausschließlich Ausländer um Kaugummis, Kugelschreiber und Geld an, und jeder Erfolg ermuntert zu fortschreitender Aufdringlichkeit. Auch die Einheimischen sehen es nicht gern, wenn sich ihre Kinder ans Betteln gewöhnen.

Trinkgelder: Liftboy und Toilettenmann (wenn der Zustand des WC ein Trinkgeld rechtfertigt) 1 LE; Gepäckträger pro Gepäckstück 1 LE; Kellner 5–10 % der Rechnung; Zimmermädchen 2 LE pro Tag (übergeben Sie es persönlich, ansonsten nimmt es der Minibar-Service oder jemand anderes an sich). Busfahrer einer Reisegruppe 4–5 LE am Tag. Einheimische Reiseleiter erwarten gar 10–20 LE pro Tag und Gast. Empfehlung: Bleiben Sie deutlich darunter und geben Sie Ihr Geld besser anderen, die Reiseleiter verdienen genug. Soldaten an einsamen Checkpoints oder Wachposten freuen sich über Zigaretten, etwas zu essen, ja manchmal sogar über Trinkwasser.

Behinderte

Behinderungen sind in Ägypten sehr viel häufiger als in Mitteleuropa. Wo das Geld für den Arzt und die richtigen Medikamente fehlt, mündet manche an sich heilbare

Einkaufen/Souvenirs

Krankheit in bleibende Schäden. Taubstumme (mit denen Sie im Kaffeehaus besser kommunizieren können als mit arabischsprachigen Gästen), Blinde, Verkrüppelte gehören zum Alltag, sind „Gottes Wille" und erregen keine weitere Aufmerksamkeit. Der hilfsbereiten Bevölkerung steht ein Defizit an Hilfsmitteln und behindertengerechter Infrastruktur gegenüber. Rampen, rollstuhlgerechte Toiletten und Hotelzimmer sind die absolute Ausnahme. Dass Behinderte jüngst von den Tauchschulen als neue Zielgruppe entdeckt wurden, lässt allerdings hoffen. Spezialveranstalter für Tauchreisen unterbreiten auf Anfrage entsprechende Angebote.

Information: Tipps, Beschreibungen behindertengerechter Hotels und Veranstalteradressen bietet der Ratgeber *Handicapped Reisen Ausland*, erschienen im FMG-Verlag, www.fmg-verlag.de.

Spezialanbieter ist Rolls Reisen, Friesenstr. 27, D-10965 Berlin, ✆ 030-69409700, www.rollsreisen.com. Vermittelt werden behindertengerechte Hotels und Behindertenreisen.

Diplomatische Vertretungen

Deutsche Vertretung: 2 Sh. Berlin, Kairo-Zamalek, ✆ 02-2728 2000, ℻ 2728 2159, www.kairo-diplo.de.

Österreichische Vertretung: 5 Sh. Wissa Wassef Ecke Sh. el-Nil, Kairo-Giza, ✆ 02-3570 2975, ℻ 3570 2979, www.austriaegypt.org.

Schweizer Vertretung: 10, Sh. Abdel Khaleq Sarwat, Kairo, ✆ 02-2575 8284, ℻ 2574 5236.

Einkaufen/Souvenirs

Generell ist das Preisniveau in den Ferienorten höher als in Kairo. Seien Sie besonders vorsichtig, wenn ein Schlepper oder Reiseleiter Sie zu einem Geschäft bringt. Er bekommt eine kräftige Kommission, die Sie selbstverständlich mitbezahlen. Die gängigen Mitbringsel drängen sich dem Ausländer auch ohne Vermittler auf: Straßenverkäufer halten ihm bemalte Papyri und Alabastervasen unter die Nase, freundliche Gelegenheitsbekanntschaften arbeiten „rein zufällig" in einer „Parfümfabrik" oder einem Lederwarengeschäft. Eine Kette mit Goldkartusche erhebt jeden Fremden zum Pharao – die Juweliere kleben den persönlichen Namen in goldenen Hieroglyphen auf den Rohling. Gut dran ist, wer einen kurzen Namen hat, denn andernfalls gerät das Schmuckstück unförmig lang. Beliebt sind gravierte Tabletts oder Stoffapplikationen in grellen Farben. Auch die von Kindern in den als „Schulen" verbrämten Manufakturen gefertigten Bildteppiche sind typisch ägyptische Souvenirs. Als bislang letzter Schrei werden Henna-Tattoos auf die Haut angeboten.

Für das **Feilschen** können keine festen Regeln aufgestellt werden – es muss das Fingerspitzengefühl entscheiden. Falsch wäre es, immer zu feilschen, genauso falsch, jeden geforderten Preis zu zahlen. Die meisten Dinge des täglichen Bedarfs haben ihren Festpreis, den man allerdings, wenn die Ware nicht ausgezeichnet ist, kennen muss. Und je öfter der Verkäufer schon erfahren hat, dass Fremde die Preise nicht kennen, desto eher ist er versucht, seine Kunden zu übervorteilen. Preisvergleiche sind also angebracht.

Dieses Gebot gilt umso mehr bei touristischen Artikeln bzw. in Touristengeschäften. Hier wäre es ein sträflicher Fehler, sog. Festpreise zu akzeptieren, auch wenn die Ware ausgezeichnet ist. Nehmen Sie sich bei wertvolleren Stücken Zeit, trinken Sie mit dem Verkäufer Tee, plaudern Sie über das Wetter und die Familie, lassen Sie grundsätzlich ihn zuerst seine Forderung nennen, und machen Sie dann ein unverschämt niedriges Angebot. Feilschen kann Spaß machen, und ein guter Abschluss ist nur jener, bei dem beide Seiten zufrieden auseinander gehen.

Elektrizität

Die Spannung beträgt 220 Volt. Deutsche Stecker passen nicht immer (bringen Sie einen Universaladapter mit), Glühbirnen haben gelegentlich französische Bajonettfassungen. Erdung ist Luxus, und statt Sicherheit herrscht Gottvertrauen. Vermeiden Sie es, Straßenlampen zu berühren – manchmal stehen die Masten unter Spannung!

Feiertage

• *Unbewegliche Feiertage*
7. Januar: koptisches Weihnachtsfest
25. April: Tag der Befreiung des Sinai
1. Mai: Tag der Arbeit
18. Juni: Suezkanal-Tag
23. Juli: Tag der Revolution
6. Oktober: Tag der Armee (Oktoberkrieg)
• *Bewegliche Feiertage* Die islamischen Feiertage werden nach dem (islamischen) Mondkalender berechnet und schieben sich jedes Jahr um 11, gelegentlich aber auch 10 oder 12 Tage vor. Die koptischen Feiertage werden nach dem julianischen Kalender berechnet.

Aid el-Fitr (Ende des Fastenmonats): 30. 8. 2011; 19. 8. 2012; 8. 8. 2013
Aid el-Adha (Opferfest): 6. 11. 2011; 26. 10. 2012; 15. 10. 2013
Mulid en-Nebi (Geburtstag des Propheten): 15. 2. 2011; 4. 2. 2012; 24. 1. 2013
Islamisches Neujahr: 26. 11. 2011; 15. 11. 2012; 4. 11. 2013
Scham en-Nessim (Frühlingsfest): am Montag nach dem koptischen Osterfest
• *Halboffizielle Feiertage*
1. Januar: Neujahr
24. Oktober: Tag der Befreiung von Suez
25. Dezember: römisches Weihnachtsfest

Geld

Das Ägyptische Pfund *(gini)* ist in 100 Piaster *(irsch* oder *kurusch)* eingeteilt. Es gibt Noten zu 200 Pfund (LE), zu 100, 50, 20, 10, 5 und 1 LE, zu 50, 25, 10 und 5 Piaster, dazu Münzen zu 100, 50, 25, 10 und 5 Piaster. Nehmen Sie keine beschädigten Noten an – einzig die Zentralbank ersetzt kaputte Geldscheine.

Wechselkurs: Das Pfund (LE) ist eng an den Dollar gebunden. Umgerechnet kosten 100 LE rund 13 €, 100 € entsprechen ca. 500 LE (Stand 2010). Tagesaktuelle Umtauschkurse erfahren Sie unter www.oanda.com.

Ganz abgesehen davon, dass Ein- und Ausfuhr von mehr als 5000 LE nicht erlaubt sind, wechseln Sie in Ägypten günstiger als in Europa. **Banken** und private **Wechselstuben** *(forex)* wechseln zu einem nahezu einheitlichen Tageskurs. Von einer unbedeutenden Stempelgebühr abgesehen, sind Kommissionen oder andere Abzüge nicht üblich. Die Wechselbelege sollte man aufheben. Sie müssen eventuell bei der Visaverlängerung oder beim Kauf von Flugtickets vorgelegt werden. Ein Rücktausch zu viel gekaufter Pfunde ist praktisch nur in den Wechselstuben möglich.

Noch ein Wort zum **Reisebudget**. Ägypten ist eines der billigsten Reiseländer überhaupt. Rucksackreisende mit bescheidenen Ansprüchen können mit 100 € pro Woche über die Runden kommen – in einem guten Hotel kann man diese Summe natürlich an einem Tag durchbringen.

• *Öffnungszeiten der Banken* So–Do 8.30–14 und 18–21 Uhr (im Winter 17–20 Uhr), teils auch Sa/So 10–12 Uhr. Die Banken an den Flughäfen und Grenzen haben durchgehend geöffnet.

• *Kreditkarten* Sie werden in den größeren Hotels und von Mietwagenfirmen akzeptiert; manche Geschäfte verlangen bei der Bezahlung per Kreditkarte einen Aufschlag von bis zu 5 %.

Verlorene oder gestohlene Kredit- und Bankkarten können Sie in Deutschland unter der Telefonnummer 01805-021021 sperren lassen.
● *Geldautomaten* Die Geldautomaten akzeptieren gewöhnlich Visa- und Mastercard, an den meisten Automaten kann man auch mit Maestro- und Cirrusbankkarten Geld abheben. Sollte ein Automat an touristischen Standorten außerhalb der Bankzeiten einmal nicht funktionieren, hat ihn möglicherweise der Security-Beamte lahmgelegt und verdient sich mit der prompten Ingangsetzung sein Bakschisch. Einfallsreich sind sie, die Ägypter …

Gesundheit

Impfungen: Cholera- und Gelbfieber-Schutzimpfungen werden bei der Einreise aus Europa oder dem Nahen Osten nach Ägypten nicht verlangt. Empfohlen wird die Immunisierung gegen Hepatitis A und B. Vorsichtige Urlauber sollten mit ihrem Hausarzt über Impfungen gegen Typhus sprechen. Auch das gegebenenfalls erforderliche Auffrischen des Schutzes vor Kinderlähmung und Wundstarrkrampf sollte nicht bis nach der Reise aufgeschoben werden. Gegen die in Ägypten relativ häufige Tollwut, die angesichts des schlechten Rettungswesens oft mit dem Tod des Infizierten endet, gibt es bisher keinen hundertprozentigen Impfschutz. Eine vorbeugende Spritze mildert jedoch den Krankheitsverlauf und sichert das Überleben. Malaria-Prophylaxe wird nur bei einem längeren Aufenthalt im Fayum angeraten, wo die letzten Infektionen allerdings bereits einige Jahre zurückliegen.
Aktuelle Impfempfehlungen und Risikowarnungen für Ägypten unter www.fitfortravel.de.

Krankenversicherung: Da die gesetzlichen Krankenkassen in Ägypten entstandene Behandlungskosten nicht übernehmen, wird der Abschluss einer speziellen Auslandskrankenversicherung empfohlen.

> **Hinweis des Auswärtigen Amtes**
>
> „Die medizinische Versorgung außerhalb Kairos hat sich in den letzten Jahren zwar deutlich verbessert, dennoch entspricht sie nach wie vor selbst in den Haupttouristenzentren oft nicht westeuropäischem Standard. Grundsätzlich ist für alle Reisenden eine **Auslandskrankenversicherung** mit Rückholoption im Notfall dringend zu empfehlen."

Reisekrankheiten: Magen- und Darmerkrankungen bei ausländischen Besuchern sind oft auf eiskalte Getränke zurückzuführen. Wer empfindlich ist, nimmt rohes Obst nur geschält zu sich. Erwischt Sie dennoch der Durchfall, essen Sie trockenes Brot, Reis und reichlich Joghurt. Fragen Sie in der Apotheke nach *Sekem-Tee*, den es als eine spezielle Kräutermischung gegen Diarrhöe gibt. In hartnäckigen Fällen oder bei Blut im Stuhl suchen Sie besser den Arzt auf – nur die Laboruntersuchung kann entscheiden, ob es sich um durch Bakterien oder Amöben verursachte Beschwerden handelt.
Häufig sind Erkältungskrankheiten vom hartnäckigen Schnupfen bis zur Grippe. Bei frühmorgendlichen Fahrten mit dem Taxi oder Bus hilft ein Tuch gegen den gefährlichen Durchzug.

Medizinische Versorgung: Für ägyptische Krankheiten gilt, dass ägyptische Ärzte sie auch am besten zu diagnostizieren und zu behandeln wissen. Eine Konsultation kostet 80–150 LE. In den letzten Jahren hat sich die Gesundheitsversorgung in den großen Urlaubsorten gebessert. Für komplizierte Fälle gibt es in Kairo Kliniken der Maximalversorgung, die unseren Universitätsspitälern in nichts nachstehen. Alle Krankenhäuser verlangen vor Aufnahme des Patienten eine Vorauszahlung.

Problematisch ist dagegen noch immer die Versorgung auf dem Land, wo es den Ärzten der staatlichen Kliniken oft an wichtigen Medikamenten mangelt. Die entlang der Hauptstraßen in wenigstens 50 km Abstand errichteten Ambulanzstationen mit Rettungswagen sollten nicht darüber hinwegtäuschen, dass auch die Erstversorgung nach Verkehrsunfällen im Argen liegt. Die Stationen sind nämlich nur mit Sanitätern, aber nicht mit Ärzten besetzt – zum Unfallort kommt also kein Notarzt.

Apotheken finden sich in jeder größeren Stadt. Die gängigen Basismedikamente sind preiswert und werden auch ohne Rezept verkauft, nur im Ausland hergestellte Spezialarzneien gibt es natürlich nicht überall.

Aktuelle Gesundheitsinformationen und den vollständigen Horrorkatalog landestypischer Infektionskrankheiten bietet **Travel Health Online** unter www.tripprep.com.

Information

Die ägyptischen **Fremdenverkehrsämter im Ausland** verteilen Prospektmaterial und geben Auskünfte über Hotels und Reiseveranstalter. Die Broschüren sollen vor allem Appetit auf die Reise machen – allzu informativ sind sie nicht. Die Adressen der **Büros im Land** finden Sie in den Ortskapiteln des Buchs.

Wer sich über **Ägypten via Internet** informieren möchte, kann sich zum Einstieg die offizielle Visitenkarte des Landes, die Homepage der *Egyptian Tourism Authority*, anschauen. Unter **www.touregypt.net** kann man einige tausend Seiten mit Informationen abrufen, dazu gibt es Videos, Fotogalerien und eine schöne Kinderseite. Als deutschsprachige Seiten seien **www.aegypten-online.de** und das Portal **www.egypt.travel** empfohlen. Das *Informationsamt der Regierung* präsentiert unter **www.sis.gov.eg** Politik, Geschichte und Kultur des Landes. Zugang zu einer umfangreichen Linksammlung findet man über **www.egyptbot.com**.

Mit ägyptologischen Quellen im Internet, darunter viele inzwischen digitalisierte Klassiker, verlinkt die Bibliothek der Universität Heidelberg: **www.ub.uni-heidel berg.de**, dann weiter „Fachbezogene Informationen" und dort „Ägyptologie". Als Datenbank zur Literaturrecherche benutzten Ägyptologen die Tempelbibliothek von Edfu, die sich über das Portal **www.aigyptos.uni-muenchen.de** öffnet. Fleißige Forscher der Chicago University verzeichnen geografisch sortierte Aufsätze zu Archäologie, Kunst, Philologie und Geschichte des alten Ägypten unter **www.etana. org/abzu/**. Mit den gleichen Themen beschäftigt sich **www.guardians.net**, das auch die Webseiten der ägyptischen Altertümerverwaltung enthält. In deutscher Sprache präsentiert **www.manetho.de** eine detailfreudige Faktensammlung samt Chat und Diskussionsforum. Von ähnlichem Inhalt ist auch **www.selket.de**, das zudem mit einer üppigen Literaturliste samt Rezensionen und einem Terminkalender zu Ägyptenveranstaltungen (Ausstellungen u. Ä.) in Deutschland aufwartet. *Kemet*, die führende populärwissenschaftliche Zeitschrift der Freunde des alten Ägypten, findet man unter **www.kemet.de**, und selbstredend beschäftigt sich auch **www. mein-altägypten.de** mit dem Pharaonenreich. **www.isis-und-osiris.de** gefällt vor allem mit seinem Forum, das man auch unter **www.aegyptenreiseforum.de** anklicken an.

Ägyptische Fremdenverkehrsämter: *Deutschland*, Kaiserstr. 64a, D-60329 Frankfurt, ✆ 069-252153, www.aegyptisches-fremdenverkehrsamt.de. *Österreich*, Opernring 3/3, A-1010 Wien, ✆ 01-587663, 🖷 5766634. *Schweiz*, Stampfenbachstr. 42, CH-8006 Zürich, ✆ 044-3502040, 🖷 3503042.

Lesestoff

Hier aus den wohl an die hundert historischen Ägypten-Romanen sechs Tipps für unterhaltsame Reiselektüre:

Agatha Christie, *Tod auf dem Nil*, Frankfurt (Fischer-TB). Für Männer ist Linnet Ridgeway schlicht bezaubernd, Frauen bekommen bei ihrem Anblick messerscharfe Lippen. Nur sie selbst hält sich für harmlos. Als Hercule Poirot neben ihrer Leiche steht, sagt er schlicht: „Die meisten Liebesgeschichten sind doch nur Tragödien."

Georg Ebers, *Eine ägyptische Königstochter*, Bergisch-Gladbach (Bastei-Lübbe). Ägypten im 6. Jh. v. Chr.: Um den Frieden mit den immer mächtiger werdenden Persern zu besiegeln, will Pharao Amasis seine hübsche Tochter Nitetis dem persischen Thronfolger zur Frau geben. Aber sein Sohn, eine Marionette in den Händen der fremdenfeindlichen Priester, arbeitet diesem Plan mit aller Macht entgegen. Weiß er doch, dass die hübsche Nitetis in Wahrheit gar nicht die Tochter des Amasis ist ... Dieser „Professorenroman" aus der Feder des Ägyptologen Georg Ebers (1837–1898) war einst ein Bestseller.

Pauline Gedge, *Die Herrin vom Nil*, Reinbek (Rowohlt-TB). Die machthungrige Hatschepsut setzt sich anstelle des viel jüngeren, aber legitimen Thronfolgers Thutmosis III. auf den Thron Ägyptens. Um ihren Anspruch auf den Thron geltend zu machen, erklärt sie sich selbst zu einer Tochter des Gottes Amun und baut für ihn den riesigen Terrassentempel in Deir el-Bahari. Ihre Popularität im Volk steigt ständig. Doch lernt sie auch schnell die Schattenseiten der Macht kennen: Intrige und Mord erschüttern den Hof ...

Elizabeth Peters, *Verloren in der Wüstenstadt*, Berlin (Ullstein-TB). Amelia Peabody, ihr reizender Mann Emerson und ihr kleiner Sohn Ramses träumen von ungeahnten Funden bei Grabungen im tiefen Sudan, als sie plötzlich ganz gegen ihre eigentlichen Pläne in die Wüste geschickt werden – in die Nubische Wüste. Und zwar mit einem ziemlich obskuren Auftrag: Sie sollen einen vor 14 Jahren verschollenen Entdecker finden, der damals seine junge Braut mit auf die Reise genommen hatte ...

Brigitte Riebe, *Schwarze Frau vom Nil*, München (Diana). „Morgen werde ich sterben", beginnt der Roman über die Geschichte des nubischen Mädchens Sahtis. Entsetzt über die Beschneidung ihrer Schwester, flieht sie aus ihrem Dorf und fällt in die Hände von ägyptischen Soldaten, die sie als Geisel mit nach Ägypten schleppen. Sahtis wird dort zunächst von einer Familie freundlich aufgenommen und in die ägyptische Lebensart und Religion eingeführt. Aber das dort erfahrende Glück währt nicht lange. Schon bald gerät sie in ein Netz von Intrigen gegen den Pharao, denn viele wollen lieber seinen Bruder auf dem Thron sehen ...

Mika Waltari, *Sinuhe der Ägypter*, Bergisch-Gladbach (Lübbe-TB). In der Einsamkeit der Verbannung und erfüllt von der Sehnsucht nach seiner Heimatstadt Theben, schreibt der Arzt Sinuhe die Geschichte seines bewegten Lebens. Es ist zugleich die Kultur- und Sittengeschichte des von Glanz und Rausch umhüllten vorchristlichen Orients. Der Klassiker unter den Ägypten-Romanen.

Maße und Gewichte

In Ägypten gilt seit langem das metrische System. Zwei alte Maßeinheiten sind aber dennoch gebräuchlich: Flächen werden in *Feddan* (= 0,42 ha) gemessen, und auf Märkten und beim Gemüsehändler wird manchmal mit *Okka* (= 1,25 kg) gewogen.

Notruf

Polizei ✆ 122; Krankenwagen ✆ 123; Feuerwehr ✆ 125; Touristenpolizei ✆ 126; Pannenhilfe ✆ 110.

Öffnungszeiten

Da es kein Ladenschlussgesetz gibt, kann jeder Händler seinen Laden offen halten, so lange er Lust hat und sich Umsatz verspricht. Als Faustregel kann man bei Geschäften mit Öffnungszeiten von 10 bis 14 und 17 bis 21 Uhr rechnen. Ruhetag ist überwiegend der Freitag, einzelne Läden schließen auch am Sonntag. Behörden und Büros arbeiten (Kernzeit) Sonntag bis Donnerstag von 10 bis 14 Uhr. Da einige Firmen die 5-Tage-Woche haben, ausländische und koptische Firmen dagegen sonntags geschlossen sind und die Banken wiederum freitags und samstags, sollte man bürokratische Angelegenheiten möglichst von Montag bis Donnerstag erledigen.

Post

Post- und Telefonamt sind in Ägypten in verschiedenen Gebäuden untergebracht. Briefmarken verkaufen auch viele Postkartenhändler und die Zeitschriftenläden in den Hotels. Kernzeit der Postämter ist Sonntag bis Donnerstag von 9 bis 15 Uhr.

Die gewöhnliche Luftpost nach Europa kostet pro Brief oder Karte 3,75 LE (Stand 2010) und kann durchaus eine Woche unterwegs sein – oder nie ankommen.

Religiöse Stätten

Im Prinzip sind alle Moscheen auch Andersgläubigen zugänglich. Sollte man Sie dennoch am Zutritt hindern, wäre es allerdings unklug, auf diesem Recht zu bestehen. Beim Besuch wird jedoch züchtige Bekleidung erwartet, also bedeckte Schultern, keine Shorts oder Miniröcke. Frauen müssen zusätzlich ihre Haare mit einem Tuch verhüllen, und die Schuhe bleiben am Eingang.

Auch die Kirchen und Klöster erwarten keusche Bekleidung, stören sich aber nicht an barhäuptigen Frauen. Unmittelbar vor der Altarwand schickt es sich nicht, dieser den Rücken zuzuwenden. Der Raum hinter der Ikonostase ist dem Priester vorbehalten, der allerdings Männern manchmal den Zutritt gestattet.

Ein fürstliches Schloss

Sicherheit

In den letzten Jahren, zuletzt im Februar 2009, gab es immer wieder Anschläge auf Hotels und Touristenziele. Vorsicht ist deshalb besonders rund um die 3-Sterne-Sehenswürdigkeiten und an all jenen Orten geboten, wo Touristen massenweise zusammentreffen. Denn mit ihren Bomben auf Urlauber zielen die Terroristen auch auf den ägyptischen Staat, dessen wichtigste Einnahmequelle, der Fremdenverkehr, geschwächt werden soll.

> Informieren Sie sich vor Antritt Ihrer Reise über die aktuelle Einschätzung der Sicherheitslage beim Auswärtigen Amt unter www.auswaertiges-amt.de.

Vor der gewöhnlichen **Schwerstkriminalität** haben Ausländer dagegen nichts zu fürchten. In der Weltrangliga der Tötungsdelikte liegt Kairo zwar weit vor Rio und New York, doch sind die Opfer selten Ausländer: Getötet wird im Streit, aus Eifersucht und Rache, um die verletzte Familienehre wieder herzustellen. Raubüberfälle sind dagegen nahezu unbekannt.

Gelegenheit macht **Diebe**. Glaubt man der ägyptischen Polizei, beklauen sich ausländische Rucksackreisende vor allem untereinander. Touristische Brennpunkte sind aber zugleich auch der Arbeitsplatz von Taschendieben und vor allem von Trickbetrügern. Ein echter Volkssport sind inzwischen Mogeleien beim Bezahlen und Herausgeben des Wechselgelds. Da wird etwa unauffällig und blitzschnell eine Note gegen eine geringerwertige ausgetauscht und dem Touristen dann mit Unschuldsmiene weisgemacht, er habe da wohl einen falschen Schein gezückt. Nehmen Sie's sportlich und werden Sie aus Schaden klug, indem Sie auf jeden Trick höchstens einmal hereinfallen.

> **Tipp**: Benutzen Sie den Hotelsafe, achten Sie auf Flughäfen und Busbahnhöfen besonders auf Ihre Habe. Eine Reisegepäckversicherung entschädigt Sie, wenn das Gepäck beim Transport „verloren" geht.

Telefon

Mobiltelefone finden in den besiedelten Gebieten Anschluss. Lücken im Netz gab es 2010 noch auf den Wüstenstraßen außerhalb der Oasen. Mit einer deutschen Handykarte in Ägypten zu telefonieren geht ziemlich ins Geld: Selbst für ankommende Gespräche verlangt der Betreiber auch von Ihnen Gebühren.

Eine Alternative sind **ägyptische Prepaid-Karten**. Unter dem Label *Holiday* bietet **Vodafone Egypt** (www.vodafone.com.eg) für 20 LE Zugang zu seinem ägyptischen Handynetz an. Die Leitung ist 60 Tage offen, Prepaid-Karten mit Gesprächsguthaben gibt es für 25 bis 200 LE, die Gesprächsminute ins Ausland kostet 4 LE. Manche Läden, zumal außerhalb Kairos, verkaufen Prepaid-Karten mit einem Aufschlag auf den Nominalwert.

Internet-Telefonie: In vielen ägyptischen Internetcafés ist das Programm *Skype* installiert. Mit einem Skype-Account (siehe www.skype.com) können Sie für knapp 2 Cent/Min. per Computer ins europäische Fest- und Mobilnetz telefonieren.

Vorwahlen in Ägypten: Kairo 02; Alexandria 03; Assuan 097; Luxor 095. **Auslandsvorwahlen**: nach Ägypten 0020; nach Deutschland 0049; nach Österreich 0043; in die Schweiz 0041.

Zeit

In Ägypten gilt die osteuropäische Zeit. Gewöhnlich sind die Uhren also gegenüber Mitteleuropa eine Stunde vorzustellen. Doch keine Regel ohne Ausnahme: Die ägyptische Sommerzeit geht nur von Ende April bis Ende Oktober, beginnt also einen Monat später als bei uns. Deshalb haben Mitteleuropa und Ägypten von Ende März bis Ende April kurzfristig die gleiche Uhrzeit.

▲ … ein langer Weg

Von Kairo bis Abu Simbel

Kairo	76	Luxor	170
Pyramiden von Giza	133	Zwischen Luxor und Assuan	212
Umgebung von Kairo	140	Assuan	222
Mittelägypten	148	Unternubien/Nasser-Stausee	246

Kairo

Kairo, der mythenumwobene Mittelpunkt des Orients, ist für die Araber gleichbedeutend mit dem gesamten Land am Nil. Denn „Misr", wie die Stadt auf Arabisch auch heißt, meint zugleich Ägypten.

In einem Märchen aus *Tausendundeiner Nacht* lobt ein Mann die Stadt Bagdad. Der Älteste unter den Anwesenden aber entgegnet ihm: „Wer Kairo nicht gesehen, hat die Welt nicht gesehen. Ihre Erde ist Gold, der Nil ist ein Wunder und ihre Weiber sind wie die schwarzäugigen Jungfrauen im Paradies; sie ist die Mutter der Welt."

In der folgenden Nacht preist dann Schehrazâd die Reize der Pyramidenstadt mit folgenden Worten: „Was ist die Wonne, seiner Geliebten entgegenzuschauen, gegen den Anblick dieser Stadt! Wer sie gesehen, der gesteht, dass es für das Auge keinen höheren Genuss gibt."

Ob Schehrazâd auch unserer Tage noch so voll des Lobes wäre? Niemand weiß, wie viele Menschen heute in Kairo leben. Die Schätzungen für die administrativ in mehrere selbstständige Städte auf dem Gebiet dreier Provinzen zersplitterte Agglomeration schwanken zwischen 15 und 18 Millionen. Damit ist Kairo die mit Abstand größte Stadt des afrikanischen Kontinents und steht, was die Probleme aus einer solchen Zusammenballung von Menschen angeht, in einer Reihe mit Tokio und Mexiko City. *Dauscha*, im Wörterbuch mit „Lärm" und „Radau" übersetzt, steht in der Umgangssprache für alle Unbill des Kairoer Alltags: beengte Wohnverhältnisse, tosender Verkehrslärm, Gedränge im Bus, aufdringliche Bettler und eine Luft, die diese Bezeichnung kaum noch verdient. Emissionen aus Fabriken und Kraftwerken mischen sich mit den Abgasen von Millionen altersschwacher Motorfahrzeuge, mit feinem Lehm und Wüstensand zu einem Mix giftiger Schwebstoffe, die an windstillen Tagen Sicht und Atem rauben.

So braucht, wer Kairo besucht, langen Atem, viel Gelassenheit und ein dickes Fell. Nur wer sich auch auf Hektik einlassen und ins Chaos eintauchen kann, wer Widersprüche mehr spannend als quälend erlebt, wird diese Stadt genießen können. Und hat die Gelegenheit, im Umgang mit den Widrigkeiten des Reisealltags auch sich selbst kennenzulernen.

Mehr und mehr verstellt die wachsende Skyline der Hochhäuser längs des Nils den Blick auf die Silhouette der Minarette und Kuppeln. Kein Ort birgt auf engem Raum so viele Monumente islamischer Architektur. Während Bagdad und Damaskus in den Mongolenstürmen zerstört wurden und andere Städte nur kurze Zeit in Blüte standen, ist Kairos Altstadt ein tausendjähriges Museum. Noch älter sind Tutanchamuns Goldmaske und seine anderen Grabschätze, die mit vielen tausend weiteren Exponaten der Pharaonenzeit im Ägyptischen Museum ausgestellt sind. Und gleich vor den Toren der Metropole warten das Weltwunder der Pyramiden von Giza und die rätselhafte Sphinx.

Geschichte der Stadt

Die offizielle Geschichtsschreibung setzt den Beginn Kairos recht willkürlich mit dem 5. August 969 an, als der Feldherr Gowhar nahe dem heutigen Khan el-Khalili den Grundstein der sog. **Fatimidenstadt** legte. Die Sache, so weiß es wenigstens die Legende, stand von Anfang an unter einem schlechten Stern. Denn den Astrologen, die für den ersten Spatenstich eine besonders günstige Konstellation der Gestirne abwarten wollten, kam ein Rabe zuvor. Der Unglücksvogel setzte sich auf die um

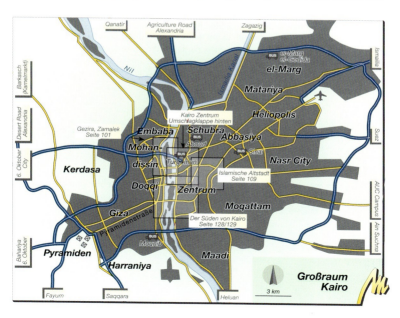

das Areal der geplanten Stadt gespannte Schnur und ließ die daran befestigten Glöckchen erklingen, was den Bauarbeitern das erwartete Signal gab, mit den Ausschachtungen für die Fundamente der Stadtmauer zu beginnen.

Städtische Zentren, die später wieder verödeten, gab es auf dem Boden des heutigen Kairo oder in seiner Umgebung freilich schon vor der Fatimidenstadt. Von den Anfängen des Pharaonenreichs bis zur Zeit Alexander des Großen war das etwa 30 km südlich von Kairo gelegene **Memphis** königliche Residenz. An einer Furt gegenüber der Nilinsel Roda entwickelte sich in der römischen Zeit aus einem babylonischen Heerlager der Ort Babylon, heute **Alt-Kairo** *(Misr el-Qadima)* genannt, wo auch die Heilige Familie auf ihrer Flucht nach Ägypten Station gemacht haben soll. Frühchristliche Kirchen, eine Synagoge und die Reste der Festung *Qasr esch-Scham'* erinnern an diese Zeit.

krSpäter verschob sich das Stadtzentrum allmählich nach Norden. Die arabischen Eroberer unter 'Amr ibn el-'As errichteten im Jahre 642 ihr Lager in **el-Fustat**, wo heute die Töpfer arbeiten. Eine Moschee trägt noch 'Amrs Namen, hat mit dem ursprünglichen Gebetshaus des Feldherrn aber nichts als die Lage und einzelne, eigentlich antike Kapitelle gemein. Ahmed Ibn Tulun, Begründer einer kurzlebigen Dynastie, baute im 9. Jh. seine Residenz **el-Qatai** auf einem Hügel nahe der noch erhaltenen Tulun-Moschee. Unter dem Khediven Ismail (1863–79) entstand, zunächst als Viertel für die Ausländer, das heutige **Geschäftszentrum** zwischen Altstadt und Nil. In den 1970er-Jahren begannen die Planungen für ein halbes Dutzend Satellitenstädte in der Wüste, die den wuchernden Moloch entlasten.

Die Mutter aller Städte

„Nach langem erreichte ich schließlich Kairo, die Mutter aller Städte und Sitz des Tyrannen Pharao. Sie ist Herrin über grenzenlose Provinzen und fruchtbare Länder, Besitzerin zahlloser Gebäude, unvergleichlich an Schönheit und Glanz, Treffpunkt der Kommenden und Gehenden, Halteplatz der Schwachen und Starken. In ihr ist alles an Gebildetem und Einfachem, an Ernstem und Fröhlichem, an Vernünftigem und Leichtsinn, an Niedrigem und Ehrwürdigem, von hohem Rang und niederem Rang, Unbekanntem und Bekanntem. Sie wogt wie die Wellen des Meeres mit ihrer Masse an Menschen und kann sie kaum fassen trotz ihrer Macht und nicht nachlassenden Kraft. Ihre Jugend erneuert sich ständig trotz der Länge der Tage, und der Stern ihres Horoskops entfernt sich nicht mehr aus dem Herrenhaus des Glücks. Siegreich hat sie die Nationen unterworfen [Anspielung auf *el-Qahira* = die Siegreiche], und ihre Könige griffen nach den Stirnlocken der Araber und Nicht-Araber. Sie verfügt über einen besonderen Besitz, den majestätischen Nil, der das Flehen um Regen erübrigt. Ihr Gebiet ist eine Monatsreise für den Eilenden, reich an fruchtbarer Erde, und es heißt einen jeden Reisenden willkommen."

Ibn Battuta, 14. Jh.

Orientierung

Kairo ist eine riesige Stadt. Von den neuen Vierteln an der Suez-Autobahn im Nordosten bis zu den Pyramiden im Westen reiht sich über bald 50 km ein Haus ans andere. Es empfiehlt sich für den Besucher, eine Bleibe im geografischen und verkehrsmäßigen Mittelpunkt des städtischen Molochs zu suchen, dem modernen Geschäftszentrum, das hier kurzerhand Zentrum oder Neustadt heißen soll, obgleich es so neu ja nun auch wieder nicht ist. Das Zentrum liegt am östlichen Nilufer und bildet grob ein gleichschenkliges Dreieck mit der Ramses-Straße als Längsseite und, von Norden im Uhrzeigersinn, den Plätzen Ramses, 'Ataba und Tahrir als Ecken, die gleichzeitig die wichtigsten innerstädtischen Verkehrsknotenpunkte und mit Metrolinien verbunden sind. Wenn nicht im Untergrund, bewegt man sich im verstopften Zentrum gewöhnlich am schnellsten zu Fuß.

*I*nformation

Telefonvorwahl: 02

Die zentrale **Touristeninformation** befindet sich in 5 Schari' Adli. Tägl. 8.30–20 Uhr, ℡ 2391 3454. Weitere staatliche Informationsstellen gibt es im Ankunftsbereich des Flughafens (Terminal 1 und 2), im Ramses-Bahnhof, im Bahnhof Giza und bei den Pyramiden gegenüber dem Eingang zum Hotel Mena House.

*F*lughafen

Sollte dies Ihr erster Besuch in Kairo sein, erwischt Sie das Chaos wahrscheinlich im schwächsten Moment. Müde von der Reise, möglicherweise noch vor Stunden im geordneten, kühlen Mitteleuropa, nunmehr ohne Orientierung, sprachlos, sind Sie zunächst geschockt. Machen Sie sich nichts draus, diese Erfahrung gehört einfach dazu. Als Pauschalreisender, der sich um Transport und Unterkommen keine Sorgen machen müssen, blättern Sie einfach weiter.

● *Terminals* Cairo Airport liegt etwa 25 km nordöstlich des Stadtzentrums. Für den Abflug ist es wichtig zu wissen, von welchem Terminal Ihre Maschine abgeht, denn die Terminals liegen bis zu 2 km auseinander. Egypt Air und die anderen Fluggesellschaften der Star Alliance benutzen den neuen **Terminal 3**. Die übrigen Airlines nutzen den benachbarten **Terminal 2** oder den etwa 2 km entfernten **Terminal 1**. Zwischen den Terminals pendeln, auch nachts, Shuttle-Busse der *Cairo Airport Authority*.

Fluginformation: ℡ 2265 50-00, -01 und www.cairo-airport.com

● *Einreisevisum* Falls nicht schon zu Hause erstanden, müssen Sie an den Wechselstuben vor der Passabfertigung eine Gebührenmarke für umgerechnet 15 $ kaufen – nur mit dieser bekommen Sie an der Passabfertigung Ihr Visum.

● *Hotelbuchung* Sollten Sie nachts ankommen und noch kein Hotel gebucht haben, bedienen Sie sich der Hilfe der Touristinformation (in den Ankunftsbereichen der Terminals).

● *Busse in die Stadt* Die Busstation ist eine offene Halle beim Obelisken vor **Terminal 1**. Von hier kommen Sie für 1–5 LE in einer knappen Stunde ins Zentrum, z. B. zum Md. Abdel Moneim Riyad (hinter dem Ägyptischen Museum) mit Bus Nr. 27, 356, 400 und 949. Nr. 948 bringt Sie zum Md. 'Ataba. Auf dem gleichen Parkplatz warten auch Fernbusse und Sammeltaxis direkt nach Alexandria und in andere Städte des Landes.

● *Taxis* Taxifahrer verlangen von Neuankömmlingen Phantasiepreise! Nach Taxameter kostet die Fahrt ins Zentrum rund 25 LE – auch mit großzügigem Trinkgeld sind also höchstens 50 LE angemessen. Die gediegeneren, dunkelblauen Mercedes-„Limousins" ersparen mit Festpreisen das Feilschen.

Kairo

Ihre momentane Desorientiertheit bei der Ankunft wollen alle möglichen **Nepper, Schlepper und Bauernfänger** ausnutzen und Sie übers Ohr hauen. Faustregel deshalb: Lassen Sie jeden – aber auch jeden! – links liegen, der Sie hier anspricht. Trauen Sie auch jenen nicht, die Ihnen mit entsprechenden Ausweisen („Chamber of Tourism") weismachen wollen, offizielle Touristenhelfer zu sein; einen solchen Ausweis hat jeder, der irgendwo in der Fremdenverkehrsbranche arbeitet.

*F*ernbusse und *Z*ÜGE

- *Busbahnhof* **Cairo Gatway**, ✆ 2576 2293, auch **Turgoman Garage** genannt, ist der wichtigste Überlandbusbahnhof Kairos und ist knapp 10 Gehminuten von der Metro-Station Orabi entfernt. Die Schalter der verschiedenen Busgesellschaften findet man gleich am Haupteingang des leicht mit einer Shopping Mall zu verwechselnden Gebäudes: Links *Upper Egypt* (Tickets Oasen, Niltal und Rotes Meer) und *West Delta* (Tickets Alexandria, Mittelmeerküste Siwa); rechts *East Delta* (Tickets Suezkanal und Sinai) und *Superjet*. Abfahrt der Busse ist im Tiefgeschoss des Terminals.
- *Zugbahnhof* Endstation aller Fernzüge ist der **Ramses-Bahnhof** am gleichnamigen Platz. In der Haupthalle des Bahnhofs gibt es eine rund um die Uhr geöffnete **Gepäckaufbewahrung** am Gleis 1 neben der Cafeteria, für ein Gepäckstück rechne man 2 LE/Tag. Außer der erwähnten Cafeteria findet man in der Haupthalle Zugauskunft, **Touristinformation** und Telefonamt.

Züge nach Oberägypten starten meist auf der Nordseite der Haupthalle von Gleis 8 des Durchgangsbahnhofs. Die Tickets nach Oberägypten, auch für die Sitzplätze im Tourist Train, bekommt man in der Schalterhalle am Gleis 13, zu dem Sie durch eine Unterführung gelangen. Für eine Fahrt 1. Klasse Kairo–Assuan zahlt man 110 LE, für den Sitzplatz im Tourist Train umgerechnet 30 $.

Zur Zeit unserer Recherche wurden im Bahnhof an Ausländer nach **Luxor** und **Assuan** nur Fahrkarten für die Tourist Trains verkauft (siehe S. 56). Wer sich die Tickets von ägyptischen Bekannten besorgen lässt oder erst im Zug ersteht, für den gelten diese Einschränkungen jedoch nicht.

Tickets für die Tourist Trains gibt's in der Haupthalle neben der Touristinformation oder im Reisebüro. Information unter www.sleepingtrains.com und ✆ 2574 9474.

Tipps und Fahrpläne zum Bahnfahren in Ägypten finden Sie auf S. 56 f.

U-*B*ahn

- *Tickets* Tickets gibt es zum Einheitspreis von 1 LE am Schalter in den Stationen. Heben Sie den Fahrschein bis zur Sperre im Zielbahnhof auf, sonst kommen Sie nicht mehr raus.
- *Linie 1* Die Strecke beginnt in der nördlichen Vorstadt **el-Marg**, folgt der alten Vorortbahn über Matariya zum **Md. Ramses** (Station Mubarak), führt unter der **Ramses-Straße** (Station Orabi an der Einmündung Sh. Orabi; Station Nasser an der Kreuzung 26. July) zum **Tahrir-Platz** (Station Mubarak), um dann aufzutauchen und wiederum auf der Trasse der alten Vorortbahn nach **Helwan** zu fahren. Für Touristen ist sie als Verbindung zwischen Tahrir und Ramses sowie zur Fahrt nach **Alt-Kairo** (Station Mari Girgis) interessant.
- *Linie 2* Diese Linie führt von der Vorstadt **Schubra el-Chaima** über **Md. Ramses** (Station Mubarak) und **'Ataba** zum **Tahrir-Platz** und weiter unter dem Nil hindurch nach **Giza**.
- *Linie 3* Die in Planung befindliche Linie 3 wird von Heliopolis über Abbassiya nach 'Ataba, weiter zur Station Nasser (26. July/Ecke Ramses) und unter dem Nil hindurch nach Zamalek und Imbaba führen. Für später ist die Verlängerung über Heliopolis zum Flughafen geplant.

Stadtbus, Minibus, Taxi und Schiff

Kairos Busbahnhof: Shopping wie am Airport

Stadtbus, Minibus, Taxi und Schiff

Für die Masse der Kairoer sind die lärmenden, stinkenden und meist überfüllten Linienbusse das wichtigste Verkehrsmittel in ihrer Stadt. Mit der verwirrenden Vielfalt von über hundert Linien, dazu durchweg arabisch beschriftet, eignen sich die Busse nur für wagemutige Ägypten-Urlauber.

Wenige Nachtlinien ausgenommen, fahren die Busse zwischen 5.30 und 24 Uhr. Der **zentrale Busbahnhof** für den innerstädtischen Verkehr befindet sich am Md. Abdel Moneim Riyad auf der Rückseite des Ägyptischen Museums. Einfache Haltestellen haben eine rote Stange mit einem Schild, auf dem die Nummern der Busse notiert sind, die zur Zeit der Errichtung des Schildes dort hielten. Geben Sie „Ihrem" Bus durch Handzeichen zu erkennen, dass Sie mitfahren wollen – er hält nicht ohne Weiteres. Eingestiegen wird hinten, bezahlt beim Schaffner und ausgestiegen vorne. Außer den rot-weißen „Volksbussen", die nur wenige Piaster kosten, sind auch gediegenere, grün-weiße Busse mit Sitzplatzgarantie (Fahrpreis bis 5 LE) im Einsatz.

● *Minibus* Private Minibusse verkehren zwischen bestimmten Plätzen, nehmen in der Regel nicht mehr Passagiere mit als sie Sitzplätze haben und sind deutlich schneller als die öffentlichen Busse. Man bezahlt während der Fahrt (je nach Strecke 0,5–2 LE); wer viel Gepäck hat, kauft einfach einen Sitzplatz zusätzlich, auf dem er die Lasten stapelt. Zum Einsteigen irgendwo auf der Strecke stoppt man die Minibusse durch Zuruf des Fahrziels; aussteigen kann man überall auf der Route.

● *Taxi* Eine Taxifahrt ist in Kairo erheblich preiswerter als in Deutschland. Etwa 36.000 Taxis, viele davon älter als 30 Jahre, sind in der Stadt unterwegs (und bleiben auch mal mit einer Panne liegen). Ausländer werden von Fahrern besonders gern mitgenommen, denn sie zahlen gewöhnlich gut und lassen sich leicht übervorteilen. So werden Sie keine Mühe haben, ein leeres Taxi zu bekommen.

Natürlich können Sie auch halb voll vorbeifahrenden Taxis Ihren Zielstadtteil oder -platz (z. B. „Tahrir!") zurufen. Liegt dieses Ziel auf der Route des Fahrers, wird er Sie mitnehmen. Erwarten Sie nicht, dass der Fahrer jede Straße in der Stadt kennt. Anspruch, direkt ans Ziel gefahren zu werden, hat immer der, der am längsten im Taxi sitzt. Zahlen Sie am Ende der Fahrt passend! Taxifahrer geben gewöhnlich vor, kein Wechselgeld zu haben. Nach Taxameter galten 2010 folgende **Taxi-Fahrpreise**, zu denen dann nach Ihrem Gusto noch ein Trinkgeld als „Ausländerzuschlag" zu addieren wäre.

Innerhalb des Zentrums	4–6 LE
Zentrum – Zamalek	5–7 LE
Zentrum – Mohandissin	6–8 LE
Zentrum – Al-Azhar	5–7 LE
Zitadelle – Al-Azhar	5–7 LE
Zentrum – Zitadelle	6–10 LE
Md. et-Tahrir – Alt-Kairo	10–15 LE
Md. et-Tahrir – Giza Zoo	5–7 LE
Md. et-Tahrir – Pyramiden	15–20 LE
Md. Ramses – Heliopolis	5–20 LE
Zentrum – Flughafen	25–35 LE

Für Ausflugsfahrten und Tagestouren den Preis vorher vereinbaren! Über den Daumen mag man 25 LE pro Taxistunde anpeilen.

Kairos neue Taxis

Über Jahrzehnte waren die uralten schwarz-weißen Taxis aus Kairo so wenig wegzudenken wie der Nil: klappernde, schmuddelige Blechkisten mit ausgeleierten Stossdämpfern, durchgewetzten Polstern und abgebrochenen Türgriffen, die funktionierende Technik auf jenes Minimum reduziert, mit dem sich das Fahrzeug gerade noch fortbewegt – und manchmal gerade dann auf offener Strecke den Geist aufgab, wenn man dringend zum Flughafen oder einem anderen wichtigen Termin musste. Nicht zu vergessen die leidigen Streitereien um den angemessenen Preis, denn selbst wenn ein Taxameter vorhanden war, schaltete ihn der Fahrer nie ein.

Das soll nun alles anders werden. Mit einem ambitionierten Programm will die Regierung alle Taxis, die älter als 20 Jahre sind – und das ist der überwiegende Teil der Kairoer Taxen – durch neue, gasbetriebene Fahrzeuge mit Klimaanlage ersetzen. Gefördert wird die Aktion Alt gegen Neu durch großzügige Abwrackprämien, Discountpreise und Förderkredite für den Neuwagen, die der Taxifahrer mit Monatsraten von 800 LE über fünf Jahre hinweg abstottern kann. Und tatsächlich sind die neuen, nach ihrer cremeweißen Lackierung benannten White Cabs inzwischen ein vertrauter Anblick im Straßenbild geworden.

Selbstverständlich haben die White Cabs auch einen elektronischen Taxameter, den der Fahrer einschalten und nach dem er abrechnen muss. Die für den Kunden vielleicht wichtigste Neuerung besteht darin, dass die meisten Fahrer dies auch tun: 3,50 LE Grundpreis für den ersten und 1 LE für jeden weiteren Kilometer, bei Kriechgeschwindigkeit oder im Stau treibt eine Zeituhr den Preis nach oben. Alle zwei Monate müssen die Fahrzeuge zum Check, was Manipulationen nicht verhindert, aber erschwert. So sind die Taxipreise nun endlich auch für Stadtfremde transparent. Und der Taxameter erspart das oft nervige Gefeilsche. Selbst wenn man am Ende der Fahrt noch einen „Ausländerzuschlag" als Trinkgeld draufgibt, ist die Fahrt im neuen, sauberen White Cab meist günstiger und auf jeden Fall stressfreier als im schwarz-weißen Oldtimer. Nur eben weniger abenteuerlich.

Verschiedenes

● *Apotheken* Tag und Nacht geöffnet haben **Isaaf**, Schari' Ramses, Ecke 26. July; **Ajaz Chanat Sayfa**, 76 Qasr el-Aini.

● *Ärzte* **Dr. Mona Abu Zekry**, Vertragsärztin der Deutschen Botschaft und der Lufthansa, ausgezeichnet mit dem Bundesverdienstkreuz, 7 Sh. ez-Zouhour, Mohandessin, ✆ 3760 0101, mobil 012-214 2669.

Dr. Lamiis Ragab, Vertragsärztin der DEO, 11 Tala'at Harb, ✆ 2392 0774, mobil 010-1919 918.

Übernachten 83

Zahnarzt Dr. Karim Guindi, 38 Mossadak, Doqqi, ✆ 2761 1715.
Weitere Adressen deutsch sprechender Ärzte finden Sie im Internet unter **www.kairofamiliennetz.de**.

• *Fahrräder* Das beste Sortiment an Ersatzteilen hat **Abu el-Gouch**, 99 Gomhuriya; die Filiale für Freizeiträder liegt etwas versteckt hinter der Abteilung für Lastenräder und Werkzeuge.
In Zamalek, in der Gasse hinter der Buchhandlung Diwan, gibt es sogar einen Fahrradverleiher: **Hannafi Muhammad Moussa**, 8 Sh. Sayed el-Bakri.

• *Internet* Es gibt zahlreiche Internetcafés in der Stadt; auch die meisten Hotels bieten inzwischen Internet-Service.

• *Kirchen* Deutschsprachige **Katholische Gemeinde**, 9 Sh. Muhammad Mahmoud, Bab el-Louk, ✆ 2795 7516, www.kath.de/kasdbk/kairo.
Deutsche **Evangelische Kirche**, 32, Sh. el-Galaa, ✆ 2577 9177, www.ekir.de/cairo/Neu/index.html.
Goethe-Institut, 5 Bustan, ✆ 2575 9877, www.goethe.de. Bibliothek (So–Mi 13–19, Fr 14–18 Uhr), Ausstellungen, Konzerte, Vorträge und regelmäßig Filmvorführungen.
British Council, 192 Corniche en-Nil, Agouza, ✆ 19789, www.britishcouncil.org/egypt.htm.
Centre français de Culture, Madraset el-Huquq el-Ferensiya, Mounira, ✆ 2794 7679, www.ambafrance-eg.org/cfcc.

• *Krankenhäuser* **Anglo-American Hospital**, neben dem Cairo Tower, Gezira, ✆ 2735 616-2, -3, -4, -5. Mit rund um die Uhr besetzter Notfall-Ambulanz.
As-Salam International Hospital, Corniche, Ma'adi, ✆ 2524 0250. Das angesehenste (und teuerste) Klinikum Ägyptens.

• *Post* GPO, Md. 'Ataba, Sa–Do 7–19, Fr 10–12 Uhr. Die Ausgabestelle der *Poste restante* (postlagernd) befindet sich an der Seite des Gebäudes und schließt bereits um 18 Uhr.
Paketpost im Post Traffic Centre, Md. Ramses, Sa–Do 8.30–15 Uhr. Auslandspakete sind offen anzuliefern und werden dort verpackt.

• *Schwimmen* Wer nicht Mitglied eines Kairoer Sportclubs oder Gast einer Nobelherberge ist, muss für einen Nachmittag am Hotel-Pool rund 150 LE löhnen. Das **Hyatt-Hotel** liefert als Dreingabe eine schöne Aussicht auf den Nil, das **Mövenpick** wirbt mit Pyramidenblick und einem bezaubernden Garten, das **Marriott** mit exklusivem Publikum und Fitnesscenter.

• *Segeln* Die letzten **Feluken** warten am Ufer nahe der Tahrir-Brücke auf Kundschaft für eine Segelpartie auf dem Nil – ein besonders für warme Sommerabende empfehlenswertes Vergnügen.

• *Telefon* Telefonämter mit 24-Stunden-Dienst gibt es auf der Nordseite des Md. et-Tahrir und in der Schari' Adly.

• *Visaverlängerung* Sa–Do 8–14 Uhr im 1. Stock des Mougamma-Gebäudes am Tahrir-Platz.

Übernachten

Kairo bietet Übernachtungsmöglichkeiten in allen Preislagen. Die billigsten Hotels und Pensionen konzentrieren sich im Geschäftszentrum. Individualreisende seien vor Taxifahrern und Gelegenheitsbekanntschaften gewarnt, die den ahnungslosen Hotelsucher mit allerlei Tricks in jene Etablissements verfrachten, die keineswegs die besten sind, sondern dem Schlepper die höchsten Kommissionen zahlen.

> Hotelempfehlungen des Autors
> Luxuriös: Mena House
> Mittelklasse: Longchamps
> Einfach: Pension Roma

• *Luxuriös* **Mena House**, das von der Oberoi-Kette gemanagte Mena House gehört zu den letzten erhaltenen Luxusherbergen des 19. Jh. Anlässlich der Eröffnung des Suezkanals als standesgemäße Unterkunft für Königin Viktoria gebaut, bezog es später der Khedive Ismail. Zur Ausstattung gehören der hoteleigene Golfplatz, ein Reitstall und ein außergewöhnlich großer Garten. Das Hotel liegt 12 km vom Stadtzentrum zu Füßen der Pyramiden. DZ ab 220 €, Frühstück extra. Schari' el-Ahram, Giza, ✆ 3377 3222, ✆ 3376 7777, www.oberoimenahouse.com.

Nile (29, Karte Umschlag hinten), die Eröffnung dieses ersten internationalen Hotels in Ägypten wurde 1959 als Staatsakt gefeiert. Allen jüngeren Luxusherbergen der Stadt hat das Nile Hotel die unüberbietbar zentrale Lage voraus. Und wie kein anderes ist es ins städtische Leben von Touristen und einheimischer Oberschicht einbezogen. Das in die Jahre gekommene, früher von der Hilton-Gruppe gemanagte Haus wird derzeit etappenweise umgebaut und soll unter der Marke Ritz-Carlton wieder zur besten Hoteladresse Kairos werden. DZ ab 140 $, Frühstück extra. Md. et-Tahrir, Ⓜ Sadat, ✆ 2578 0444, 🖷 2578 0475, www.thenilehotels.com.

Marriott (15, Karte S. 101), die 1400 Betten von Kairos größtem Hotel stehen in zwei Hochhäusern, die sich symmetrisch um den vormaligen Palast und Garten der Lutfi-Familie gruppieren. In diesem Kernbau mit seinem nostalgischen Hauch befinden sich die „Gemeinschaftszonen" mit Rezeption, Shopping und Gastronomie. Lassen Sie sich vom Barkeeper die tragisch-komische Geschichte erzählen, wie der enteignete Lutfi seinen Palast gegen die Nasseristen verteidigte. DZ ab 220 $, Frühstück extra. Pauschal 1 Woche für 2 Pers. inkl. Flug ab 1600 €. Es-Saraya el-Gezira, Zamalek, ✆ 2728 3000, 🖷 2728 3001, www.marriott.com.

Le Riad Hotel de Charme, eine langweilige Mietskaserne wurde unter syrisch-französischer Leitung mit viel Sorgfalt zum Boutique-Hotel umgebaut. Die 40–60 m² großen Studios sind farbenfroh und individuell gestaltet, das Dekor reicht von „pharaonisch" bis „arabisch modern". Hausschuhe, Bademantel, DVD-Player und PC auf dem Zimmer sind auch in der gehobenen Preisklasse nicht selbstverständlich. Schöne Dachterrasse, Essen auf Vorbestellung. Studio 250–320 €. 114 Mu'izz li Din Allah, Gamaliya, ✆ 2787 6074, 🖷 2786 2438, www.leriad-hoteldecharme.com.

Talisman (13, Karte Umschlag hinten), wer europäischen Hotelstandard sucht und zu zahlen bereit ist, aber die Anonymität der großen Hotelketten scheut, ist in diesem Boutiquehotel gut aufgehoben. Es wurde 2007 mitten im Zentrum in der 5. Etage eines Geschäftshauses eingerichtet. Die 24 Zimmer sind mit handgearbeiteten Möbeln und Teppichen individuell und „orientalisch" eingerichtet, den Korridor schmücken Bilder einheimischer Künstler. DZ ab 85 €. 39 Tala'at Harb, Ecke Sh. 26. Juli, Ⓜ Nasser, ✆ 2393 9431, 🖷 2390 9432, www.talisman-hotel.com.

● *Mittelklasse* **Flamenco (3, Karte S.101)**, das auch über TUI (2 Pers. 1 Woche DZ mit Flug ab 1000 €) angebotene Hotel mit Retrocharme liegt in einer ruhigen Seitenstraße. Aus den oberen Etagen blickt man mit etwas Glück zwischen den benachbarten Hochhäusern hindurch auf den Nil. Die Zimmer sind mit Teppichboden, Schreibtischchen, TV, Kühlschrank ausgestattet. Die Suiten sind okay, die Standardzimmer etwas klein. DZ ab 110 $. El-Gezira el-Wosta, Zamalek, ✆ 2735 0815, 🖷 2735 0819, www.flamencohotels.com.

Ein orientalisierter Blick auf die Cheops-Pyramide

Übernachten

City View (29, Karte Umschlag hinten), neu eingerichtetes Hotel im 5. Stock eines Altbaus am Tahrir-Platz – mit wenigen Schritten ist man am Ägyptischen Museum und am Nil, muss für die gute Lage aber Straßenlärm in Kauf nehmen. Die hohen Räume sind mit kleinen Balkonen, Kühlschrank, Safe, TV und AC ausgestattet, im Flur stehen PCs zur Verfügung, das Frühstück ist vergleichsweise üppig und vielseitig. Engagiertes Personal und Management. DZ 60 $. 1 el-Bostan, Md. et-Tahrir, Ⓜ Sadat, ✆ 2773 5980, ℻ 2773 5981, www.cityviewhotel.com.

Victoria (2, Karte Umschlag hinten), ein älteres, doch gut gepflegtes Haus mit viel Stil – schon G. B. Shaw bettete hier sein müdes Haupt. Zentral gelegen mit lauter Straßenfront, auch bei deutschen Reisegruppen beliebt. DZ 70 $. 66 Gomhuriya, Ⓜ 'Ataba, ✆ 2589 2290, ℻ 2591 3008, www.victoria.com.eg.

Windsor (8, Karte Umschlag hinten), ein Kulthotel mit musealem Interieur aus den 1920er-Jahren, bezauberndem Fahrstuhl und einer Bar, an der sich einst die britischen Offiziere betranken. Eigentümer und Manager Wafik Doss kümmert sich engagiert um sein Haus. Die Sanitäranlagen wurden modernisiert, die Zimmer sind sehr unterschiedlich in Ausstattung und Größe. Mit Dachgarten. DZ 50–70 $. 19 Alfi, Ⓜ 'Ataba, ✆ 2589 5277, ℻ 2589 1621, www.windsorcairo.com.

Grand Hotel (10, Karte Umschlag hinten), ein klassisches Hotel mit geräumigen Zimmern, teils mit Balkon und Aussicht. In den unteren Etagen allerdings viel Straßenlärm und je nach Wetterlage auch Abgase. Bei geringer Belegung ist im Übernachtungspreis eine Mahlzeit inbegriffen. DZ 80 $. 17 Schari' 26. July, Ⓜ Nasser, ✆ 2575 7700, ℻ 2575 7593, www.grandhotel.com.

Longchamps (4, Karte S.101), das kleine, charmant ausgestattete Hotel befindet sich zusammen mit dem Horus-Hotel in einem gediegenen Wohnhaus in einer Seitenstraße von Zamalek. Die Lage weitab vom Zentrum wird durch relative Ruhe, bessere Luft und etwas Grün wettgemacht. Besitzerin Hebba Bakri arbeitete lange als Unternehmensberaterin in Deutschland. DZ 55–65 €. 21 Ismael Mohamed, Zamalek, ✆ 2735 2311, ℻ 2735 9644, www.hotellongchamps.com.

Carlton (9, Karte Umschlag hinten), zweckmäßig ausgestattete Zimmer mit Bad, TV, Kühlschrank und AC, teilweise Balkon, wahlweise geräumig zur lauten Straße oder kleiner zur ruhigen Seitengasse. Im 6. Stock steht noch das mechanische Wunderwerk einer Telefonvermittlung aus den 1930er-Jahren, die Bar ist im Art déco dieser Zeit eingerichtet. DZ 225–310 LE. 21 Sh. 26. July, Ⓜ Nasser, ✆ 2575 5022, ℻ 2575 5323, www.carltonhotelcairo.com.

Die Hundefänger

Wie die streunenden Hunde gehören auch die Hundefänger zum Kairoer Alltag. Sie kommen bei Dunkelheit. Ein grauer, an einen Häftlingstransporter erinnernder Lastwagen hält am Rande der Kreuzung im nächtens stillen Wohnviertel. Die Hunde ahnen nichts Böses, sie sind an Autos und Menschen gewöhnt. Der größte Teil des Rudels schläft, zwei, drei stehen neugierig herum. Ein Polizist und ein Soldat steigen aus, Letzterer richtet seine Jagdflinte: Wumm! Ein Hund fliegt einen guten Meter rückwärts durch die Luft und landet dann tot auf dem Asphalt. Die anderen springen auf und davon. Der Polizist öffnet den Laderaum, schleift den leblosen Körper über die Straße und wirft ihn mit Hilfe des Kollegen auf die Pritsche. Die Blutspur wird der Staub des neuen Tages verwischen. Zweibeinige Passanten machen einen Bogen um die Szene. Da! Noch einer! Zu seinem Glück verzieht sich das Tier unter ein parkendes Auto. Die Hundefänger steigen ein, fahren davon und suchen neue Opfer. Um die 50 Tiere erledigt eine Crew pro Nacht. Drei Teams sind unterwegs, macht 150 tote Hunde. Nach Schätzung eines Veterinärs werfen auf Kairos Straßen täglich 40 Hundeweibchen im Durchschnitt vier Welpen. Macht 160. Deshalb wird es auch weiter wilde Hunde und Hundefänger geben. Alles bleibt, wie es ist.

Osiris (33, Karte Umschlag hinten), das von einem französisch-ägyptischen Paar geführte Hotel gegenüber der deutschen Schule liegt etwas zurückgesetzt im 12. Stock und ist damit recht ruhig. 17 unterschiedlich ausgestattete Zimmer mit geschmackvoller und oriental anmutender Dekoration. Vom Dach bietet sich ein schöner Blick über die Stadt. An den hoteleigenen PCs kann man seine E-Mails abrufen und Fotos auf CD brennen. Nicht nur frankophones Publikum, manche bleiben auch länger. Zimmer 35–40 €. 49 Noubar, Bab el Louk, Ⓜ Naguib, ✆ 2794 5728, ✉ 2794 2981, http://hotelosiris.over-blog.com.

• *Einfach* **Pension Roma (14, Karte Umschlag hinten)**, das bei Ausländern beliebteste Billigquartier Kairos versprüht den Charme der guten alten Zeit und ist doch gut in Schuss. Signora Cressati hat ihr Personal im Griff und lässt regelmäßig renovieren. Saubere, große Räume mit Waschnische bzw. Dusche, moderne WC und Bäder auf der Etage. Reservierung notwendig. DZ 110–150 LE. 169 Mohammed Farid, Ecke Adli, Ⓜ 'Ataba, ✆ 2391 1088, ✉ 2579 6243, www.pensionroma.com.eg.

Paris, die Pension befindet sich im 3. Stock des Geschäftshauses über dem Felfela-Imbiss. Nach dem schmuddeligen Hauseingang und dem seit Menschengedenken defekten Fahrstuhl ist die Pension selbst eine angenehme Überraschung. 24 gemütlich und mit vielen Rottönen irgendwie orientalisch eingerichtete Zimmer, in die nachträglich Duschkabinen eingebaut wurden. Die Zwillinge Walid und Tamer zeigen sich als aufmerksame Gastgeber – sind sie außer Haus, wird der Service allerdings lasch. Tee und Kaffee zur Selbstbedienung, eine kleinen Bibliothek und zwei PCs stehen gratis zur Verfügung. Wegen der Straße sollte man nicht lärmempfindlich sein. Kein Frühstück. DZ 270 LE. 15 Sh. Tala'at Harb, Ⓜ Sadat, ✆ 2395 0921, www.hotelpariscairo.blogspot.com.

Dahab (19, Karte Umschlag hinten), das Hotel befindet sich auf einem Hausdach. Nach Vorbild der Dahab-Camps wohnt man in winzigen gemauerten Hütten, lagert auf Sitzkissen und hört Bob Marley. Geputzt wird leider auch ziemlich lässig. Internetzugang. DZ 60–120 LE. 26 Mahmoud Bassiouni, Ⓜ Sadat, ✆ 2579 9104, www.dahabhostel.com.

Happyton (4, Karte Umschlag hinten), der äußerlich wenig ansprechende Betonbau wird vor allem von ägyptischen Gästen besucht. Das Hotel liegt zentral, ist sehr sauber und abgeschirmt vom Verkehrslärm, aber sehr hellhörig gebaut. Restaurant mit Alkoholausschank, nette Dachterrasse. In einem Laden gegenüber dem Hotel arbeitet übrigens einer der letzten Fußbügler Kairos. DZ 110 LE. 10 Ali el-Kassar (Seitengasse der Schari' Imad ed-Din), Ⓜ 'Ataba, ✆ 2592 8600, ✉ 2592 8676, www.happylifehotel.com.

Mayfair (13, Karte S.101), die kleine Pension liegt relativ ruhig in einem Wohnviertel Zamaleks. Zimmer teilweise mit Bad, Kühlschrank und AC, Frühstücksterrasse. DZ 150–220 LE. 9 Aziz Osman, Zamalek, ✆ 2735 7315, ✉ 2735 0424, www.mayfaircairo.com.

El-Hussein (13, Karte S.104), einfaches Hotel im Zentrum der Altstadt. Die Zimmer sind besser in Schuss als die Eingangshalle, doch wirklich toll sind die Balkone mit ihrem Ausblick auf die Azhar-Moschee und das städtische Treiben. An die Hygiene darf man freilich keine großen Ansprüche stellen. DZ 130–150 LE. Md. Hussein, Khan el-Khalili, ✆ 2591 8089.

*N*achtleben

Romantisch mit einer Felukenfahrt auf dem Nil, klassisch mit dem Besuch der Oper, exotisch in der Afrikaner-Disco, orientalisch bei den tanzenden Derwischen oder ganz formlos in der Kneipe – die Metropole lässt auch zu fortgeschrittener Stunde keine Langeweile aufkommen.

• *Discos und Clubs* Die Kairoer Discos teilen sich in vier Kategorien. Ganz oben die feinen Clubs, in denen die Reichen und Superreichen unter sich bleiben wollen – Eintritt nur für Mitglieder und deren Gäste. Dann die gehobenen Hoteldiscos und jene auf den Nilschiffen, wo eine dicke Brieftasche als Sesam-öffne-dich ausreicht. Weiter die „normalen" Dancefloors der Mittelschicht, zu denen Männer nur in weiblicher Begleitung Zutritt haben. Schließlich die „afrikanischen" Discos, offen für jedermann, in denen auch Prostituierte um Kunden werben.

Nachtleben

Wenngleich unter wechselnden Namen, ist die Disco im Nile-Hotel eine Konstante im Kairoer Nachtleben. Andere Dancefloors, die schneller aufsteigen und wieder out sind als unsere Bücher aktualisiert werden können, nennt Ihnen das Internet. www.yallabina.com ist eine gute Seite zum aktuellen Nightlife in Kairo.

• *Musiklokale* **Cairo Jazz Club (6, Karte S.101)**, 197 Sh. 26. July, Agouza, ✆ 2345 9939, www.cairojazzclub.com. Häufig Livemusik und keineswegs nur Jazz. Der Club wird auch für seine Küche gelobt. Offen tägl. ab 12 Uhr, Rserservierung erforderlich, abends Einlass für Männer nur mit weiblicher Begleitung.

After Eight (24, Karte Umschlag hinten), 6 Qasr el-Nil, ✆ 010-339 8000, www.after8cairo.com. „After eight", also ab 20 Uhr, kann man hier essen, trinken und tanzen. DJs und Live-Band, im Publikum viele Ausländer. Rserservierung erforderlich, Einlass für Männer nur mit weiblicher Begleitung.

• *Bauchtanz* Als beste Adresse für Bauchtanzshows galt bei meiner letzten Recherche der Club Harun al-Raschid im **Semiramis-Hotel**, Corniche, Garden City, ✆ 2797 1818. Nächtliche Shows mit Startänzerin Dina kosteten allerdings 600 LE. Unter den schwimmenden Restaurants hatten die Shows auf **Nile Pharao** (Giza-Corniche, auf der Höhe des Zoos, ✆ 2570 1000) und **Nile Maxim** (vor dem Marriott-Hotel, Zamalek, ✆ 2735 8888) einen guten Ruf.

• *Kinos* Mit großwandigen Plakaten machen die im Zentrum (Schari' Imad ed-Din und Schari' Tala'at Harb) konzentrierten Kinos auf sich aufmerksam. Hier floriert die Plakatmalerei noch als Berufsstand. Das Kinoprogramm, meist laufen ägyptische Komödien und amerikanische Actionfilme, findet man z. B. in der *Egyptian Gazette* oder der englischen Ausgabe von *Al-Ahram*.

Weitere Hinweise zu Bars und Nachtkneipen finden Sie auf S. 98.

Das Kairoer Filmfestival

In einer Szene des Films *El-Mansy* („Die Vergessenen") kämpfen sich der von Superstar Adel Imam gespielte Hauptdarsteller und sein Freund durch einen Pulk junger Männer zur Kinokasse vor. „Wie viele Szenen?", schreit Adel über die Köpfe seinem Kollegen zu, der die Kasse fast erreicht hat. „Drei Nackte und zwei im Nachthemd!", schallt es zurück. Mit dieser Szene ist das Qualitätskriterium, nach dem die Masse der ägyptischen Kinogänger sich ihre Filme aussucht, auf den Punkt gebracht. Und da einzig beim Kairoer Filmfestival Streifen auf die ägyptischen Leinwände kommen, ohne zuvor die kritischen Augen und gegebenenfalls die Schere des sittenstrengen Zensors passiert zu haben, sind die Filmtage zugleich die Tage der Voyeure.

Das Festival findet jährlich im Herbst statt (www.cairofilm.com). Nahezu alle Aufführungen sind öffentlich, gespielt wird in den normalen Kinos. Mit Glück bekommen Sie an der Rezeption der Nobelhotels ein englischsprachiges Programmheft oder gar den ausführlicheren Katalog mit Texten über die vorgestellten Filme. Mit der landeseigenen Neigung zur Improvisation wird das ausgedruckte Programm gern kurzfristig umgestellt. Wenn Sie einen bestimmten Film sehen wollen, müssen Sie sich also wenige Stunden vor der geplanten Vorstellung am Kino vergewissern, ob Ihr Film tatsächlich läuft.

• *Bühnen* **Cairo Opera House**, auf der Nilinsel Gezira, Ⓜ Opera, ✆ 2739 0144, www.cairoopera.org. Eintritt je nach Event 5–250 LE. Kairos Tempel der klassischen Muse ist Schauplatz der großen Kultur-Events. Hier spielen das hauseigene Symphonieorchester, ein Orchester für arabische Musik und die klassische Balletttruppe, gastieren ausländische Opernensembles und etablierte Weltstars. In der Main Hall herrscht für Herren Jackett- und Krawattenzwang — notfalls kann man sich einen Binder an der Garderobe ausleihen.

In Agouza, nahe der Brücke des 26. July, ist

88 Kairo

der **Ägyptische Nationalzirkus** zu Hause (✆ 3747 0612, Shows 20 Uhr, Do/Fr auch 17 Uhr, Mi Ruhetag).
Auf der Zamalek-Seite der Brücke gastieren im **El-Sawy Cultur Wheel**, ✆ 2736 6178, www.culturewheel.com, Ensembles mit arabischer Musik.
Et-Tannoura, die zur „Egyptian Heritage Dance Troupe" geadelte Gruppe tanzender Derwische zeigt ihre Kunst in der Karawanserei des Sultans el-Ghuri (→ S. 115) nahe der Al-Azhar-Moschee jeweils Sa und Mi um 20.30 Uhr, sofern sie nicht gerade auf Gastspielreise unterwegs ist.
Im Beit es-Sihaimi (→ S. 110) spielt gewöhnlich So 20 Uhr das **Ensemble el-Nil** ägyptische Folkmusik.
Puppentheater, im Ezbekiya-Garten, Ⓜ 'Ataba, ✆ 2591 0954. Bis ins 20. Jh. zogen Schaustellertruppen mit Marionetten, Stockpuppen oder Schattenspiel von Ort zu Ort und zeigten volkstümliche Stücke. Der „Aragos", eine Adaption der türkischen Schattenspielfigur Karagöz, brachte es als eine Art Hanswurst gar auf die große Bühne. Das Spiel mit Marionetten wurde 1957 wiederbelebt, und die beiden anfangs in Prag ausgebildeten Ensembles gewannen mit eigenen Stücken auch international Anerkennung. Durch die klare Handlung sind die Darbietungen auch ohne Arabischkenntnisse verständlich. Gespielt wird von Okt. bis Mai Mi–Mo jeweils um 19.30 Uhr, Fr und So auch Matinee um 10.30 Uhr.

Aktuelle Termine von Kulturveranstaltungen finden Sie in der Wochenzeitung *Al Ahram weekly* und unter www.yallabina.com/Culture/ sowie www.culturewheel.com.

Kairos wichtigste Sehenswürdigkeiten

Pharaonisches Kairo

☆☆☆ Ägyptisches Museum, S. 88 ff.
☆☆☆ Cheops-Pyramide & Sphinx, S. 133 ff.
☆☆ Saqqara, S. 140 ff.

Koptisches Kairo

☆☆ Koptisches Museum, S. 126 f.
☆☆ Kirche el-Mu'allaqa, S. 130 f.

Islamisches Kairo

☆☆☆ Ibn-Tulun-Moschee, S. 122 ff.
☆☆ Gayer-Anderson-Museum, S. 124

☆☆ Sultan-Hassan-Moschee, S. 117 f.
☆☆ Khan el-Khalili, S. 104 f.
☆☆ Mausoleum-Medrese des Sultan Qala'un, S. 108 f.
☆☆ Beit es-Sihaimi, S. 110 f.
☆☆ Al-Azhar-Moschee, S. 113 f.
☆☆ Zitadelle, S. 118 ff.

Kurzprogramm – Kairo in drei Tagen

1. Tag: Pyramiden von Giza und Saqqara
2. Tag: Koptisches Viertel, Ibn-Tulun-Moschee und Zitadelle
3. Tag: Ägyptisches Museum, nördliche Fatimidenstadt und Khan el-Khalili

☆☆☆ Ägyptisches Museum (Karten S. 90 u. 93)

Die Schatztruhe der Pharaonenzeit am Midan et-Tahrir ist zusammen mit den Pyramiden die beliebteste Attraktion der Stadt. Tausende Kostbarkeiten lassen das alte Ägypten lebendig werden.

Die Sammlung wurde 1858 von dem französischen Ägyptologen Auguste Mariette begründet und zog 1902 in das jetzige Museumsgebäude um. Seither wurde die Ausstellung beständig erweitert, und die meisten der rund 120.000 Altertümer ruhen aus Platzmangel in für die Öffentlichkeit unzugänglichen Magazinen. Die Präsentation ist noch auf dem Stand von anno dazumal. „Katalognummer alt" (rot), „Katalognummer neu" (braun) und „Inventarnummer" (weder rot noch braun) verwirren den Besucher, der meist vergeblich eine erklärende Beschriftung sucht. Viel

Chaos also. Ein Teil der Sammlung wird in das neue **Grand Museum** bei den Pyramiden umziehen, wenn dieses denn einmal errichtet ist.

- *Öffnungszeiten* Tägl. 9–18.45 Uhr. Da viele Exponate nur vom Tageslicht erhellt werden, tappt man im Winter nach 17.30 Uhr im Dunkeln. Md. et-Tahrir. Reisegruppen besuchen das Museum gewöhnlich vormittags. Wer kann, kommt deshalb besser nachmittags, wenn es weniger voll ist. Und wer sich die Zeit nehmen kann, kommt wenigstens zweimal, um sich beim ersten Besuch mit einem Überblick zu begnügen und beim zweiten je nach Geschmack und Interesse ausgesuchte Räume zu erkunden.
- *Eintritt* 60 LE, Studenten 30 LE, Mumiensaal 140/70 LE extra, Führer 70 LE/Std. Tickets werden im Torhaus verkauft und beim Eintritt ins Gebäude entwertet. Garten, Museumsshop und Cafeteria sind ohne Ticket zugänglich, nicht aber der Buchladen.
- *Toiletten* Man findet sie auf halber Höhe der zum Obergeschoss führenden Treppen.
- *Fotografieren* Da die Besucher sich nicht an das schon immer geltende Blitzlichtverbot hielten, sind jetzt alle Foto- und Videoaufnahmen im Museumsgebäude verboten.
- *Literatur* Wer sich besonders für ägyptische Kunst interessiert, kauft bereits zu Hause den teuren und schweren Band *Die Hauptwerke im Ägyptischen Museum* aus dem Zabern-Verlag (Mainz). Zum Mitnehmer geeignet ist der National Geographic Art Guide *Schatzkammern der Welt. Das Ägyptische Museum*. Die Buchhandlung im Museum bietet z. B. das dreisprachige Buch *Egyptian Museum Cairo* von Eduard Lambelet und den *Pocket Guide of the Egyptian Museum* von Fard Atiya (AUC Press).

Erdgeschoss

Die Präsentation im Erdgeschoss ist im Uhrzeigersinn weitgehend chronologisch aufgebaut. Sie beginnt im Eingangsraum (48) mit einer Kopie des *Rosetta-Steins*, anhand dessen Jean-François Champollion die Hieroglyphen entzifferte, und der *Schminkpalette des Narmer* (→ S. 22). Am Übergang zu Raum 47 wacht eine in Saqqara gefundene *Sitzstatue des Djoser* (um 2770 v. Chr.), die älteste Großstatue des Museums.

Raum 47: An der rechten Wand finden wir drei *Schiefertriaden mit Mykerinos*, der die kleine Pyramide von Giza erbauen ließ. Den von der oberägyptischen Krone gekrönten Pharao flankiert (links) die Göttin Hathor, die im Unterschied zu den rangniederen Gaugöttinnen (rechts vom König) ein kleines Schrittchen vorwärts machen darf. In der Vitrine D begegnen wir dem Volk: *Bäcker* (Nr. 37822), *Korn mahlende Dienerin* (Nr. 171), *Frau beim Bierbrauen* (Nr. 66624) und andere Tonfigürchen sollen den Vornehmen im Jenseits die Arbeit abnehmen.

Raum 42: Im Zentrum sieht man Pharao *Chephren* (um 2620 v. Chr.) auf einem Löwenthron. Die Kolossalstatue aus nubischem Dioritgneis gilt als ein Meisterstück der Bildhauer des Alten Reichs. Im Gegensatz zur idealisierten Gestalt des Pharao tragen die Statuen der Höflinge durchaus individuelle Züge und wirken damit lebendiger. So etwa die in Saqqara geborgene Holzfigur des „Dorfschulzen" *Ka-Aper* (Nr. 140), so benannt, weil er die Finder frappant an ihren Bürgermeister erinnerte. Oder der im Schneidersitz ruhende *Schreiber* (Nr. 141).

Raum 32: Hier begrüßen uns Prinz *Rahotep* (Nr. 223), seines Zeichens General und Oberpriester von Heliopolis, samt Gattin *Nofret*, beide mit vorzüglich erhaltener Bemalung. Als glückliche Familie präsentiert sich der *Zwerg Seneb* (Nr. 6055) mit Frau und zwei Kindern, die an ihren „Lutschfingern" als solche zu erkennen sind. Die Gruppe warb kürzlich in einer Kampagne zur Familienplanung für die Zwei-Kinder-Familie. An der Wand die farbenprächtigen *Maidum-Gänse* (Nr. 136 E) als Ausschnitt einer Stuckmalerei mit Jagdszenen.

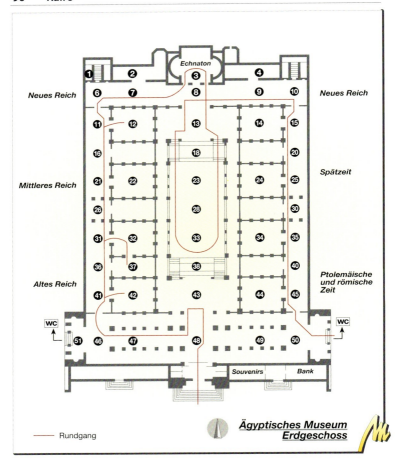

Raum 37: Hier werden die ausnahmsweise leidlich beschrifteten Grabbeigaben der Königin *Hetep-Heres* präsentiert. Der Raum ist klimatisiert und bietet neben den antiken Möbeln fürs Jenseits auch neuzeitliche Sitzgelegenheiten für die Besucher – ein guter Platz für eine Verschnaufpause.

Raum 12: Vorbei an düster blickenden Herrschern des Mittleren Reichs (*Mentuhotep II.* in Galerie 26, Nr. 287; *Amenemhet III.* in Galerie 21, Nr. 284 und 6061) und *Granit-Sphinxen* (Galerie 16, Nr. 507 A–D), die nur noch entfernt ihrem Vorbild in Giza ähneln, erreichen wir das Neue Reich. In der zentralen Vitrine steht Göttin Hathor in Gestalt einer lebensgroßen Kuh, der nachgesagt wird, sie habe bei ihrer Entdeckung lautstark gebrüllt. Auch die farbenfroh bemalte Kapelle, in der sich die Hathor-Kuh als Kultbild befand, wurde hier aufgebaut. An netten Kleinigkeiten gibt es ein Relief der *Königin von Punt* (Nr. 452) aus dem Hatschepsut-Tempel zu

Ägyptisches Museum

entdecken. Die Dame leidet an extremer Fettleibigkeit und einer von modernen Medizinern als Hyperlordose diagnostizierten Rückgratverkrümmung.

In Gestalt eines Würfelhockers begegnet uns *Senenmut* (Nr. 418). Als Architekt des Terrassentempels und als Erzieher und Vermögensverwalter der Hatschepsut-Tochter Nofrure besaß er seinerzeit immensen Einfluss. Das Kind ragt gerade mit dem Kopf aus dem Würfel, den man sich als über die Knie des Hockenden gezogenen Mantel vorstellen kann. An der Wand eine kolossale *Hatschepsut* (Nr. 6052) aus Rosengranit; in männlicher Gestalt kniet sie opfernd als Nr. 6153 in Galerie 7.

Raum 3: Der Amarna-Saal versammelt Objekte aus der Zeit des *Echnaton* (ca. 1350 v. Chr.), der sich von Religion und Kunst seiner Vorgänger radikal abwandte. Der Pharao, durch seine Mutter Teje übrigens schwarzafrikanischer Herkunft, erscheint nun nicht mehr als zeitlos schönes Ideal. Vier *Kolossalstatuen* aus Karnak präsentieren ihn mit mächtigem Bauch, dicken Schenkeln und wulstigen Lippen in einem expressiven Stil mit beinahe hässlichen Körperformen. Seine Töchter haben einen übergroßen Hinterkopf (vgl. *Die Heilige Familie*, Nr. 482; *Prinzessin beim Verzehr einer Ente*, Vitrine F, Nr. 48035 J; und besonders die Statue Nr. 44872 in Vitrine 162, Raum 8). Auch Familienleben und Gefühlswelt werden thematisiert. Blickfang ist eine in der Mitte des Raums platzierte, mit Blattgold überzogene Plexiglasform. Der feine Goldbelag stammt vom vermutlichen Sarkophag des Echnaton, wurde dem Museum irgendwann in den 1920er Jahren gestohlen und landete auf verschlungenen Wegen in den Antikensammlungen zu München, wo man ihn kürzlich restaurierte und an Ägypten zurückgab.

Im **Mittelraum** imponieren in Medinet Habu gefundene Großstatuen von Amenophis III. und seiner Gattin Ti. Galerie 28 zeigt ein mit Naturszenen dekoriertes Bodenmosaik aus dem Armana-Palast.

Obergeschoss

Den Ostteil des Erdgeschosses mit den Objekten aus der Spätzeit mag man sich sparen – oben warten die Funde aus dem **Grab des Tutanchamun**. Die meisten Besuchergruppen eilen sofort zu den Juwelen, doch auch die anderen Grabbeigaben sind nicht ohne.

Ostgalerie: Den Eingang zur Ostgalerie bewachen, wie einst in der Grabkammer, zwei lebensgroße *Holzstatuen* des Pharaos mit Stab und Keule. In Galerie 40 steht der vergoldete *König auf einen Papyrus-Floß* (Nr. 410) und auf einem *Panther* (Nr. 407). In Galerie 35 bekomme ich Zweifel, ob Tutanchamun im Jenseits viel Freude am Regieren gehabt hätte. Sein *Thronsessel* aus vergoldetem Holz ist prächtig anzuschauen, sieht aber irgendwie doch unbequem aus. Vitrine 49 birgt zwei königliche *Spielbretter* aus Ebenholz und Elfenbein, Galerie 30 den *Kinderstuhl* des Königs. Unter den Alabasterarbeiten in Galerie 20 gefallen eine jugendstilige *Lotuslampe* und der *Wunschkelch* (Nr. 182 und Nr. 11 in Vitrine 16).

Nordgalerie: Es geht weiter mit den *Totenbetten*, einem *Sonnenschirm* und einer vom Schakalgott Anubis bewachten *Truhe* (Nr. 447). In der einem vergoldeten Tempelchen ähnlichen *Kanopenkapelle* (Nr. 985) stand der *Kanopenschrein* (Nr. 984) aus Alabaster, in diesem wiederum waren die vier in der Schatzkammer ausgestellten *Sarkophage* (Nr. 1184–1186 u. 452) mit den Innereien des Toten untergebracht. Den Rest der Galerie füllen die *Prunkwagen* und vier nach Art einer russischen Matroschka-Puppe ineinander geschachtelten *Schreine* für die Mumienkästen des Toten.

Echnaton – Kunst oder Krankheit?

Zu den überzogenen, karikaturhaft gesteigerten Darstellungen des Echnaton und seiner Familie hat sich bis heute in der Fachwelt keine einhellige Interpretation durchgesetzt. Anfangs sahen die Ägyptologen hinter Echnatons Erscheinung einen Eunuchen oder gar eine Frau. Jene, die der Amarna-Kunst eine realistische Abbildung des Pharaos unterstellen, vermuten, eine Krankheit habe Echnaton und besonders seine Töchter deformiert: Sie hätten einen Wasserkopf gehabt oder am Marfan-Syndrom gelitten, einer genetischen Anomalie, die zu Missbildungen führt. Selbst der freilich schon von Echnatons Vater Amenophis III. protegierte Sonnenkult wird mit der Sehschwäche der Marfan-Kranken erklärt. Eine andere Theorie unterstellt, man habe damals die Köpfe der Babys bewusst mit Bandagen deformiert. Doch solange die Mumie des Echnaton nicht identifiziert ist, bleiben solche Erklärungen pure Spekulation und, mit Hermann A. Schlögl gesprochen, „ebenso wenig hilfreich wie etwa die pathologische Deutung expressionistischer oder kubistischer Kunstwerke".

Andere Deutungen verbinden die ungewöhnlichen Darstellungen mit Echnatons Reformen (dazu S. 241). So wie in der Religion habe Echnaton auch in der Kunst mit den Traditionen gebrochen. Erstmals hätten die Künstler auch die künstlerische Freiheit gehabt, einen neuen Stil zu entwickeln.

Echnaton für Einsteiger: Hermann A. Schlögl, *Amenophis IV./Echnaton*, erschienen als Rowohlt-TB.

Juwelensammlung: Die drei in Körpergestalt ausgeführten Mumienkästen, davon der Innerste aus purem Gold, stehen im abgedunkelten, klimatisierten und streng bewachten Raum 3 mit den Grabschätzen des Tutanchamun – an diesen Highlights des Ägyptischen Museums herrscht immer besonderes Gedränge. Hier sind die *Totenmaske* und der *Schmuck* ausgestellt, mit dem die Mumie ausgestattet war. Weniger berühmt sind die güldenen Totenmasken und *Grabschätze aus Tanis* (Raum 2), wo sich die Pharaonen der 21. und 22. Dynastie bestatten ließen. Der vorbildlich ausgestattete Raum 4 zeigt eine chronologisch angeordnete Sammlung von *Schmuck der Pharaonenzeit*.

Räume 27, 32, 37: Nur wenige Besucher finden den Weg in diese Räume mit hübschen *Holzmodellen von Alltagsszenen*, an denen vor allem Kinder ihre Freude haben. In Puppenhäusern sieht man Handwerker und Bauern bei der Arbeit, Beamte bei der Abnahme der Ernte, dazu Schiffe mit Totenprozessionen, in Reih und Glied marschierende Soldaten und vieles andere mehr. Was aussieht wie Kin-

Ägyptisches Museum

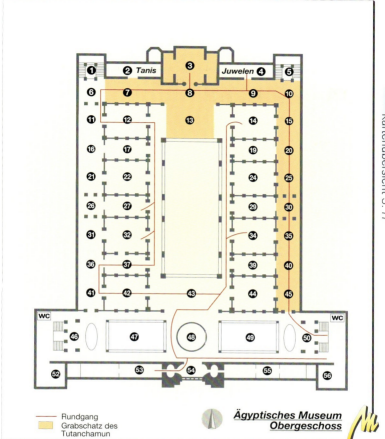

derspielzeug, wurde den Toten mit ins Grab gegeben, um sie auch im Jenseits mit dienstbaren Geistern zu umgeben. Die hier gezeigten Funde datieren aus dem Mittleren Reich.

Galerie 36, 41, Räume 42, 43: Beim Durchgang in die Galerie machen wir einen Zeitsprung um 1000 Jahre zurück zu den Anfängen der ägyptischen Hochkultur. Ausgestellt sind *Grabbeigaben des Hemaka*, eines Wesirs der 1. Dynastie, darunter Spielbretter und rätselhafte Lochscheiben. Vorbei an der Kopie eines Fragments des *Palermo-Steins* mit seiner Königsliste (Vitrine Q in Raum 42) geht es zum Grabschatz von *Yuya und Thuyu* (Raum 43), den Schwiegereltern von Amenophis III. Vor der Entdeckung Tutanchamuns war dies hier der Höhepunkt des Museums.

Raum 34: Hier sind *Gebrauchsgegenstände* aus dem Alltagsleben versammelt, so etwa *Maße und Gewichte* (Vitrine M), *Spiele und Puppen* (Vitrine I), *Musikinstru-*

mente (Vitrine E) oder ein hübsches hölzernes *Schminktablett* in Form einer Lotusblüte (Nr. 5266 in Vitrine S).

Raum 14: Gezeigt werden Särge, Mumien, Masken und Mumienbilder der griechisch-römischen Zeit, darunter die sog. *Fayum-Porträts*. Etwa von 30 bis 230 n. Chr. pflegte die griechisch-ägyptische Oberschicht in ihre Mumien auf Kopfhöhe Porträts Verstorbener einbinden zu lassen. Die meisten dieser verblüffend lebendigen Bilder wurden von Flinders Petrie in Hauara ausgegraben. Das juwelengeschmückte *Golden Girl* (Nr. 33216) vereint Züge von Isis und Aphrodite und erinnert zugleich an eine Ikone. Das *Tondo der zwei Brüder* (Nr. 4310/33267) gilt als ein künstlerischer Höhepunkt des Genres und symbolisiert in den Dargestellten die Symbiose aus griechischer und ägyptischer Welt.

Raum 50: Sie haben die Zeit ganz vergessen und schauen auf Ihre Armbanduhr? Zu Pharaonenzeiten waren die Chronometer weniger handlich. Im Vorraum des Treppenabgangs gibt es die alabasterne *Wasseruhr* von Amenophis III. (Nr. 4940). Der fallende Wasserspiegel gab die Zeit an. Die Nacht von Sonnenuntergang bis -aufgang war in zwölf Stunden unterteilt, die je nach Jahreszeit unterschiedlich lang waren. Deshalb gibt es für jeden Monat eine andere Skala.

Mumien: Der Weg zum *Mumiensaal I (*Raum 56) führt durch eine Galerie mit erklärenden Texttafeln. Im Zentrum des abgedunkelten Raums ruht Ramses II., um ihn herum liegen in mit Schutzgas gefüllten Glassärgen weitere Pharaonen, Mitglieder der königlichen Familien und hohe Würdenträger des Neuen Reichs. Die Zurschaustellung der sterblichen Überreste ist nicht unumstritten, lange war der Mumiensaal geschlossen. Doch nun werden sogar weitere königliche Mumien im Raum 52 präsentiert. Wer den zusätzlichen Eintritt für die Mumiensäle scheut, findet namenlose Mumien in der Galerie 31. *Mumifizierte Tiere*, nämlich Paviane, Ibisse und Adler, dazu ein riesiges Krokodil, sind mit erklärenden Tafeln im Raum 53 ausgestellt.

Lesetipp: Alles über Mumien und die Technik der Mumifizierung erfahren Sie bei Renate Germer, *Mumien*, Patmos-Verlag. Als Bildband empfiehlt sich Francis Janots *Mumien* (Travelhouse Media).

Kindermuseum

Im Kellergeschoss, wo früher die „Hidden Treasures" gezeigt wurden, können nun Kinder die Pharaonenzeit als Legowelt erkunden. Als „Geheimnisse der Pharaonen" tourte das Legoreich der Pyramiden lange durch Europa, bevor das im dänischen Billund beheimatete Unternehmen die Modelle dem Ägyptischen Museum stiftete. Der Zugang zur Ausstellung befindet sich vom Garten aus gesehen auf der linken Seite des Gebäudes. Eine gewaltige Lego-Sphinx begrüßt die Besucher. In fünf Räumen werden Alltagsaktivitäten wie Bierbrauen und Brotbacken, das Mumifizieren und die Fahrt ins Totenreich, die Schreibkunst, Wissenschaften und das Leben im Palast vorgestellt. Wohlgemerkt mit Legofiguren und aus Legosteinen konstruierten Szenen, sei's Tutanchamuns Totenmaske oder eine Statue des großen Ramses, ab und an bereichert um Tafeln mit erklärenden Texten auf Arabisch und Englisch und sogar um originale Artefakte. Auch ein Spielzimmer mit Legosteinen fehlt nicht.

Der Zitadelle liegt Kairo zu Füßen

Stadtzentrum (Karte Umschlag hinten)

Das Zentrum mit seinen Geschäften im europäischen Stil hat seine beste Zeit schon hinter sich. Zwischen ergraute Häuser im Geschmack der levantinischen Belle Epoque – hier Art déco der 1920er-Jahre und dort ein bisschen Jugendstil – mischen sich erste Glaspaläste.

Im 19. Jh., als Kairo dem zurückweichenden Nil folgte und sich nach Westen ausdehnte, wurde das Zentrum von und für die europäische Ausländerkolonie angelegt. Hier war man unter sich und lebte üppig – in bis zu sechsstöckigen, großzügigen Apartmenthäusern, ein wenig Jugendstil, venezianische Gotik und Stuck à la Neo-Rokoko, die Architekten hatte man auch gleich mitgebracht. Diskreter Charme der Bourgeoisie, Klavierabende unter Gaslicht, bei Shepheard's zum Tee die Aktienkurse diskutieren und über die Balkankriege den Kopf schütteln. Das Essen serviert der nubische Butler, die Müllabfuhr besorgen Kopten vom anderen Ende der Stadt unauffällig im Morgengrauen.

Etwas von der alten Atmosphäre hat sich in **Garden City** erhalten, jenem alten Villenviertel, das hinter dem Semiramis-Hotel beginnt und sich zwischen Nil und der Schari' Qasr el-Aini südwärts zieht. Andernorts hat die Zeit den alten Glanz stumpf werden lassen; Kolonialoffiziere, levantinische Kaufleute gibt es nicht mehr, ihre Nachfahren wohnen in Ma'adi. In die Wohnblocks der Hauptstraßen sind Büros eingezogen, statt nach dem Aristokraten Suleiman Pascha heißt die umsatzstärkste Einkaufsmeile jetzt Tala'at Harb, und der war Bankier.

Das Zentrum des Zentrums ist der **Midan et-Tahrir**, der Befreiungsplatz. Auf der Südseite steht die halbrunde Bürokratie-Trutzburg *Mougamma*, in die sich täglich Tausende Beamte im Einheitsanzug mit weißem Hemd wälzen. Im Südosten schlendert die westlich-modernistische Jugend zur *American University*. Zum Nil hin steht das *Gebäude der Arabischen Liga*, zwischen ihm und der Mougamma die *Empfangsvilla des Außenministeriums* und die *Omar-Makram-Moschee*, in der die Totenfeiern für Personen des öffentlichen Lebens begangen werden. Am Nilufer erhebt sich das *Hilton* mit reichen Urlaubern und ausländischen Geschäftsleuten. Am oberen Ende des Platzes werden die Reisegruppen ins *Ägyptische Museum* geschleust, im Norden blickt man in die Einkaufsachse **Schari' Tala'at Harb**.

Entlang der Tala'at-Harb-Straße und in ihrer Nachbarschaft erinnern Architekturpreziosen an die Belle Epoque. Ein mosaikverzierter Eingang markiert das legendäre **Café Groppi**, das unter dem aus Lugano stammenden Konditor Giacomo Groppi (1863–1947) die Upperclass mit süßen Leckereien bediente. Das **Bähler-Building** gegenüber an der Nordwestecke des Midan Tala'at Harb wurde als damals edelstes Geschäftshaus der Stadt für den Schweizer Immobilien-Tycoon Albert Bähler (1868–1937) erbaut. Das **Cinema Metro**, 1939 mit „Vom Winde verweht" eröffnet, war das vornehmste Filmtheater der Stadt und die volkstümliche Alternative zur Oper. Die Flure präsentieren sich noch im Dekor der Weltkriegsjahre, und der 1500 Zuschauer fassende Saal mit seinen sanft geschwungenen Formen und den Stuckschabracken erinnert an den Bauch einer Wurlitzer-Orgel. In der Schari' Adli einen Block östlich des Kinos steht die **Schar-Haschmamain-Synagoge**. Der gut bewachte Zuckerbäcker-Prunkbau ist gegen eine Spende zugänglich (Mo–Fr 10–18 und Sa 14–18 Uhr). Von 1948 noch 65.000 Seelen ist die jüdische Gemeinde Kairos durch die Auswanderung nach Israel auf wenige Dutzend Menschen geschrumpft.

Die Schari' Adli mündet auf den **Midan el-Opera** mit dem bronzenen *Reiterstandbild des Ibrahim Pascha*. Der Platz ist nach dem alten Opernhaus benannt. Für die Einweihung 1869 hatte man bei Verdi „Aida" bestellt, doch der Maestro wurde mit der Komposition nicht rechtzeitig fertig und dirigierte stattdessen „Rigoletto". „Aida" wurde dann gut hundert Jahre später als letzte Vorstellung in der alten Oper gegeben. Die einen sagen, es sei eine Katze gewesen, die anderen bezichtigen einen unachtsamen Wächter, jedenfalls fiel des Nachts eine Petroleumlampe um und das ganze Haus ging in Flammen auf.

Der gerade durch den U-Bahn-Bau einmal mehr verwüstete **Ezbekiya-Garten** wurde im 19. Jh. von Pariser Gärtnern mit künstlichem Weiher, Brückchen, Grotten und Pavillons angelegt. Einige exotische Bäume des Parks stammen noch aus dieser Zeit. Auf der Nordseite nahe dem Parkhaus kann man demnächst hoffentlich wieder bei den *Bouquinisten* nach alten Büchern stöbern. Gen Osten schließt sich der **Midan el-'Ataba** an, ein chaotischer Verkehrsknotenpunkt am Übergang zwischen dem Geschäftszentrum und der islamischen Altstadt.

Essen & Trinken im Zentrum (→ Karte Umschlag hinten)

• *Restaurants* **Taboula (34)**, 1 America Latineya, Garden City, ✆ 2792 5261, tägl. 12–24 Uhr. Eines der besten libanesischen Restaurants in Kairo, gutes Angebot auch für Vegetarier. Der Gast kann seinen Allerwertesten wahlweise auf orientalischen Pouf-Kissen, Holzstühlen oder Sesseln im ägyptischen Ludwig-XIV.-Barock platzieren. Nach den legendären Vorspeisen *(meze)* empfiehlt sich als Hauptgericht etwa das Hühnchen Moutafa in Tomaten-Knoblauch-Pilzsoße.

Le Grillon (23), 8 Qasr en-Nil, tägl. 12–2 Uhr. Ein Ölgemälde fröhlicher Zecher erinnert im Eingang daran, dass mancher hier auch gern nur ein Bier trinkt. Cafeteria im überdachten Innenhof, daneben ab 20 Uhr auch separater Speisesaal. Ägyptische und internationale Küche, dazu eine gut sortierte Bar. Hauptgericht 50–100 LE.

Estoril (22), 12 Sh. Tala'at Harb, in der Passage hinter Air France, tägl. 12–15/19–24 Uhr. Französisch-levantinische Küche und eine nostalgische Bar à la „Casablanca". Bei Ausländern beliebt, leider oft voll und sehr verraucht. Hauptgericht 50–100 LE.

Peking (7), 14 Saray el-Ezbekiya, Nähe Kino Diana, www.peking-restaurants.com, tägl. 12–24 Uhr. Hinter einer unscheinbaren Fassade wird im 1. Stock feine chinesische Küche serviert. Beliebt zum Tête-à-Tête, auch Sprachkurse veranstalten hier gern ihre Abschiedsessen. Hauptgericht um 50 LE.

Le Bistro (30), 8 Hoda Scha'rawi, tägl. 11–23 Uhr. Zum Lunch wagen sich auch einige Ägypter hinein, abends ist das Lokal des französischen Kulturzentrums fest in französischer Hand. Gepflegt werden französische Küche und Frankophonie, selbstverständlich liegen auch die Pariser Tageszeitungen aus. Hauptgericht um 60 LE.

Alfi Bey (6), 3 Alfi, tägl. 12–24 Uhr. Ein gutbürgerliches Kebabhaus mit weißen Tischdecken, prächtigen Lüstern und würdevollen Kellnern. Die preiswerten Standards der auch französischsprachigen Speisekarte wie Taube, Hähnchen, Kebab, Schnitzel, Kufta, Nifa (Ziege) und Dolma (mit Reis/Lamm gefülltes Gemüse) werden durch wechselnde Tagesgerichte ergänzt. Hauptgericht um 50 LE.

Griechischer Club (20), Md. Tala'at Harb, Eingang von der Schari' Bassiouni, tägl. ab 18 Uhr. Vielleicht weil es in Kairo nur noch wenige Griechen gibt, gestattet der private Club auch Nicht-Mitgliedern den Zutritt. Erwarten Sie hier in aussichtsreicher Lage über dem Café Groppi aber keine Zorbas-Tänze und Geschirrzertrümmerei. Man treffen sich abends unter einer Hirschtrophäe Intellektuelle, Künstler und viele in Kairo arbeitende Ausländer. An Speisen sind Chicken, Schischkebab, Schnitzel, Fisch oder Kalamari im Angebot, dazu gibt es Bier, Wein und sogar Ouzo. Hauptgericht um 50 LE.

Felfela (27), Hoda Scha'rawi, Ecke Sh. Tala'at Harb, tägl. 8–23 Uhr. Amina Zaghlul, die exzentrische Besitzerin der Felfela-Kette, hat das Arme-Leute-Essen Foul und Ta'amiya vom Schmuddelimage der Garküchen befreit und für Mittelschichten und Ausländer salonfähig gemacht. Das Stammlokal der Kette besticht zudem mit phantasievoll rustikalem Interieur. Fleischgericht 40–80 LE.

Et-Tabie ed-Dumyati (3), 31 Orabi, Taufiqiya. Eingerichtet mit dem Charme einer Kantine, doch für den schmalen Geldbeutel oder für Vegetarier eine der besten Optionen im Zentrum. Auf der auch englischsprachigen Speisekarte stehen u. a. Foul und Ta'amiya. Üppige Salatbar.

Fatatri et-Tahrir (32), 166 et-Tahir, verabreicht ägyptische Pfannkuchen als solche, nämlich süß, oder mit dem einschlägigen Belag als Pizza.

Acher Sa'a (5), Sh. el-Alfi. Ein beliebter Imbiss mit Foul, Ta'amiya und allerlei Sandwichvarianten. Da die wenigen Tische gewöhnlich besetzt sind, okkupieren die Esser meist auch die Fußgängerzone vor dem Imbiss.

Gad (11), 13 Sh. 26. July. Unten Take-away, im 1. Stock ein Speiseraum mit Sitzplätzen. Auch englische Speisekarte mit einer breiten Palette ägyptischer Gerichte: Neben Foul, Schawarma, Pizza, gefülltem Gemüse, Hühnerteilen und diversen Burgern gibt es auch Spezialitäten wie scharf gebratene Leber *(kibda skanderani)* in Pitta-Brot *('aisch schaami)*.

Et-Tahrir (16), 19 Abdel Chaliq Sarwat. Kuschari in drei Portionsgrößen; für unsereinen reicht die kleinste, wenn man anschließend noch einen Reispudding essen will.

● *Cafés und Teehäuser* **Riche (25)**, 17 Tala'at Harb. Nach langer Renovierung erstrahlt das Bistro wieder im auf alt gemachten Glanz. Hier sollen, so der Mythos, einst die Freien Offiziere ihren Putsch geplant haben, und noch heute ist das Riche ein Treffpunkt der westlich orientierten Intellektuellen.

Groppi (20), Md. Tala'at Harb, und **Groppi Garden (15)**, Sh. Abdel Chaliq Sarwat. Mufflige Kellner und ein zur Belanglosigkeit renovierter Gastraum haben den Charme dieser 1920 von einem Schweizer gegründeten Konditorei erheblich gemindert. Doch die Leckereien sind noch immer top. Einen schönen Garten, in dem auch allein sitzende Frauen ungestört bleiben, hat die Groppi-Filiale zwischen Sh. Adli und Sh. Chaliq Sarwat.

Zahret el-Bustan (26), el-Bustan el-Said. Das Freiluft-Teehaus hinter dem Café Riche ist ein Treff der Künstlerszene – nicht der Stars, sondern jener Musiker, Sänger und Schauspieler, die, ohne großen Namen, darauf hoffen, endlich entdeckt zu werden. Hier ist es nicht ungewöhnlich, wenn Gäste lesen, schreiben, rezitieren oder wenn Nasser Fachri auf seiner Laute übt. Das Lokal, dessen Stammgäste und Personal in Porträtform bereits einen Bildband schmücken, veranstaltet auch literarische Lesungen.

Horreya (31), Md. Falaki. Ein typisches Kaffeehaus *(ahwa)* mit imposanten Spiegelwänden, Wasserpfeifen und dem notorischen Klackern der Dominosteine. Abends treffen sich hier die fortgeschrittenen Schachspieler. Alkoholausschank.

El-Andalus (10), im Hof hinter dem Grand Hotel (26. July, Ecke Tala'at Harb). Ein ruhiges Kaffeehaus mit Plätzen im Freien und einem Séparée im Obergeschoss, das Frauen und Paaren vorbehalten ist.

El-Abd (18) 35 Tala'at Harb und Scherifein/Ecke 26. July **(12)**. Die beliebteste orientalische Bäckerei Kairos könnte wohl zwei Dutzend Filialen aufmachen und wäre noch immer von Menschentrauben umlagert. Nur Straßenverkauf.

• *Nachtkneipen* **Tamarai (2, Karte S. 101)**, Nile Tower North, Bulaq. Lounge und Bar sind der gerade angesagte Treffpunkt von Schön, Reich und Berühmt. Die renommierte Architektin Shahiry Fahmy entwarf das mit Zitaten pharaonischer Baukunst verfremdete High-Tech-Dekor es Lokals, an dessen Eingang grimmige Türsteher wachen: Einlass nur nach Reservierung. Drinnen zeigen junge Frauen so viel Haut als gerade noch schicklich, ihre Begleiter hüllen sich bevorzugt in markiges Schwarz oder auch mal in Stretch-Jeans. Am Wochenende heizen DJs ein. Das zum Lokal gehörende Restaurant verspricht mit stolzen Preisen (Hauptgericht ab 150 LE) mehr als die Küche zu leisten vermag. Tägl. 12–2 Uhr, Reservierung ℡ 2461 9910.

Odeon Palace (17), 6 Abdel Hamid Said, Tala'at Harb. Die schlichte Terrassenbar auf dem Dach des Odeon-Hotels ist eine der wenigen Kneipen im Zentrum, wo man noch morgens um vier ein Bier zu erschwinglichen Preisen bekommt. In zwangloser Atmosphäre treffen sich Einheimische wie ortsansässige Ausländer.

Windsor (8), 19 Alfi. Auch in Windsors Barell Bar bleibt die Zeit nicht stehen, doch es scheint, als gingen die Uhren wenigstens ein bisschen langsamer als anderswo. Distinguiertes Personal, gediegene Einrichtung, Trinker fortgeschrittenen Alters.

Everest (1), Md. Ramses. Gute Luft und tolle Aussicht (16. Stock!) genießt man auf der Dachterrassen-Cafeteria des Everest-Hotels. Da macht es nichts, dass es keinen Alkoholausschank gibt und der Service lahmt.

Einkaufen im Zentrum

• *Antiquariate* **L'Orientale**, 15 Qasr el-Nil, www.orientalecairo.com. Statt ihr wie schon öfter ein altes Buch mitzubringen, kaufte der Opernsänger Hassan Kami seiner Frau Nagwa eines Tages gleich einen ganzen Laden. Die Preise beginnen bei etwa 100 LE und gehen bei gesuchten Raritäten bis ins Vierstellige. Auch alte Stiche und Landkarten.

Auf der Nordseite des Ezbekiya-Parks handeln die **Bouquinisten** vorwiegend gebrauchte Taschenbücher, arabischsprachige Secondhand-Ware und studentische Lehrbücher.

• *Antiquitäten* Nachbildungen pharaonischer Stücke werden im **Museumsshop des Ägyptischen Museums** angeboten. Andere Antiquitäten (alte Möbel usw.) kauft man im Viertel östlich des Felfela-Restaurants.

• *Buchhandlungen* **Lehnert & Landrock**, 44 Scherif, 9.30–14/16–19.30 Uhr, Samstagnachmittag u. So geschl. Schwerpunkt deutschsprachige Bücher, dazu eine große Auswahl an Postkarten und historischen Fotografien mit Sujets aus Ägypten und Tunesien.

AUC-Bookshop, Sh. Qasr el-Aini/Ecke Sheikh Rihan, Tahrir, Sa–Do 10–20, Fr 14–20 Uhr. Akademische Buchhandlung mit englischsprachigen Büchern zu Ägypten und dem Nahen Osten.

Anglo-Egyptian Bookshop, 165 Imad ed-Din, englisch, gute Auswahl an Belletristik.

• *Kunsthandwerk* **Senouhi**, 54 Chaliq Sarwat. Im 7. Stock verkauft Mme. Layla zu Festpreisen venezianisches Glas, deutsche Stiche, Damaszener Silber, englische Uhren und vieles mehr, was die alte Oberschicht zu Geld machen muss. Diskretion wird gewahrt.

• *Zeitungen* Die größte Auswahl an ausländischen Tageszeitungen und Magazinen hat man in den Läden der renommierten Hotels.

Gezira/Zamalek

(Karte S. 101)

Wem die Hektik der Innenstadt aufs Gemüt schlägt und die Abgase die Lunge reizen, der mag vom Tahrir-Platz über die gleichnamige Brücke auf die Gezira gehen, was nichts anders als „Insel" heißt.

Hier wurde am Nil eine hübsche **Promenade** mit Gärten angelegt. Das Denkmal von Sa'ad Zaghloul bewacht den Eingang zum Gelände des **Opernhauses** und der Kunstmuseen, daneben die **Andalusischen Gärten** und der Aussichtsturm. Weite Flächen der Insel nehmen die vornehmen **Clubs** ein, in denen statt der Engländer heute ältere Ägypterinnen Kricket spielen. Auch wenn es daneben Tennis, Basketball und profanen Fußball gibt, sind die Clubs auf der **Gezira** keine simplen Sportvereine, sondern noble Assoziationen der High Society. Den Nordteil der Insel nimmt das Viertel **Zamalek** ein. Es entstand zu Beginn des 20. Jh. als exklusives Wohnviertel der Europäer. Die Straßenbahn zwischen Kairo und Giza durchquerte das Quartier eingezäunt und ohne Halt, mit Galabiya bekleidete Fußgänger mussten sich an den Brücken eine Ausweiskontrolle gefallen lassen, denn aus dem gemeinen Volk durfte nur nach Zamalek, wer dort als Hauspersonal angestellt war. Noch immer hat das Quartier einen hohen Ausländeranteil.

☆ **Museum für moderne ägyptische Kunst**: Das Museum gibt einen Einblick in die Vielfalt der ägyptischen Malerei und plastischen Kunst des 20. Jh., die zwischen europäisch-amerikanischen Normen und Formen einerseits und der Folklore und den überlieferten islamischen Mustern andererseits eigenständige Wege sucht. Den englisch-arabischen Katalog bekommt man im 1. Stock, die Exponate sind weitgehend auch englisch beschriftet.

Das tausendundzweite Wunder von Kairo

Der Hauptsaal in kühlem Marmor stellt die herausragenden Künstler mit jeweils ein oder zwei Werken vor. An prominenter Stelle wurden drei Jahrhundertwerke platziert: Mahmud Saids „Die Stadt" (1937), Mahmoud Mochtars Bronzeskulptur „Nilbraut" (1929) und schließlich ein Bild von Ragheb Ayyad, das wir im Katalog vergeblich suchten. Die Ausstellungsräume in den oberen Etagen sind weitgehend chronologisch geordnet. Es beginnt im 1. Stock mit den Klassikern der Moderne, die schon vor dem Weltkrieg zu Ruhm und Ehre kamen; nach oben werden die Künstler dann immer jünger und die Arbeiten aktueller, bis der Rundgang mit der Rauminstallation eines Fischessens endet – eine gute Anregung, jetzt ein Restaurant zu besuchen.

Auf dem Opernhausgelände. 10–14/17.30–22 Uhr, Montagvormittag und Fr geschlossen. Eintritt 20/10 LE. Temporäre Kunstausstellungen werden auf dem Operngelände auch im **Hanagar Arts Center** und im **Palace of Arts** gezeigt. Zeitgenössische ägyptische Kunst findet sich im Internet unter www.fineart.gov.eg.

100 Kairo

☆ **Kairo-Turm (el-Burg)**: Mit einer großzügigen „Spende" von 3 Mio. Dollar versuchte einst der amerikanische Präsident Eisenhower, seinen gerade an die Macht gekommenen ägyptischen Kollegen Gamal Abdel Nasser als Bündnispartner zu gewinnen. Doch der erwies sich als unbestechlich. Statt das in einem braunen Aktenkoffer überreichte Bargeld in aller Stille für den Kauf eines gepanzerten Cadillacs, zur Bewaffnung der Leibgarde oder vergleichbare präsidiale Bedürfnisse zu nutzen, sann Nasser auf eine öffentliche Ohrfeige für die Amerikaner. Etwas Großes sollte es sein, auffällig, dauerhaft und eben 3 Mio. Dollar teuer, werden Nassers Wünsche überliefert. So ist der 1961 eröffnete Turm eine ungewöhnliche Antwort auf einen naiven Bestechungsversuch. Mit seinen 187 Höhenmetern ist er unübersehbar und in einem Stil ausgeführt, der nicht jedermanns Geschmack trifft. Die Kabine eines Schindler-Aufzugs hievt täglich über 1000 Menschen ins Drehrestaurant und auf die Aussichtsplattform, und an den seltenen Tagen, da die Sicht nicht durch den Smog getrübt ist, stehen die Schaulustigen Schlange.
Tägl. 9–24 Uhr, Eintritt 70 LE.

☆ **Museum für islamische Keramik**: Das moderne Museum ist Teil des *Gezira Art Center* und residiert im 1924 gebauten Palais des Prinzen Ibrahim, das auch ohne die Ausstellung sehenswert wäre. Schon das Badezimmer mit seiner Alabasterwanne lässt Bedauern aufkommen, nicht als Prinz oder Prinzessin geboren zu sein. Auf zwei Etagen werden rund 300 Kacheln, Vasen, Teller und Lampen aus dem arabischen und persischen Raum gezeigt, die ältesten Stücke stammen aus dem 9. Jh. Im Garten, der auch außerhalb der Museumszeiten zugänglich ist, kann man einen schwebenden Stein und andere Großplastiken bestaunen.
Sa–Do 10–13.30, 17–21 Uhr (Sommer 18–22 Uhr), Eintritt 25/15 LE. Sh. el-Marsafi, hinter dem Marriott-Hotel.

Aquarium-Park: In den künstlichen Grotten des 1902 eröffneten Parks können hinter Schaugläsern Fische und andere Meerestiere bestaunt werden, für Kinder bieten sich die Tunnel zum Verstecksspielen an. Doch die meisten Besucher sind weder Aquarianer noch Mütter mit Kleinkindern, sondern Liebespaare. Sie schätzen die intimen Nischen und Grotten der künstlichen Landschaft ebenso wie die Großzügigkeit der Parkwächter, die es mit der öffentlichen Moral hier nicht so streng nehmen wie an anderen Orten.
Tägl. 9–15 Uhr, geringer Eintritt. Sh. Galabaya.

Essen & Trinken in Zamalek

Le Pacha 1901 (18), es-Saraya el-Gezira, tägl. 21.30–2 Uhr, ✆ 2735 6730, http://lepacha.com. Das Restaurantschiff, in dem nach dem Menü mit westlichen Songs der 1960er- und 70er-Jahre zum Tanz aufgespielt wird, ist in den Sommermonaten ein Treffpunkt der High Society. Die gute Küche versteht sich von selbst. Für ein Hauptgericht rechne man ohne Getränke mit 50–100 LE. Und glauben Sie der Legende nicht, dass das Schiff 1901 für einen Pascha gebaut worden sei – es lief exakt 100 Jahre später vom Stapel.

Sequoia (1), Abu el-Feda, an der Nordspitze von Zamalek, tägl. 11–2 Uhr, ✆ 2735 0014. Am Bodensee gelegen, wären diese mit Holz und Leinen gestylten Terrassen der Laufsteg eines schicken Segelclubs, der von Kalifornien träumt. Hier am Nil lockt Sequoias Mischung aus Ost und West ein Publikum jenseits der 20, das auch mal High Heels mit hijab kombiniert. Was wohl der Halbindianer Sequoia, der einst eine Schrift für die Cherokeesprache erfand, von diesem Kulturmix gehalten hätte? Im Cafébereich stehen exotisch parfümierte Schischa-Tabake zur Auswahl, nebenan im „Shebatta" wird wechselnde Kunst gezeigt, und essen kann man natürlich auch. Rechnen Sie pro Person mit etwa 100 LE – und bringen Sie eine Jacke mit, denn auch im Sommer wird es hier am

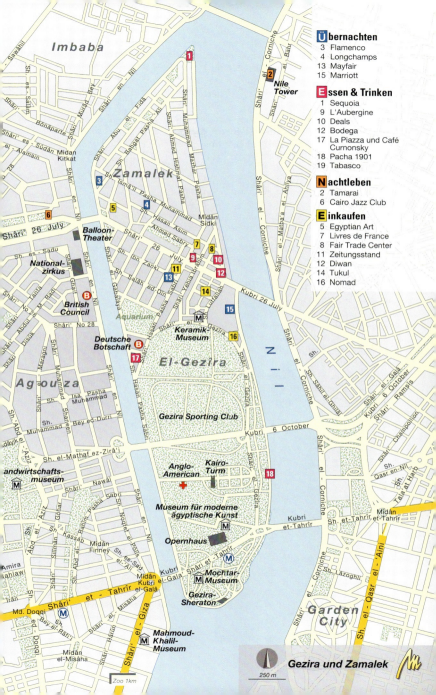

Wasser abends recht kühl. Samstagvormittags Jazzbrunch, freitagvormittags Kunst für Kinder.

La Piazza (17), 4 Hassan Sabri, tägl. 12–24 Uhr, ✆ 2736 2961. Viel Grün, Springbrunnen und der Blick auf den Gezira-Sportclub vermitteln das Gefühl, man säße auf einer Terrasse und nicht hinter großen, glasklaren Fenstern. Das preislich der oberen Mittelklasse zuzurechnende Lokal gehört zum örtlichen Four-Corners-Gastrokonzern und serviert französische und italienische Küche – testen Sie die Fettucine à la crème mit weißem Hühnerfleisch und Pilzen.

L'Aubergine (9), 5 Sayed el-Bakri, tägl. 12–1 Uhr, ✆ 2738 0080. Lange ein vegetarisches Restaurant, werden hier inzwischen auch Fleischgerichte serviert. Zweimal die Woche wechselt die Karte. In der zugehörigen Bar wird ab und an Livemusik geboten. Minimumcharge 65 LE.

Bodega (12), 157 Sh. 26. July, Bähler Mansions, 1. Stock, tägl. 12–1 Uhr, ✆ 2735 6761. Das Bistro ist im Stil der 1920er-Jahre eingerichtet, die Bar ein Schaustück der Pop-Art. Dezenter Luxus, wohin man schaut – selbst die Waschbecken in den Toilettenräumen sind kunstvoll illuminiert. Probieren Sie die Ente in Orangensoße.

Deals (10), 2 el-Mahad el-Swissri, tägl. 18–2 Uhr, ✆ 2736 0502. Eine Bistrobar mit Popmusik und Videoclips, auf Hochglanz polierten Holztischen und Filmplakaten an den Wänden. Zu essen gibt's üppige Salate, Chili con Carne und andere Tellergerichte, dazu auf Wunsch französischen Wein.

Abu as-Sid, 157 Sh. 26. July, Eingang von der Seitengasse neben Maison Thomas, tägl. ab 11 Uhr, ✆ 2736 9640. Ein „orientalisch" (so wie der Westler ihn sich vorstellt, den Orient) eingerichtetes Restaurant mit gehobener ägyptischer Küche, z. B. Hühnerbrust auf Tscherkessen-Art (mit Walnussoße) oder Kaninchenragout mit Moluchia. Für ein Hauptgericht rechne man bis 100 LE, abends ist Reservierung angeraten.

Maison Thomas, 157 Sh. 26. July, rund um die Uhr geöffnet. Ein Feinkostgeschäft mit echtem Schweizer Käse und Schweinefleisch. Zum Mitnehmen oder zum Verzehr an den Tischen im Lokal gibt es hervorragende Pizza und diverse Sandwiches.

Café Curnonsky (17), 5 Sayed el-Bakri, tägl. ab 11 Uhr. Die coole Kneipe über dem Aubergine ist bei der betuchteren Jugend Typ AUC-Student beliebt. Jazz- und Popmusik, legerer Dresscode, Coktails und Schummerlicht.

Cilantro, 157 Sh. 26. July. Nichtraucher-Café im europäischen Stil mit Sandwiches, ordentlichem Kaffee und exzellentem Apfelkuchen. WLAN. Europäisches Preisniveau.

*E*inkaufen in *Z*amalek
*(→ *K*arte S. 101)*

Diwan (12), 159 Sh. 26. July, verkauft englischsprachige Bücher, Filme und CDs; bei einer Tasse Kaffee kann man in Ruhe schmökern.

Livres de France (7), 17 el-Brazil, verkauft französischsprachige Bücher.

Egypt Crafts/Fair Trade Egypt (8), 27 Yehia Ibrahim, Sa–Do 9–20, Fr 10–18 Uhr, www.fairtradeegypt.org, verkauft Kunsthandwerk und Textilien (Teppiche, Schals, Stickereien u. a.) aus Kooperativen und von Entwicklungsprojekten. Obgleich die Produzenten mehr als den üblichen Marktpreis bekommen, sind hier viele Dinge preiswerter als im Basar und zudem von guter Qualität.

Tête-à-tête in den Gärten von Gezira

Der Bawab – mehr als nur Pförtner

Ein Mann fragt den Bawab: „Wie geht es deinen Söhnen?" „Der Jüngere macht sich prächtig. Er wird auch Bawab. Nur der Ältere macht mir Sorgen. Er studiert." Dieser gängige Witz stellt die Akademikerarbeitslosigkeit den im Volksverständnis schier unerschöpflichen Pfründen des Bawabs gegenüber. Der gehört noch immer zu jedem Wohnhaus, das auf sich hält, sitzt auf einer Bank im Eingang, fragt „verdächtige" Besucher nach dem Woher und Wohin, kennt die Tricks, mit denen der Fahrstuhl wieder in Gang kommt, putzt die Treppe und sammelt am Monatsende die Mieten ein. Ein Patriarch im wallenden Gewand, mit schneeweißem Turban, Sandalen und mit großer Uhr, einer, der alles weiß, jeden kennt und auch schon manche Ehe vermittelt hat.

Sein „Grundgehalt" bezieht der Bawab vom Eigentümer, der es auf die Mieten umlegt. In jenen Vierteln, wo die Mieten niedrig und die Mieter arm sind, kommt auch der Bawab auf keinen grünen Zweig. Dort hat er einen Verschlag unter der Treppe oder eine Hütte auf dem Dach und verdient zu wenig zum Leben und zu viel zum Sterben. Doch in den guten Häusern, in Heliopolis, Garden City oder Zamalek, da ist der Bawab ein kleiner König, der im Monat über 1000 Pfund verdienen und sogar noch Gehilfen beschäftigen kann. Geld bringen die Dienstleistungen für die Mieter wie Auto waschen und Einkäufe erledigen, dazu die „Provisionen" für das Vermitteln von Handwerkeraufträgen oder leer stehenden Wohnungen. Am einträglichsten ist die Kurzzeitvermietung an die Araber aus den Golfstaaten. Die lassen sich kräftig melken und haben spätabends oft noch sehr spezielle Bedürfnisse, deren Befriedigung der Bawab natürlich auch zu vermitteln weiß.

Doch solche Goldgruben sind für Neueinsteiger unerreichbar. Sie werden gewöhnlich vom Vater auf den Sohn oder an Verwandte vererbt. Auch ein Bawab muss sich hochdienen, bevor ihn der Makler, der neben Häusern auch Bawabs vermittelt, für ein „Ausländerhaus" vorschlägt. Gegen Provision, versteht sich. Zusätzlich muss der neue Bawab, der ja auch die Mieten einsammelt, dem Eigentümer eine Kaution von 10.000 bis 20.000 Pfund stellen.

Konkurrenz erwächst den Bawabs durch die uniformierten Angestellten der Security-Branche, die inzwischen zweistellige Zuwachsraten verzeichnet. Diese Firmen bieten vor allem Bürotürmen einen Rundum-Service mit Bewachung, Putzen, Hausmeisterdiensten und Blumenpflege. Die schick kostümierten Guards haben gewöhnlich studiert (können also die Post korrekt in die Briefkästen verteilen) und gelten als modern. Um die kleinen Nebengeschäfte zu verhindern, zu denen die Guards angesichts ihres mageren Salärs nicht weniger neigen als die Bawabs, werden sie alle paar Monate versetzt. Der Guard ist austauschbar – ein guter Bawab aber erkennt mich auch im nächsten Jahr noch wieder.

Tukul Craft Shop (14), All Saints Cathedral, Sh. Scheich el-Marsafi, www.tukulcrafts.org. Dieser Non-Profit-Laden bei der anglikanischen Kirche verkauft mit afrikanischen Motiven bedruckte Stoffe, Kleider und Wandteppiche aus den Ateliers sudanesischer Flüchtlingsfrauen, denen auch der Erlös zugute kommt.

Nomad (16), 14 es-Saray el-Gezira (beim Marriott-Hotel), www.nomadgallery.net, ist auf Beduinenschmuck und -kleidung spezialisiert.

Ausländische Zeitungen (11) finden Sie in der Sh. 26. July/Ecke Hassan Sabri.

☆☆ Khan el-Khalili

Ein Einkaufsparadies wie aus dem orientalischen Bilderbuch und zugleich Kairos größte Touristenfalle – wer keine Geduld zum Feilschen mitbringt, wird hier auf ganz legale Art über den Tisch gezogen.

Der 1382 vom Emir *Jarkas el-Khalili* errichtete Khan lag im Herzen des heute nach ihm benannten Einkaufsviertels. Leo Africanus, der 1417 nach Kairo kam, schreibt: „Da gibt es einen Khan mit dem Namen Khan el-Khalili, den die persischen Händler besuchen. Dieser Khan sieht wie ein hochherrschaftlicher Palast aus; er ist sehr hoch und fest gebaut. Im Erdgeschoss sind die Räume, in denen die Händler ihre Kunden empfangen und Waren en gros verkaufen. Nur wohlhabende Händler haben Verkaufsräume in diesem Khan. Ihre Waren sind Gewürze, Edelsteine und Seide."

Sultan el-Ghuri ließ den Khan 1511 durch einen größeren Bau ersetzen, von dem etwa die beiden Tore zwischen den Cafés Mahfouz und Feshawi stammen. Später kamen weitere Anbauten hinzu, und die streng rechteckigen Ladenblöcke zwischen Feshawi und der Hussein-Moschee wurden sogar erst 1936 errichtet. Zur Zeit Khalilis gab es schon etwa 30 solcher Kaufhäuser in Kairo, später sollten es

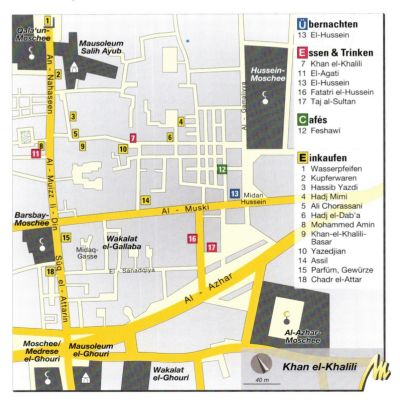

Ü bernachten
13 El-Hussein

E ssen & Trinken
7 Khan el-Khalili
11 El-Agati
13 El-Hussein
16 Fatatri el-Hussein
17 Taj al-Sultan

C afés
12 Feshawi

E inkaufen
1 Wasserpfeifen
2 Kupferwaren
3 Hassib Yazdi
4 Hadj Mimi
5 Ali Chorassani
6 Hadj el-Dab'a
8 Mohammed Amin
9 Khan-el-Khalili-Basar
10 Yazedjian
14 Assil
15 Parfüm, Gewürze
18 Chadr el-Attar

Tee und Schischa im Café Feshawi

über 100 sein. Die Nachbarschaft des Gewürzmarkts, in der Khalili seinen Khan platzierte, war einst die beste Einkaufslage der Stadt und Handelsplatz von Kaufleuten aus aller Herren Länder. Heute sind die ausländischen Händler verschwunden, dafür kommt die fremdländische Kundschaft.

Hussein-Moschee: Die dem schiitischen Märtyrer und seinem Bruder Hassan, beide Enkel des Propheten, geweihte Moschee ist dem orthodox-sunnitischen Gelehrtenzentrum al-Azhar seit jeher ein Stein des Anstoßes. Aber kein Gutachten eines noch so ehrwürdigen Gelehrten konnte bisher den Volksglauben erschüttern, Husseins Kopf sei nach der Schlacht von Kerbela in einem grünen Sack an den Nil gekommen und hier bestattet worden.

Nichtmuslimen ist das Betreten dieser heiligsten Stätte des Islam in Kairo verwehrt. Die Moschee über dem fatimidischen „Allerheiligsten", einem gesonderten Raum mit den Reliquien, wurde weitgehend im 19. und 20. Jh. erbaut. Ein Besuch der unmittelbaren Umgebung von el-Hussein empfiehlt sich allerdings am Vorabend des Tages der Märtyrer und des Geburtstags des Propheten (→ Feiertage, S. 68). Während dieser *Mulids* ist die Moschee von campierenden Pilgern belagert, Sufis wiegen sich im Tanz, und es herrscht Volksfestatmosphäre.

*E*ssen & *T*rinken im *K*han el-*K*halili

Am Platz vor der Hussein-Moschee wirbt eine ganze Reihe von Restaurants manchmal allzu aufdringlich um die touristische Kundschaft. Verlässlicher sind die nachstehend genannten Lokale:

Khan el-Khalili (ex-Naguib Mahfouz) **(7)**, el-Badestan. Das teure und klinisch saubere Fünf-Sterne-Café mit Restaurant wird überwiegend von Touristen bzw. Reisegruppen besucht. Abends liest eine Wahrsagerin aus den Handlinien.

Taj al-Sultan (17), 1 Md. al-Azhar, www.tajalsultan.com. Das gediegene Restaurant mit Café, dekoriert im Stil einer orientalischen Märchenwelt, zielt mit mehr als 300 Sitzplätzen auf drei Etagen vor allem auf Reisegruppen. Indisch-arabische Küche.

Fatatri el-Hussein (6), neben dem Taj al-Sultan. Hadj Abd er-Rahman ist der bekannteste Fitir-Bäcker der Stadt. Ob süß oder „salzig" (mit Käse und Fleisch), die Pfannkuchen (oder doch besser: Pizza?) auf ägyptische Art kommen an, und dem Bäcker zuzuschauen, wie er den Teigfladen durch die Luft wirbelt, ist eine Augenweide. Geöffnet rund um die Uhr, auch Take-away.

El-Agati (11), 2 el-Maqasis, el-Sagha. Einfaches Kufta-und-Kebab-Lokal in der Gasse hinter den Juwelieren.

El-Hussein (13), Hotel mit Restaurant, Md. Hussein. Weniger wegen besonderer kulinarischer Genüsse als vielmehr wegen der Aussicht empfiehlt sich die Cafeteria im obersten Stock des Hussein-Hotels.

● *Cafés* **Feshawi (12)**, Khan el-Khalili (nahe dem Ausgang zum Md. Hussein). In Kairos bekanntestem Kaffeehaus treffen sich Fremde und Einheimische aller Schichten, gelegentlich gar einheimische Frauen. Möbliert ist das Lokal im europäischen Stil der Jahrhundertwende mit viel Holz und ziselierten Metalltischchen.

Bei den Juwelieren

In seinem einfachen, unscheinbaren Laden ohne jedes Firmenschild empfängt Großhändler Chaled Galal die Juweliere der Provinz und kauft gebrauchten Goldschmuck an. Zum Inventar gehören neben dem obligatorischen Tresorschrank aus Großvaters Zeiten auch eine elektronische Waage und ein Computer für Buchhaltung, Abrechnung und Kundenkartei.

Endverbraucher sind neben den Touristen überwiegend Leute vom Land. Goldschmuck ist der Sparstrumpf der Dörfler und im Bedarfsfall mit nur geringem Abschlag jederzeit wieder zu verkaufen. „Gebrauchtes Gold ist garantiert echt. Die Verarbeitung sichert, dass kein Eisen untergemischt ist. Andernfalls hätte es nicht verformt werden können. Die Leute trauen uns, nicht den Banken", meint Chaled.

An der inoffiziellen Edelmetallbörse, dem ökonomischen Herzen des Khan el-Khalili, bestimmt Chaled mit zehn anderen Firmen die Tagespreise und orientiert sich dabei natürlich auch am Fixing in London, Hongkong und New York. Goldschmuck wird nach Gewicht verkauft, dazu kommt ein Aufschlag für die eingearbeiteten Edelsteine. Die Verarbeitung spielt bei neuer Ware nur eine Rolle, wenn sie außergewöhnlich aufwendig ist. Man schätzt, dass jede Woche 100–120 kg 21-Karat-Gold im Khan el-Khalili den Besitzer wechseln. Doch der Absatz geht zurück. „So wie die Lebenshaltungskosten derzeit steigen und die Menschen mehr für Miete, Bus und Essen ausgeben müssen, bleibt ihnen weniger für Rücklagen. Das spüren wir natürlich. Deshalb stellen wir uns auch immer mehr auf den Geschmack der ausländischen Kundschaft ein."

Bevor Sie im Khan el-Khalili Schmuck kaufen, sollten Sie sich die Auslagen der Geschäfte genauer betrachten. Die Juweliere des Basars sind hoch spezialisiert. Wer Gold verkauft, hat kein Silber, wer Tafelsilber hat, führt keinen Beduinenschmuck, für Edelsteine gibt es wieder extra Händler. Angesichts der niedrigen Arbeitslöhne lohnt es sich, Schmuck nach eigenem Geschmack anfertigen zu lassen. Bringen Sie eine Zeichnung oder ein Foto mit, suchen Sie einen Laden mit Waren in ähnlichem Design bzw. aus entsprechendem Material. Steine wird der Gold- oder Silberschmied für Sie von einem anderen Händler holen lassen, und Sie können vom Tablett dann exakt jene Stücke aussuchen, die Sie gefasst haben wollen.

Einkaufen im Khan el-Khalili (→ Karte S. 104)

Zwischen allerlei Kitsch, Ramsch und Plunder „Made in China" gibt es im Labyrinth des Khan el-Khalili auch wunderbare Handwerkskunst zu erstehen. Die Läden im Khan machen vergleichsweise spät auf (manche erst gegen 12 Uhr!) und bleiben dann bis gegen 20 Uhr geöffnet. Ruhetag ist vereinzelt der Freitag, überwiegend der Sonntag.

> Viele Händler bieten den Kunden Tee oder Softdrinks an. Bedenken Sie aber: Es gibt kaum benutzbare Toiletten!

- *Antiquitäten* **Hadj el-Dab'a (6)**, Sikket el-Badestan/Ecke Sikket el-Kabwa. Kein Schaufenster, keine Werbung – hier werden, auf Klopfen, nur ernsthafte Kunden eingelassen, darunter auch mancher deutsche Antiquitätenhändler. Verkauft werden wertvolle Möbel, Porzellan und Glas, die der Inhaber auf Auktionen ersteigert.
Eine große Anwahl an alten und vor allem auf alt gemachten Stücken hat der riesige **Khan el-Khalili-Basar (9)**, im Wakalat Badawiya Schahin, Sikket el-Badestan/Ecke Haret es-Suramatiya.
- *Beduinenschmuck* Bei **Mohammed Amin (8)**, el-Mu'izz/Ecke Zuqaq et-Tawus (Eingang zur Wakalat Gawarhagiya), sowie in einem Laden neben der Touristenpolizei beim **Café Sokkariya** findet man auch Originale.
- *Brokatstickereien* **Assil (14)**, am Anfang der Gasse zwischen el-Muski und Khalili-Restaurant.
- *Edelsteine/Goldschmuck* **Hassib M. Yazdi (3)**, Haret el-Suramatiya, Edelsteine. Goldschmuck bei **Mihran und Garbis Yazedjian (10)** am Bab el-Badestan. Hier wurden die Goldkartuschen kreiert, die Sie in pharaonischer Manier Ihren Namen einarbeiten lassen können.
- *Kupferwaren/Holzarbeiten (Maschrabiya)* Kupferwaren gibt's bei der Qala'un-Moschee im Sûq el-Nahhasin, el-Mu'izz **(2)**.
Holzarbeiten bietet **Hadj Mimi (4)**, Wakalat el-Qutn (bei der Touristenpolizei).
- *Perlen/Korallen* **Ali Chorassani (5)**, Sikket el-Badestan/Ecke Haret el-Suramatiya.
- *Traditionelle Arzneimittel* **Chadr el-Attar (18)**, el-Mui'zz, an der Südostecke des Barsbey-Komplexes.
- *Wasserpfeifen* In der Mu'izz **(1)**, etwa beim Brunnenhaus des Abdel Rahman Katchuda, haben sich die Geschäfte auf Kaffeehaus-Bedarf einschließlich Wasserpfeifen spezialisiert.
- *Parfüm/Gewürze* Die Wohlgerüche des Orients kaufen Sie im Sûq el-Attarin **(15)**, dem Gewürzbasar.

Nördliche Altstadt (el-Gamaliya) (Karte S. 109)

Auf diesem halbtägigen Rundgang durchs Areal zwischen dem Khan el-Khalili und der Stadtmauer lernen Sie eine kleine Auswahl der über hundert registrierten Baudenkmäler kennen. Das Viertel, in dem sich einst auch die Paläste der Fatimidenherrscher befanden, heißt heute Gamaliya.

Unsere Tour beginnt in der Schari' Mu'izz bei den Juwelieren, nach denen die Straße hier auch es-Sagha genannt wird. Von der Muski kommend, sehen Sie kurz vor dem Qala'un-Komplex (s. u.) und zurückgesetzt hinter einem osmanischen Brunnenhaus das **Minarett des Salih Ayub** (1350), des letzten Herrschers aus Saladins Dynastie. Immerhin ist es das einzige erhaltene Minarett der Ajubidenzeit und mag mit den mamelukischen Minaretten auf der anderen Straßenseite verglichen werden. Das *Mausoleum* des Salih liegt am Nordende der Schaufassade gegenüber dem Eingang zur Qala'un, wo Sie den Schließer suchen müssen. Es wurde posthum von Salihs Gattin Schagarat ed-Durr errichtet

Textilmuseum/Brunnenhaus des Mohammed Ali: An der nächsten Ecke wurde die frühere Grundschule des Viertels zu Ägyptens erstem Textilmuseum umgebaut.

Kern des Gebäudes ist ein zur Straße hin halbrundes Brunnenhaus im osmanischen Rokokostil, das Vizekönig Mohammed Ali zum Gedenken an seinen 1822 im Sudan gefallenen Sohn Ismail errichten ließ. Die Ausstellung zeigt Textilien, darunter auch Teppiche, von der pharaonischen Spätzeit bis ins 20. Jh. Prunkstück ist ein scharlachroter, mit Gold und Silberfäden bestickter Bettüberwurf, den der Vizekönig seiner Tochter zur Hochzeit schenkte. Das Museum ist seit 2007 fix und fertig eingerichtet und mit Personal bestückt – aus unerfindlichen Gründen aber noch nicht für das Publikum geöffnet.

Qala'un-Komplex

Das Portal oder die lanzettförmigen Zwillingsfenster mit Ochsenaugen in der 70 m langen Schaufassade des Qala'un (1284/85) könnten auch zu einer gotischen Kirche gehören! Sie belegen den Einfluss der syrisch-palästinensischen Kreuzfahrerarchitektur. Viele Handwerker aus Syrien und Mesopotamien waren damals vor den Kriegswirren des Mongolensturms nach Kairo geflüchtet.

Die Passage am Südende der Fassade führt zum **Hospital**. An der Stelle der modernen Augenklinik stand einst das Krankenhaus der wohltätigen Stiftung Qala'uns. Hier behandelten die Kapazitäten ihrer Zeit jeden umsonst, vertrieben Musikanten und Koranrezitatoren den Kranken die Zeit. Barbarisch mutet dagegen die „Behandlung" in der psychiatrischenAbteilung an: Man hielt die Kranken in Käfigen oder kettete sie an die Hofmauer.

Wie die Fassade folgt auch der Innenraum der **Medrese** syrisch-mesopotamischen Vorbildern. So ist die Bethalle wie eine Basilika in drei Schiffe geteilt. Durch Zugbalken gesicherte Spitzbögen überragen die Arkadenreihen und tragen eine hölzerne Kassettendecke. Die Fensternischen folgen nicht der Ausrichtung der Medrese, sondern sind gen Osten abgeknickt. Um die obligatorische innere Ausrichtung nach Mekka mit dem vorgefundenen Straßenverlauf zu vereinbaren, wird die Mihrab-Wand von Nordost nach Südwest hin immer dicker.

Qala'uns **Mausoleum** ist ein nahezu quadratischer Saal mit acht Stützpfeilern und damit dem Jerusalemer Felsendom oder byzantinisch-armenischen Kirchen verwandt. Auch die Wandgliederung entstammt diesem Kunstkreis, verwendet werden freilich islamische Ornamente. Als Fremdkörper erscheinen die Hufeisenbögen im Oktogon der Dachtrommel, wenig gelungen die Glasfenster (wenn denn die Restaurierung hier dem Original gefolgt ist). Nach diesem Versuch verschwanden farbige Glasfenster für lange Zeit wieder aus dem Repertoire der Kairoer Baumeister. Das Gitter um den Kenotaph ist eine spätere Zugabe des Sultans en-Nasir, der auch das bei einem Erdbeben zerstörte Minarett (1303) ersetzte und neben seinem Vater hier bestattet wurde. Ein Meisterwerk ist die Gebetsnische mit ihren Intarsien aus Marmor, Metall, Mosaiken, Glas und Halbedelsteinen.

En-Nasir-Medrese: Ein kleiner Brunnen trennt die Fassade des Qala'un-Komplexes vom Bauwerk seines Sohnes en-Nasir. Das Portal wurde nach der Eroberung Akkos (1291) und damit der Vertreibung der Kreuzritter von der dortigen Johannes-Kirche demontiert und hierher verbracht. Die Medrese ist das älteste Beispiel eines Baus mit vier „gleichberechtigten" Iwanen in Kairo. Im Mausoleum liegt ein Sohn des Sultans bestattet.

Medrese und Mausoleum des Sultans Barquq (1386) schließen sich unmittelbar an die Bauten en-Nasirs an. Ein Vergleich mit den vorher besichtigten Medresen/ Mausoleen verdeutlicht stärkeren Formalismus und homogeneren Stil als in der

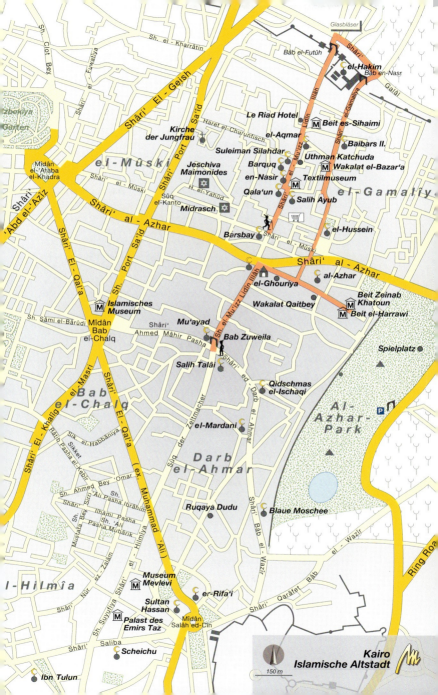

späteren Mamelukenzeit. Auf Barquq folgen die osmanische **Moschee des Suleiman Silahdar** (1839) und auf der anderen Straßenseite das Haus des Emirs Beschtak. Nach den alten Fatimidenpalästen wird die Mu'izz in diesem Abschnitt noch immer Bain el-Qasrain, „zwei Paläste", genannt.

> **Märkte im alten Kairo**
>
> Ein Basar oder Suk *(sûq)*, wie er in Kairo heißt, ist nichts anderes als ein Platz, wo irgendetwas verpackt und verkauft, vielleicht auch produziert wird. Er kann ein gemischter Suk sein mit allen möglichen Gütern oder ein spezialisierter mit nur einer Warengruppe, wie der Sûq el-Attarin (Parfüm) oder der Sûq el-Kutub (Bücher). Schließlich kann der Suk auch nach der geografischen Herkunft seiner Produkte benannt sein, wie der Sûq es-Sudani.
>
> Natürlich gibt es im Sûq el-Kutub längst keine Bücher mehr. Nur der Name hat sich aus alter Zeit gehalten. Einst hatte in der islamischen Stadt jedes Gewerbe sein eigenes Quartier, doch dieses Muster löst sich auf. Die angesehensten Handwerker, eben Buchbinder, Goldschmiede, Parfümhändler usw., arbeiteten nahe der Moschee. Für Güter des täglichen Bedarfs, allen voran Lebensmittel, hat jedes Quartier seinen eigenen Suk. Der ägyptische Geschichtsschreiber Maqrizi zählt im 15. Jh. allein für die Hauptstraße der Fatimidenstadt 30 Suks mit zusammen 12.000 Läden.
>
> Khan oder Wakala hießen die Karawansereien der Großhändler. Hier stiegen die auswärtigen Kaufleute ab, lagerten, kauften und verkauften im Erdgeschoss ihre Waren und wohnten darüber wie in einer Herberge. Zu jedem Khan gehörten auch Sanitäranlagen, Brunnen, Teehaus und ein Stallbereich.

Qasr Beschtak: Der mit einer Tochter Sultan en-Nasirs verheiratete Beschtak kaufte damals den gesamten Straßenblock samt elf Moscheen und vier Armenhäusern und platzierte an ihre Stelle 1341 seinen Prunkbau. Fünf Etagen soll er gehabt haben, jede mit fließend Wasser. Der große Empfangssaal erinnert an ein Kirchenschiff. Vom Dach und aus den Fenstern können Sie unbeobachtet das Treiben auf der Straße fotografieren. Vormittags sind die Lichtverhältnisse am günstigsten.

Nach dem Beschtak-Palast gabelt sich die Hauptstraße am fotogenen Brunnenhaus *(sebil kuttab)* des **Abdel Rahman Katchuda** (1744). Über den freigiebigen Mäzen berichten die Chronisten, dass er nicht weniger als 30 Bethäuser und alte Profanbauten renovieren ließ. Am Brunnenhaus imponieren besonders die Blumenmotive der Wandfliesen.

☆ **El-Aqmar-Moschee**: El-Aqmar, „das Mondlicht", wurde 1125 unter einem Fatimidenwesir erbaut und ist das einzige Bauwerk seiner Epoche, das nahezu unverändert erhalten blieb. Seine Fassade greift, z. B. in den Säulen der Fensternischen, schon vorher beliebte Zierelemente auf, bringt aber auch neue Motive: Der horizontal gerippte Bogen über dem Eingang, die Stalaktiten, die Muscheln der Fensternischen – vieles, was Kairos Bauten der späteren Jahrhunderte charakterisiert, nimmt hier seinen Ausgang. Die größte Neuerung der El-Aqmar-Fassade war freilich, dass sämtliche Zierelemente aus Stein gefertigt wurden. Zuvor hatte man mit Stuck oder Ziegeln gearbeitet.

☆☆ **Beit es-Sihaimi**: Der Palast des Al-Azhar-Scheichs Sihaimi in der Darb el-Asfar gilt als das schönste unter den zugänglichen Wohnhäusern des alten Kairo.

Gönnen Sie sich in der grünen Oase des Innenhofs eine kleine Pause, bevor Sie sich durch die im 16. und 17. Jh. gebaute Anlage führen lassen. Auf den Bänken am Ende des Hofes dürfte der Hausherr in den Morgenstunden seinen Geschäften nachgegangen sein und Besucher empfangen haben. Abends verkehrte man in der Loggia über dem Eingang, die den kühlen Nordwind fing. Im Winter bevorzugte man die wärmeren Räume im ersten Stock des Nordostflügels. Hier ziert die Mitte des seines Mobiliars entblößten Empfangsraumes noch ein schöner Brunnen. Beachten Sie auch die Windfänge auf dem Dach. Den Westflügel nehmen die Haremsgemächer ein. An der Nordseite des Hauses gibt es eine zweite Grünzone, den Wirtschaftsgarten, der den Frauen vorbehalten war.
Tägl. 9–17 Uhr. Eintritt 30/15 LE.

Maschrabiya – die hohe Schule der Holzarbeit

Hölzerne Gitter aus feinen Stäbchen und Kugeln schützten einst die Fenster der vornehmen Häuser Kairos vor direkter Sonne und unerwünschtem Einblick, gewährten aber gleichzeitig diffuse Helligkeit und den Blick nach außen. In Moscheen oder Kirchen grenzen sie die Sakralbereiche ab, gelegentlich begegnen sie uns auch in Möbeln und Koranpulten. Lange sah es so aus, als sei diese Kunst vergessen. Doch inzwischen erlebt die Maschrabiya eine Renaissance. Aus Eiche oder Birkenholz werden die Rundstäbchen und Kugeln maschinell gedrechselt und ohne Leim verzapft. Mit je nach Design 50 bis 100 € für den Quadratmeter ist auch die Maschinenware noch teuer genug.

El-Hakim-Moschee: El-Hakim, ein im Alter recht sonderlich gewordener Fatimidenkalif, gilt den Drusen als verborgener Imam, der eines Tages wiedererscheinen wird. Seine 1013 errichtete Hofmoschee diente lange als Karawanserei, später Napoleons Soldaten als Lager, dann baute man eine Schule im Hof. Außer dem Grundriss ist kaum noch etwas vom ursprünglichen Bau erhalten, der zunächst außerhalb der Stadtmauer lag. Als man diese 1087 nach Norden versetzte, wurde die Nordfassade der El-Hakim in die Mauer einbezogen. Das Portal (mit einer Renovierungsinschrift Baybars' II.) und die Eingangsfront sind aus Stein, der restliche Bau aus Ziegeln. Auch die Gestalt der Minarette wurde unter Baybars II. geschaffen, indem man die alten Minarette ummantelte und die Zwischenräume von oben mit Schutt ausfüllte.

Die letzte **Glasbläserei** der Altstadt finden Sie am Ende der Haret el-Birkedar, der Gasse nördlich des Bab el-Futuh. Hier kann man den Handwerkern bei der Arbeit zuschauen und Glaswaren erheblich günstiger kaufen als im Khan el-Khalili.

Stadtmauer: 1074 hatte der Kalif den armenischen Feldherren Badr el-Gamali samt seiner Truppe angeworben, um etwas Ordnung in das von Unruhen erschütterte Fatimidenreich zu bringen. Zu Badrs Haufen gehörten viele Flüchtlinge, die vor den Seldschuken aus Südostanatolien geflohen waren, darunter Ingenieure und Architekten aus Edessa, dem heutigen Urfa. Ihnen übertrug der Armenier den Neubau der Stadtbefestigung, gedacht als Schutz gegen die Seldschuken, die freilich nie bis Ägypten kamen.

Ruhe und Frieden in der Moschee des Kalifen el-Hakim

So erinnert das Stadttor **Bab el-Futuh** in der Tradition byzantinischer Militärarchitekur mehr an die römischen Tore in Alt-Kairo (Babylon) als an einen islamischen Bau. Auch das sparsame Dekor folgt antiken Mustern. Das Mauerwerk ist aus großen, behauenen Quadern präzise gefügt. Die vorstehenden Türme erlaubten es, gegen die Mauer anrennende Belagerer von der Seite zu beschießen. Im *Durchgang* sind allerlei pharaonische Spolien und Steine zu entdecken – für den Bau der Befestigung wurden die Ruinen von Memphis recycelt. Derzeit kann man nur außen an der Mauer entlang zum **Bab en-Nasr** (Siegestor) kommen, doch nach Abschluss der Restaurierungsarbeiten sollen Wehrgang und Kasematten wieder geöffnet werden. Nördlich des Bab en-Nasr erstreckt sich ein nach dem Tor benannter **Friedhof** mit ungewöhnlichen Holzpavillons, in denen sich die Angehörigen an Gedenktagen trafen. Vom Bab en-Nasr biegen Sie für den Rückweg zum Khan el-Khalili in die Schari' el-Gamaliya ein.

Komplex Baibars II.: Emir Baibars hatte den Thron gerade für ein Jahr (1309/10) von en-Nasir usurpiert, bevor dieser wieder die Oberhand gewann. En-Nasir folterte seinen Widersacher grausam zu Tode, und nur massiver Einspruch der Geistlichkeit konnte ihn hindern, auch Baibars' Bauten zu demolieren. Schließlich begnügte er sich damit, den Namen des Usurpators auszulöschen. So klafft eine Lücke in der Fassadeninschrift des Baibars-Komplexes aus Medrese, Mausoleum und Sufi-Kloster.

☆ **Wakalat el-Bazar'a:** So wie diese Karawanserei in der Tumbakschiya-Gasse mag einst der Khan el-Khalili ausgesehen haben. Ursprünglich als Herberge und Markt für die Kaufleute aus Damaskus gebaut, diente Bazar'a später als Lederbasar und schließlich als Wohnhaus. Inzwischen restauriert, steht der Khan nun völlig leer. Im ersten Stock erschließt ein zum Hof hin offener Umgang die 19 Apartments der Herberge mit jeweils 70–120 m² Grundfläche. Die einzelnen Räume jedes Apartments sind übereinander angeordnet und durch Innentreppen verbunden. Nach der Empfangshalle folgt der 12 m hohe Wohnraum mit Fenster zur Straße oder zum Hof. Zum Küchenbereich führt eine Treppe aus der Empfangshalle, über die auch die Dachterrasse zugänglich ist, an die sich wiederum ein Winter-Wohnraum anschließt. Von ganz oben, wobei der Wächter für die Kraxeltour aufs Dach natürlich ein Sonderbakschisch erwartet, hat man einen guten Blick über die Altstadt. Denkt man sich moderne Sanitäranlagen hinzu, würde die Herberge auch gehobenen Wohnbedürfnissen genügen und wäre in unseren Breiten längst zu luxuriösen Eigentumswohnungen umgewandelt worden.

Tägl. 9–17 Uhr. Eintritt 20/10 LE.

Die Gassen der Altstadt

Die Kairoer Altstadt mit ihren Sackgassen und verwinkelten Wegen, in denen der Tourist mit Orientierungssinn alleine nicht weiterkommt, sondern wirkliche Ortskenntnis erforderlich ist, dieses Gewirr war von den fatimidischen Stadtgründern so nicht gedacht. Ihr Stadtkarree hatte neben der Hauptstraße noch zwei Nord-Süd- und wenigstens fünf Ost-West-Achsen, welche die Stadt geradlinig querten.

Doch Fußgänger und Esel brauchten keine breiten Straßen; schon Pferde waren ausschließlich den Mameluken vorbehalten. Wohnen, Arbeiten und Einkaufen lagen nahe beieinander, die Masse hatte keine langen Wege. Die engen Gassen mit ihren übergebauten Balkonen waren dem Klima besser angepasst als breite Schneisen. Und in einer Sackgasse waren die Anwohner alleine für ihre Gasse verantwortlich. Hatte kein Nachbar etwas dagegen, konnte man durchaus vor sein Haus eine Bank, eine Hütte oder schließlich einen Anbau stellen. Und war eine Fläche der öffentlichen Nutzung für eine Weile entzogen, hatte sich der Anbau qua Gewohnheitsrecht legalisiert.

Auch Durchgangsstraßen hatten die Tendenz, beständig schmäler zu werden. Zu jedem Haus gehören Luftrecht (Balkone!) und in gewissem Sinn die vorgelagerte Straße. So ist es üblich, dass Geschäftsleute vor ihrem Laden die Gasse mit Wasser besprengen, reinigen und Abfallkübel aufstellen. Da stellte der Händler früher auch mal ein Podest *(mastaba)* auf, um Waren auszulegen, zu beten oder einfach nur herumzusitzen. Und aus diesen Podesten konnte mehr werden, solange kein Nachbar Einspruch erhob oder der öffentliche Verkehr nicht „grundlos" beeinträchtigt wurde.

Freilich wurden diese Anbauten entlang der Hauptstraßen periodisch auf Geheiß des Sultans wieder abgerissen. Diese Kampagnen samt Wehklagen und Geschrei der Betroffenen wiederholen sich bis heute periodisch. Aber ebenso, gleich einem wuchernden Pilz, wachsen die Gassenverengungen wieder nach, wobei in den Wohngassen der Altstadt jetzt oft Hütten wohnungsloser Zuzügler hinzukommen.

Südliche Altstadt

Bab Zuweila, Darb el-Ahmar (Karte S. 109)

Ein Rundgang durch die Altstadt südlich der Al-Azhar-Straße führt durch von organisierten Reisegruppen kaum besuchte Viertel mit volkstümlicher Atmosphäre und günstigen Einkaufsmöglichkeiten. Eilige Reisende beschränken sich auf den Besuch der Moschee des Sultans Hassan.

☆ ☆ **Al-Azhar-Moschee**: Die einstige Freitagsmoschee der Fatimiden gilt als das geistige und geistliche Zentrum der islamischen Welt. Viele Herrscher stifteten der fatimidischen Hofmoschee (973) später An- und Umbauten, sodass „die Blühende" heute mit Gebäuden verschiedenster Stilrichtungen eine Fläche von bald einem Hektar einnimmt. Durch den Haupteingang auf der Westseite, das *Tor der Barbiere*, kommt man unter dem Minarett des Sultans Qaitbey hindurch in die *Hofmoschee*. Typisch für die fatimidischen Bauten jener Zeit sind die Bögen über dem

Säulenumgang, die an die Giebel eines Satteldachs erinnern und weder in Persien noch Mesopotamien ihresgleichen finden. Auf beiden Seiten des Hofs, hinter dem Holzwerk des Säulengangs, lagen einst die Quartiere der auswärtigen Studenten. Gegenüber dem Haupteingang findet man die originale Gebetsnische *(mihrab)*. Mit ihren Marmorintarsien knüpft sie an die byzantinische Tradition an. Entlang der zum Mihrab führenden Zentralachse sind die Säulen in breiterem Abstand gesetzt, und das Dach ist etwas angehoben, was an das Hauptschiff einer Basilika erinnert. Im 18. Jh. wurde die Bethalle um drei Säulenreihen erweitert und an der Ostwand eine neue Gebetsnische geschaffen.

Hofmoschee tägl. 7.30–18 Uhr mit Ausnahme der Gebetszeiten. Zugänglich ist nur die Hofmoschee, Frauen brauchen hier ein Kopftuch. Für den Aufstieg aufs Minarett oder Dach wird ein Bakschisch erwartet.

Auf der Südostseite der al-Azhar ist die Fassade von **Wakalat und „Brunnenschule" des Qaitbey** (1477) typisch für den Geschmack der späten Mamelukenzeit. Zur Gasse hin bieten wie einst Geschäfte ihre Waren feil, die Quartiere der Kaufleute im Innenhof sind heute völlig verbaute Wohnungen armer Leute. Geht man die Azhar-Gasse *(Atfet al-Azhari)* weiter, gelangt man auf einen kleinen Platz mit schattigen Sitzgelegenheiten. An dessen Südseite ist das restaurierte **Beit el-Harrawi** (1731) gelegentlich Schauplatz von Kulturspektakeln. Das Haus überrascht mit einem in dieser Gegend seltenen Garten. Auf der rechten Seite des Platzes lädt ein Laden mit sehenswertem Kunsthandwerk zum Stöbern ein, auf der Nordseite kann das nach seinem letzten Bewohner benannte Haus Zeinab Khatoun besichtigt werden.

Beit Zeinab Khatoun: Das in den 1980er Jahren restaurierte Haus reicht bis ins Mittelalter zurück, präsentiert sich mit Um- und Anbauten heute aber etwa so, wie es vor 300 Jahren aussah. Die schlichte Steinfassade mit wenigen Fensteröffnungen und einem einzigen Maschrabiya-Erker wirkt eher abweisend. Der Eingangskorridor führt ums Eck und versperrt so neugierigen Passanten den Blick in den zentralen Innenhof. Im *Salamlik*, dem größten Raum im Erdgeschoss, empfing der Hausherr seine Gäste. Architektonisches Glanzlicht ist die mit Holzschnitzereien und steinernen Einlegearbeiten geschmückte Festhalle *(qa'a)* im Obergeschoss.
Tägl. 9–16 Uhr. Eintritt 15/10 LE.

Kühle Schattenspiele schaffen die Fenster des Beit Zeinab Khatoun

Südliche Altstadt 115

☆ **El-Ghouriya**: Die *Karawanserei* des vorletzten Mamelukensultans Qansuh el-Ghouri (1500–1516) ist heute ein Kulturzentrum mit Künstlerateliers, einer Handarbeitsschule und einer Bibliothek. Im Innenhof präsentiert das Tannoura-Ensemble seine Derwischtänze. *Medrese/Moschee* (rechts) und *Mausoleum* (links) el-Ghouris flankieren den neuerdings wieder nach altem Vorbild in luftiger Höhe überdachten Eingang zum südlichen Teil der Schari' Mu'izz. Die Medrese, deren Innenhof eine exzellente Holzlaterne überdacht, ist das letzte Beispiel einer Vier-Iwan-Anlage nach dem Muster der Sultan-Hassan-Moschee. El-Ghouris Leichnam – er starb in einer Schlacht gegen die Osmanen – wurde nie gefunden, und so liegt im Mausoleum sein Nachfolger Tumanbey bestattet. Die Kuppel mit ihrer zu großen Spannweite stürzte schon bald ein.
Eintritt in Moschee und Mausoleum gegen Bakschisch

Mu'ayad-Moschee: Sie wurde 1422 von Sultan Mu'ayad just an jener Stelle gebaut, wo er, noch Emir, von einem seiner Konkurrenten gefangen gehalten worden war. Gepeinigt von Ungeziefer und Fliegen schwor Mu'ayad, den Ort in eine heilige Stätte zu verwandeln, würde er nur Sultan. 40.000 Dinare war ihm die Erfüllung des Gelübdes dann wert. Die Hofmoschee ist reich dekoriert, ja überladen, und der Innenhof präsentiert sich als grüne Oase mit schattenspendenden Bäumen. Das Bronzetor stammt von der Sultan-Hassan-Moschee. Links vom Eingang kommt man ins Mausoleum, wo Mu'ayad und sein ältester Sohn bestattet sind. Die beiden Minarette (Aufstieg gegen Bakschisch) wurden im 18. Jh. direkt auf dem Bab Zuweila errichtet – mit Gottes Hilfe trägt das Tor die Last der Türme.

> **Die Azhariten und der Staat**
>
> Al-Azhar ist mehr als eine Moschee. 988 als zweite Universität der Welt gegründet, bekam al-Azhar bald das Monopol für die Ausbildung der Religionsgelehrten. Seit dem Ende des Osmanischen Reichs ist die Ulema, die Gelehrtengemeinde, und an ihrer Spitze der Großscheich, sozusagen der Uni-Rektor, formal die höchste Autorität des Islam.
>
> Noch im 18. Jh. bildeten die Absolventen von al-Azhar mit ihrer Ausbildung in Philosophie, Theologie und anderen Geisteswissenschaften die Elite des Landes. Nach Mohammed Ali waren andere Qualitäten gefragt: Techniker, Ingenieure, Naturwissenschaftler, aber nicht mehr Leute, die „nur" den Koran auswendig kannten. Die Azhariten, bisher vorwiegend Lehrer und Richter, wurden mit der Verweltlichung (was auch sagen will: Verwestlichung) von Schulen und Gerichtshöfen arbeitslos.
>
> 1961 begann an al-Azhar schließlich die in unserem Sinn moderne wissenschaftliche Ausbildung, und die Lehrstätte wurde in das staatliche Bildungssystem eingepasst – man kann dort seither, wie schon an den islamischen Universitäten des Mittelalters, auch Ingenieurwissenschaften oder Medizin studieren.
>
> Ungeachtet ihres Prestiges und der hervorragenden Qualifikation ihrer Lehrer ist die theologische Fakultät jedoch von jeher eine fügsame Agentur der weltlichen Obrigkeit und legitimiert deren Politik bei Bedarf mit entsprechenden Rechtsgutachten. Nach der Revolution von 1952 wurden al-Azhar die Kontrolle und die Einnahmen aus den religiösen Stiftungen *(auqaf)* entzogen und einem Ministerium zugeordnet, wodurch die Hochschule auch in finanzielle Abhängigkeit von staatlichen Zuwendungen geriet.

116 Kairo

☆ **Bab Zuweila**: Das Stadttor war Teil der Befestigungsanlagen um die Fatimidenstadt. Wie die im Norden erhalten gebliebenen Tore wurde es um 1090 von armenischen und mesopotamischen Baumeistern gebaut. Hier sammelte sich die alljährliche Pilgerkarawane nach Mekka, später war das Tor auch Pranger und Hinrichtungsstätte. Betrügerische Kaufleute wurden gehängt, gewöhnliche Kriminelle geköpft, erwürgt oder gepfählt, zu ehrgeizige Emire ans Tor genagelt – die Marterinstrumente hängen noch im Durchgang. Heute werden nur noch fromme Wünsche ans Tor geschlagen. Sie richten sich an den Heiligen Qutb el-Mitwalli, der im 19. Jh. neben dem Tor wohnte und bei Kopf- und Zahnschmerzen hilfreich sein soll. Das Tor wurde jüngst saniert und seine Fundamente trockengelegt. Eine kleine Ausstellung zeigt die dabei ans Licht gekommenen Bodenfunde, etwa Tassen und Wasserpfeifen aus einem Kaffeehaus von anno dazumal. Auch die Dachterrasse mit ihrem Blick über die Gassen ist wieder zugänglich, ja sogar auf die Minarette kann man klettern.

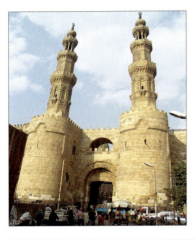

Tägl. 8–17 Uhr. Eintritt 15/10 LE. Der Eingang zur Ausstellung und zur Terrasse ist auf der Westseite des Tors.

Der Suk der Zeltmacher

Südlich des Bab Zuweila passiert die Mu'izz den überdachten Sûq el-Chayamiya, Kairos farbenprächtigsten Basar. Sicher ist Ihnen irgendwo auf den Straßen Kairos schon unvermittelt ein buntes Zelt begegnet. Es signalisiert: Hier wird gefeiert, ob nun Tod, Hochzeit oder eine Mulid. In jedem Quartier gibt es Zeltverleiher, die den Wetterschutz in gewünschter Größe mit akrobatischem Geschick aufstellen und auch wieder demontieren. Die Muster der heute weitgehend bedruckten Zeltbahnen wurden früher als Patchwork aufgenäht. Heute produzieren die Zeltmacher nur noch Wandbehänge, Kissen und Zierdecken. Das Handwerkszeug ist einfach: verschiedene Scheren, Garne, Kreide, Zeltstoff und Stoffreste. Man unterscheidet im Design die Grundrichtungen islamisch, pharaonisch, kalligrafisch und *baladi* (volkstümlich). Das islamische Design bedient sich der traditionellen geometrischen Muster, wie wir sie auch in Stein, Holz und Einlegearbeiten finden. Gern werden die Muster mit inversen Farben wiederholt. Der pharaonische Stil benutzt alte Tempelreliefs und Symbole. Er wird eher für Wandbehänge als für Zelte gewünscht. Baladi-Designs folgen keiner Tradition, sondern sind Eigenschöpfungen der Künstler: Dorfszenen, stilisierte Kamele, Pyramiden, die Kaaba und viele Motive mehr. Sind Muster und Farben ausgewählt, beginnt die eigentliche Arbeit. Manche Zeltmacher zeichnen ihre Entwürfe mit Kreide vor, andere arbeiten frei Hand.

⭐⭐ Sultan-Hassan-Moschee

Hassan, Enkel des Qala'un, kam zwölfjährig auf den Thron, wurde mit 16 abgesetzt, kam drei Jahre später wieder an die Macht, um 1361 – noch war sein Bau nicht fertig – als 26-Jähriger ermordet zu werden. Seine Medrese (1356–62) – sie mag wegen der Lichtverhältnisse am besten morgens besichtigt werden – ist neben der Ibn-Tulun-Moschee der großartigste Bau des islamischen Kairo. Die immensen Baukosten konnte Hassan nur aufbringen, da die Todesfälle der Pestwelle von 1348 die Staatskasse mit nachgelassenen Barschaften und Grundstücken üppig gefüllt hatten. Was der Ibn-Tulun-Moschee die Wirkung der Fläche, ist hier die Vertikale. Die Kuppel schwebt 50 m über Grund, das große Minarett – sein Zwilling stürzte und wurde nur verkleinert wiederaufgebaut – ragt 80 m auf.

Die **Medrese** ist in persischer Tradition kreuzförmig um einen Hof angelegt und hat drei identische Iwane, während der vierte in Gebetsrichtung etwas größer ist. Die ursprünglich strahlend weißen Wände des Hofs haben das für Kairo so typische Graubraun angenommen; einige sagen, man habe der extremen Höhe wegen die Moschee überhaupt nie frisch geweißelt. Jeder Iwan gehörte einer der vier islamischen Rechtsschulen, die hinter den Ecken des Hofs jeweils zusätzliche Räume hatten. Baumaterial sind Großquader, nur die Halbkuppeln der Iwane sind, wiederum nach persischem Vorbild, mit Ziegeln ausgeführt. Die Originaltore des Hofs sind verschollen, die Flügel des Haupteingangs zieren jetzt die Mu'ayad-Moschee am Bab Zuweila.

Dem Hauptiwan schließt sich das **Mausoleum** Hassans an. Hier ist die Dekoration besonders gut erhalten. Die alte Kuppel soll eiförmig gewesen sein; jetzt ist das Dach eine osmanische Halbkugel. Aus dem Fenster neben dem Mihrab hat man einen guten Blick auf das Zitadellen-Tor Bab el-Azab.

Tägl. 8–22 Uhr, Fr 11.30–13.30 Uhr Gebetspause. Eintritt 25/15 LE.

„Wunder der Baukunst": Die Moscheen Sultan Hassan (li) und er-Rifa'i

Er-Rifa'i-Moschee: Die Moschee gleich gegenüber der Sultan Hassan wäre in vielen anderen Städten ein Glanzlicht. In Kairo freilich mit der Konkurrenz seiner vielen mittelalterlichen Monumente wird die Rifa'i von Führern und Kunstkritikern nicht sonderlich hoch geschätzt. Die Moschee wurde 1869 von der Mutter des Khediven Ismail in Auftrag gegeben, doch erst 1912 vollendet. Sie birgt die Gräber des Sufi-Scheichs er-Rifa'i, der schon vorher an dieser Stelle begraben war, des Abdallah el-Ansari (ein Gefährte des Propheten), der Könige Fuad und Faruk sowie des letzten iranischen Schahs, Mohammed Reza Pahlawi, der nach seiner Vertreibung in Ägypten Exil fand. In den Katakomben der Moschee schließlich (Zugang durch eine Tür in der Gebetswand) ruhen Ismail, seine Familie und Sultan Hussein Kamil (1914–17). Der Innenraum wurde nach Entwürfen von Max Herz mit 19 verschiedenfarbigen Marmorarten und einer vergoldeten Decke gestaltet. Herz war um die vorletzte Jahrhundertwende Leiter der islamischen Abteilung der Antikenverwaltung und nahm sich die alten Moscheen Kairos zum Vorbild für die Rifa'i.
Tägl. 8–22 Uhr, Fr 11.30–13.30 Uhr Gebetspause. Eintritt 25/15 LE.

*E*inkaufen in der südlichen *A*ltstadt

Al Khatoun, 3 Sh. Moh. Abdou, beim Beit Zeinab Khatoun, tägl. 11–23 Uhr, www.alkhatoun.net. Vier Künstler und Designer haben sich zusammengetan und in einer früheren Färberei einen Laden mit anspruchsvollem Kunsthandwerk aufgemacht. Man kann ungestört stöbern, das Personal hält sich zurück.
Fes: Südlich der Ghouriya sind auf der rechten Straßenseite die beiden letzten Fesmacher Kairos am Werk. Auf altertümlichen Pressen formen sie Filz zu den folkloristischen Kopfbedeckungen, die heute gern von Hoteldienern, Kellnern und manchmal gar von Touristen getragen werden.
Heilkräuter: Ein Duft von Thymian und Myrrhe umweht den Laden von Abdel Rahman Moh. Harraz am Bab el-Chalq gegenüber dem Islamischen Museum. Harraz bietet mehr als nur Küchenkräuter und Gewürze. Das Geschäft ist eine Volksapotheke, im Mittelpunkt stehen der Verkauf von Arzneipflanzen und die einschlägige Beratung.
Stoffapplikationen: siehe auch S. 116 Für ein Kissen rechne man 25–50 LE, für Bettüberwürfe ab 300 LE.

☆☆ Zitadelle (el-Qal'a)

An die 700 Jahre residierten Ägyptens Potentaten auf der Zitadelle. Die mächtige Festung beherbergt Moscheen, Paläste und drei Museen.

Der kurdische Offizier Salah ed-Din war 1168 als Führer einer Söldnertruppe nach Ägypten gekommen. Drei Jahre später machte er sich mit einem Staatsstreich zum Sultan und befestigte den Felssporn über der Stadt gegen den erwarteten Angriff der Kreuzritter. Die nördliche Hälfte ließ er zu einem Militärlager ausbauen, in dem bis zu 12.000 Soldaten stationiert waren. Erst 1984 wurde diese Zone von der Armee geräumt – zuletzt diente sie als Prominentengefängnis. Im Südteil befanden sich ab 1218 die königliche Residenz, der Palast des Wesirs und die große Moschee. Vom 13. Jh. bis zum Umzug Ismails in den Abdin-Palast (1874) residierten die Herrscher auf der Zitadelle. Die meisten Bauten stammen aus der osmanischen Zeit. Die Zitadelle ist ein Vorzeigeobjekt der Altertümerverwaltung mit üppiger Begrünung, Cafés und relativ sauberen öffentlichen Toiletten.
Tägl. 8–17, Sommer bis 18 Uhr, Museen nur bis 16.30 Uhr (Fr 12–14 Uhr Gebetspause). Eintritt 50/25 LE. Zugang zur Zitadelle hatte man zuletzt nur durch das Bab el-Gebel auf der Südostseite, zu erreichen per **Taxi** über die Sh. Salah Salem.

Zitadelle 119

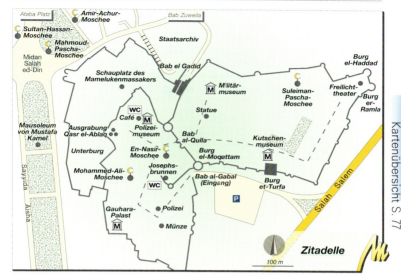

✫✫ **Mohammed-Ali-Moschee**: Hier stand der mamelukische Regierungspalast. 1824 flog er bei einer sicher nicht zufälligen Explosion seiner Pulvermagazine in die Luft. Mohammed Ali ließ seine Moschee von einem griechischen Baumeister nach dem Vorbild der Blauen Moschee in Istanbul gestalten. In ihrer Monumentalität sollte sie des Vizekönigs Macht auch gegenüber dem osmanischen Sultan demonstrieren. Nach der Wandverkleidung wird sie auch Alabastermoschee genannt. Den Vorhof ziert ein *Brunnenhaus* im osmanischen Barock. Der *Uhrturm* war ein Gegengeschenk Louis Philippes für den Obelisken, der in Paris auf der Place de la Concorde steht. Er fügt sich überraschend gut in den neoklassizistischen Umgang des Hofs, ist aber purer Zierrat. Seit der Montage hat die Uhr noch keine Sekunde funktioniert.

Die Dachlandschaft der Moschee besteht aus vier Eckkuppeln, in deren Mitte vier Halbkuppeln zur riesigen Zentralkuppel hinaufführen. Die zeigte schon frühzeitig Risse und musste um 1935 schließlich durch eine Neukonstruktion ersetzt werden. Die eklektizistische Dekoration des Innenraums steht im Kontrast zur schlichten Würde des Baukörpers. Mohammed Alis Grab finden Sie in einer Ecke hinter einem Bronzegitter. Von der Terrasse auf der Südwestseite der Moschee bietet sich ein schöner Blick über die Stadt.

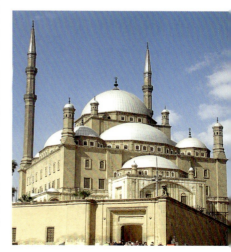

☆ **Gawhara-Palast**: Hinter Mohammed Alis Moschee hat man seinen 1974 abgebrannten Palast teilweise wiederaufgebaut und mit Möbeln, Gemälden und Kunsthandwerk aus anderen Residenzen ausgestattet. Im Audienzsaal begegnet uns der Hausherr in Gestalt einer Puppe. Mit einem Dolmetscher zur Seite – als Türke konnte Mohammed Ali kein Arabisch – hört er sich die Klagen eines Bauern an. Am Standort des Palasts, so weiß die Überlieferung, hat Franz von Assisi einst dem Aijubiden-Sultan el-Kamil gepredigt.

> „Die meisten Altertumsgegenstände in der Zitadelle werden dem Saladin (Yousef Sala Eddin) zugeschrieben, der hier Yousef heißt [...] Der Brunnen [...] ist dadurch merkwürdig, daß er eine breite, rund um den Schacht in den Felsen gehauene Wendeltreppe hat; diese geht nur bis zur Hälfte hinunter, wo zwei Ochsen verwendet werden, das Wasser mit einem Rade und Eimern von unten heraufzuziehen, von wo es in eine Zisterne gegossen wird, um von da aus mit einem zweiten Rade nach oben vollends gefördert zu werden. Man vermutet jedoch, daß dieser Brunnen ein Werk aus dem Altertum ist, und daß er von Saladin nur gereinigt wurde, als er die Mauern der Stadt wieder baute und die Zitadelle befestigte."
>
> *Robert Curzon, 1847*

En-Nasir-Moschee: Sie wurde 1318 als Hauptmoschee der Burg gebaut, äußerlich ein strenges und düsteres Rechteck, dessen Fassade nur oben durch einen Umlauf kleiner, spitzbogiger Fenster sowie das Eingangsportal aufgelockert wird. Antike Säulen bilden die Arkaden um den Innenhof. Über den mit Zugbalken gesicherten Spitzbögen aus abwechselnd hellen und dunklen Hausteinen erhebt sich ein zweites Geschoss mit Rundbögen, ähnlich dem Tragwerk der Omajadenmoschee in Damaskus. Der Marmorschmuck der Innenwände wurde von Sultan Selim dem Grausamen nach Istanbul überführt. Nur an der Gebetswand hat man jüngst den Originalzustand rekonstruiert. An den Spitzen der Minarette haben sich noch Reste von Fayencen im persischen Stil gehalten.

Josephsbrunnen: In einer Tiefe von 97 m wird der Brunnen über Wasseradern vom Nil versorgt. Die Stufen des Abgangs waren früher mit Erde bedeckt und bildeten eine schiefe Ebene, auf der die Zugtiere das untere Schöpfrad betreiben konnten. Wahrscheinlich war der Brunnen nur für den Belagerungsfall gedacht, während die Zitadelle ihr Wasser in friedlichen Zeiten über zwei Aquädukte erhielt, die an den Fuß des Hügels führten, von wo man das kostbare Nass mit mehreren Schöpfrädern nach oben hievte.

Polizei- und Feuerwehrmuseum: Das Sahat el-'Alam, Mohammed Alis Artillerieschule und zuletzt Gefängnis, wurde passend zum Polizeimuseum umgestaltet und gibt, mittlerweile ziemlich heruntergekommen, einen Überblick über 5000 Jahre Ordnungsmacht in Ägypten.

Eingangs begrüßen uns mit meist strengem Blick die Porträts der seit 1878 amtierenden Innenminister. Die Reihe der Verbrechen beginnt mit einer Verschwörung zur Ermordung von Ramses III. Dann ein Zeitsprung in den Zweiten Weltkrieg zum Anschlag auf einen britischen Kolonialbeamten, ausgeführt mitten in Zamalek durch eine zionistische Terrorzelle. Das Attentat gegen Anwar el-Sadat suchen wir dagegen vergebens. Stattdessen folgen ein böser Bube aus Assiut, nämlich der Gangster el-Chott, und die Raubmörderinnen Raya und Sakina, die in den 1920er-Jahren zwei Dutzend Frauen killten, um an deren Schmuck zu kommen. Dazu Totenmasken von Hingerichteten, Druckerpressen für Falschgeld, Hehlerware und Schmuggelgut. Den Fortschritt im Strafvollzug wollen uns Zellen mit lebensgroßen Puppen verdeutlichen, die Gefangene verschiedener Zeiten darstellen. Statt Ketten hat der neuzeitliche Sträfling ein Buch in der Hand. In einer separaten Halle schließt sich das Feuerwehrmuseum an.

> ### Ägyptens „neue" Verbrechen
>
> Mord aus Rache, Eifersucht oder wegen verletzter Ehre ist am Nil so alt wie Ägypten selbst. Doch heute machen einst nahezu unbekannte Verbrechen wie Raub, Kidnapping oder Vergewaltigung Schlagzeilen in den Kairoer Tageszeitungen. Kriminologen und Soziologen führen den drastischen Anstieg dieser neuen Gewaltverbrechen auf den Zusammenbruch des überlieferten Normensystems, die soziale Entwurzelung im großstädtischen Leben und die wachsende Schere zwischen Reich und Arm zurück. „Wirtschaftliche Probleme sind immer von sozialen Problemen begleitet", meint Dr. Sayid Awadis. „Wenn der ökonomische und soziale Druck zu groß wird, entsteht Fanatismus – sei er nun in politischer, religiöser oder sozialer Gestalt. Und Verbrechen ist im Kern nichts anderes als sozialer Fanatismus."
>
> Zaki Abdel Aziz, Richter am Kassationshof für Strafsachen, sieht die wirtschaftliche Notlage der Armen als Hauptursache für die Zunahme der Gewaltkriminalität. Zwar habe es in Ägypten schon immer Armut gegeben, doch „nie hatten wir ein System, das einigen Leuten in so kurzer Zeit erlaubte, so ungeheure Vermögen mit illegalen, wenigstens fragwürdigen Methoden anzuhäufen." Da fühlten sich die Armen übervorteilt. „Nach allgemeiner Auffassung unternehmen die Behörden zu wenig gegen solcherart Bereicherung auf Kosten der Gemeinschaft. Da nehmen es die Leute selbst in die Hand, sich auch ihren Anteil vom Kuchen zu holen."
>
> Psychiater Abou el-Azayem sieht darüber hinaus noch eine weitere Ursache der zunehmenden Kriminalität, nämlich den wachsenden Drogenmissbrauch ägyptischer Jugendlicher. „Obwohl das Problem bei uns noch nicht so groß ist wie in anderen Ländern, im Drogengeschäft geht es doch um riesige Beträge. Und überall, wo Big Money ist, gibt es natürlicherweise Verbrechen. Da kämpfen Schmugglerbanden um ihre Märkte, werden Polizisten und Beamte korrupt, und schließlich ganz unten die Konsumenten mit ihrer Beschaffungskriminalität."

Von der Terrasse vor dem Polizeimuseum hat man einen schönen Blick über die Stadt. Am Südende wurden die Fundamente des **Qasr el-Ablaq** freigelegt, des Palasts von Sultan en-Nasir. Gehen Sie jetzt zurück zur Moschee en-Nasirs und durch das **Bab el-Qulla** in den nordöstlichen, gesondert umfriedeten Teil der Zitadelle. Der Kern der Ostmauer – sie ist teilweise begehbar – datiert aus der Zeit Salah ed-Dins und wurde später nach Art eines Sandwichs beiderseits verstärkt. An der Nordostspitze der Festung, hinter dem Freilichttheater, können Sie die Bastionen und Mauern begehen.

Militärmuseum: Ein Reiterstandbild des Vizekönigs Ibrahim Pascha, 1872 von Charles Cordier gegossen und ursprünglich auf dem Midan el-Opera platziert, weist den Weg zum Eingang des Militärmuseums. Das riesige Gebäude wurde unter Mohammed Ali als Haremspalast gebaut und später von den Briten als Militärkrankenhaus genutzt. Besonders die Eingangshalle im Mittelflügel gibt noch einen

Eindruck vom opulenten Lebensstil der Monarchen. Die Ausstellung zeigt u. a. auf riesigen Gemälden und mit Diashows allerlei Schlachten von der Pharaonenzeit bis zu den Kriegen mit Israel. Kinder haben ihre Freude an den Modellen mittelalterlicher Belagerungsmaschinen.

Kutschenmuseum: Mohammed Ali war der Erste, der in Kairo mit einer Kutsche umherfuhr. Das ausgediente Fahrzeug eines Kardinals soll es gewesen sein. Bald schafften sich auch die anderen Mitglieder der vizeköniglichen Familie solche Fahrzeuge an und bekamen Minister dieses Privileg, und um 1850 durfte dann jeder Kalesche fahren, der es sich leisten konnte. „Die Zahl der Kutschen ist ins Alarmierende gewachsen, wo doch die Stadt für eine Durchfahrt von Geräten solcher Breite nicht gebaut ist", beklagte ein Zeitgenosse. „Sie fahren höchst ungebührlich und nehmen auf Passanten keine Rücksicht."

Suleiman-Pascha-Moschee: Dieser Suleiman, nicht zu verwechseln mit dem gleichnamigen General Mohamed Alis, war ein osmanischer Heerführer und kommandierte die in der Zitadelle stationierten Janitscharen-Truppen. Seine Moschee (1528) und das schlanke Minarett sind ganz im Stil der türkischen Klassik gebaut und Fremdkörper unter den ägyptischen Sakralbauten.

Saiyida Zeinab & Ibn Tulun (Karte S. 128/129)

Die beiden Viertel erstrecken sich südlich des modernen Zentrums zwischen dem Nil und der Zitadelle. Die Ibn-Tulun-Moschee und das nahe Gayer-Anderson-Museum sind die wichtigsten Sehenswürdigkeiten in diesem Gebiet.

✩✩✩ **Ibn-Tulun-Moschee**: Ibn Tulun war im mesopotamischen Samarra aufgewachsen, der Hauptstadt der Abbasiden. Zum Gouverneur von Ägypten aufgestiegen, verweigerte er 870 dem Abbasidenkalifen den Tribut und machte sich selbstständig. Doch 35 Jahre später gewannen die Abbasiden wieder die Oberhoheit über Kairo zurück, sodass die Dynastie der Tuluniden längst vergessen wäre, hätte Ibn Tulun nicht seine herrliche Moschee hinterlassen.

Die 876–879 n. Chr. erbaute Hofmoschee ist das älteste muslimische Gebetshaus der Stadt, das den Wechsel der Zeiten nahezu unverändert überstanden hat. Ibn Tulun orientierte sich am Vorbild der beiden heute zerstörten Großen Moscheen von Samarra. So benutzte er Ziegel als Baumaterial, während die koptischen Baumeister wie ihre pharaonischen Vorfahren die Sakralbauten weitgehend aus Steinen errichteten. Charakteristisch für den Samarra-Stil ist auch das spiralförmige *Minarett* (Aufstieg gegen Bakschisch, hier auch Zugang zum Dach der Säulenhallen).

Die Moschee ist auf drei Seiten von einem *Außenhof (ziyada)* umgeben, der sie vom Straßenlärm abschirmt. Die je 162 m langen Außenmauern formen ein Quadrat, dessen Ecken nach den vier Himmelsrichtungen angeordnet sind. Insgesamt 16 Tore führen in den von Pfeilerarkaden umgebenen Innenhof. An den Ecken der Stützpfeiler stehen „falsche Säulen", die nämlich Teil des Ziegelwerks der Pfeiler sind. Ihre Form ist aus den Ziegeln herausgeschlagen. Die Rosetten und anderen *Stuckverzierungen* sind nicht die sonst üblichen vorgefertigten Abdrücke von Gipsschablonen, sondern wurden in den noch feuchten Putz eingeschnitten. Die Motive sind der Kunst von Samarra und koptischen Holzschnitten entlehnt. Zusammen mit den mächtigen Zinnen auf den beiden Mauergevierten mildern sie wohltuend die klare Strenge der Anlage.

Über den Bau der Ibn-Tulun-Moschee

Der Verfasser der Biografie des Ibn Tulun sagt: „Ahmed ben Tulun betete am Freitag in der Moschee, die neben der Wache lag; als dieselbe ihm aber zu eng wurde, erbaute er die neue Moschee mit dem Schatz, den Gott ihn auf dem Berge hatte finden lassen, an dem Orte, der unter dem Namen des Pharaos bekannt ist. Als er die Moschee erbauen ließ, bestimmte der Baumeister, daß dabei dreihundert Säulen verwendet werden sollten. Andere sagten zu ihm: ‚Du wirst diese Säulen nicht finden können, wenn du nicht in die Kirchen sowohl in den bewohnten wie in den verödet daliegenden Gegenden hineingehst und sie von dort wegnimmst.' Er aber verabscheute solches und ergrimmte in seinem Gemüt bei diesem Gedanken. Der Christ, der mit der Ausführung des Baus beauftragt war, kam, als der Emir noch gegen ihn erzürnt war. Er schlug ihn und ließ ihn ins Gefängnis werfen, wie der Bericht erzählt. Jener schrieb ihm: ‚Ich will dir die Moschee bauen, wie du es willst, ohne Säulen außer denen der Kibla.'

Der Emir ließ den Christen kommen. Sein Haar war in der Zeit lang gewachsen und hing über sein Gesicht herab. Ahmed ben Tulun fragte ihn: ‚Was sagst du über den Bau der Moschee?' Jener antwortete ihm: ‚Ich will dir den Plan aufzeichnen, damit du ihn mit eignen Augen sehen kannst, ohne Säulen, außer den Säulen der Kibla.' Der Emir befahl, ihm ein Stück Pergament zu geben, und der Christ zeichnete den Plan. Ahmed ben Tulun bewunderte denselben und fand ihn schön. Er setzte den Baumeister in Freiheit und schenkte ihm ein Ehrengewand. Für die Kosten des Baus gab er ihm 100.000 Denare und sagte zu ihm: ‚Verbrauche so viel, wie notwendig ist, wir werden es dir geben.'"

Ahmad Maqrizi, um 1410

Zweihundert Jahre bevor die europäische Gotik diese Form aufgriff, sind die Arkaden- und Fensterbögen der Ibn Tulun leicht spitz und ausladend; der Hufeisenbogen deutet sich an. Um die gesamte Moschee zieht sich unterhalb der Decke ein *Sykomoren-Holzfries* mit kufischer Schrift, der auf seinen 2 km Länge etwa ein Fünfzehntel des gesamten Korans wiedergibt. Verschalte Palmstämme tragen das rekonstruierte Dach von Umlauf und Betsaal. Mit seinem dunklen Ton verschärft es den Kontrast der Schattenzone zur gleißenden Helle des Innenhofs. Der nicht für Waschungen bestimmte, sondern als reines Zierelement gedachte *Brunnen* im Zentrum des Hofs stammt von der Restaurierung unter Sultan Lagin (1296) und ersetzte einen niedergebrannten Vorgänger. Links der Mittelachse des fünfschiffigen *Gebetssaals* findet sich an der zweiten Pfeilerreihe ein fatimidischer *Mihrab* (1094), rechts eine Kopie desselben von 1296. Auch die Gebetsnische an der Südostwand und die Kanzel wurden bei der Restaurierung von 1296 geschaffen.

Die Moschee liegt zwischen Md. Saiyida Zeinab und Md. Salah ed-Din und ist am besten mit dem Taxi zu erreichen.

☆☆ **Gayer-Anderson-Museum**: Das Museum an der Ostecke der Ibn-Tulun-Moschee besteht aus zwei miteinander verbundenen Wohnhäusern, nämlich dem Beit el-Kiritliya („Haus der Kreter") von 1631 und dem Haus der Amna Bint Salim el-Gazzar („Amna, Tochter des Metzgers Salim") von 1540. 1935 erwarb der englische Major John Gayer-Anderson den Komplex. Der enthusiastische Sammler islamischer Antiquitäten richtete das Doppelhaus mehr oder weniger so ein, wie es sich heute präsentiert, und vermachte es testamentarisch der Altertümerverwaltung. Verglichen mit anderen Patrizierhäusern, etwa dem Beit es-Sihaimi (S. 110), ist die Architektur des Gayer-Anderson-Museums nicht sonderlich bemerkenswert. Durch seine mit viel Sachkenntnis und Geschmack ausgewählte Einrichtung gibt es uns Laien aber einen lebendigen Eindruck vom Lebensstil der Oberschicht in osmanischer Zeit. Räume und Möbel sind gut beschriftet. Der Rundgang beginnt im Nordflügel, der nach dem Zusammenschluss der Häuser den Frauen vorbehalten war. Im Südflügel beeindruckt vor allem der große Empfangssaal mit Galerie, Springbrunnen und seinem üppigen Dekor. Der *Damaszene-Raum* wurde aus einem Haus in Damaskus komplett übernommen. Im Hof zwischen beiden Häusern findet sich eine dem Volksglauben nach heilsame Quelle.

Tägl. 8.30–16 Uhr, Fr 12–14 Uhr geschl. Eintritt 30/15 LE. Midan Ibn Tulun.

☆ **Mevlevi–Museum**: Der frühere Konvent des Sufiordens der tanzenden Derwische ist ein ganz ungewöhnliches und einmaliges Denkmal. Die Anhänger des Mevlana Dschalal ad-Din Rumi übernahmen 1607 den wohl ziemlich heruntergekommenen, 1315 gebauten Komplex aus Mausoleum und Medrese des Emirs Sunqur as-Sa'adi in der Schari' Suyufiya. Statt des in der Verbannung gestorbenen Sunqur ruhte im *Mausoleum* dessen Zeitgenosse Hassan Sadaqa. Die Kuppel krönt kein Halbmond, sondern ein Derwischturban. Über der Medrese errichteten die Mevlevi ihren Tanzraum, den *Semahane* (arab. *samakhana*). Dieses Rundtheater mit Empore und kleinem Balkon, auf dem die Kapelle spielte, war bis in die 1940er-Jahre in Betrieb. Italienische Experten um Professor Giuseppe Farfoni arbeiteten über zehn Jahre an der Restaurierung der mit Malereien geschmückten Holzkonstruktion. Dabei wurden im Untergeschoss die Fundamente der *Medrese* und eines alten Brunnens freigelegt. Die *Tekke*, der frühere Wohntrakt der Derwische, wird heute manchmal für Kunstausstellungen genutzt. Wären die lästigen Fliegen nicht, könnte man sich im *Garten* zum Picknick niederlassen. Ebenfalls auf dem

Gelände zuhause ist das Italian-Egyptian Centre for Restoration and Archaeology (CIERA) – derzeit arbeitet man an der Sicherung des an den Garten grenzenden Nachbarhauses, des *Palastes der Emire Qusun-Yashbak-Aqbardi*.
Tägl. 9–16 Uhr, Eintritt mit Führung gegen Trinkgeld. Sh. el-Hilmiya.

Essen & Trinken in Saiyida Zeinab
(→ *Karte S. 128/129*)

Abu Schaqra (2), 69 Qasr el-Aini, www.aboushakra.com. Typisches Fleischlokal mit Kebab und Kufta, dazu einer reichen Auswahl an Vorspeisen und Desserts. Hauptgericht 20–50 LE.

Er-Rifai *(Kebab et-Taherah)* **(3)**, 5 Haret Monge, Md. Saiyida Zeinab, offen ab 19 Uhr bis zum frühen Morgen. Gegen Mitternacht, wenn Theater, Empfänge und Gala-Diners zu Ende sind, schaut mancher Showstar, Künstler oder wer sonst noch Rang und Namen hat bzw. gern hätte, bei er-Rifai vorbei. Serviert wird die übliche Grillfleischtriade mit Kebab, Kufta und Lammkotelett.

Abu Rami (1), Md. Zein el-Abdin, Saiyida Zeinab, offen ab 20 Uhr bis zum frühen Morgen. Der Besuch dieses bizarren Freiluftlokals beim früheren Schlachthof setzt eine gehörige Portion Abenteuerlust voraus. Abu Ramis Gäste stammen aus allen Schichten und aus der ganzen Stadt; eine Gemeinde der Fleischesser, die sich hier nachts zu ihrem kulinarischen Zeremoniell trifft und pro Kopf und Mahlzeit ein halbes Kilo Kufta, Kebab, Kotelett, Würstchen oder Innereien zu verschlingen pflegt – kein Reis, kein Gemüse, kein Geflügel, nicht einmal Rind, nur Schaf und Ziege kommen auf den Tisch. Gemetzgert wird gleich hinter der Küche.

● *Einkaufen in Ibn Tulun* **Khan Misr Toulun**, an der Ibn-Tulun-Moschee, hat eine Auswahl qualitativ hochwertigen Kunsthandwerks – eine gute Adresse für Souvenirsammler und -schenker.

*Kairos Kloster
der tanzenden Derwische*

Koptisches Viertel (Alt-Kairo)

Das bis in die Pharaonenzeit zurückreichende Viertel hat noch immer einen hohen christlichen Bevölkerungsanteil. Es bietet auf engem Raum eine Reihe koptisch-christlicher Denkmäler und schließlich Ägyptens älteste Synagoge.

☆☆ **Koptisches Museum**: Es birgt die weltweit umfangreichste Sammlung koptischer Kunst. Die Werke sind streng nach ihrem Material sortiert (ein Raum zeigt Holzarbeiten, der andere Textilien, der dritte Stein usw.), was ihnen den ursprünglichen Kontext nimmt und den Vergleich, etwa der Porträtkunst in verschiedenen Medien, erschwert. Das Museum wurde 1910 als Privatsammlung im sogenannten Alten Flügel begründet, einem der schönsten Häuser Alt-Kairos. 1947, jetzt in staatlicher Hand, fügte man den Neuen Flügel an. Nach der Jahrtausendwende wurde das baufällig gewordene Museum saniert, umgestaltet und erweitert. Den Eingang flankieren zwei römische Festungstürme, im Garten gibt es eine Cafeteria. Die beiden um 100 n. Chr. gebauten *Rundtürme* am Museumseingang sind ungewöhnliche Zeugnisse römisch-byzantinischer Militärarchitektur. Zwischen ihnen mündete ein in verschiedenen Quellen der frühen Kaiserzeit erwähnter Kanal, der durch die Stadt ins Hinterland führte. Später wurde der Kanal aufgefüllt, und die Türme sicherten die Schiffsbrücke über den Nil. Der Nordturm kann durch eine Treppe von der Georgskirche (siehe unten) aus besichtigt werden.

Information Tägl. 9–17 Uhr, Einlass bis 16 Uhr. Eintritt 50/25 LE. www.copticcairo.com.

Durch den Eingangsbereich des Museums, der zugleich der Verbindungskorridor zwischen den beiden Flügeln ist, führt der Rundgang zunächst ins

● *Erdgeschoss des Neuen Flügels* In **Raum 2** machen drei Meisterstücke exemplarisch mit der koptischen Kunst bekannt: Links befindet sich der farbenfrohe Wandteppich eines dunkelhäutigen Pfeifers neben einem Zierband mit Kriegern und Tänzern – ein Lieblingsstück des früheren Museumsdirektors Gawdat Gabra. Dann ein Fries aus Kalkstein, vielleicht einst im Saqqara-Kloster als Türsturz in Gebrauch, mit feinen, als Halbrelief gearbeiteten Kreisen von Akanthusblättern, die zwei Menschen sowie Löwe und Antilope einrahmen. Auf der anderen Seite eines der seltenen koptischen Wandbilder, wie sie auf die verputzten Lehmziegelwände der Kirchen und Klöster aufgebracht wurden; hier sieht man zwei Mönche und zwei Kirchenväter.

In den Räumen des Erdgeschosses sind Architekturfragmente und Grabstelen in chronologischer Folge ausgestellt. **Raum 3** beginnt mit vorchristlichen Stücken aus Ihnasya, dem antiken Herakleopolis magna (bei Beni Suef) aus dem 3./4. Jh. Im zeittypischen griechisch-ägyptischen Mischstil zeigen sie Szenen aus der griechischen Mythologie.

In **Raum 4** steht dagegen das pharaonische Erbe im Mittelpunkt. Hier begegnen uns frühe, als *ankh* („Lebensschlüssel") bezeichnete Kreuze (siehe Kasten „Koptische Kunst" unten).

Die nächsten Galerien stellen uns die frühchristliche Kunst aus den Klöstern vor. **Raum 5/6** zeigt Funde aus dem Jeremiaskloster bei Saqqara, etwa Altarnischen mit herrlichen Wandmalereien. Die Kapitele der Klosterkirche werden zusammen mit der Kanzel im angrenzenden Innenhof präsentiert.

Die **Räume 7–9** zeigen Schätze aus dem Apollokloster von Bawit (Dairut): ungewöhnliche, teils rechteckige Wandpanele mit streng geometrischen Motiven in polychromen Temperafarben; eine reich bemalte Altarnische mit Christus über Maria und den Aposteln; zuletzt wiederum vor allem Baufragmente, etwa ein trapezförmiges Kapitell mit Flechtmuster.

● *Obergeschoss des Neuen Flügels* **Raum 10** bietet einen Querschnitt durch die koptische Kunst, doch scheinen die Exponate etwas zufällig zusammengestellt. Bruchstücke eines Kalksteinfries' mit Szenen der Weinlese erinnern ebenso an griechische Vorbilder wie das Relief des Zentauren mit jungem Reiter (Nr. 7822 zeigt das gleiche Motiv als Textilarbeit). Ein Münzschatz aus dem Weißen Kloster (Sohag) ringt

Koptisches Viertel 127

Koptische Kunst

Die frühchristliche Kunst Ägyptens schöpft gleichermaßen aus dem altägyptischen und dem griechisch-byzantinischem Kulturkreis, ohne deswegen mit der spätantiken Kunst Alexandrias oder den spätheidnischen Werken des Niltals verwechselt werden zu dürfen, wo noch im 4. Jh. Tempel ganz im pharaonischen Stil dekoriert wurden. Mit der Islamisierung Ägyptens kam die christliche Kunst ab dem Jahr 900 zum Stillstand.

Koptische Kunst ist in erster Linie Volkskunst und Kunsthandwerk, erstellt von Laien für den alltäglichen Gebrauch: Verzierung eines Tontopfes, Ornament eines Kleides, auch Heiligenbilder eines Klosters. Ein herausragendes Feld koptischer Kunst sind Textilarbeiten, überwiegend Leinen, selten Seide. Einige Webarbeiten sind so fein, dass man sie auf den ersten Blick für Stickereien halten mag. Obwohl aspektivisch, d. h. aus verschiedenen Perspektiven, stark stilisiert und abstrakt, wirken die Figuren äußerst lebendig, und das Arrangement ist manchmal fast eine kleine Erzählung. Gleiches gilt für die Buchminiaturen.

Wandmalereien haben sich überwiegend in den Klöstern erhalten, sind weniger eigenständig und eher provinzielle Kopien byzantinischer Vorbilder. Freier ist man in der Gestaltung von Ikonen, die ab dem 5. Jh. aufkommen, um die Verehrung heidnischer Reliquien abzulösen. Unter den benutzten Symbolen ist die Nähe des christlichen Kreuzes zum pharaonischen *ankh*, dem Lebensschlüssel, kein Zufall. Ebenso wird der Heilige Geist gern als Vogel dargestellt, entsprechend der Seele *ba*, die aus der Brust des Verstorbenen davonschwebt. Auch die Verwandtschaft der den Kindgott Horus säugenden Isis mit Maria und Jesus sei erwähnt.

Kairo Kartenübersicht S. 77

mit einem in Alt-Kairo gefundenen Bronzeadler aus der Römerzeit um unsere Aufmerksamkeit; Textilfragmente, Messgewänder, ein Lesepult mit Intarsien und alte Manuskripte wollen bestaunt werden.

In **Raum 11** geht es auf Stein, Holz und Stoff um biblische Themen. Ungewöhnlich sind das Wandbild von Adam und Eva im Paradies vor (links) und nach (rechts) dem Sündenfall; sowie der Kamm (Nr. 5655) mit Szenen von der Auferstehung Lazarus und der Heilung des Blinden.

Raum 12 zeigt Messgewänder und Altartücher aus dem 18./19. Jh., die **Räume 13/14** Fragemente von spätantiken Webarbeiten. Sie wurden größtenteils in Mumien gefunden, die man mit „alten Lumpen" ausgestopft hatte.

Raum 15 gehört den Kodizes aus Nag Hammadi, einer Sammlung in Leder gebundener Papyri mit frühchristlichen Texten – mit ihrer damals im 4. Jh. neuartigen Buchform waren diese Schriften deutlich leserfreundlicher und bequemer in der Handhabung als sonst üblichen Papyrusrollen.

In **Raum 16** geht es um Schriftkunst und Buchmalerei. Wir sehen Schreibgeräte und eine breite Palette von Materialien, etwa bekritzelte Tonscherben, Papyrus, Pergament und zuletzt auch Papier.

Raum 17 zeigt ein koptisch geschriebenes Psalterium (4./5. Jh.)

Im **Übergang zum Alten Flügel** sind Funde aus Kellia ausgestellt, einem Gebiet am Westrand des Nildeltas, in dem vom 4. bis 7. Jh. christliche Einsiedler mit Gott und dem Teufel rangen. Beachtenswert vor allem die Wandmalereien.

● *Alter Flügel* Der ältere Teil des Museums integriert die Kunst ins Gebäude. Bei seinem Bau wurden wertvolle Holzdecken, Türen und Kacheln aus anderen, zum Abriss bestimmten Häusern geborgen und hier neu montiert.

Thema von **Raum 18** ist das Leben am Nil, den ein Kalksteinfragment (Nr. 7021) aus Ihnasya als bärtigen Mann personifiziert. Wir sehen Friese mit Fischen, Krokodilen und Wasserpflanzen, irgendwo versteckt sich gar ein Nilpferd.

Raum 19, man beachte die schöne, mit mediterranen Motiven geschmückte Kuppel, ist dem Alltagsleben der römischen und byzantinischen Zeit gewidmet. *Vitrine D* verwahrt holzgeschnitztes Kinderspielzeug, etwa ein Pferd mit Reiter, das auf Rädern fortbewegt werden konnte; in *Vitrine B* findet man Kastanietten.

Raum 20–22 zeigt die Entwicklung der Ikonenmalerei vom einfachen Rundbild der Gottesmutter bis zum aufwendigen Triptychon. Prominente Themen sind etwa die Flucht der Heiligen Familie oder Porträts und Szenen mit Heiligen. Paulus von Theben und Antonius der Große etwa begegnen uns in der geradezu klassischen Ansicht mit Löwen und dem Raben, der dem Paulus täglich das Brot brachte (Nr. 3418). Ungewöhnlich ist eine Darstellung der Lokalheiligen Ahrakas und Oghani mit Hundeköpfen (Nr. 3375).

Raum 23 versammelt Metallarbeiten, darunter riesige Schlüssel aus dem Weißen Kloster oder posierliche Öllampen in Tiergestalt. **Raum 24/25** präsentiert Objekte aus Keramik und Glas. Im **Treppenhaus 26** steht eine geschlossene Sänfte aus Holz, reich verziert mit Elfenbein und Perlmut, in der sich fromme und vor allem reiche Christinnen auf die Pilgerfahrt nach Jerusalem begaben.

Der Rundgang führt nun hinunter in den **Hof** des Alten Flügels. In einer Halle, die einmal das **Torhaus** des römischen Forts war, sind noch Schätze aus den Kirchen Alt-Kairos ausgestellt: ein früher, fast wie ein Tempelchen anmutender Altar aus der Sergiuskirche, die Ikonostase und eine alte Tür aus Sitt Barbara, ein prächtiges Evangelium aus der Kirche el-Mu'allaqa.

> **Lesetipp**: Gawdat Gabra und Marianne Eaton-Krauss, *The Illustrated Guide to the Coptic Museum and Churches of Old Cairo*, zuletzt 2007 bei AUC-Press.

☆☆ **Kirche el-Mu'allaqa**: Wie man vom Garten des Koptischen Museums gut erkennen kann, steht die „Schwebende" auf zwei Bastionen der römischen Festung. Diesem Platz verdankt die etwa um 680 gegründete, doch im Lauf der Jahrhunderte vielfach umgebaute und erneuerte Kirche ihren merkwürdigen Namen. Wie alle historischen Gebäude Alt-Kairos leidet auch el-Mu'allaqa unter dem stetigen Anstieg des Grundwasserspiegels. Zusätzlich ließ die Altertümerverwaltung in den 1980er-Jahren auf der Suche nach den Gräbern der frühen koptischen Patriarchen die Bastionen unter der Kirche freilegen. Seither neigten sich die Fundamente. Das Erdbeben von 1992 brachte die Kirche vollends aus dem Lot und machte eine neuerliche Restaurierung erforderlich.

Die über eine Treppe, Passage, Atriumshof und schließlich die Vorhalle (Narthex) erschlossene Basilika gliedert sich in drei Schiffe, die mit einem hölzernen Tragwerk überdacht sind. Die korinthischen Kapitelle der Säulen wurden aus einem spätantiken Bau hierher verschleppt. Nur noch an einer Marmorsäule, in der Südreihe die fünfte von Osten, sind Spuren der Bemalung zu erkennen: eine Heilige, vielleicht eine Königin oder Prinzessin.

Die Kanzel ruht auf Säulenpaaren, die die sieben Sakramente symbolisieren. In Zedernholz eingelegte Kreuzornamente aus Elfenbein zieren die *Ikonostase*. Der Hauptaltar ist der Jungfrau Maria geweiht, der nördliche Seitenaltar St. Georg (dargestellt auf den Ikonen im oberen Teil der Ikonostase), der südliche schließlich Johannes dem Täufer (sieben Ikonen mit Szenen aus seinem Leben). Alle Ikonen (um 1770) sind das Werk eines armenischen Künstlers.

Als ein Meisterwerk koptischer Handwerkskunst präsentiert sich jene aus Holz und Perlmutt gearbeitete Schranke, die auf der Südseite des Hauptschiffs die Kapelle des äthiopischen Nationalheiligen *Takla Haymanot* abtrennt. Auf der Ostwand ein altes Fresko mit den 24 Ältesten der Apokalypse, an der Südwestecke Maria mit dem Kind. Neben dem Baptisterium führt eine Treppe zu einer weiteren Kapelle hinauf, einer Kammer mit vier Holzsäulen, die möglicherweise schon im 3. Jh. gebaut wurde.

Aus dem Fenster des Baptisteriums blickt man auf die *römischen Bastionen* mit dem Stadttor. Nach den Ergebnissen der Ausgrabungen war der Stadtgraben vom Nil bis zur Bastion schiffbar, und es befand sich hier, 6 m unter dem heutigen Straßenniveau, Babylons Hafen.

Die Kirche dient noch als Gotteshaus und kann außerhalb der Messen gegen eine Spende besichtigt werden. Zutritt hat man von der Hauptstraße gleich südlich des Koptischen Museums.

Koptischer Gottesdienst

Freitags (8–11 Uhr) oder an einem Sonntagmorgen (7–10 Uhr) wird in den Kirchen Alt-Kairos die Messe zelebriert. Die heiligen Handlungen vollziehen sich weitgehend im Sanktuar hinter der Ikonostase und sind damit den Blicken der Gläubigen entzogen. Frauen sitzen rechts, Männer links, und im hinteren Teil des Kirchenraums ist ein lebhaftes Kommen und Gehen: Man trifft Bekannte und geht mit ihnen für einen Schwatz vor die Tür, womit der Gottesdienst auch den Charakter eines schlichten Gemeindetreffens bekommt.

Wie in den anderen Ostkirchen sind die Gemeindepriester verheiratet, hingegen erfordern die oberen Kirchenränge zölibatäres Leben, womit garantiert ist, dass sich etwa die Bischöfe in aller Regel aus den Klostermönchen und nicht aus den Gemeindepriestern rekrutieren. Kleriker sind an ihrem schwarzen Umhang, dem umgehängten Kreuz und der charakteristischen Kopfbedeckung auch im Straßenbild leicht zu erkennen.

Zwar verbietet die offizielle Dogmatik gleich dem Islam explizit Heiligenverehrung, doch erlebt man in den Kirchen, dass die gemeinen Gläubigen von diesem Verbot nichts halten. Unter Muslimen wie Christen ist es üblich, den Heiligen kleine Briefchen mit Wünschen um Fürbitte in speziellen Angelegenheiten zu schreiben. Auch die Existenz von Wundern wird allgemein akzeptiert, selbst wenn die Amtskirche sie leugnet: So soll zuletzt 1973 die Jungfrau Maria leibhaftig in Qasr esch-Scham' gesehen worden sein.

Georgskirche (Mari Girgis): Die Rundkirche der griechisch-orthodoxen Gemeinde steht auf dem Nordturm der römischen Festung. Sie ersetzt einen bis in die vorarabische Zeit zurückgehenden Bau, der 1904 durch unachtsames Hantieren mit einer Opferkerze auf dem hölzernen Heiligenschrein abbrannte. Die Kopten sagen freilich, Georg selbst habe die Kirche angezündet, da sie von den Besuchern fortgesetzt entweiht worden sei. Die Reliquie selbst (links neben dem Eingang) und die Ikonen überstanden den Brand unversehrt. An der Südwand führt eine Treppe hinab zu den neun in den alten Turm gebauten Kapellen. Unter jenen der 40 Märtyrer entdeckte man den vom mittelalterlichen Geografen Maqrizi erwähnten *Nilometer* der Kirche. Beachtenswert ist auch eine kleine Sammlung alter Ikonen und liturgischer Geräte. Im Nebengebäude residiert der griechisch-orthodoxe Patriarch von Kairo. Von der Rückseite der Kirche haben Sie einen guten Blick über Qasr esch-Scham'.

Georgskloster (Deir el-Banat): Man betritt man das Innere des Festungsviertels von der Straße her durch ein in tief unter heutiges Straßenniveau gesunkenes Tor. Seit der Sanierung, die das einstige Armenquartier zu einer Touristenattraktion herausputzte, wohnen nur noch wenige Menschen hier. Gleich links liegt das Areal des koptischen, St. Georg geweihten Nonnenklosters. Von Interesse sind hier der gewaltig dimensionierte Vorraum, der einmal Empfangssaal eines Mameluken-

Palastes war, und die von hier durch eine 7 m hohe Tür erschlossene Kapelle des Drachentöters mit jener wundersamen Eisenkette, die, um den Leib geschlungen, Befreiung von Dämonen und psychischen Leiden verheißt.

☆ **Kirche St. Sergius** *(Abu Sarga)*: Da sich im Lauf der Zeiten das Gelände durch den Schutt zusammengefallener oder zerstörter Häuser erhöht hat, liegt die bis in das 5. Jh. zurückreichende Basilika gut einen Meter unter dem Straßenniveau. An dieser Stelle soll nach der Überlieferung die Heilige Familie auf ihrer Flucht nach Ägypten gerastet haben. Seit dem Mittelalter war die Kirche ein beliebtes Ziel europäischer Pilger, im 16./17. Jh. gehörte die Krypta gar den (katholischen) Franziskanern – offenbar eine Gegenleistung dafür, dass Kopten eine Kapelle in der katholischen Jerusalemer Grabeskirche benutzen durften.

Zwei Reihen doppelstöckiger Säulen trennen das Hauptschiff von den Seitenschiffen. Sie repräsentieren die zwölf Apostel, die einzige schwarze den Judas. An der rechten Seitenwand hängen verschiedene mittelalterliche Ikonen. Die Kanzel ist eine neuzeitliche Kopie jener aus der Barbara-Kirche. Teile der ursprünglichen Kanzel aus mit Elfenbein und Perlmut eingelegtem Rosenholz sind im Koptischen Museum ausgestellt. Der Hauptaltar ist den Märtyrern Sergius und Bacchus geweiht, zwei römischen Legionären. In die Ikonostase sind verschiedene Holzpaneele eingebaut, die einst Türfüllungen gewesen sein dürften. Der obere Teil zeigt Ebenholzpaneele mit Elfenbeinkreuzen, darunter elfenbeinerne Ornamente. Ganz oben sieht man Ikonen der zwölf Apostel und Mariens. An der Kuppel über dem Alter sind noch alte Fresken zu erkennen. Durch die linke Seitenkapelle geht es hinunter in die Krypta, wo sich die Heilige Familie verborgen haben soll.

Tägl. 8–16 Uhr, Eintritt gegen Spende. Patronatsfeste finden am 28. Nov. und 13. Feb. statt, am 1. Juni feiert eine Messe das Andenken an die Flucht der Heiligen Familie.

☆ **Kirche St. Barbara** *(Sitt Barbara)*: Das Hauptschiff der Doppelkirche stammt aus dem 13. Jh. und wurde einem kleineren Bau (jetzt hinter dem linken Seitenaltar) angefügt, der seinerseits 684 gestiftet worden war. Dieser Teil der Kirche ist den Heiligen Cyrus *(Abu Kir)* und Johannes *(Yuhanna)* geweiht. Eine Ikone an der Südwand der Kapelle zeigt die beiden zusammen mit ihrem Reliquienschrein. Der Legende nach gingen Cyrus und Johannes zum römischen Stadtkommandanten von Damanhur, offenbarten sich als Christen, wurden daraufhin gefoltert und schließlich vor der Stadt geköpft. Die Märtyrer waren dann eine Weile in der Krypta der Markus-Kathedrale von Alexandria bestattet, wo sie wahre Wunder wirkten, nämlich zahlreiche Heiden zu Bekehrung und Taufe bewegten.

☆ **Synagoge Ben Ezra**: Nach jüdischer Überlieferung soll auf diesem Gelände seit Moses' Zeiten eine Synagoge gestanden haben. Der jetzige Bau, obgleich einer Kirche ähnlich, wurde im 12. Jh. als Synagoge vom Jerusalemer Rabbi Ben Ezra gestiftet, dessen Namen sie trägt. Aus dieser Zeit stammen große Teile der Inneneinrichtung, zum Beispiel die Kanzel und die Holzschränke zur Aufbewahrung der Torarollen. 1894 fand man bei Bauarbeiten in einem vermauerten Schrank die so genannten *Geniza-Dokumente*. Nach jüdischer Tradition dürfen auch profane Schriften, die den Namen Gottes zum Beispiel in der Grußformel enthalten, nicht einfach weggeworfen werden. So mauerte man in der Ben-Ezra-Synagoge etwa 100.000 mittelalterliche Pergamente mit aramäischen, hebräischen und arabischen Handschriften ein, die den Alltag der jüdischen Gemeinde Kairos dokumentieren. Quasi als Bezahlung für die Hilfe bei der jüngsten Restaurierung der Synagoge gingen auch die letzten noch verbliebenen alten Schriften in die Vereinigten Staaten. An der Rückseite der Kirche kann man noch einen alten Brunnen entdecken und durch ein Kellerfenster in das frühere Ritualbad spähen.

Das erste Weltwunder, majestätisch und rätselhaft wie eh und je

Pyramiden von Giza

Die in der Antike zu den sieben Weltwundern gezählten Pyramiden von Giza symbolisieren das Pharaonenreich und gelten als größte Sehenswürdigkeit Ägyptens – Millionen Tonnen säuberlich geschichteter Steine als Denkmäler staatlicher Macht und Hilfe für ein Weiterleben des Herrschers im Jenseits.

Schnurgerade zielt die kilometerlange Pyramid Road direkt auf das Weltwunder, dessen Konturen mit der Annäherung allmählich aus dem Dunst hervortreten und sich verdichten. Die Straße wurde unter dem Khediven Ismail Mitte des 19. Jh. auf einem Damm angelegt, um den Touristen auch bei Nilflut eine trockene Anfahrt zu ermöglichen. Später ratterte hier sogar eine Straßenbahn. Am Rand des Fruchtlandes angekommen, schwingt sich das Asphaltband in einer eleganten Kurve hoch in die Wüste, und schon ist man im Schatten der Cheops-Pyramide, die jetzt als kolossaler Grabberg gen Himmel ragt – „eine Extravaganz von grandioser Verrücktheit", so der langjährige Leiter des Deutschen Archäologischen Instituts Kairo, Rainer Stadelmann, ein „aufgetürmter Grießbrei" (so die Bedeutung des griechischen *pyramos*), wie der *Spiegel* schreibt, oder gar ein Werk der Außerirdischen, wie mancher glaubt.

● *Anfahrt* Bequem und preiswert (2 LE) mit den klimatisierten **Linienbussen 355 oder 357** vom Md. Abdel Moneim Riyad (hinter dem Ägyptischen Museum) bis zur Endstation am Mena House, gerade 200 m von den Pyramiden enfernt. Alternativ mit dem **Minibus** (Linie „Haram", 1 LE), ebenfalls ab Md. Abdel Moneim Riyad oder ab Md. Giza (Metrostation) bis zur Endstation am Man-souriya-Kanal 600 m vor den Pyramiden. Für ein **Taxi** von Stadtzentrum bezahle man keinesfalls mehr als 25 LE.

● *Eingänge/Rückfahrt* Außer dem Haupteingang des Pyramidenbezirks am **Mena House** gibt es derzeit einen weiteren Eingang im Dorf Nazlet es-Seman an der **Sphinx**, sodass man nach der Besichtigung nicht wieder den ganzen Weg zurücklaufen muss. Für die Rückfahrt in die Stadt geht man von der Sphinx auf der Dorfstraße bis zum Mansouriya-Kanal und nimmt auf dessen Ostseite **Bus 913**, **Bus 997** oder einen **Minibus** bis zur nahen Pyramid Road, wo man in einen Minibus ins Stadtzentrum umsteigen kann.

Im Zusammenhang mit dem Bau des neuen Museums ist auch ein **neuer Eingang** mit Besucherzentrum von der Fayum-Straße her geplant.

● *Öffnungszeiten* Das **Pyramidenareal** ist tägl. von 8–16, im Sommer bis 17 Uhr geöffnet, die Monumente schließen in der Praxis aber jeweils schon 30 Min. früher. Am frühen Vormittag ist der Andrang am geringsten und haben Fotografen im Sommer die besten Lichtverhältnisse. Ticket inkl. Fotoerlaubnis 60/30 LE, Auto zusätzlich 10 LE.

Im Wechsel kann meist eine der **Pyramiden von innen** besichtigt werden. Das kostet dann bei Chephren 30/15 LE, bei Mykerinos 25/15 LE, bei Cheops 100/50 LE. Diese Tickets sind limitiert – vormittags ab 8 Uhr und nachmittags ab 13 Uhr wird nur eine bestimmte Anzahl verkauft und dann die Kasse geschlossen. In den großen Pyramiden darf nicht fotografiert werden. Da es an den Pyramideneingängen kein Kameradepot gibt, müssen die Apparate gegen Bakschisch einem Wächter zur Aufbewahrung anvertraut werden.

Das **Museum der Sonnenbarke** kostet zusätzlich 50/25 LE Eintritt.

● *Ton-&-Licht-Show* Bei diesem allabendlichen, etwas kitschigen Spektakel erzählen Sphinx und Cheops ihre Story, derweil die Pyramiden in bunten Farben angestrahlt

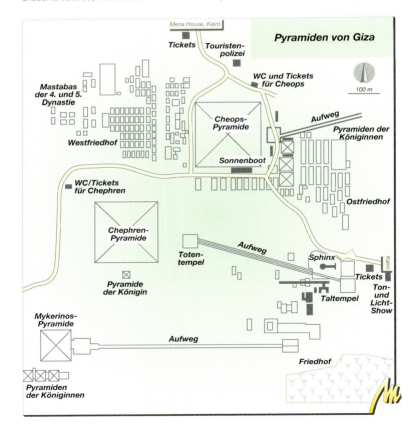

werden. Eintritt 75 LE, die Sitzplätze sind bei der Sphinx. Deutschsprachige Vorführungen Mai–Sept. Mi 22.30 u. So 20.30 Uhr, Okt.–April jeweils zwei Stunden früher. www.soundandlight.com.eg.

• *Pferde/Kamele* Wer das Areal per Kamel oder Pferd besichtigen will, erkundigt sich bei der **Touristinformation** (schräg gegenüber dem Eingang des Mena House) nach den offiziellen Preisen. Mit dem Treiber sollten Sie dann den „Leistungsumfang" exakt vereinbaren (um nicht statt des erhofften Wüstenritts nur einen Fototermin zu bekommen) und erst nachher zahlen. Wer einen sachkundigen Führer wünscht, der mehr zu erzählen weiß, als Sie sowieso sehen, lauscht am besten (und billigsten) einem der professionellen Reiseleiter, die mit Gruppen auf dem Gelände unterwegs sind.

• *Belästigungen* Gegenüber früher halten die Ordnungskräfte Nepper und Schlepper innerhalb des Pyramidenbezirks einigermaßen in Schach. Dennoch versuchen aufdringliche Kameltreiber, Souvenirhändler, Softdrinkverkäufer und selbst ernannte „Führer" mit allen erdenklichen Tricks, Ihnen Geld zu entlocken. Da hilft nur entschiedenes Desinteresse.

Wenig raffiniert, doch gewöhnlich wirksam ist zum Beispiel der „Geschenk-Trick": Man drückt Ihnen ein geringwertiges Präsent in die Hand. Wer wollte da ablehnen? Doch das Geschenk zielt auf eine geldliche Gegengabe Ihrerseits, und wenn Sie sich dieser „moralischen Verpflichtung" verweigern, bekommen Sie es gar wieder abgenommen! Andere Tricks zielen zusätzlich auf Körperkontakt. Frauen werden zur Fotopose vor dem Kamel eingeladen. Auch der Treiber will mit aufs Bild, bei der Gelegenheit ausgiebig tatschen und anschließend noch Bakschisch kassieren. Oder wie wär's mit einem Ritt zu zweien im Sattel?

• *Pyramiden per Internet* **www.cheops.org** – eine virtuelle Reise mit Rudolf Gantenbeins Kriechroboter durch die Schächte der Cheopspyramide.

http://drhawass.com – die persönliche Website von Zahi Hawass, dem Chefarchäologen Ägyptens.

www.pbs.org/wgbh/nova/pyramid – die Pyramiden virtuell.

• *Pyramiden im Buch* Rainer Stadelmann, **Die Ägyptischen Pyramiden**, Mainz, Zabern-Verlag – das Standardwerk vom Leiter des Deutschen Archäologischen Instituts in Kairo.

Mark Leher, **Geheimnis der Pyramiden**, München, Bassermann. Sehr schönes und reich bebildertes Buch mit Informationen über so gut wie alle ägyptischen Pyramiden, von einem Fachmann informativ und leicht verständlich geschrieben, zum Mitnehmen aber zu schwer.

Müller-Römer, Frank, **Die Technik des Pyramidenbaus im Alten Ägypten**. Der gelernte Ingenieur fasst den Forschungsstand zum Thema zusammen und entwickelt eine eigene, plausible Theorie zum Pyramidenbau.

Cheops-Pyramide

Die nördlichste und mit 137 m (ursprünglich 146 m) höchste der Pyramiden von Giza ist, am Volumen gemessen, noch immer das größte Steinbauwerk der Erde. Wie ihre Nachbarpyramiden datiert sie aus der 4. Dynastie, also von etwa 2500 v. Chr. Durch den Abbruch der Fassade, deren Steine im Mittelalter zum Bau der Zitadelle verwendet wurden, wirken die einzelnen Schichten wie eine überdimensionale Treppe mit jeweils 1 m hohen Stufen, deren Besteigung bei hohen Strafen allerdings streng verboten ist.

Cheops begnügte sich zunächst mit einer Mastaba (im Aufriss A) unter der späteren Pyramide, ließ dann einen kleinen Oberbau mit der Grabkammer B beginnen und änderte diesen Plan später zum Projekt der Pyramide in ihrer jetzigen Gestalt (mit Grabkammer C) ab; der Baufortschritt zum Zeitpunkt des Wechsels lässt sich gut an den dann aufgegebenen Luftschächten erkennen. Der originale Eingang lag auf der 13. Bauschicht in etwa 25 m Höhe, der heutige wurde etwas darunter von Grabräubern gebrochen. Ein Stollen **(1)** führt abwärts in die unvollendete Grabkammer A und verzweigt sich etwa auf Höhe des natürlichen Geländeniveaus. Ab hier geht es durch einen sehr engen Gang **(2)** wieder aufwärts, bis am Fuß der Großen Galerie Schacht 4 zur Kammer B abzweigt.

136 Pyramiden von Giza

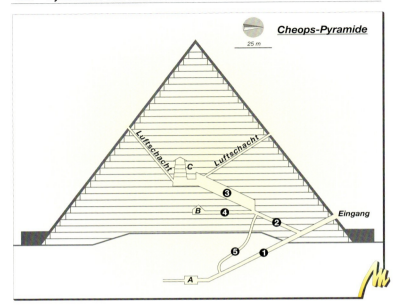

Die **Große Galerie (3)** ist 8,5 m hoch und bis zu 2,15 m breit – ein Unikum, das man so in keiner anderen Pyramide findet. Vermutlich waren hier jene Blöcke zwischengelagert, die man nach der Bestattung des Pharaos in Gang 2 rutschen ließ, um diesen für immer zu verschließen. Entgegen der Legende wurden die Arbeiter, die dies bewerkstelligten, damit keineswegs lebend begraben. Sie umgingen den verschlossenen Gang und entkamen durch die Schächte 5 und 1.

Die **Grabkammer C** ist mit Rosengranit verkleidet, aus dem auch der bereits beim Bau der Pyramide eingelassene Sarkophag gefertigt wurde. Von der Grabkammer führen Luftschächte ins Freie, durch die die Seele des Verstorbenen, das vogelgestaltige *Ba*, ins Jenseits ausfliegen konnte.

Die **drei kleinen Pyramiden** auf der Ostseite der Cheops-Pyramide werden den Frauen oder Töchtern des Cheops zugeschrieben. Dazu berichtet Herodot: „Cheops war ein so verruchter Mensch, daß er in seiner Geldnot die eigene Tochter in ein Freudenhaus brachte und ihr eine bestimmte Geldsumme – wieviel, sagen die Priester nicht – anzuschaffen befahl. Sie brachte die verlangte Summe zusammen und faßte auch den Entschluß, ebenfalls ein Denkmal für sich zu errichten. Jeden Mann, der sie besuchte, bat sie, ihr einen Stein für den großen Bau zu schenken. Aus diesen Steinen soll sie die mittlere der drei Pyramiden haben bauen lassen, die vor der großen Pyramide steht und deren jede Seite anderthalb Plethren [ca. 45 m] mißt."

In einem **Museum** neben der Cheops-Pyramide ist das 44 m lange **Sonnenboot** ausgestellt, das man am Fuß der Pyramide fand. Die 1954 von Kemal el-Mallach entdeckte Barke hatte, fein säuberlich in ihre Einzelteile zerlegt, in einer unterirdischen Kammer 4600 Jahre unbeschadet überstanden, um nach ihrer Entdeckung während zwei Jahrzehnten unsachgemäßer Lagerung buchstäblich zu zerbröseln.

Nach mühsamer Restaurierung fand sie einen Platz im seinerseits bootsförmigen Museumsbau. Später wurde am Weg zwischen Pyramide und Taltempel noch ein zweites Boot gefunden und klugerweise vorerst in seiner Kammer belassen.

Der Bau der Pyramiden – Rätsel für die Ewigkeit?

Die Pyramiden von Giza sind, zumal angesichts der damals verfügbaren Technologie, technische Meisterwerke. Man nimmt an, dass für die Cheops-Pyramide etwa 35.000 Männer auf der Baustelle selbst und weitere 10.000 in den Steinbrüchen schufteten – keineswegs Sklaven, sondern Bauern, die sich nur während der Nilflut, wenn die Feldarbeit brachlag, für den Pharao ins Zeug legten. Doch vier Monate Schwerstarbeit im Jahr waren genug, ihre Knochen zu deformieren, wie die jüngst auf dem Arbeiterfriedhof der Giza-Pyramiden gefundenen Skelette beweisen.

Nach der Wahl eines möglichst hoch gelegenen Bauplatzes im „Totenreich" auf dem Westufer des Nils galt es zunächst, diesen zu nivellieren. Neben Messschnüren und Setzwaagen bediente man sich dabei eines rundum gezogenen Wassergrabens als überdimensionaler Wasserwaage. Die nach den vier Himmelsrichtungen angelegten Seitenflächen justierte man nach der Sonne bzw. dem Polarstern. Der Steigungswinkel wurde – Pi und die Winkelfunktionen waren noch unbekannt – als Verhältnis von Höhe zu halber Basislänge berechnet. Die verschiedenen Pyramiden variieren zwischen 3:2 und 17:18, wobei man nach dem Einsturz der Dahschur-Pyramide (4:3) Neigungswinkel von weniger als 50° bevorzugte.

Als Baumaterial dienten Granit für den Kern und Kalkstein für die Fassade. Mörtel wurde aus Sand und Gips bereitet, wobei die Außensteine (noch erhalten im oberen Teil von Chepren) unvermörtelt aneinander gefügt und glatt geschliffen wurden. Gehärtetes Kupfer ausgenommen, waren Metallwerkzeuge unbekannt, man arbeitete mit Steinzeug (Diorit). Auch Radwagen, Flaschenzug und Kippschlitten kannte man noch nicht. Vom Nilkanal wurden die angeschifften Steinblöcke mittels Schlitten, Walzen und Rollen bis an die Baustelle transportiert. Nach Herodot dauerte bei der Cheops-Pyramide allein der Bau dieser Transportstraße 10 Jahre, also halb so lang wie Arbeit an der Pyramide selbst.

Bei 2,3 Mio. verbauten Steinblöcken muss, gerechnet auf 20 Jahre Bauzeit, etwa alle ein bis zwei Minuten ein 2,5 Tonnen schwerer Block an seinen Platz gesetzt worden sein. Schicht für Schicht baute man die Pyramide auf. Wie wurden die Steine nach oben gebracht? Die meisten Fachleute gehen von Schrägrampen aus, mit denen der Bau ummantelt war, und die Etage um Etage verlängert wurden. Auf ihnen hat man die Steine mit Hilfe von Seilwinden gezogen. Mit dem Bau der Verkleidung (von oben nach unten) riss man die Rampen dann wieder ab. Detailfragen, wie zum Beispiel das Aufsetzen der Pyramidenspitze und das gefahrlose Glätten der äußeren Verkleidungsschicht sind jedoch umstritten. Immerhin wiegen die Dachsteine der Grabkammer 70 Meter über dem Boden bis 40 Tonnen, die Blöcke der Verkleidung 10 Tonnen! So besinnen sich manche Forscher auch wieder auf die von Herodot erwähnten hölzernen Hebevorrichtungen und versuchen, diese rätselhaften Maschinen zu rekonstruieren.

Wenn überhaupt, wurden die Boote nur ein einziges Mal benutzt: um den Leichnam des toten Cheops von der Residenzstadt Memphis flussab zur Grabpyramide zu bringen. Warum zwei Boote? Um sich der ewigen Prozession des Sonnengottes *Re* und seiner Götterkollegen anzuschließen, brauchte der Pharao eines für die Reise über das Firmament am Tage und ein zweites für die nächtliche Fahrt durch die Unterwelt.

☆☆ Chephren- und ☆ Mykerinos-Pyramide

Die **Chephren-Pyramide** ist zwar kleiner als der Bau des Cheops, steht aber auf einem höheren Gelände und wirkt damit mindestens genauso groß. Anhand der noch vorhandenen Verkleidung an der Spitze kann man sie leicht von der Cheops-Pyramide unterscheiden. Die Gänge im Inneren sind genauso klaustrophobisch. Ein Prozessionsweg verbindet die Pyramide mit ihrem Taltempel unten bei der Sphinx.

Die ☆ **Mykerinos-Pyramide** ist die kleinste der drei großen Pyramiden und wurde für Menkaure, den Sohn des Chephren, gebaut. Im unteren Bereich ist sie mit Granitsteinen verkleidet, die besonders schwer zu bearbeiten waren. Menkaure starb offenbar unerwartet früh, denn die letzten Arbeiten verraten Hast und wenig Sorgfalt: Der Grabtempel und viele Statuen blieben unvollendet, der Prozessionsweg wurde mit Lehmziegeln statt Steinen gepflastert. Der Sarkophag wurde im 19. Jh. aus der Grabkammer entfernt und nach England verschifft, sank unterwegs aber mitsamt dem Schiff auf den Grund der Biskaya.

Noblengräber: In der Nachbarschaft der Pyramiden ließen sich zahlreiche Höflinge und Beamten des Alten Reiches bestatten. Einige dieser Gräber können besichtigt werden, doch sind sie weniger eindrucksvoll als die Beamtengräber von Saqqara.

☆☆☆ Sphinx

Die Araber nennen die unheimlich dreinblickende Kolossalstatute den „Vater des Schreckens" *(Abu'l Hol)*. Die 73 m lange und 20 m breite Kalksteinfigur trägt, so sagen die Ägyptologen, auf ihrem Löwenkörper das Antlitz des Pharaos Chephren. Man nimmt an, dass der zur aufgehenden Sonne blickende Löwenmensch den Pharao beim Opfer für den Sonnengott symbolisieren sollte. Möglicherweise hat, so spekuliert man weiter, ein inmitten des Aushubs für die Cheops-Pyramide stehen gebliebener Felsknollen die Bildhauer des Chephren zur Gestaltung angeregt.

Archäologische Operationen an der Sphinx sind fast so alt wie die Statue selbst. Schon bald bis zum Kopftuch versandet, wurde sie vor 3500 Jahren unter Thutmosis IV. freigelegt, dem, noch Prinz, in einem Traum die Sphinx erschien und als Belohnung für gründliche Körperpflege den Thron versprach. Der „Vater des Schreckens" erfüllte seine Verheißung und ließ den älteren Bruder des

Sphinx 139

Thutmosis, dem der Thron zugestanden hätte, unerwartet dahinscheiden. Pharao Thutmosis IV. bedankte sich mit einer Stele zwischen den Pranken der Sphinx.

Griechen und Römer befreiten das Monument mehrfach aus dem Sand. Das ägyptische Mittelalter war auch für den „Vater des Schreckens" eine schreckliche Zeit. Einem bilderstürmenden Scheich um 1380 werden erhebliche Zerstörungen des Gesichts zugeschrieben, und die verlorene Nase haben nicht etwa Asterix und Obelix auf dem Gewissen, sondern der natürliche Zerfall und ein allzu frommer Scheich. Wie Al-Maqrizi berichtet, wurde der mittelalterliche Bilderstürmer für diese Tat vom wütenden Volk gelyncht.

Neuzeitliche Ausgrabungen fanden 1818 (Caviglia) und 1886 (Maspero) statt, 1925 befestigte man ausgebrochene Körperteile mit Zement. Die Erosion durch Luftverschmutzung, Wind und Veränderungen im Grundwasserspiegel setzte dem Kalkstein so zu, dass 1981 eine neuerliche Restaurierung begonnen und die Figur durch eine Mauer vor Souvenirsammlern geschützt wurde. Nach heftigen Regenfällen und Sandstürmen verlor die Sphinx am Morgen des 10. Februar 1988 zwei 300 kg schwere Schulterstücke – und damit der Leiter der Altertümerverwaltung seinen Job. Nach den Vorschlägen einer internationalen Expertenkommission ging man wiederum daran, den Verfall des alternden Nationaldenkmals aufzuhalten. Dies wird nicht die letzte Reparatur bleiben, denn gegen die Schäden in den Eingeweiden der Sphinx hat bislang niemand ein Rezept. Das gestiegene Grundwasser löst den Kalkstein zu Pulver.

• *Essen & Trinken bei den Pyramiden*
Moghul Room, im Mena House Hotel, Sh. el-Haram, tägl. 12.30–14.30/19.30–23 Uhr, ✆ 3383 3582. In den späten 1970ern, als die Kairoer ausländische Küche nur als „Weener Snitsel" oder Roastbeef kannten, bedeutete die Eröffnung des Moghul Room eine kulinarische Revolution. Seither haben Präsidenten und Showstars hier diniert, und der Moghul Room ist ungeachtet aller Modeströmungen ein Top-Lokal geblieben. Zur kompromisslos indischen (Tandoori-) Küche spielt eine indische Kapelle die Tafelmusik. Das pro Person 250 LE teure Menü ist sein Geld wert.

Andrea, 60 Teraat el-Marioutiya (zwischen Pyramid Rd. und Feisal Rd.), tägl. 12–24 Uhr. Das mit vielen Blumen geschmückte Gartenlokal (Moskitoschutz mitbringen!) ist Kairos bekanntester Hähnchengriller; außer Grillhuhn, Hühnerspieß, Hühnerleber etc. gibt es auch Meze, Wachteln und Kufta.

Felfela Café, Cairo-Alexandria Road, 300 m nördlich des Mena House, und **Felfela Village**, 117 Marioutiya-Kanal, 3 km nördl. der Pyramid Rd. Diese Filialen der gleichnamigen Lokals in der Innenstadt bieten preiswerte ägyptische Küche. Man kann in beiden auch im Freien sitzen, wobei das Village ein richtiger kleiner Park mit Bauernhof und Tieren ist. Hier wird Fr/Sa nachmittags ein kindgerechtes Unterhaltungsprogramm geboten.

• *Wüstenritte* Zwischen Giza und Saqqara balgen sich heute etwa 70 Reitställe um Kundschaft. Ernsthafte Reiter ignorieren die hageren Mähren, die am Eingang zum Pyramidenareal angeboten werden, und wenden sich an die seriösen Ställe in Kafr el-Gebel. Die liegen am Wüstenrand 10 Fußminuten südlich der Sphinx. Einen guten Ruf haben etwa **Eurostables** (✆ 3385 0531)und **FB** (www.fbstables.com, ✆ 016-5070288) oder die **Family House Riding School** vom Mahmoud Rabia Brish.

Wer zum ersten Mal und ohne reiterliche Referenzen kommt, muss zunächst unter den kritischen Augen eines Reitlehrers auf einem „braven" Pferd zeigen, was er kann. Erst dann wird dem Kunden eventuell ein temperamentvolleres Tier anvertraut, das auch ohne Begleitung im Wüstenareal unter den Ställen geritten werden darf. Weitere Ausflüge, etwa nach Saqqara oder zum Wüstenpicknick, erfolgen in Begleitung. Alle Ställe haben auch Ponys für Kinder. Für eine Stunde zu Pferd rechne man rund 80 LE, mit Führer 120 LE, 10 Std. mit Lehrer 700 LE und für den Ausflug nach Saqqara 150–250 LE.

Ambitionierten Reitern und solchen, die mehrtägige Ausflüge unternehmen wollen, sei der Reiterhof **Recoub al-Sorat** („Der richtige Weg", ✆ 012-2118386, www.alsorat.com) in Abu Sir empfohlen. Maryanne Stroud, eine der beiden Chefinnen, die aus Kanada und Australien stammen, führt unter http://miloflamingo.blogspot.com auch ein Blog über ihren ägyptischen Alltag.

Die Stufenpyramide des Djoser, Wahrzeichen von Saqqara

Umgebung von Kairo

Saqqara

Als Friedhof der alten Hauptstadt Memphis gehört Saqqara zu den interessantesten archäologischen Stätten Ägyptens. Höhepunkte sind die Stufenpyramide des Djoser, das Serapeum als Grabstätte der heiligen Stiere und die Mastaba des Herrn Ti.

Das Gräberfeld erstreckt sich über etwa 10 km² und wurde von den Anfängen des Pharaonenreichs bis in die römische Zeit, also fast über drei Jahrtausende hin, belegt – neben den Vornehmen des Reiches wurden auch viele Mumien heiliger Tiere bestattet. Der Laie wird sich auf den Besuch des nördlichen Friedhofs um die Djoser-Pyramide herum beschränken. Haben Sie nur einen halben Tag Zeit für den Ausflug, beginnen Sie mit der Stufenpyramide. Besuchen Sie dann die Mastaba des Pthahotep, das Serapeum und das Grab des Ti und fahren Sie schließlich weiter nach Memphis. Eine ganztägige Exkursion sollte zusätzlich die Mastabas der Idut und des Mererurka einschließen, dazu (falls zugänglich) das Grab des Haremhab und die Pyramide des Teti oder jene des Unas.

Die Nekropole Saqqara liegt etwa 20 km südlich der Giza-Pyramiden am Wüstenrand. Die Anfahrt mit **öffentlichen Verkehrsmitteln** (Minibus ab Giza, Marioutiya-Kanal, 1,5 km vor dem Pyramiden) ist umständlich und zeitraubend, da diese nur das moderne Dorf Saqqara anfahren, das sich 2 km östlich der Nekropole befindet. Auch weil die Monumente sehr verstreut liegen, ist es ratsam, für den Ausflug ein **Taxi** zu chartern. Für einen fünfstündigen Ausflug zahlt man etwa 100 LE, mit Dahschur und Memphis 120–150 LE.

Öffnungszeiten: Die Monumente sind the-

Saqqara 141

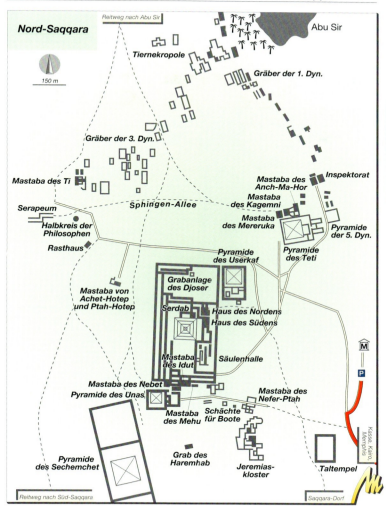

oretisch 9–17 Uhr geöffnet, in der Praxis wird aber schon ab 16 Uhr geschlossen. Eintritt 60/30 LE, für die Gräber Iru-ka-Ptah, Nefer-Ptah, Chnum-Hotep und Nianch-Chnum ist ein gesondertes Ticket (30/15 LE) erforderlich.

Reiten: Von den Ställen an den Giza-Pyramiden werden Tagesritte mit Pferden oder, etwas teurer, mit Kamelen nach Saqqara angeboten. Man rechne für zwei Tiere mit Führer oneway 150–300 LE. Der übliche und kürzeste Weg führt am Rand des Fruchtlandes entlang. Vereinbaren Sie den Trip bis zum Kasse des Saqqara-Geländes, nicht nur bis zum Serapeum.

Rasten: Vor dem Museum gibt es Cafeteria und einen Kiosk mit Büchern und Postkarten.

Imhotep-Museum: Das nach dem Pyramidenbaumeister Imhotep benannte Museum am Eingang zum Areal zeigt einen einführenden Film über die Stätte und eine Auswahl der Funde, die hier gemacht wurden. An erläuternden Texttafeln wurde nicht gespart, sodass der Museumsbesuch (vor dem Rundgang durchs Gelände!) besonders Individualtouristen empfohlen werden kann, die ohne Führer nach Saqqara kommen.

Priester Amenemipet und Frau im Museum von Saqqara

Zentrales Exponat im **Foyer** ist die Basis einer Djoser-Statue (von der nicht mehr als der Fuß blieb) mit der ersten namentlichen Erwähnung des Imhotep. Im **rechten Nebenraum** des Foyers, benannt *Saqqara Missions*, werden herausragende Grabungsfunde aus den letzten Jahren Saqqara vorgestellt: etwa eine Gruppe bronzener Götterfiguren um Isis und Horus, in denen unschwer das Vorbild für die Darstellung Marias mit Jesuskind zu erkennen ist; oder die zarte Doppelstatue des Amenemipet und seiner Frau.

Der **linke Nebenraum** birgt die Bibliothek von Professor Jean-Philippe Lauer (1902–2001), der 75 Jahre in Saqqara forschte.

Die **Haupthalle** ist der Stufenpyramide gewidmet. Wir sehen Fragmente der Kobrafassade vom Südgrab des Djoser und blaue Fayencen von seinem symbolischen Palast unter der Pyramide Die **rechte Seitenhalle** zeigt unter dem Motto *Saqqara Styles* Steingefäße der 1./2. Dynastie, Alabasterarbeiten (die unter Imhotep populär wurden) und Statuen aus dem Alten Reich. Die **linke Seitenhalle**, *Saqqara Tombs*, zeigt das Modell eines kleinen Grabes mit typischen Grabbeigaben. Über einer Sphinx hängt der am Aufweg zur Unas-Pyramide gefundene „Hungerfries" mit abgemagerten Beduinen – ob hier die Mildtätigkeit des Pharao oder nur die Mühen einer Expedition dargestellt werden soll, ist umstritten.

☆ ☆ Stufenpyramide des Djoser

Neben den Mauern von Jericho gilt die Stufenpyramide als ältester Steinbau der Welt. Die alten Ägypter verehrten den Universalgelehrten Imhotep, der die Pyramide entwarf, später als Gott der Heilkunst, die Griechen verschmolzen ihn mit Asklepios. Am einzigen Zugang (Südostecke) des eingefriedeten Areals und in der folgenden Säulenhalle wird deutlich, dass wir vor frühen, noch unsicheren Versuchen des Steinbaus stehen. Die Formen ahmen die Struktur von Lehmziegelbauten (Umfassungsmauer) bzw. Schilfkonstruktionen (Wände der Säulenhalle) nach, am Ostende der Passage wird eine Holztür imitiert.

Die sechsstufige Pyramide, 60 m hoch und mit rechteckigem Grundriss, entstand in mehreren Bauphasen, die man gut an den Unterschieden im Mauerwerk der Südfront nachvollziehen kann. Zunächst wurde eine 8 m hohe Mastaba mit der

Grabkammer angelegt, dieser Bau später 4 m dick ummantelt. In der dritten Phase erweiterte man die Mastaba 10 m gen Osten, um Platz für die Gräber der königlichen Familie zu schaffen. Darüber wurde eine vierstufige Pyramide errichtet, die in der fünften Phase an der Basis nach Norden und Westen erweitert und auf sechs Stufen hochgezogen wurde. Am Schluss wurde das Äußere ummantelt. Das Labyrinth der unterirdischen Grabanlage ist nicht zugänglich.

Auf der Ostseite der Pyramide stehen mit dem **Haus des Südens** und dem **Haus des Nordens** die für die Ewigkeit gedachten Nachbildungen des Herrscherpalastes, dessen Hausherr sich ja als Doppelkönig über Unter- und Oberägypten verstand. An der Nordseite stehen der **Tempel für den Totenkult** und der Serdab, die Statuenkammer. Aus ihr stammt die durch eine Replik ersetzte Statue des Djoser im Kairoer Museum. Durch die Löcher in Augenhöhe, so dachte man es sich jedenfalls, konnte die Seele des Verstorbenen aus- und eingehen.

Wenn man sich auf dem Rückweg entlang der Ostmauer hält, quert man einen Hof mit den Resten von Scheinkapellen, wo der jenseitige König auf dem Thron der Feier seines Krönungsjubiläums beiwohnen konnte. Schließlich befindet sich auf der Mitte der Südmauer ein **Scheingrab** (nicht zugänglich), über dessen Bedeutung sich die Archäologen noch nicht recht einig sind. Die einen deuten es als symbolisches Grab der königlichen Lebenskraft (Ka), andere suchen Entsprechungen in den Scheingräbern von Abydos, wo sich viele Herrscher eine zusätzliche Grabstätte bauen ließen, ohne diese je zu nutzen.

> **Stierkämpfe in Saqqara**
>
> Über den Stierkult in Saqqara berichtet der griechische Geograf Strabo: „Hier wird der […] für einen Gott gehaltene Stier Apis, weiß an der Stirn und einigen anderen kleinen Stellen des Körpers, übrigens schwarz, in einer Tempelhalle unterhalten. Nach diesen Abzeichen wählen sie immer den zur Nachfolge tauglichen aus, wenn der, welcher diese Verehrung genoss, gestorben ist. Vor der Tempelzelle liegt ein Hof, an welchem sich noch eine andere Zelle für die Mutter des Stiers befindet. In diesen Hof lassen sie zu einer bestimmten Stunde den Stier hinein, besonders zur Besichtigung für die Fremden […] Ist er dann ein wenig im Hofe herumgesprungen, so führen sie ihn wieder an seinen eigentlichen Standort zurück. Dieser Tempel des Apis steht neben dem des Hephaistos […] Vor ihm steht auf dem Vorplatze ein kolossales Standbild aus einem einzigen Steinblock. Es ist aber gebräuchlich, auf diesem Vorplatze Kämpfe mit Stieren anzustellen, welche einige eigens dazu halten, gleich den Rosseszüchtern. Losgelassen, stürzen sie zum Kampfe gegeneinander, und der für den Sieger erklärte erhält einen Preis."

Monumente im Süden der Stufenpyramide

Die **Pyramide des Unas**, des letzten Königs der 5. Dynastie, gehört zu den kleinsten ihrer Art. Hauptattraktion sind die Pyramidentexte in Vorraum und Grabkammer, Ritualtexte, die dem König bei der Fahrt durch die Höllenwelt beistehen und seine Widerstandskraft stärken sollten. Südlich der Unas-Pyramide birgt ein kleines Haus den Eingang zu drei **Gräbern der Perserzeit**. Es schließt sich der unvollendet gebliebene und bis zur Unkenntlichkeit ausgeschlachtete **Pyramidenkomplex des Horus Sechemchet** an, dem nur eine kurze Regierungszeit beschieden war. Direkt an der Südmauer der Stufenpyramide liegt die ☆ **Mastaba der Prinzessin Idut** aus der 6. Dynastie. Hier bestechen die Wanddekorationen. Offensichtlich hatte die Dame ein Faible für das Leben auf dem Wasser; diesem Thema jedenfalls sind die ersten beiden Räume mit recht gut erhaltenen Farben gewidmet. Das Grab gehörte ursprünglich einem Wesir und wurde von Idut usurpiert.

Östlich neben Idut die ☆ **Mastaba des Mehu.** Im großen Opferraum wird mit gut erhaltenen Farben das gesamte Themenrepertoire der Grabreliefs im Alten Reich geboten. Wer würde sich im Jenseits und auf Ewigkeit nicht ein derart üppiges Leben wünschen, wie es hier magisch beschworen wird? Als nächsten Fixpunkt für die Orientierung wähle man die beiden Steintröge am Aufweg zur Unas-Pyramide, die früher die königlichen Barken schützten. Westlich davon das **„Vogelgrab" des Nefer-Ptah.** Hier ist die Arbeit am Relief einiger Vogelszenen der Kultkammer abgebrochen worden, stattdessen schmückte ein Maler die Entwurfzeichnungen aus. Der ein Grab weiter bestattete **Iru-ka-Ptah** war, wie aus den Reliefs unschwer zu erschließen ist, Vorsteher der königlichen Schlachthöfe. In der Nachbarschaft sind noch weitere Beamtengräber der 5. Dynastie zugänglich. Die Bauten beschließt nach Westen hin die Ruine des **Jeremias-Klosters** (5. Jh.) .

Grab des Haremhab: Als Befehlshaber des Heeres hatte Haremhab, bevor er in hohem Alter als letzter Pharao der 18. Dynastie auf den Thron kam, überwiegend in Memphis gelebt und sich deshalb hier auch sein Grab bauen lassen. Tatsächlich bestattet wurde er wie die anderen Pharaonen des Neuen Reichs in Theben, während in Saqqara nur seine Frauen (darunter Nefertitis' Schwester Mutnedjmet) und Kinder beigesetzt wurden. Die Reliefs zeigen Militärszenen und sind noch vom Stil der Amarna-Zeit beeinflusst, obwohl Haremhab als einer der Drahtzieher der nachechnatonschen Restauration gilt und anderenorts jedes Andenken an Echnachton zerstören ließ.

Das Grab liegt etwa in der Mitte zwischen Kloster und Sechemchet-Pyramide.

Monumente nordwestlich der Stufenpyramide

☆ ☆ **Grab des Achethotep und Ptahhotep:** Die Doppelmastaba des Wesirs Achethotep und seines Sohnes liegt etwas versteckt in einer Sandmulde. Über der Tür zu seiner Grabkapelle lauscht der in einem Sessel sitzende Ptahhotep einem Konzert; an der Westwand zwischen zwei Stelen der opfernde Grabherr, weitere Opferszenen an der Südwand. Zwei große Darstellungen auf der Ostwand zeigen wiederum den Verstorbenen. Im Nordteil der Wand, 1. Register, ein Schifferstechen. Die Inschrift weist jenen Mann, dem der Knabe ein Getränk reicht, als den „Nianch Ptah, Meister der Bildhauer" aus. Hier hat sich der Künstler der Grabreliefs selbst verewigt.

Nordwestlich des Grabes steht an Stelle des abgerissenen Gebäudes, das Auguste Mariette während seiner Grabungen bewohnte, jetzt ein **Rasthaus.** Im weiteren Verlauf der Straße, durch eine Schutzmauer vor der Erosion geschützt, der ptolemäische **Hemizykel (Halbkreisbau) der Dichter und Denker.** Im Zentrum (sitzend) Homer, am Ostende Plato. Von allen Statuen am besten erhalten ist der am Westende sitzende Pindar.

☆ ☆ **Serapeum:** Der Beschreibung Strabos folgend, entdeckte Auguste Mariette 1851 die unterirdische Grabstätte der Apis-Stiere. Apis war der heilige Stier des memphitischen Stadtgottes Ptah und wurde in der ptolemäischen Zeit mit Osiris zu Serapis verschmolzen, woraus der Name Serapeum für die Anlage entstand. Sie besteht aus neun Einzelgräbern (18. Dynastie), der unter dem Ramses-Sohn Chaemweset gebauten Kleinen Galerie und der unter Psametich (26. Dynastie) errichteten Großen Galerie. Die Katakomben bergen 24 riesige Steinsärge mit nahezu 70 Tonnen Gewicht, in denen die Mumien der Stiere lagen. Durch Inschriften datierbar sind nur drei Sarkophage aus der Zeit des Amasis, Kambyses (beide 6. Jh. v. Chr.) und des Chababasch (um 333 v. Chr.). Die einzige noch erhaltene Stiermumie ist im Kairoer Landwirtschaftsmuseum ausgestellt.

Wer schützt Ägyptens Altertümer?

Unmittelbar vor Memphis schlägt die neue Straße einen scharfen Haken, den die Autofahrer Präsident Mubarak verdanken. Hätte der nicht im letzten Moment interveniert, führte die Straße direkt durch die antike Nekropole von Memphis. Auch bei den Giza-Pyramiden wurden Gräber nur durch ein präsidiales Machtwort vor den Bulldozern der Straßenbauer gerettet.

Verantwortlich für das Beinahe-Desaster ist die dem Kulturministerium unterstehende Altertümerverwaltung. Auch mit der Reorganisation zu einem „Hohen Rat für Altertümer" (SCA) hat sich innerhalb dieser kafkaesken Behörde wenig geändert: 24.000 Beamte sollen alle bekannten Antiquitäten des Landes schützen und weitere finden bzw. ausgraben lassen. Jedes Bauvorhaben bedarf der Zustimmung des SCA – rund 100 solcher Gesuche landen jede Woche auf den Schreibtischen des verstaubten Büroturms in Abbasiya, wo die Zentrale des SCA residiert. Ein Beamter müsste dann die geplante Baustelle aufsuchen und sich überzeugen, dass im Boden aller Wahrscheinlichkeit nach keine Altertümer verborgen sind. Doch der SCA verfügt nicht einmal über aktuelle Lagekarten der bereits bekannten historischen Schätze – wie kann er gar von den noch unerforschten wissen? So bekam auch die vor langer Zeit geplante Umgehungsstraße einst die Zustimmung der Altertümerverwaltung und war danach nur noch durch den Präsidenten zu stoppen.

Auch den Überblick über die ausgegrabenen Artefakte hat der SCA teilweise verloren. Zwar führen die Museen Inventarlisten, doch niemand weiß, was in den 157 Depots der Grabungsstätten alles schlummert. So können Diebe über Jahre ihrem Handwerk nachgehen, bis die systematische Plünderung durch einen Zufall ans Licht kommt – oder auch nicht. Im Durchschnitt werden jede Woche zehn Versuche aufgedeckt, Antiquitäten außer Landes zu schmuggeln. Oft sind auch Angestellte der Altertümerverwaltung darin verwickelt. Ein Wächter verdient 110 LE im Monat, ein Inspektor beginnt seine Karriere mit 130 LE Gehalt. Da ist die Versuchung zu einem Nebengeschäft groß. Die spezielle Antikenpolizei, die solche Diebstähle verhindern soll, untersteht dem Innenministerium und wird nicht anders ausgebildet als gewöhnliche Verkehrspolizisten.

☆☆ **Grab des Ti**: Die schönste und größte Mastaba von Saqqara gehörte einem hohen Beamten der 5. Dynastie, der gleich drei Pharaonen diente. Von Mariette freigelegt, ist das Grab heute wieder teilweise vom Sand verweht. Ein Gang führt vom Hof in die Hauptkapelle mit ihren zahlreichen Darstellungen des Alltags der altägyptischen Oberschicht. An der Nordwand Szenen aus den Nildelta-Sümpfen und dem Landleben. Im Zentrum der Ostwand der lebensgroße Ti mit Frau, vor denen allerlei Feldarbeit ausgeführt wird, hinter ihnen eine Schiffswerft. Zwischen den Schlitzen der

Südwand werden Opfer dargebracht, während die Scheintüren der Westwand die eigentliche Kultstelle sind, durch die man sich den Kontakt mit dem Jenseits dachte.
Die Mastaba liegt 300 m nordwestlich des Serapeums.

Monumente nordöstlich der Stufenpyramide

Direkt neben der Stufenpyramide verfiel die **Pyramide des Userkaf**, des Gründers der 5. Dynastie, zu einem Trümmerhaufen. Seine Nachfolger wurden in Abusir bestattet. Die **Pyramide des Teti**, des ersten Pharaos der 6. Dynastie, folgt bis zu den Inschriften dem Vorbild der Unas-Pyramide. An der Nordseite der Teti-Pyramide (von West nach Ost) findet sich zunächst die 32 Räume umfassende ☆ **Mastaba des Mereruka**. Mereruka, dessen Statue uns in der Kultkapelle empfängt, war Priester der Teti-Pyramide, und so ist der Eingang zu seinem Grab ausnahmsweise auf der Südseite, mit Blick auf die Pyramide. Die Reliefs sind facettenreich, doch wenig sorgfältig gearbeitet. Man hatte es – kein Wunder bei den vielen Flächen – offenbar eilig. Es schließen sich die Gräber **Kagemni** und **Anch-ma-Hor** an, das „Grab der Ärzte", so genannt wegen zweier Szenen in der Türnische zwischen erstem Raum und Pfeilersaal, die eine Beschneidung und eine Zehenoperation zeigen. Fünf Minuten nördlich, ziemlich am Rand des Plateaus, liegt das **Gräberfeld der Frühzeit** (1. Dynastie) mit Resten von Ziegelbauten über den Grabschächten.

Memphis und Dahschur

Von Memphis, der Hauptstadt des alten Ägypten, ist nur noch wenig erhalten geblieben. Sehenswert sind der umgestürzte Koloss des Ramses und der gigantische Präpariertisch, auf dem die Apis-Stiere balsamiert wurden. In Dahschur, wohin nur wenige Reisegruppen fahren, kann man in aller Ruhe eine Pyramide von innen anschauen.

Memphis

Aus einem wahrscheinlich in der Frühzeit gegründeter Weiler, der sicher nicht größer als das heutige Dorf **Mit Rahina** war, entwickelte sich Memphis spätestens unter der 3. Dynastie zu Ägyptens Hauptstadt. Die 4. Dynastie verlegte die Hauptstadt noch einmal nach Giza, doch die letzten Pharaonen des Alten Reichs kehrten nach Memphis zurück, das fortan zu den ersten Städten des Reiches zählte. Zu dieser Kontinuität trug neben der geografischen Lage zwischen Unter- und Oberägypten auch der Tempel des Ptah bei, des alten memphitischen Stadtgottes, der hier als Schöpfer verehrt wurde, während er in anderen Landesteilen eher mit dem Totenkult assoziiert wurde.

Seit dem Neuen Reich beherbergte Memphis auch zahlreiche Ausländer. Griechen und Phönizier hatten ihre eigenen Stadtviertel, und der kosmopolitische Geist mag dem levantinischen Alexandria der Neuzeit in nichts nachgestanden haben. Alexandria war es auch, das in der ptolemäischen Zeit Memphis schließlich in den Schatten drängte, bis die Araber mit ihrer Neugründung el-Fustat den Kairoer Raum wieder in den Mittelpunkt rückten. Während arabische Geografen des 12. Jh. die Ruinen von Memphis noch eine Ansammlung von Wundern nannten, verwandelte das Verschleppen der Steine gen Kairo und der Verfall der Deiche in der Mamelukenzeit das Gelände in eine Schwemmlandebene, aus der nur noch wenige Schutthügel ragen.

Beachtung verdient der umgestürzte **Koloss des Ramses** (9–16 Uhr, Eintritt 30/15 LE), dessen Gegenstück mitten im Verkehrschaos des Kairoer Bahnhofsplatzes platziert wurde. Ein **Alabaster-Sphinx** markiert den Eingang zum verschwundenen Ptah-Tempel, und 200 m westlich stand rechts der Fahrstraße das Balsamierungshaus der Apis-Stiere, von dem gerade noch ein alabasterner **Präpariertisch** übrig ist.

Memphis liegt zwischen Saqqara-Dorf und dem Nil nahe der modernen Siedlung Mit Rahina. Servicetaxis zwischen Saqqara und Badrascheen passieren die Stätte.

Pyramiden von Dahschur

Den Bau seiner **Knickpyramide** ließ Pharao Snofru mit einem stolzen Neigungswinkel von 54° beginnen, doch noch während der Arbeiten geriet die Pyramide aus dem Lot. Absenkungen im Untergrund oder mangelhafte Fundamente könnten dafür ursächlich gewesen sein. Die Baumeister versuchten, durch Auffüllen der Kammern im Inneren und Abflachen des Winkels auf 43° das Volumen zu verringern und das Bauwerk wieder zu stabilisieren – mit Erfolg, und so blieb uns auch eine Pyramide mit Knick erhalten. Da die Mantelsteine leicht nach innen gekippt wurden, hat die Knickpyramide auch noch ihre ursprüngliche Verkleidung, die bei allen anderen Pyramiden verloren ging. Einzigartig ist die Erschließung der Grabkammer durch gleich zwei Eingänge.

Noch nicht ganz das Ideal: Die Knickpyramide von Dahschur

Warum Snofru nach der Knickpyramide auch noch die 2 km nördlich gelegene **Rote Pyramide** errichten ließ, bleibt rätselhaft. Diese, größer angelegt als alle bisherigen Pyramiden, wurde nie vollendet; der Pharao ließ sich in der Knickpyramide beisetzen. Man kann in die Grabkammern hinabsteigen. Neben der Pyramide ruht auf einem Podest das Pyramidion, also der Schlussstein des Bauwerks. In der Nachbarschaft Richtung Nil stehen noch drei Pyramiden der 12. Dynastie, nämlich (von Nord nach Süd) die *Schwarze Pyramide des Sesostris III.* (nördlich der Zufahrtsstraße), die *Weiße Pyramide des Amenemhet II.* und die aus Lehmziegeln gebaute *Schwarze Pyramide von Amenemhet III.*

Tägl. 8–17 Uhr, Eintritt 25/15 LE. Dahschur liegt etwa 20 km südl. von Saqqara. Das Dorf ist ab Giza, Marioutiya-Kanal, mit dem Minibus zu erreichen, die Pyramiden stehen 5 km außerhalb der Siedlung.

Lesetipp: Michael Haase, *Das Feld der Tränen. König Snofru und die Pyramiden von Dahschur*, Berlin (Ullstein).

Keine neue Pyramide, sondern das neue Museum von el-Minya

Mittelägypten

Mit den Denkmälern von Kairo und Luxor kann Mittelägypten nicht mithalten. Immerhin ist der Urlauber hier weitgehend ohne seinesgleichen und lernt die vom Tourismus kaum berührte Provinz kennen. Als Standorte für die Erkundung der Region eignen sich el-Minya und Sohag.

Für die Bewohner Kairos beginnt gleich vor den Toren der Hauptstadt *el-Sa'id*, der Süden. Der hat seit jeher einen denkbar schlechten Ruf, wird mit Armut, Rückständigkeit, Blutrache und religiöser Intoleranz assoziiert. In den 1990er-Jahren haben bewaffnete Auseinandersetzungen zwischen Islamisten und der Staatsmacht die Provinzen Beni Suef, el-Minya, Assiut und Sohag auch im Ausland in Verruf gebracht. Erst seit kurzem haben einzelne Reiseveranstalter diese Gegenden wieder in ihr Programm genommen.

Was erwartet den Urlauber, der sich allen Warnungen zum Trotz nach Mittelägypten wagt? Zuallererst wird er ein vom Tourismus kaum berührtes Ägypten kennenlernen. **Pharaonische Stätten** wie Beni Hassan oder Amarna, so spektakulär sie auch sein mögen, können mit den Pyramiden oder den Königsgräbern nicht mithalten. Die **Landschaft?** Nun ja, es gibt schöne Strecken mit bukolischen Szenen, hier und da wachsen Inseln und Auen aus dem Nil, doch meist verläuft die alte Hauptstraße abseits vom Fluss. Die **Kleinstädte**, eine reiht sich an die andere, haben bessere Zeiten gesehen.

Vor allem in den Dörfern und Landstädten Mittelägyptens überlebte das **koptische Christentum** bis in unsere Zeit. Südlich der Hauptstadt ergänzen mehr und mehr die charakteristischen Doppeltürme der Kirchen die Minarette, bis schließlich Kreuz und Halbmond gleichberechtigt die Silhouetten der Siedlungen zu beherrschen scheinen. Jeder fünfte Einwohner der Provinzen el-Minya, Assiut und Sohag ist Christ. Zwar gibt es auch bitterarme Kopten, doch sind die meisten Christen wirtschaftlich besser gestellt als der Durchschnitt ihrer muslimischen Landsleute.

El-Minya (el-Minjeh)

El-Minya ist ein Ort der Atmosphäre, nicht der Sehenswürdigkeiten. Diese liegen außerhalb der Stadt und sind ohne Taxi oder eigenen Wagen nur beschwerlich zu erreichen.

Basarviertel, Ägyptens schönste Uferpromenade, da und dort noch eine stattliche Villa oder ein morsches Hotel aus der Zeit, da hier noch die Paschas das Sagen hatten – viel mehr gibt es in el-Minya nicht zu sehen. Über zwei Jahrzehnte wurde um Standort und Finanzierung eines Echnaton-Museums gerangelt. Nun ist es auf dem Ostufer nördlich der Brücke immerhin in Bau.

So bescheiden sie auch sein mag, die Universitätsstadt hat die beste touristische Infrastruktur weit und breit. Wer die Echnaton-Stätte Tell el-Amarna oder die Gräber von Beni Hassan besichtigen will, muss in el-Minya übernachten.

*A*nfahrt

Von Kairo dauert die Anfahrt (250 km) auf der verkehrs- und abwechslungsreichen **Landstraße** *(tariq ez-zira'at)* am Westufer des Nils 4–5 Std. Schneller sind die Straße am Ostufer und die hinter den Giza-Pyramiden beginnende **Autobahn** *(tariq es-sahraui)*.

Von der **Busstation** 500 m südlich des Bahnhofs kommt man tagsüber stündlich nach Kairo (Moneib Terminal) und Assiut, ein Bus fährt direkt nach Hurghada. Nahezu alle **Züge** zwischen Kairo und Luxor halten in el-Minya. Abfahrten nach Kairo: 4.30, 5.00, 5.35, 6.00, 8.35, 12.00, 15.40, 17.00, 17.45, 18.45 Uhr.

Für **Tagesausflüge** mit dem **Taxi** in die Umgebung el-Minyas rechne man mit 80–150 LE. Solange die Ostufer-Straße noch nicht bis Amarna reicht, bieten sich die beiden folgenden Touren an: eine nach Beni Hassan in Verbindung mit Deir el-'Adra und Saujet el-Maitin, die andere nach Tell el-Amarna in Verbindung mit Hermopolis und Tuna el-Gebel.

*V*erschiedenes

Touristinformation: An der Corniche bei der Lamati-Moschee, ☏ 2731521. Hussein Farag (☏ 010-1299479) und sein Kollege Mahmoud Abdel Samir (☏ 010-3371388) arrangieren Ausflüge zu den Stätten der Umgebung. Sie stellen sich für 150 LE am Tag auch selbst als **Führer** zur Verfügung. Etwas günstiger führt John Ezat Fawzy, ☏ 012-3300816.

Die **Post** befindet sich am Anfang der vom Bahnhof zum Nil führenden Sh. el-Gomhuriya. Sa–Do 8–14 Uhr.

Telefonamt mit Kartentelefonen im Bahnhof.

> Telefonvorwahl: 086

*Ü*bernachten(→ *K*arte *S*. 150)

Aton (2), am Nordende der Corniche. Das Bungalowhotel direkt am Nil gilt als die beste Hoteladresse in Minya und wird von den seltenen Reisegruppen belegt. Die Bungalows verteilen sich über einen großflächigen Garten. Auf einem Ponton kann man auf dem Nil Kaffee trinken, selbstverständlich gibt es auch einen Pool. DZ 50 €. ☏ 2342993, ✉ 2341517, atonresort@yahoo.com.

Armed Forces Hotel (arab. *funduk el-geish*) **(9)**, am Ostufer südlich der Brücke. Auch Zivilisten dürfen in diesem Palast wohlgesichert übernachten. Zwar kann das Personal kein Englisch, doch findet sich unter den Militärs schnell ein höherer Dienstgrad als Dolmetscher. Die Zimmer sind sauber, mit pflegeleichten Fliesenböden, verfügen über TV und AC. Außer herrlicher Aussicht und einem schönen Garten am Nil bietet das Hotel auch Sportplätze und in der Nachbarschaft sogar eine Bowlingbahn und Autoscooter. DZ 250 LE. ☏ 2366283.

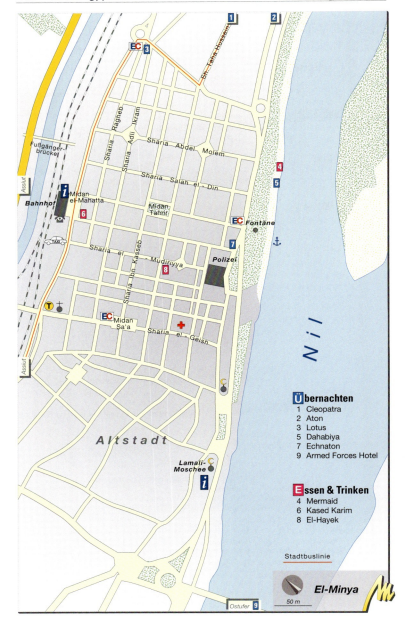

El-Minya   151

El-Minya, Blick vom Armed Forces Hotel auf die Stadt

Cleopatra (1), 2 km nördl. des Zentrums an einer belebten Straße. Relativ neu und mit kräftigen Farben dekoriert, wird das Hotel von einheimischen Geschäftsreisenden bevorzugt. Restaurant im Dachgeschoss. DZ 180 LE. Sh. Taha Hussein, ✆ 2370800, ✉ 2370801.

Akhenaten (Echnaton) (7), im Zentrum der Corniche. 50 Zimmer mit AC, TV und Kühlschrank, teils mit Nilblick. Die Zimmer sind unterschiedlich groß, die meisten haben neue Bäder. Alkoholfreies Restaurant. Von den Hotels im Stadtzentrum ist dies die beste Wahl. DZ 150 LE. ✆/✉ 2365918, www.kingakhenaton.8m.com.

Lotus (3), in Bahnhofsnähe laut gelegen, die schon etwas abgewohnten Zimmer mit AC und TV. Pluspunkte sind Dachrestaurant und -bar mit Alkoholausschank und Aussicht. DZ 100 LE. 1 Sh. Bur Sa'id, ✆ 2364500, ✉ 2364576.

Dahabiya (5), vor der National Bank: Übernachten im Hausboot auf dem Nil! Wenn das Sozialwerk der koptisch-evangelischen Kirche (CEOSS) sein Gästeboot gerade nicht selbst benötigt, vermietet „Kapitän" Wael Adly (✆ 10-1996829) die vier Zimmer (1–3 Betten, Etagenbad) an jedermann. Schlicht, doch romantisch und mit Flair. Das Boot ankert flussaufwärts neben der Mermaid./Pers. 80 LE. Corniche, ✆ 2342993.

*E*ssen & *T*rinken

Am besten ist die Küche des Hotels Armed Forces, doch auch die anderen **Hotels** haben akzeptable Restaurants.

Das ab dem späten Nachmittag geöffnete Restaurantboot **Mermaid (4)** ankert an der Corniche und kann so auch mit Aussicht und frischer Luft aufwarten. Zu essen gibt's Standards wie Spagetti Bolognese oder Hühnchen; auch wer nur einen Kaffee trinken möchte, ist willkommen.

Günstig isst und trinkt man auch gleich neben der Mermaid in der **Cafeteria des Dahabiya (5)**. Wahlweise kann man am Ufer oder auf dem Schiff sitzen.

Kased Karim (6), am Bahnhofsplatz, empfiehlt sich mit Snacks und süßen Törtchen als Konditorei für alle Tageszeiten. Auch Frühstück.

El-Hayek (8), Sh. el-Mudiriya, bietet Kuschari in riesigen Portionen. Schleckermäuler besuchen die Konditorei.

Alkohol wird nur in den Hotels Aton, Lotus und Ibn Khassib ausgeschenkt.

Sehenswertes um El-Minya

Wer sich für christliche Archäologie interessiert, wird die auf die Zeit Konstantins und Helenas zurückgehende Felskapelle im **Kloster Deir el-'Adra** besuchen. Der heute nur noch von der Hausmeisterfamilie bewohnte Konvent liegt malerisch auf dem Gebel et-Ter („Vogelberg"), einem Steilfelsen über dem Niltal. Der Überlieferung nach rastete hier die Heilige Familie auf ihrer Flucht nach Ägypten. An den Tagen vor Mariä Himmelfahrt, die hier nach dem koptischen Kalender am 22. August gefeiert wird, pilgern Christen wie Muslime aus der Region gerne zum Kloster.

Mit dem **Auto** bzw. **Taxi** in el-Minya über die Nilbrücke und dann direkt am Nil 21 km nordwärts zum Dorf Deir el-'Adra.

✫✫ Beni Hassan

Lebendige Wandmalereien und die herrliche Aussicht über den Nil machen die Gräber von Beni Hassan zu einem lohnenden Ausflugsziel.

Die 39 Felsengräber von Vornehmen des Mittleren Reichs sind längst ihrer beweglichen Schätze beraubt. Auch die Stuckbilder haben gelitten, zumal die Höhlen lange bewohnt waren. Bevorzugt sind Themen aus Natur und Alltag dargestellt: Antilopen und Wildziegen sichern dem Toten im Jenseits reiche Jagdgründe, Schlachtvieh und Ernteszenen lassen ihn auf Ewigkeit satt werden, Fische und Vögel versprechen ihm kulinarische Höhepunkte. Zu den Standardthemen der Grabmalerei in Beni Hassan gehören auch Tanz und Sport, Handwerksarbeit, das Einsammeln der Abgaben und die Totenfahrt nach Abydos.

Zu Gaufürst **Chnumhotep III.** (Grab Nr. 3) führt der Jagdmeister eine Kolonne von Männern, Frauen, Kindern, Vieh und opferbeladenen Lasttieren. Die naturalistisch und humorvoll gezeichneten „Sandwandler", wie die Beduinen in der Inschrift heißen, sind an ihren scharfen Nasen, dem spitzen Kinn und dem Backenbart als Semiten auszumachen. Andere Bilder zeigen Sport und Kriegsspiel. In ihnen kündigt sich die im Neuen Reich so dominante „Schlachtenmalerei" an.

An der Rückwand des **Grabs von Cheti** (Nr. 17) sehen wir die berühmten Ringkampfszenen: Reihenweise werden wir mit den Griffen und Kniffen der rotschwarz voneinander abgesetzten Ringer vertraut gemacht. Im **Grab von Baket** (Nr. 15), Vater des Cheti, beeindrucken an der Nordwand Szenen einer Wüstenjagd mit Fabeltieren. Die Ostwand gehört wiederum Ringkämpfern und Kriegern. An der Südwand u. a. naturalistische Tierdarstellungen und prügelnde Aufseher, auch eine Stillende wird von deren Hieben getroffen.

Einige Kilometer südlich bewacht der **Felsentempel Speos Artemidos** den Eingang eines Wadis. Die unter Hatschepsut und Thuthmosis III. ein halbes Jahrtausend nach den Gräbern geschaffene Anlage entspricht dem architektonischen Konzept des Neuen Reichs, wie es später unter Ramses II. in Abu Simbel seinen Höhepunkt fand. Lange Inschriften berichten von den ruhmreichen Taten Hatschepsuts.

Beni Hassan liegt am Ostufer. Für einen **Taxiausflug** rechne man mit 80 LE.

Wer den Ausflug nach Beni Hassan mit der **Besichtigung von Hermopolis und Tuna el-Gebe**l auf dem Westufer verbinden will, muss 150 LE für das Taxi zahlen. Es fährt dann am Westufer entlang und bringt Sie zum Fähranleger bei Abu Qurqas, 25 km südlich von el-Minya, wo der Fahrer wartet, während Sie nach Beni Hassan übersetzen. Die **Fähre** kostet pro Fahrt und Tourist 5 LE. Am Ostufer angekommen, geht man die kurze Strecke zur Cafeteria mit Kasse zu Fuß.

Öffnungszeiten: Tägl. 9–17 Uhr, Eintritt 25/13 LE.

Hermopolis

Der noch zu Napoleons Zeiten leidlich erhaltene Kultort des Gottes Thoth verschwand im 19. Jh. weitgehend in den Kalköfen der Bauern. Beeindruckend sind die Reste der frühchristlichen Basilika.

Der ibisköpfige Thoth, Gott der Weisheit und Patron der Schreiber, war pharaonischer Stadtgott von *Schmunu*, dem Hauptort des Hasengaus. Die Ptolemäer verschmolzen Thoth mit Hermes und nannten den Ort *Hermopolis Magna*. Der altägyptische Name Schmunu lebt noch im nahen Dorf Aschmuneïn fort. Die Priester von Schmunu entwickelten den Mythos vom Ur-Ei, aus dem die Sonne entschlüpfte und damit die Schöpfung begann. Mit der Verbindung von Hase und Ei wurde Schmunu zur Wiege abendländischen Kulturguts in Gestalt des Osterhasen. In Europa wurde das Fabeltier freilich erst 1678 durch den Heidelberger Medizinprofessor Georg Franck von Franckenau bekannt, der es in seinem Werk *Satyrae medicae* beschrieb.

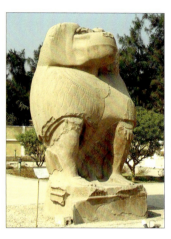

Ein Pavian im Freilichtmuseum Hermopolis

Blickfang des weitläufigen Trümmerfelds sind die wieder augerichteten Säulen einer imposanten **Basilika**, die im 5. Jh. über einem ptolemäischen Tempel errichtet worden war. Nordöstlich davon die Reste eines **Pylons** von Ramses II. Im Fundament waren über tausend farbig bemalte Reliefblöcke aus dem Anton-Tempel von Amarna verbaut; die meisten davon wurden entwendet und an Museen und Sammler in aller Welt verkauft. Der durch den Pylon laufende Prozessionsweg führte zum **Thoth-Tempel**. Nur wenige umgestürzte Säulen in einem Palmenhain erinnern an das uralte Heiligtum, das zuletzt 330 v. Chr. unter dem Oberpriester Petosiris erneuert wurde. Zum Tempel gehörten auch die von den Archäologen in einem **Freilichtmuseum** (an der Zufahrt) neben anderen Großstatuen wieder aufgerichteten Pavianfiguren.

Für einen **Taxiausflug** von el-Minya nach Hermopolis Magna und Tuna el-Gebel rechne man 80 LE, in Verbindung mit Beni Hassan oder Amarna 150 LE. Die Ausgrabung liegt südlich von Mellaui am Rande des Dorfs Aschmuneïn.

Öffnungszeiten: Tagsüber geöffnet, Eintritt 20/10 LE.

Warnung: Das Gelände war früher Militärgebiet, angeblich liegen hier noch Minen herum. Bleiben Sie deshalb auf den Wegen und in der Nähe der Monumente.

☆ Tuna el-Gebel

Häuser für die Toten, Katakomben für mumifizierte Tiere, ein Schöpfwerk für Affen und Vögel, dazu die Geschichte der schönen Isidora – die Nekropole Tuna el-Gebel ist ein recht ungewöhnlicher Friedhof.

Außer Pavian und Ibis wurden auch Falke und Eule als heilige Tiere mit Thoth assoziiert. Auf dem Friedhof Tuna el-Gebel versorgte eine ptolemäische **Sakija**, die

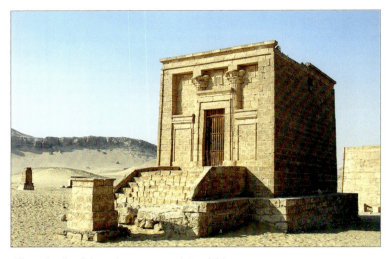

Hier ruht die nicht mehr ganz so schöne Isidora

älteste ihrer Art in Ägypten, die Tränke für Vögel und Affen. Wer sich vor Fledermäusen nicht fürchtet, mag in den mehr als 30 m tiefen Brunnenschacht hinabsteigen. In den benachbarten **Katakomben** fand man Tausende **mumifizierter Affen und Vögel**, die einst von den Priestern umhegt und gepflegt und schließlich in Würden bestattet wurden. Pilger stifteten Särge für die heiligen Tiere, um den Gott der Weisheit zu erfreuen.

Der **Grabtempel des Petosiris** demonstriert, wie die Künstler des pharaonischen Ägypten die überlieferten Themen immer wieder reproduzierten, aber doch ihren Stil veränderten. Während die profanen Alltagsszenen der Vorhalle einen deutlichen griechischen Einschlag verraten, sind die religiösen Halbreliefs in der hinteren Kapelle noch rein ägyptisch gearbeitet – die Neuerung endete hier an der Schwelle zum Jenseits. Der Sarkophag wird im Ägyptischen Museum zu Kairo gezeigt.

In römischer Zeit wurde Petosiris als Heiliger verehrt. Viele wollten in seiner Nähe bestattet sein, um das Grab wuchs eine ganze Totenstadt. In einem Grabhaus ruht die **Mumie der Isidora**. Der Legende nach ertrank die junge Frau auf der Überfahrt zur Hochzeit mit ihrem Bräutigam am anderen Nilufer. Nach einer romantischeren Version versuchte sie heimlich des Nachts zu ihrem Geliebten zu rudern. In einem an der Wand des Grabraums verewigten Gedicht preist der Vater die Schönheit des Mädchens – der Mumie ist die Wohlgestalt der Verblichenen indes nicht mehr anzusehen.

Das **Rasthaus** von Tuna el-Gebel geht auf den damaligen Kultusminister **Taha Hussein** zurück, der sich hier in der Einsamkeit gern vom Trubel Kairos erholte. Die alten Wächter berichten, der Schriftsteller und Philosoph habe, wenn er in Tuna el-Gebel weilte, täglich das Grab der Isidora besucht und ihr eine Kerze gestiftet. Auch der ägyptische Stararchäologe *Zahi Hawass* ist Tuna el-Gebel eng verbunden. Er begann hier als Inspektor seine Karriere, die ihn bis auf den Chefsessel der Altertümerverwaltung brachte.

Sehenswertes um El-Minya

Etwa 2 km vor dem Rasthaus führt neben der Zufahrt eine Monumentaltreppe hinauf zu der von einer Glaswand geschützten **Echnaton-Stele**. Ursprünglich wohl die Rückwand einer Felskapelle, markierte sie die Grenze des Stadtgebiets von Amarna. Unter der der Sonne opfernden Königsfamilie verkündet der Pharao seinen Entschluss, eine neue Hauptstadt zu gründen.

Die Anfahrt ist derzeit nur mit dem **Taxi** möglich (siehe Hermopolis). Am westlichen Dorfausgang von Aschmuneïn lässt man die Hermopolis-Abzweigung rechts liegen und nimmt stattdessen die nächste Abzweigung nach rechts. Nach 6 km erreicht man die Eintrittskasse, von dort sind es noch weitere 5 km bis zur Nekropole.

Öffnungszeiten: Da derzeit in der Woche allenfalls ein Dutzend Besucher vorbeikommen und der Schlüsselgewaltige nicht immer vor Ort ist, wird geraten, den Besuch über das Touristoffice in el-Minya bereits vorab anzukündigen. Eintritt 20/10 LE.

Mumifizierte Falken im Museum von Mellaui

Mellaui (Mallawi)

Der schleichende ökonomische Niedergang bereitete in der 45 km südlich von el-Minya gelegenen Kreisstadt den Boden für die Islamisten, die Mellaui zu einem Schwerpunkt ihrer bewaffneten Rebellion machten. Daraufhin geriet die Stadt unter das drakonische Regime der staatlichen Sicherheitskräfte, die mit Razzien, Ausgangs- und Straßensperren das öffentliche Leben lähmten.

Ein **Museum** zeigt in verstaubten Vitrinen Grabungsfunde aus der Region: Statuen und Mumien von Affen und Ibissen, Sarkophage, griechisch-römische Wandmalereien und Totenmasken, dazu (im Obergeschoss) allerlei Kleinfunde. Als schönstes Stück gelten die im Alten Reich aus Kalkstein gefertigte Sitzstatue des Pepi-anch und seiner Frau sowie die Statue einer Ramsestochter.

Nach Mellaui kommt man von el-Minya am einfachsten und ohne Polizei-Stress mit dem **Zug**. Das Museum steht in der Neustadt an der Ost-West-Hauptstraße neben dem Rathaus. Geöffnet tägl. 9–16 Uhr, Mi- und Freitagnachmittag geschlossen. Eintritt 10/5 LE.

156 Mittelägypten

Tell el-Amarna

Enttäuscht sind die meisten Besucher von Tell el-Armana, der Stadt des Echnaton. Außer einigen Grundmauern und Gräbern ist von der Stadt des „Sonnenkönigs" nichts erhalten geblieben.

Um seine Neuerungen zu unterstreichen (→ Kasten S. 159), gründete Echnaton ungefähr 1350 v. Chr. weit entfernt vom verhassten Theben seine neue Hauptstadt Achet-Aton („Horizont der Sonne"), heute Tell el-Amarna genannt. Mit dem Tempel des Aton und dem Königspalast im Zentrum erstreckte sie sich 2,5 km am Nilufer entlang. Nach Echnatons Tod gewannen unter seinem (vermutlichen) Schwiegersohn Tutanchamun jedoch die Amun-Priester wieder die Oberhand. Gerade mal 14 Jahre nach Baubeginn wurde Achet-Aton aufgegeben und geschleift. Und was damals nicht beseitigt wurde, besorgten die Jahrtausende danach.

Tell el-Amarna liegt am Ostufer. Eine Straße von Beni Hassan her ist im Bau, doch 2010 setzte man noch mit der Fähre über. Für einen **Taxiausflug** ab el-Minya rechne man 80 LE, in Verbindung mit Hermopolis und Tuna el-Gebel 150 LE.

Eine **neue Nilbrücke** südl. von Mellaui war 2010 noch im Bau. Bis zur Eröffnung setzt man noch mit der **Fähre** über. Dazu verlässt man 5 km südlich von Mellaui die Landstraße links und überquert den Ibrahimiya-Kanal – die Stichstraße führt zur Anlegestelle am Nil, wo die **Fähre nach et-Till** übersetzt (Personenfähre 4,50 LE/Pers., auch Autotransport).

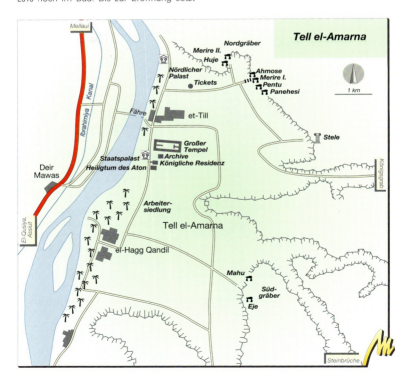

Öffnungszeiten: Die Stätte ist tägl. 7–17 Uhr, Okt.–Mai bis 16 Uhr geöffnet. Alles liegt weiträumig verstreut, und man braucht ein Auto. Wer ohne Wagen unterwegs ist, bekommt einen samt Fahrer für 80 LE am Kartenhäuschen beim Fähranleger et-Till. Eintritt für die Stätte 30/15 LE; dazu kommen noch gesonderte Tickets für das Echnaton-Grab (25/15 LE). In den Gräbern darf nicht fotografiert werden.

Essen & Trinken: An der Fähre und bei den Nordgräbern bieten Teebuden Erfrischungen.

Internet: Amarna, die Stadt des Echnaton, wird dokumentiert unter www.amarnaproject.com.

> Man bringe ausreichend Kleingeld mit! Bürgermeister, Fahrer, Schließer, Wächter und Beleuchter erwarten jeweils ein Bakschisch.

Die Stadt

„Welcome – Civilisation starts Here", grüßt ein Schild an der Fähre – und der Ankömmling wird von Kindern umringt, die ihm Korbwaren zu verkaufen suchen. Aber wo ist die angekündigte Kultur? Die meisten Gebäude von Achet-Aton bestanden nur aus Lehmziegeln, und die kleinen Steine, mit denen man der Eile halber die Tempel errichtet hatte, ließen sich bequem abtransportieren und anderswo verwenden. Schwer vorzustellen, dass hier einst 50.000 Menschen wohnten.

Der Reisende wird im staubigen Kleinbus über eine große, flache Sandfläche kutschiert, passiert hier und da ein paar Fundamente und rekonstruierte Säulenbasen des **Aton-Tempels** und der Paläste. Östlich des Hauptpalasts, so erfahren wir, wurde 1885 das Staatsarchiv mit den aufschlussreichen **Amarna-Tafeln** gefunden. In diese Tontafeln war die diplomatische Korrespondenz zwischen Ägypten und seinen Nachbarstaaten geritzt. Aus dem Schutt einer Bildhauerwerkstatt stammt das Wahrzeichen der ägyptologischen Sammlung Berlins, die **Büste der Nofretete**.

Die Gräber

An den Rändern der Ebene versöhnen zwei Gruppen von Felsengräbern, **Nord** und **Süd** genannt, mit dem sonst enttäuschenden Amarna. Die meisten blieben unvollendet und wurden wahrscheinlich nie belegt. Stil und Thematik der Reliefs machen sie einzigartig. Während sonst der Grabherr und seine Familie im Mittelpunkt stehen, kommt diesen in Amarna nur eine Nebenrolle zu. Sie begegnen uns etwa im Eingang beim Rezitieren der Aton-Hymne oder als Nebenfiguren in Szenen mit der königlichen Familie. Um diese geht es in Amarna. Sie wird wieder und wieder gezeigt, dazu die Gebäude und sogar die Gärten von Achet-Aton.

In der **Nordgruppe** zählt das **Grab von Merire I.** (Nr. 4) zu den schönsten. Im Eingang zum Säulenraum sehen wir den Aton-Priester Merire (rechts) und seine Gemahlin (links) beim Gebet. In der linken Hälfte des Raums (vom Eingang im Uhrzeigersinn) wird er vom Pharao (im Fenster des Palasts) mit Gold beschenkt und in sein Amt als Aton-Priester eingeführt. Dann die königliche Familie mit Gefolge auf dem Weg zum Tempel, wo sie vom Priester mit Opfertieren und blinden Musikanten erwartet werden. Auf der rechten Eingangswand opfert die königliche Familie: An den Altären zelebriert Merire mit einem Kollegen, darunter Höflinge, Priester und der Tempelchor. Von den Höflingen hielt der Künstler offenbar wenig: Er karikiert sie mit Glatze, Schlitzaugen und spitzem Kinn. Auf der Südwestwand sehen wir den Palast und den Besuch der Herrscherfamilie im Tempel, darunter wird Merire von Echnaton und Nofretete beschenkt. Auf der rechten Rückwand schließlich das Anwesen des Grabherrn.

Mittelägypten

Hier huldigte Nofretete dem Gott Aton

Das **Grab des Huje** (Nr. 1), Haushofmeister der Königsmutter Teje, liegt abseits und wird nur selten besucht. Neben dem königlichen Paar und den Prinzessinnen sind im Vorraum auch **Teje**, deren Gemahl Amenophis III. und Tochter Baketaton dargestellt. In einer **Speiseszene** (rechte Eingangswand) hält Nofretete eine Gans in der Hand – in den Augen der Amun-Priester ein schrecklicher Frevel, wird doch hier das Symbol ihres Gottes verspeist! Auf der linken Wand nimmt die Herrscherfamilie **Tribut** aus Syrien und Nubien entgegen.

Auch das **Grab von Merire II.** (Nr. 2), Vorsteher des königlichen Harems, liegt abseits der üblichen Route. Es wurde noch unter Echnatons Nachfolger Semenchkare bearbeitet, ausnahmsweise sind hier auch die Säulen des Vorraums intakt. Die schon von Huje bekannte **Tributszene** ist hier besonders detailreich ausgeführt.

Im unvollendeten **Grab von Ahmose** (Nr. 3), „Wedelträger zur Rechten des Königs", sind die meisten Reliefs nur vorgezeichnet. An der linken Wand des Vorraums, über dem Mahl der Herrscherfamilie, bahnt eine bewaffnete Eskorte im Laufschritt dem königlichen Wagen den Weg zum Tempel – „Sicherheitskräfte" anno dazumal.

Das **Grab des Arztes Pentu** (Nr. 5) ist unvollendet und stark zerstört.

Panehesi (Grab Nr. 6) war Priester am Aton-Tempel. Hier ist auch der Schmuck an der Außenwand des Eingangs noch erhalten und zeigt auf dem Türsturz zwei betende Hofzwerge. Die erste Halle diente in christlicher Zeit als Kirche, eine Scheintür wurde zu einem Taufbecken umgebaut.

Von den **Südgräbern** lohnen sich besonders Nr. 9 und Nr. 25 (S. 159). **Mahu** (Grab Nr. 9) war Polizeichef von Achet-Aton. Die Wände der vorderen Halle zeigen alle Arbeitsschritte von der ersten Skizze bis zum fertigen Relief, sodass sich hier die Technik der Künstler gut nachvollziehen lässt. Links Szenen aus dem Berufsleben des Polizeichefs: oben ein befestigtes Lagerhaus mit Waffen und Vorräten, Bedienstete bringen Waren; darunter grüßt Mahu, hinter sich drei gefangene Ausländer, den Wesir und eine Gruppe von Offizieren und Beamten. Dann der Grabherr im Wagen, darüber wärmt er sich an einem Becken mit glühender Kohle. In der Ecke Mahu (mit Hund) im Gespräch mit einem Schreiber, darunter vielleicht Mahus Haus. An der linken Rückwand eine Prozession der nubischen Polizeitruppe.

„Ketzerkönig" Echnaton

Echnaton, ursprünglich als Amenophis IV. auf den Thron gekommen, wollte sich dem politischen Einfluss der Amun-Priester Thebens entziehen. Fortan sei nicht mehr dem Amun und seiner korrupten Priesterschaft zu opfern, sondern es seien die Opfer dem neuen Gott Aton darzubringen, dazu dem obersten Priester, dem Pharao, und den von ihm bestimmten Aton-Priestern. Der König verbot seinen Untertanen sogar das Gebet zu den Göttern. Jedermann hatte sich zunächst an den Pharao als Mittler zu wenden, denn nur dessen Gebete hört Aton an.

Man wird Echnaton („dem Aton wohlgefällig") nicht absprechen, dass er tatsächlich davon überzeugt war, was er dem Volk predigen ließ. Vieles deutet darauf hin, dass seine Beschäftigung mit theologisch-metaphysischen Problemen ihm gegen Ende seines Lebens keine Zeit mehr zur Politik ließ. Fremde Völker überschritten die Grenzen, ohne dass der Pharao zu reagieren fähig gewesen wäre.

Echnatons Gedanken konnten auf eine alte Tradition der ägyptischen Priesterschaft aufbauen, in der es schon immer Schulen gab, die das Schwergewicht auf *einen* Gott legten. Diesem Ur- oder Schöpfergott wurde meist in Gestalt des Sonnengottes Re gehuldigt. Echnaton ist also keineswegs geistiger Urheber der monotheistischen Weltreligionen. Er hat nur als Erster den Glauben an einen Gott zur Staatsreligion erhoben.

Das **Grab des Eje** (Nr. 25), möglicherweise Vater der Nofretete, war besonders grandios geplant. Von der Halle mit 24 Säulen wurde jedoch nur die eine Hälfte vollständig aus dem Fels gearbeitet. Der nach Tutanchamuns Tod zum Pharao aufgestiegene Eje ließ sich in Theben ein neues Grab bauen und wurde schließlich dort im Tal der Könige beigesetzt (S. 198). Die einzige vollendete Szene zeigt Eje und Gattin Tij vor dem Palast, wo sie von der königlichen Familie beschenkt werden.

Königsgrab: Gesondert von den übrigen Gräbern liegt die Familiengruft Echnatons etwa 11 km östlich von et-Tell im Darb el-Melek, einem weltabgeschiedenen Tal. Sie war für die Bestattung des Pharaos, der früh verstorbenen Tochter Meketaton und für zwei weitere Personen vorgesehen, vielleicht Nofretete und Mutter Teje. Da das spröde Gestein kaum zu modellieren war, wurden die Reliefs auf einer Gipsschicht aufgetragen – umso leichter waren sie zu zerstören oder zu stehlen. Die Gruft ist derart verwüstet, dass ein Besuch allein der Bilder wegen kaum lohnt – nur wer dem gescheiterten Reformer Echnaton seine Referenz erweisen will, wird die schwierige Anfahrt auf sich nehmen. Sein Sarkophag ist im Kairo-Museum zu sehen.

Vom Grundriss folgt die Anlage den Vorbildern im Tal der Könige. Treppe und ein langer Korridor führen in den Berg. Auf halber Strecke zweigt rechts ein **unvollendetes Grab** ab, das vielleicht für Nofretete vorgesehen war. Der Korridor mündet in eine zweite Treppe und den Schachtraum, dahinter liegt die **Grabkammer des Königs**.

Nennenswerter Wandschmuck blieb nur im **Grab von Meketaton** erhalten, das vor der letzten Treppe rechts abzweigt. Im ersten Raum huldigen die Königsfamilie und das Volk, sogar Ausländer der untergehenden (links) und aufgehenden (rechts) Sonne. Rechts vom Eingang trauern das Königspaar und Klageweiber um die aufgebahrte Prinzessin. Eine Amme hält ein Baby, woraus einige Forscher schlossen, dass Meketaton im Kindbett gestorben sei. Der zweite Raum blieb ohne Wandschmuck, im dritten wiederum Trauerszenen.

Sohag

Als Mittelägypten seinen Ruf als touristisches Reiseziel noch nicht ruiniert hatte, war Sohag Ausgangspunkt für den Besuch von Abydos sowie des Weißen und Roten Klosters. Mit einem neuen Museum und den Ausgrabungen in Achmim versucht die Stadt nun, wieder Besucher zu gewinnen.

Ein neues Hotel hat aufgemacht, erste Reisegruppen übernachten wieder in der Stadt. Auf dem Ostufer wird hinter der Provinzverwaltung gerade ein **Museum** eingerichtet, das die archäologischen Funde aus Region zeigen soll. Montag früh gibt es an der Ausfallstraße nach Girga einen großen **Viehmarkt**. Anderweitige Sehenswürdigkeiten hat Sohag nicht. Doch wer Achmim oder die Klöster besuchen will, kommt um die Stadt kaum herum.

*I*nformationen

Telefonvorwahl: 093

• *Anfahrt* Der Polizei ist es am liebsten, wenn Sie mit der **Bahn** kommen. Bis auf die Schlafwagenzüge halten alle Züge zwischen Kairo und Luxor in Sohag.
Die **Busstation** befindet sich im Süden des Stadtzentrums beim Krankenhaus. Gute Verbindungen nach Assiut, el-Minya und Kairo, aber nur ein morgendlicher Bus nach Luxor.
• *Verschiedenes* Die **Touristinformation** (So–Do 9–15 Uhr, ✆ 4604913) befindet sich im Governorat am Ostufer. Hasan Rifat (✆ 010-3342824) und sein Kollege Mahmoud Ahschour arrangieren Übernachtung und Ausflüge.

Die **Post** und das benachbarte **Telefonamt** mit Kartentelefonen stehen an der Corniche.
• *Übernachten/Essen* **Nile**, neueres Hotel am Nil, das gern von Reisegruppen gebucht wird. Ausgestattet ist es auf ägyptischem 4-Sterne-Niveau, doch lassen Professionalität und Engagement des Personals viele Wünsche offen. DZ 250–350 LE. Am Ostufer bei der Brücke, ✆ 4606255, ✉ 4606093.

El-Safa, ein 3-Sterne-Haus am Nil und die beste Wahl in der Stadt. Freundliches Personal. Lobby im Retrostil, die geräumigen Zimmer sind mit AC, Kühlschrank, TV und Balkon mit Nilblick ausgestattet, Restaurant. DZ 280 LE. Corniche, ✆ 2307701, ✉ 2307704.

Außer den Hotelrestaurants gibt es vor dem Bahnhof die üblichen **Imbiss- und Saftstände**.

Umgebung von Sohag

Achmim: Ihren Namen hat diese Kleinstadt am Ostufer von Min, einem pharaonischen Fruchtbarkeitsgott, der hier besonders verehrt wurde. Der lokalen Überlieferung nach ist sie gar die älteste Stadt Ägyptens, gegründet von Kusch, einem Enkel des Noah. Ob's stimmt oder nicht, jedenfalls lebt Achmim ganz gut von seiner Vergangenheit. Ägyptische Artefakte im Angebot internationaler Kunstschmuggler stammen oft aus den Baugruben der Altstadt.

Die Monumentalstatue der Ramses-Tochter und -gattin Meret Amun, die 1981 ans Licht kam, war für die Schmuggler offenbar eine Nummer zu groß. Zusammen mit einem sitzenden Ramses, einer römischen Isis, allerlei Stelen und Architekturfragmenten, mit steinernen Pavianen und weiteren Monumentalstatuen ist Meret Amun in einem **Freilichtmuseum** ausgestellt (tägl. 9–17 Uhr, Eintritt 25/15 LE). Als weiteren spektakulären Fund vermeldete die Altertümerverwaltung 2004 einen 700 Tonnen schweren Ramses II. Der sitzende Koloss ähnelt den Ramses-Statuen von Abu Simbel. Der Fundort, an dem einst ein Tempel stand, wird derzeit noch weiter erforscht.

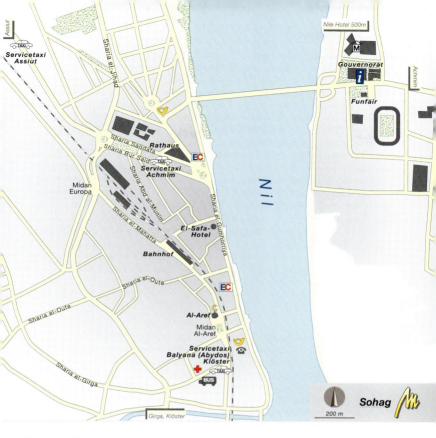

Koptische Textilien, wie sie weltweit in den Museen präsentiert werden, stammen von einem **antiken Friedhof** im Osten der Stadt. Die dazugehörigen Mumien, 10.000 sollen es gewesen sein, verkaufte man Ende des 19. Jh. als Brennmaterial an die ägyptische Eisenbahn. Vom gleichen Gräberfeld stammen die in vielen koptischen Kirchen verehrten Reliquien der **Märtyrer von Achmim**. Diese Gebeine, die der Erzbischof von Achmim zu verschenken pflegt, stammen von Mumien, die Mönche des Klosters esch-Schuhada entdeckten, als sie 1990 einen Olivenhain anlegten. Unmoralisch? Schon die Kirchenväter Athanasius und Schenute wetterten gegen die Unmoral der Bewohner. Und Nestorius, der auf dem Konzil von Ephesus der Häresie bezichtigte Patriarch von Konstantinopel, wurde hierher verbannt, wohl weil man dachte, es gäbe nichts mehr zu verderben.

Achmim erreicht man per **Taxi** vom Bahnhof der Provinzhauptstadt Sohag.

Einkaufen: Die handwerkliche Textilproduktion hielt sich in Achmim bis ins 19. Jh., dann brachten billige Importware und Fabrikwebereien die Heimarbeiter um ihren Broterwerb. Einer katholischen Laienorganisation verdanken wir die Wiederbelebung dieses Handwerks nach dem Zweiten Weltkrieg. **Schals, Teppiche** und **Tücher** von hoher Qualität werden in Achmim etwa in einem **Fabrikladen** gegenüber dem Postamt nahe der Meret-Amun-Statue verkauft, in Kairo bei Egypt Crafts (S. 102) oder Senouhi (S. 98).

Klöster von Sohag: Im knapp 10 km westlich des Stadtzentrums gelegenen **Weißen Kloster** *(Deir el-Abyad)* sollen einst 4000 Mönche gelebt haben. Im Geröll und Wüstensand erkennt man noch die Grundmauern ihrer Unterkünfte und Wirtschaftsgebäude. Schmuckstück des Klosters ist seine dem heiligen *Schenute* (350–466) geweihte Hauptkirche. Äußerlich gleicht der wehrhafte, kastenförmige Bau aus weißem Kalkstein einem Tempel, den dreischiffigen Innenraum gliedern Säulen und Rundnischen. An die südliche Längsseite ist ein Narthex angefügt, über dessen Zweck die Wissenschaftler rätseln. Schenute, der in Rom und Konstantinopel durch seinen Auftritt auf dem Konzil von Ephesus bekannt wurde, wirkte lange Jahre als Abt des Weißen Klosters. Er war ein fleißiger Autor und ließ seine Mönche zahlreiche religiöse Schriften ins Koptische übersetzen, sodass das Kloster schließlich die größte koptische Handschriftensammlung aller Zeiten besaß – was davon übrig blieb, wurde im 19. Jh. Blatt um Blatt in alle Welt verkauft und zerstreut.

Dem **Roten Kloster** *(Deir el-Ahmar)* geben gebrannte Ziegel Farbe und Namen. Es ist deutlich bescheidener als sein Pendant und liegt 3 km nördlich von diesem inmitten einer Siedlung. Sein dem Anba Bischoi geweihtes Gotteshaus kopiert maßstabsgetreu verkleinert die Kirche des Weißen Klosters. Die farbenfrohen Wand- und Deckenbilder werden derzeit gereinigt und restauriert, und Experten sagen dem Kloster eine große Zukunft als Touristenattraktion voraus.

Die Klöster erreicht man per Taxiausflug (40–50 LE) vom Bahnhof Sohag. Die Nutzung von Sammeltaxis wird Ausländern von der Polizei nicht gestattet.

Am 14. Juli jedes Jahres feiern Kopten und Muslime am Weißen Kloster gemeinsam eine große **Wallfahrt**. Dabei rollen sich Frauen, die wider Willen bislang kinderlos blieben, in einen Sack gepackt einen Hügel hinunter, um so den Kindersegen zu erlangen. Der seltsame Brauch mag mit der Überlieferung zusammenhängen, dass der strenge Schenute dereinst seinen Mönchen gebot, sich im Sand zu wälzen, um sich zu säubern; das Waschen mit Wasser galt Schenute als übertriebener Luxus.

☆☆ Abydos

Abydos war eine der ältesten Kultstätten am Nil. Hauptsehenswürdigkeiten sind der unter Ramses II. vollendete Tempel von Sethos I. und dessen Scheingrab.

Schon die Pharaonen der Frühzeit ließen sich hier bestatten – bis in die 1. Dynastie mitsamt Dienern, Frauen und Hofzwergen, wobei unklar ist, ob der Hofstaat dem Herrscher freiwillig in den Tod folgte. Esel und Lieblingshunde taten dies sicher nicht, sie wurden als Grabbeigaben erschlagen. Im Mittleren Reich erinnerte man sich der Gräber dieser frühen Könige und verklärte die Verstorbenen zu Göttern. Mit ihnen wurde auch Osiris populär, der an die Stelle des örtlichen hundsköpfigen Totengottes Chont-amenti trat. Man vermutete, Osiris' Kopf sei hier begraben, und wollte ihm nah sein. Einfache Leute ließen, wenn schon nicht sich selbst, wenigstens Devotionalien oder ein kleines Tontäfelchen in Abydos vergraben. Die weitläufige, über 2000 Jahre belegte Nekropole ist für Laien freilich weder interessant noch geöffnet.

Abydos liegt am linken Nilufer etwa 150 km flussaufwärts von Luxor beim Städtchen el-Balyana. **Züge** brauchen für die Strecke 2½ Std. Nimmt man in Luxor den Zug um 8.45 Uhr nordwärts, hat man in Abydos genügend Zeit zur Besichtigung, um dann

um 15.20 Uhr mit dem Schnellzug wieder nach Luxor zurückkehren zu können.
Am Bahnhof el-Balyana arrangiert die Polizei den **Taxitransport** (hin und zurück 20 LE) zum 10 km entfernten Tempel.
Für einen **Taxiausflug ab Luxor** einschließlich der Besichtigung von Dendera sind 250–300 LE angemessen. Organisierte **Bustouren** ab Luxor sind deutlich teurer.

Der **Sethos-Tempel** ist tägl. 8–17 Uhr geöffnet. Eintritt 30/15 LE.
Übernachten: **House of Life**, das esoterische Zentrum gleich gegenüber vom Tempel hat 7 einfache Gästezimmer mit Etagenbad. Sind gerade keine Gruppen da, wird an jedermann vermietet – ohne Druck, an den Meditationen und spirituellen Praktiken teilzunehmen. DZ 210 LE. Sh. el-Gomhouriya, ✆ 012-7330071, www.houseoflive.info

✩✩ Tempel Sethos' I.

Wer, von Dendera kommend, den gut erhaltenen Sethos-Tempel in Abydos besichtigt, macht einen Zeitsprung von 1200 Jahren. Das Heiligtum war gleich sieben Göttern geweiht und hatte noch einige Sonderfunktionen. Der verwinkelte Tempel zählt etwa 600 großflächige Darstellungen, nicht gerechnet die kleineren Szenen auf Säulen, Durchgängen, Türstürzen und Friesen.

Erster Hof: Thema sind hier die politischen und militärischen *Taten des Ramses*. An der Westecke der Nordwand beginnend, erkennt man (im Uhrzeigersinn) folgende Motive: Ramses reitet zur Schlacht (**1**), schlägt sich (Südwand) mit Syrern, Kanaanitern, Asiaten und anderen (**2**) und schenkt seine Beute schließlich (Südwestecke) dem Amun und Vater Sethos (**3**). An der Front zum zweiten Hof sind (**4**, links) 29 Söhne und (**5**, rechts) 29 Töchter des Ramses verewigt, denen der Zahn der Zeit aber schon sehr zugesetzt hat.

Zweiter Hof: Der zweite Hof ist den *religiösen Verdiensten des Ramses* gewidmet. An den Nord- und Südmauern opfert er allerlei Göttern, in der Nordwestecke (**6**) dem Hausherrn Osiris. An der Außenfront des Tempels wird die Inthronisation des Ramses dargestellt (**7**). In der Südhälfte rühmt Ramses in einer recht langen Inschrift seine Verdienste und sucht sich für den Thron zu legitimieren (**8**). Um Platz für diese Inschrift zu gewinnen, ließ er drei von den ursprünglich sieben Tempeltoren zumauern.

Erste Säulenhalle: An der Ostwand der ersten Halle zeigen die beiden nördlichen Register (**9**) idealtypisch *Gründung und Bau eines Tempels*.

Gründungsritual: Nachdem am Vorabend die Astronomen den Ort des künftigen Tempels anhand der Sterne genau fixiert hatten, vollzog der Pharao mit seiner Familie die einzelnen Schritte des Gründungsrituals: Festlegen der Tempelachse, Ausmessen und Fixieren der Eckpunkte mit Pfosten, Ziehen der Gräben für die Fundamente, Formen der Ziegel, Auffüllen der Gräben beiderseits der Ziegelfundamente mit Sand und Tonscherben (als Wasserschutz), Versenken symbolischer Ecksteine und von Röhren mit Tonmodellen der Werkzeuge, Reinigen der Fundamente mit Kalk, Vergraben der Köpfe der beim abschließenden Fest geopferten Tiere.

Zum obligatorischen Kanon gehört die *Einführung des lebenden Pharaos* in sein Amt. Weil die alten Ägypter ihre Bilderfolgen nach einem uns fremden Schema ordneten, ist das Ritual für den modernen Betrachter nicht auf Anhieb nachzuvollziehen. Nach einer logischen Abfolge wäre an der Nordwand der ersten Halle (**10**) zunächst die untere Reihe von links nach rechts zu lesen; dann (**11**) die Nordhälfte der Westwand (erste Halle) von links nach rechts jeweils unten und oben im Wechsel, weiter die obere Reihe der Nordwand – und der Rest steht wieder ganz woanders. Zudem sind alle Rituale doppelt dargestellt, nämlich in der Nordhälfte des Tempels für den König von Unterägypten und in der Südhälfte nochmals für den Regenten Oberägyptens. Beide sind an ihren Kronen zu unterscheiden.

① Ramses reitet zur Schlacht
② Ramses in der Schlacht
③ Ramses opfert die Beute
④ Die Ramses-Söhne
⑤ Die Ramses-Töchter
⑥ Ramses opfert dem Osiris
⑦ Inthronisation des Ramses
⑧ Große Inschrift
⑨ Gründung und Bau des Tempels
⑩, ⑪ Einführung des Pharaos in sein Amt
⑫ Osirisfest

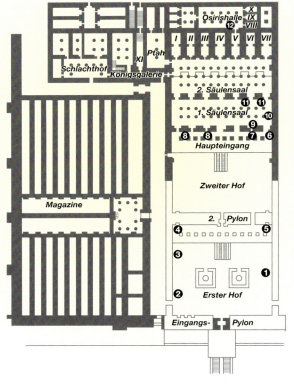

Sethos-Tempel in Abydos

> Für den **Bau des Tempels** gruben die Arbeiter vom Nil her einen Kanal mit anschließender Rampe, auf dem die Steinblöcke herangeschifft und gezogen werden konnten. War die unterste Reihe der Mauern aufgestellt, füllten die Arbeiter den künftigen Innenraum mit Sand und erzielten so wieder eine ebene Fläche, auf der die Steine umhergezogen werden konnten. So verfuhr man (unter beständigem Erhöhen der Rampe) bis zur Dachhöhe. Waren die Mauern und Decken vollendet, wurde durch die Türöffnungen der Sand langsam wieder aus dem Tempel entfernt, währenddessen die Steinmetze von oben herab die Wände gestalteten.

Zweite Säulenhalle: Die Geschichte wiederholt sich in der zweiten Halle, meint dort aber die *Einführung des toten Pharaos* in sein Amt im Jenseits. Durchgänge, Säulen und die Ostwand der zweiten Halle zeigen das Prozessionsritual. Die Bilder beziehen sich jeweils auf den Gott, zu dessen Kapelle die Durchgänge führen, also (von Süd nach Nord): **(I)** auf den toten, Gott gewordenen Sethos, **(II)** den Totengott Ptah (sitzender Glatzkopf), **(III)** den Sonnengott Re (Falkenkopf mit Sonnenscheibe), **(IV)** den Reichsgott Amun (Mann mit Federkrone), **(V)** Osiris (geschlossene Beine, Krummstab und Geißel), **(VI)** Isis und **(VII)** Horus (Falkenkopf mit Krone) sowie deren Familien. Von der Südecke des Saals gelangt man in das **Heiligtum des Ptah**, des Totengottes von Memphis.

Kapellen: Die Bilder in den Kapellen erzählen die *tägliche Kulthandlung*. Wer die grobe Reihenfolge der Szenen nachvollziehen will, beginnt rechts neben dem Eingang mit der Nordwand und liest die „Spalten" im Wechsel unten/oben, dann geht's an der Südwand auf die gleiche Art weiter. Die Ägypter gingen davon aus, dass die Statue im Tempel Gott oder Göttin nicht nur repräsentiert, sondern die Gottheit selbst ist. Ihr schrieb man den gleichen Tagesablauf zu, wie ihn der Pharao am Hof zelebrierte. Morgens tritt der mit Weihwasser gereinigte Oberpriester – an hohen Festtagen der Pharao selbst – vor die Kapelle. Feierlich öffnet er die versiegelte Tür, singt, räuchert, rezitiert, zieht den Vorhang des Schreins beiseite, umarmt die Statue, wäscht sie, salbt sie und kleidet sie an, stellt ihr gar ein Frühstück hin, dessen „Reste" die Priester später selbst verspeisen. Tagsüber darf sich die Gottheit an Gesang und Tanz der Priester erfreuen, abends wird die Morgenzeremonie in umgekehrter Reihenfolge vollzogen, bis die Kapelle wieder verschlossen und versiegelt ist.

Osirishalle: Durch die Osiriskapelle betritt man ein besonderes Heiligtum des Totengottes. Während der *Osirisfestspiele* wurde hier ein Ritual zelebriert, das so nur aus Abydos bekannt ist. An der Ostwand (vom Eingang beginnend) sieht man **(12)** die Vorbereitungen, die sich wohl in der inzwischen zerstörten zweiten Halle fortsetzten. In der rechten der drei Kapellen an der Nordseite besteigt Sethos den Thron, in der linken (Isis-)Kapelle **(X)** bekommt er seine Jubiläen gewährt, und in der mittleren (Osiris-/Sethos-)Kapelle **(XI)** verschmilzt Sethos mit Osiris und wird nun selbst zum Gott der Totenwelt. Die leuchtenden Farben der Reliefs im Osiris-Komplex haben sich über 3000 Jahre hinweg original erhalten.

Nebenräume: Von der zweiten Säulenhalle gelangt man nach links in die Königsgalerie, so genannt nach einer langen Liste an der linken Wand, welche die 76 Vorgänger Ramses' II. auf dem Pharaonenthron aufzählt – ausgelassen wurden allerdings die Herrscher der Zwischenzeiten und verfemte Pharaonen wie Hatschepsut oder die Könige der Amarna-Zeit. Auf der rechten Wand opfern Vater und Sohn einer nicht minder langen Reihe von Göttern. Die Königsgalerie mündet in den Schlachthof. An der Wand des Treppenhauses (**XI**), das gegenüber der Königsliste zum Hinterausgang führt, fängt der König einen Opferstier und überreicht dem Gott eine Keule, wodurch der Vollzug des Opferrituals symbolisiert wird. Zu Sethos' Zeiten war man vom wortwörtlichen „Keulen" allerdings längst abgekommen und tötete die Opfertiere mit einem Schnitt durch die Kehle.

Osireion

Hinter dem Tempel war das Scheingrab von Sethos I. ursprünglich tief in einem künstlichen Hügel verborgen. Um den zentralen Saal verlief ein Wassergraben, der über einen teils unterirdischen Kanal mit dem Nil verbunden war. Die so geschaffene Insel symbolisierte den Urhügel, aus dem, so der Schöpfungsmythos, die Welt erschaffen wurde. Der Bau bleib unvollendet. Später ließ Pharao Merenptah einige Räume ausschmücken.

Tempel Ramses' II.

Die Reste des stark zerstörten Ramses-Tempels stehen etwa 200 m nordöstlich des Sethos-Tempels. Man erkennt noch gut den Grundriss der Anlage mit zwei Höfen, offener Querhalle und zwei hintereinander liegenden Sälen samt seitlich angrenzenden Kapellen und Nebenräumen. Neben Kalkstein wurden Granit und Sandstein verwendet. Trotz des schlechten Zustands des Tempels gelten die Reliefs an den bis zu 2 m hohen Mauern als Meisterwerke, stammen sie doch aus den ersten Regierungsjahren, als Ramses II. sich noch am Stil eines Vaters orientierte und mit seinen Bauwerken mehr nach Klasse als nach Masse strebte. Die Reliefs im Hof zeigen einen Opferzug, an den Außenwänden einmal mehr Szenen aus den Hethiterkriegen.

✯✯ Dendera

Der Tempel von Dendera ist das jüngste der großen pharaonischen Heiligtümer. An den Wänden opfern Augustus, Caligula, Nero und andere römische Kaiser.

Dendera war Kultort der Hathor, Göttin des Tanzes und der Liebe. Die Griechen verschmolzen sie mit Aphrodite. Mit Hathor wurden hier ihr falkenköpfiger Göttergatte Horus von Edfu und beider Sohn Ihi verehrt, der Gott der Musik. Bereits im 3. Jahrtausend v. Chr. soll es in Dendera einen Tempel gegeben haben – ein von Mentuhotep (2055–2004 v. Chr.) gestifteter Schrein ist im Ägyptischen Museum ausgestellt. Das heutige Heiligtum wurde unter den letzten Ptolemäern begonnen und weitgehend im 1. Jh. n. Chr. gebaut.

Für ein **Taxi** Luxor–Dendera–Luxor rechne man 120–150 LE. Mit dem **Zug** ab Luxor z. B. um 8.45 Uhr nach Qena, von dort weiter per Taxi (5–10 LE) zum 5 km entfernten Dendera-Tempel. Da dieser abseits der Hauptstraße liegt, lasse man das Taxi für die Rückfahrt warten.
Als weitere Option gibt es von Luxor aus alle paar Tage **Schiffsausflüge** nach Dendera. Tickets für die Tagestour (mit Buffet 400 LE) verkaufen die Reisebüros.

Öffnungszeiten: Tägl. 7–17 Uhr (Sommer bis 18 Uhr). Eintritt 35/20 LE.
Übernachten: *Basma Hotel* in Qena. Das Hotel, nicht zu verwechseln mit seinem Namensvetter in Assuan, steht am Stadtrand von Qena in bester Nillage. Pompöser Eingang mit Kronleuchtern und imposanten Couchgarnituren. Die Zimmer sauber und geräumig mit Teppichboden und Schreibtisch. Garten mit Pool. Freundliches Personal. DZ 280/400 LE. Qena, Sh. el-Mina el-Nahri, ✆/✆ 096/5332779.

Dendera 167

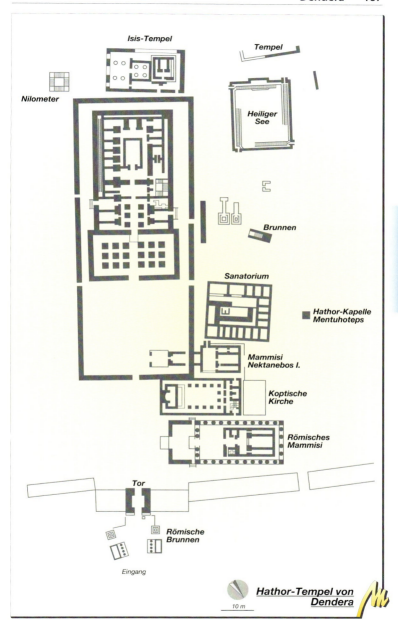

Besichtigung

Einst umgab eine nahezu quadratische, über 1000 m lange **Umfriedung** aus Lehmziegeln den heiligen Bezirk. Im **römischen Geburtshaus** (Mammisi) gleich rechts nach dem Eingang wurde alljährlich mit einem Mysterienspiel die Geburt des Götterkindes und damit des Pharaos gefeiert. Die von Bilderstürmern demolierten Reliefs zeigen Geburt und Aufzucht des Knaben, der, wie bei Kinderdarstellungen üblich, mit einem Lutschfinger gezeigt wird. Im umlaufenden Säulengang wacht der gnomenhafte Gott Bes, der Schutzpatron von Schwangeren, Müttern und Kindern. An das römische Geburtshaus grenzt eine koptische Kirche, daran das **Geburtshaus von Nektanebos I.** (380–362 v. Chr.), und daran wiederum schließen sich die Reste des **Sanatoriums** an, in dem die Kranken mit Bädern und Heilschlaf Linderung ihrer Leiden erhofften.

Der **Brunnen** des Tempels, eine begehbare Rampe, reicht nach einer gründlichen Reinigung heute wieder bis zum Grundwasser hinab. Der Volksglaube schreibt dem kühlen und klaren Nass einmal mehr empfängnisfördernde Wunderkräfte zu – Frauen, deren Lebensplanung gerade keinen Nachwuchs vorsieht, begnügen sich also lieber mit einem Blick in die Tiefe. Auch am Rand des **Heiligen Sees**, heute eine mit Palmen begrünte Kiesfläche, führen Stollen bis ans Grundwasser.

Dem **Haupttempel** fehlt der sonst übliche Pylon, auch ein Säulenumgang des Hofs wurde nie gebaut. So geht der Blick vom Eingang direkt auf die Front der **Vorhalle** mit ihren monumentalen **Hathor-Säulen**. Sie tragen am Kapitell ein Bildnis der kuhohrigen Göttin und darüber eine Rassel (Sistrum) als Symbol der Lebensfreude. Auf den Säulenschranken und im Durchgang opfern römische Kaiser in Pharaonengestalt, auf der Rückseite der Eingangswand lässt sich Nero krönen.

Architrave teilen die mit astronomischen Motiven geschmückte **Decke der Vorhalle**. Restauratoren entfernen gerade den Ruß und Schmutz der Jahrhunderte und lassen die Farben wieder leuchten. Die linke Hälfte der Decke steht für den Nordhimmel, die rechte für den Südhimmel. Ganz außen bringt die Himmelsgöttin Nut die Sonne zur Welt, die den Tempel bestrahlt. Diesen symbolisiert ein Hathor-Kopf zwischen baumbestandenen Bergen. Am anderen Ende geht die geflügelte Abendsonne wieder in den Mund der Göttin ein. Tierkreiszeichen und Barken, deren Schiffer je einen Stern symbolisieren, ziehen unter ihrem Leib über den himmlischen Ozean. Die jeweils angrenzenden Felder zeigen die Sonnenfahrt während des Tages (rechts) und in der Nacht

Sonnenuntergang: Gleich schluckt die Himmelsgöttin Nut den Lebensspender

(links), die inneren Felder die Sonne während der zwölf Tagstunden (rechts) und die Mondphasen (links), das Mittelfeld schließlich die geflügelte Sonne und Geier.

Die Eingangswand im folgenden **Saal des Erscheinens** dokumentiert die Gründungszeremonie und die Weihe des Tempels. Nebenräume dienten als Magazine und Laboratorien für die Herstellung der Salben und Duftöle, mit denen das Kultbild täglich behandelt wurde. Vom **Opfersaal** führen Prozessionstreppen aufs Dach. Rechts vom zweiten Vorsaal öffnet sich ein hübscher **Kiosk**, in dem Hathors Geburtstag und das Neujahrsfest gefeiert wurden – an der Decke prangt wieder die schon aus der Vorhalle bekannte Darstellung der Himmelsgöttin.

Die Mittelachse des Tempels mündet in den Barkenraum, den nur der König oder sein priesterlicher Stellvertreter betreten durften. Die Wandbilder zeigen, vom Eingang beginnend links/rechts im Wechsel nach hinten fortschreitend, das zeremonielle Öffnen der Türe und die Kulthandlungen. Der mit Prozessionsszenen geschmückte **Umgang** um den Barkenraum erschließt kleine **Kapellen** verschiedener Gottheiten, direkt hinter dem Barkenraum wurde das Kultbild der Hathor verwahrt. An der Südwestecke kommt man über eine Treppe in den zugänglichen Teil der ausgedehnten **Krypten**. Sie symbolisierten Göttergräber, in denen der Körper Kräfte für die Wiedergeburt sammeln konnte. Auch der Tempelschatz wurde hier verwahrt. In der letzten Krypta links befindet sich unter den ungewöhnlich fein gearbeiteten Reliefs auch die „**Glühbirne von Dendera**", die für Esoteriker die Kontakte der alten Ägypter mit außerirdischen Kulturen beweist. Für Ägyptologen repräsentiert der einer kolbenförmigen Radioröhre ähnliche Kultgegenstand den Mutterleib der Himmelsgöttin Nut, aus dem der Schlangengott Harsomtus am Morgen hervorkommen und vor den Götterkapellen von Dendera erscheinen soll.

Blickfang auf dem **Dach** ist ein hübscher **Hathor-Kiosk**, in dem sich das an Neujahr aufs Dach getragene Kultbild der Hathor mit dem Sonnengott vereinigte. An der Decke der westlichen der beiden **Osiris-Kapellen** prangt eine Kopie des berühmten **Tierkreises von Dendera**, einer aus Babylon übernommenen kreisförmigen Himmelsdarstellung. Das 69 Tonnen schwere Original wurde im 19. Jh. herausgesprengt und nach Paris in den Louvre gebracht.

Zum Abschluss gehe man noch auf die **Rückseite des Tempels**. Auf der Rückwand ganz links huldigen **Kleopatra VII.** und Cäsarion, der Sohn des großen Cäsars, den Göttern von Dendera. Wer noch immer nicht genug gesehen hat, mag sich vom Wächter das nach der zentralen Darstellung im Sanktuar benannte **Geburtshaus der Isis** aufschließen lassen. Während Hof und Halle nach Westen ausgerichtet sind, blicken die unter Kaiser Augustus ausgeschmückten inneren Räume gleich dem Hathor-Tempel südwärts. Ein ungewöhnliches Arrangement.

> ### Namenlose Pharaonen
> Im inneren Bereich des Hathor-Tempels, wie auch in vielen anderen ptolemäischen Tempeln, sind die dargestellten Pharaonen namenlos, ihre Kartuschen leere Ovale. Wollten sich die Priester alle Möglichkeiten offen halten, um auf die Schnelle den Namen jenes Pharaos einsetzen zu können, der als Erster seinen Besuch ankündigte – und nie kam? Oder sollten damit alle jeweils herrschenden Könige geehrt werden? Das Rätsel der leeren Kartuschen ist bis heute nicht zufriedenstellend gelöst.

Einmal heilig, immer heilig: Die Moschee des Abu el-Haggag im Luxor-Tempel

Luxor (el-Uqsur)

Mit seinen grandiosen Sehenswürdigkeiten begeistert Luxor, das ehemalige Theben, seit der Antike die Reisenden. Dicht an dicht stehen hier zahllose Zeugnisse der Pharaonenzeit.

Die etwa 150.000 Einwohner zählende Stadt erstreckt sich am Ostufer des Nils vom Sheraton-Ressort und den Neubauvierteln im Süden bis zum Karnak-Heiligtum im Norden. Auf der Landseite breiten sich eher ärmliche Viertel über die Bahnlinie aus, die die östliche Grenze der Kernstadt bildet. Mittelpunkt ist der Luxor-Tempel am Nilufer. Auf dessen Rückseite liegen das Bazarviertel und am Ende der Bahnhofstraße (Sh. el-Mahatta) der Bahnhof. Vor dem Tempel legt die Fähre zum Westufer ab, wo sich am Wüstenrand die Gräber und Totentempel befinden.

Mit dem Heiligtum von Karnak, dem Luxor-Tempel und der Nekropole auf dem Westufer ist Luxor ein kultureller Höhepunkt jeder Ägyptenreise. Dazu lassen sich in bequemen Tagesausflügen die ptolemäischen Tempel von Dendera und Edfu erreichen, auch der Badeort Hurghada ist nur wenige Autostunden entfernt. Tempel und Gräber geben die große Bühne für ein Massenspiel: auf der einen Seite die kulturbeflissene Studienrätin, der um jeden Piaster feilschende Rucksacktourist, der Bilderbuch-Japaner (immer in der Gruppe und mit Kamera); auf der anderen Seite Händler, Straßenverkäufer, Kutscher, Bootsleute, Eseltreiber, Grabwächter, Gigolos, Schlepper, „Guides".

Das Geld der Fremden fließt jedoch in nur wenigen Händen zusammen, und im planlos gewachsenen Stadtbild macht sich der Reichtum kaum nicht bemerkbar. Es ist gerade 25 Jahre her, dass endlich die Hauptstraße asphaltiert wurde, und manche Gasse in den Wohnvierteln ist noch immer ohne Teerdecke und Kanalisation. Im Zentrum allerdings gibt man sich Mühe: Den Nil entlang wurde eine Flaniermeile geschaffen, auf der Stadtseite des Luxor-Tempels eine große Freifläche, auf der sich abends das Volk trifft und die Kinder Fußball spielen. Der Bazar, wenigstens der touristische Teil, bekam neue Fassaden und ein Sonnendach, und nach einer brutalen Abrissaktion, bei der 800 Menschen ihre Behausungen verloren, wird nun auch die mitten durch die Stadt gen Karnak verlaufende Sphingenallee aus der Pharaonenzeit freigelegt. Will el-Uqsur („Die Paläste"), wie Luxor auf Arabisch nach seinen majestätischen Ruinen heißt, seinem Namen wieder Ehre machen? Der mächtige Gouverneur Samir Farag träumt sich die Stadt als ein Freilichtmuseum mit angeschlossenen Feriendörfern und schafft tatkräftig an der Verwirklichung seines Plans.

Die angestammte Bevölkerung ist da eher ein Störfaktor. Den Genuss der kulturellen Highlights trüben nämlich allerlei Nepp und eine Kultur der Plünderung, die nach Jahrtausenden der Grabräuberei nunmehr den Touristen das Geld aus der Tasche zieht. Der Zeitungsmann am Bahnhof verlangt für die *Egyptian Gazette* ungeniert den zehnfachen Preis. Der Droschkenkutsche lädt zur Gratisfahrt ein und fordert selbst dann, wenn sich der Gast für die vermeintliche Großzügigkeit erkenntlich zeigen will, das Doppelte des angebotenen Bakschischs. Reisegruppen werden in Läden geführt (die nicht schlechter sind als andere, nur teurer), in denen der Reiseleiter anschließend seine Provision kassiert. „Antik! Antik!", wird dem Ahnungslosen auf der Westbank geheimnisvoll zugeflüstert und ihm in einer dunklen Ecke eine in Zeitungspapier gewickelte Gipsfigur als jüngster Fund aus dem Tal der Könige angepriesen. Greift die genervte Melkkuh schließlich zur Gegenwehr und schleudert einem Bauernfänger, stellvertretend für alle, die sie in den letzten Tagen genervt haben, ein „*Allah yikhrib beytak!*" („Möge Gott dein Haus zerstören!") entgegen, erinnert sich mancher Plünderer unvermittelt an seine Ehre und fühlt sich ernsthaft beleidigt. Zum Trost bleibt festzuhalten, dass Luxor sicherer ist als jeder französische Ferienort. Diebstahl und Gewaltkriminalität sind gegenüber Fremden nahezu unbekannt – niemand schlachtet die Melkkuh.

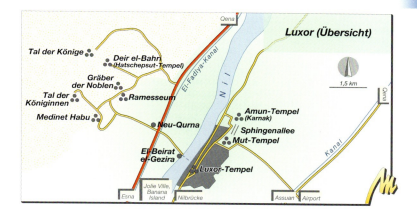

172 Luxor

Der Aufstieg der Stadt, die Homer das „hunderttorige Theben" nannte, begann im Mittleren Reich, als ein lokales Geschlecht unter Mentuhotep (11. Dynastie, 2055–2004 v. Chr.) den Pharaonenthron eroberte. Während am Westufer die Totenstadt mit ihren Gräbern und Totentempeln lag, war die Stadt am Ostufer durch den Palast des Pharao und das Tempelzentrum Karnak bestimmt. Unter den Ramessiden, so wird geschätzt, lebten über eine Million Menschen in Theben. Mit der Verlegung der Hauptstadt ins Delta und der Entmachtung der Amun-Priester durch die Assyrer begann der Verfall der von Luxor. Erst im 19. Jh. wurde sie durch Archäologen und Touristen wieder aus dem Dornröschenschlaf geweckt.

Verbindungen

• *Fernverkehr* **Bahn**: Am Schalter (in der Bahnhofshalle rechts) wurden Ausländern zuletzt nur Tickets für die Schlafwagenzüge (www.sleepingtrains.com) verkauft. In die anderen Züge steigt man einfach ein, findet hoffentlich noch einen freien Platz (Tipp Richtung Kairo: Versuchen Sie's am Zugende in der 1. Klasse) und zahlt beim Schaffner. Leider hängt im pompösen Bahnhof von Luxor kein Fahrplan. Schnelle Züge nordwärts sind #981 (8.45 Uhr), #1903 (21.30 Uhr), #89 (23.10 Uhr); Richtung Assuan (Fahrzeit 3¼ Std.) #996 (7.35 Uhr), #1902 (9.30 Uhr), #980 (17.45 Uhr). Aktuelle Fahrplaninfos unter www.egyptrail.gov.eg.
Servicetaxis: Das Taxi-Terminal befindet sich direkt hinter dem Bahnhof.
Fernbusse: Fast alle Busse aus allen Städten des Niltals und aus Hurghada kommen dagegen an einem Terminal an der Überlandstraße nahe beim Flughafen an. Von dort fahren Servicetaxis zum Bahnhof. Abfahrt nach Hurghada (5 Std.) von 6.30 bis 20 Uhr etwa alle 2 Std., um 19 Uhr startet ein Bus über Hurghada nach Dahab (Sinai). Nach Assuan fährt man besser mit der Bahn.
Reservierungsbüros: Das Büro der maßgeblichen Busgesellschaft *Upper Egypt Travel* findet sich in der Ladenzeile rechts vom Bahnhof. Manchmal verkehren von hier Zubringerbusse zum Terminal. Zwei Läden weiter hat *Superjet* seinen Schalter. Die Superjetbusse (Abfahrt nach Hurghada und Kairo 20 Uhr) enden und starten nicht am Busbahnhof, sondern direkt vor dem Büro, also zentral in der Stadt.
Für ein Taxi von der Stadt zum oder vom **Flughafen** zahlen Einheimische 25 LE. Als Touristenpreis sind 40 LE angemessen.
Organisierte Ausflüge Budgethotels bieten Transfers über Edfu und Komombo nach Assuan für 250–400 LE pro Fahrzeug. Für den Taxiausflug nach Dendera, Abydos und zurück rechne man 300–350 LE (ganzes Auto). Nach Dendera offerieren die Agenturen für 400 LE auch Tagesausflüge per Schiff. Bei den großen Reiseveranstaltern bzw. in den gehobenen Hotels kosten diese Ziel 50–100 €.
Stadtverkehr Das Zentrum Luxors erschließt sich gut zu Fuß. Mit Gepäck, zum immerhin 3 km entfernten Karnak oder um des reinen Vergnügens willen mag man eine **Kalesche** benutzen. Die offiziellen Preise sind an der Touristinformation angeschrieben, doch kein Kutscher wird damit zufrieden sein. 10–15 LE scheinen für die Fahrt vom Zentrum nach Karnak angemessen. Suchen Sie sich einen Kutscher, dessen Pferd einen guten Eindruck macht, und meiden Sie Tierquäler.
Für eine **Taxifahrt** zu den Hotels am Stadtrand oder nach Karnak sind 10 LE angemessen. **Servicetaxis** fahren für 0,50–1 LE vom Hilton-Hotel *(hilton)* im Norden über die Sh. el-Karnak zum Midan Salah ed-Din. Dort gabelt sich die Route: Die einen nehmen die Sh. Television bis zum Krankenhaus *(mustaschfa)*, die anderen die Uferstraße südwärts bis zum Sheraton *(aumia)*.

Verschiedenes (→ Karte S. 175)

Telefonvorwahl: 095

• *Anders reisen* Arabisch lernen, ägyptisch kochen, Kontakte zu einheimischen Familien knüpfen und noch viel mehr kann man mit Hilfe der seit vielen Jahren in Luxor lebenden Deutschschweizerin Evelyn Karlen, ✆ 016-2448567, www.luxor-alternativ.com.
• *Einkaufen* Der **Souk** beginnt gleich hinter dem Luxor-Tempel. Im ersten, überdachten

Verschiedenes 173

und schön hergerichteten Abschnitt gibt es alle Schätze aus dem Orient, die das Touristenherz begehren könnte. Im zweiten Abschnitt, jenseits der Sh. Youssef Hassan, bleiben die Einheimischen weitgehend unter sich.

Fair Trade Center (13), Sh. el-Karnak, Nähe Hotel Horus, verkauft Kunsthandwerk und Souvenirs, die von NGO-Projekten hergestellt wurden. Die Filiale beim Aboudi Bookshop hat weniger Auswahl. www.egyptfairtrade.com.

Aisha (7), Sh. Youssef Hassan gegenüber dem Emilio-Hotel, bietet in einem allzu winzigen Laden (Vorsicht mit Rucksack oder Kind!) Kunsthandwerk, z. B. Kelims aus Baschendi (Dachla), Schals aus Achmim, Laternen, Kupferschalen und vieles mehr. Angeschriebene Festpreise, kein Verkaufsdruck.

Habiba Gallery, Sh. Sidi Mahmoud, beim Susanna-Hotel, www.habibagallery.com. Der von einer Engländerin geleitete Laden ist eine weitere Fundgrube für hochwertiges Kunsthandwerk zu Festpreisen.

Aboudi Bookshop (16), Sh. El-Karnak, neben McDonald's, ist die beste fremdsprachige Buchhandlung in Luxor.

Gaddis (20), in der Ladenzeile des Winter Palace, empfiehlt sich ebenfalls für Bücher, aber auch für edle Geschmeide und Repliken von Antiquitäten.

- *Festivals* Die **Mulid** zu Ehren des Sufischeichs und Stadtheiligen **Abu'l-Haggag**, dessen Moschee inmitten des Luxor-Tempels thront, wird alljährlich in der 2. Woche des Monats Scha'ban, also in der 3. Woche vor Beginn des Ramadan, gefeiert.

Ein Dorffest wird am 27. Sha'ban in Tarif (an der Straße ins Tal der Könige) gefeiert, wo man den erst 1984 verstorbenen **Abu'l-Qusman** verehrt; am Ende des Monats Ashura feiert man in Karnak **Scheich Musa.**

Größtes christliches Fest der Region ist die **Wallfahrt zum Kloster Mar Girgis** (in Razagat bei Armant am Beginn der Straße nach Charga) in den Tagen vor dem 11. November.

Sportliches Großevent ist Mitte Februar der **West Bank Marathon** für Läufer und Skater, der bald mehr Aktive als Zuschauer hat.

- *Fliegen/Heißluftballon* Für rund 100 € am frühen Morgen im Ballon über die Westbank, Champagnerfrühstück inbegriffen. Die Touren werden in den Reisebüros und 5-Sterne-Hotels verkauft oder sind bei **Sindbad Ballons** (℡ 010-3307708, www.sindbadballoons.com) und **Magic Horizon** (℡ 010-5688439 www.magichorizon.com) zu buchen.

- *Information* Egyptian Tourist Authority (ETA), am Bahnhofsplatz, ℡ 2373294, tägl. 8–22 Uhr. Ein unnötiges Büro. Das Personal ist desinteressiert und hat wenig Ahnung. Um die Filialen am Nil (unterhalb vom Winter Palace) und am Flughafen steht es nicht besser. Hilfreich ist dagegen die englischsprachige Website www.luxortraveltips.com. Neuigkeiten und Termine erfährt man auch unter www.leben-in-luxor.de.

- *Internetcafés* Am günstigsten ist das **Hauptbüro** des lokalen Providers **Rainbow** im Stadtzentrum (Sh. Youssef Hassan, Midan Hassan).

- *Nachtleben* Kein Vergleich mit den Badeorten am Roten Meer. Tägliches Ruinengucken erschöpft die Urlauber offenbar, so dass abends nicht mehr viel los ist. Die besten **Tanzshows mit Saidi-Musik** und **-Folklore** präsentieren der Nachtclub des **Pyramisa Isis (14)** und jener im **Hilton**, der auch nubische Abende und Bauchtanzshows bietet.

- *Notfälle* **Touristenpolizei**, in der Ladenzeile rechts vom Bahnhof, ℡ 2373845.

International Hospital, Sh. Television, ℡ 2387192.

- *Passbüro/Post* Passbüro Sh. Khalid Ibn el-Walid, beim Steigenberger-Hotel. Sa–Do 8–20 Uhr, Fr 8–11 Uhr. Post am Westende der Sh. el-Mahatta („Bahnhofstraße").

- *Reiten* Viele Hotels drängen ihren Gäste vormittägliche **Ausflüge per Kamel oder Esel** zu den Sehenswürdigkeiten auf der Westbank auf. Auf eigene Faust kann man die Vierbeiner samt Begleiter für 40–50 LE/Std. am Fähranleger auf dem Westufer mieten. Für Pferde empfiehlt sich **Pharaoh's Stables**, ℡ 2310015, auf der Westbank bei der ersten Tankstelle nach der Fähre.

Luxor Stables, der Konkurrent, ℡ 2310015, www.luxorstables.com, organisiert sogar mehrtägige Trekkingtouren auf Pferden oder Kamelen.

- *Schwimmen* Neben den Nobelherbergen lassen auch einige kleinere Hotels wie **Emilio**, **St. Joseph** und **Karnak** Tagesgäste an ihren Pool (für rund 50 LE). Auf dem Westufer kann man in den Pools der Hotels Nile Valley und Gezira Garden planschen.

- *Segeln* Kaum möglich, den Aufreißern an der Corniche zu entgehen. Für eine **Feluken-Tour** auf dem Nil rechne man pro Stunde und Boot 50–70 LE. Die einst empfehlenswerte Insel mit dem zweideutigen Namen **Banana Island** (Eintritt 10 LE), ca. 5 km flussaufwärts von Luxor, ist zur Cruising Area von Strichjungen verkommen.

Luxor

*Ü*bernachten

Schon bei der Ankunft am Bahnhof oder Busterminal werden Rucksackreisende von Schleppern umworben. Die meisten der Billighotels und Pensionen stehen in und um die Sh. Television oder die Sh. Youssef Hassan. Nehmen Sie das angebotene Zimmer unbedingt vorher in Augenschein. Übernachtungspreise sind Verhandlungssache und werden von der Auslastung, der Ankunftszeit und von der Laune des Managers bestimmt. Die einfachen Hotels verdienen dabei weniger am Zimmer als am Vermitteln von Zusatzleistungen (Taxi, Kalesche, Fahrrad, Eselstour usw.), die oft allzu aggressiv vermarktet werden.

• *Oberklasse* Die besseren Herbergen bestrafen ausländische Individualtouristen mit unverhältnismäßig hohen Preisen von 150 $ pro DZ und mehr. Wer mehr als nur ein, zwei Nächte bleiben will, bucht diese Häuser besser im Internet oder von Deutschland aus über ein Pauschalarrangement.

Winter Palace (20), der alte Flügel des direkt am Nil gelegenen Hauses hat den Charme eines Grandhotels der Kolonialzeit; auch König Faruk verbrachte hier manche Ferientage. Schöner subtropischer Garten, der auch für Nichtgäste einen Spaziergang wert ist. DZ im Altbau ab 230 €; pauschal 1 Woche für 2 Pers. DZ mit Flug ab 2200 €. Corniche, ☎ 2380422, ℡ 2374087, www.sofitel.com.

Maritim Jolie Ville, Bungalowdorf auf einer Nilinsel inmitten eines großflächigen Gartens. Guter Service, üppiges Frühstücksbuffet, umfangreiches Sportangebot, hoteleigener Fährdienst und Busservice ins 6 km entfernte Stadtzentrum. DZ ab 70 €, pauschal 1 Woche für 2 Pers. mit Flug ab 1200 €. Crocodile Island, ☎ 2374855, ℡ 237 4936, www.maritime.de.

• *Mittelklasse* Je nachdem, ob das Hotel gerade mit Reisegruppen im Geschäft ist, wird der Individualtourist gehätschelt oder höflich bis rüde abgewiesen.

El-Luxor (2), (ex-ETAP, ex-Mercure), ein nüchterner Bau der 1990er-Jahre in zentraler Lage am Nil; 2010 wurde das Hotel bei laufendem Betrieb blockweise generalsaniert und war deshalb preiswert zu buchen. Nach Abschluss des Umbaus werden die Preise sicher anziehen. DZ 40–100 €. Corniche, ☎ 2380944, ℡ 2374912, www.el-luxor-hotel.com.

Mara House (23), die am Stadtrand in einem gänzlich untouristischen Wohnviertel gelegene Pension lebt vom Charme und Engagement ihrer irischen Besitzerin Mara. Die geräumigen Apartments sind mit Geschmack und freundlichen Farben eingerichtet, im Erdgeschoss befinden sich Café und Restaurant. App. für zwei 75 $. Sh. Salakhana, ☎ 010-7571855, www.egyptwithmara.com.

Susanna (10), ein Neubau im Stadtzentrum. Die Zimmer ohne besonderen Charme und Stil, doch sauber, sehr gepflegt und für das Gebotene überraschend günstig. Von der Dachterrasse mit Pool und Restaurant schöner Blick auf den Luxor-Tempel. Makel ist die Strahlung des Handyfunkmastes neben dem Haus. DZ 225 LE. 52 Sh. Mabad el-Karnak, ☎ 2369915, ℡ 2369904, www.susannahotelluxor.com.

Emilio (6), ein siebengeschossiges Haus mit etwa 50 Zimmern und Pool auf dem Dach; abseits des Nils, doch zentral gelegen. Das Personal zeigt wenig Charme und ist auf Massenabfertigung geeicht. Als Schnäppchen bei einem Last-Minute-Veranstalter kann man das Emilio aber getrost buchen. DZ 30–45 €. Sh. Youssef Hassan, ☎ 2376666, ℡ 2370000.

New Pola (4), neues Hotel 15 Gehminuten südlich des Zentrums. Gebucht wird es vor allem von Individualreisenden, darunter auch viele Ägypter. 80 solide Zimmer mit Balkon verteilen sich auf 7 Etagen, von denen die oberste für dienstreisende Staatsbeamte reserviert ist. Darunter verstellen Bäume den Nilblick, straßenseitig Verkehrslärm. Pool mit Liegestühlen auf dem Dach. DZ 200 LE. Sh. Khalid Ibn el-Walid, ☎ 2365081, ℡ 2365085 www.newpolahotel.com.

Little Garden (25), das Haus hat tatsächlich einen kleinen Garten und liegt in einer ruhigen Seitenstraße. Der Chef lebte lange in Deutschland. Geräumige und saubere Zimmer mit Klimaanlage und teilweise eigener Terrasse. Ganz oben das mit schmiedeeisernem Himmelbett, Kuppel und viel Rot ausgestattete Themenzimmer „Scheich el-Balad". Sonnendach mit Liegestühlen, Duschen, Garten und Cafeteria. Internetzugang. DZ 20–30 €. Sh. Radwan, ☎ 2389038, www.littlegardenhotel.com.

176 Luxor

- *Einfach* **Nefertiti (8)**, kleines, viel gelobtes Hotel in zentraler Lage mit Dachterrasse und Tempelblick. Die 2010 neu ausgebauten und eingerichteten Zimmer sind alle mit AC und Bad ausgestattet, jedoch nicht sonderlich groß. WLAN; hauseigenes Internetcafé. Fragen Sie vor der Buchung, ob die Bauarbeiten abgeschlossen sind und auch der Pool auf dem Dach fertig ist. DZ 160 LE. Sh, el-Sahabi (zweigt am Nordende des Luxor-Tempels von der Sh. el-Karnak ab), ✆ 2372386, www.nefertitihotel.com.

Happy Land (26), ruhig gelegen und supersauber, Zimmer mit Ventilator, Moskitofalle, teils mit Bad (samt Handtüchern und WC-Papier!). Das Hotel hat für seine Gäste ein eigenes Internetterminal und serviert üppiges Frühstück (Cornflakes, frisches Obst) auf einer hübschen Dachterrasse. Unter den Billighotels die beste Wahl. DZ 60 LE. Sh. el-Qamar (zweigt von der Sh. Television ab), ✆ 2271828, www.luxorhappyland.com.

Bob Marley House (22) (ex-Sherif), der Name ist Programm. Chillige Dachterrasse, es gibt Bier und andere Drogen. Küche, Waschmaschine, Internet, das Personal schwankt zwischen passiv (beim Service) und übereifrig (beim Verkauf von Touren). DZ 60 LE. Sh. Badr (zweigt von der Sh. Television ab), ✆ 010-6465503.

- *Camping* **Rezeiky Camp (1)**, 25°42,66'N, 32°38,90'E. Teilweise schattiger Camping- und Caravanplatz im Hof eines Häuserblocks. Mit Pool und Restaurant, auch Bungalows werden vermietet. Internetzugang. Person 25 LE, Auto 35 LE. Sh. el-Karnak. ✆ 2381334, www.rezeikycamp.com.eg.

> Weitere, am **Westufer** des Nils gelegene **Hotels** finden Sie Seite 189.

Essen & Trinken (→ *Karte S. 175*)

Luxor ist kein Ort für kulinarische Hochgenüsse. Selbst die Küche des gediegenen „1886" im Winter Palace hält nicht, was Ambiente und Preise versprechen.

Jamboree (9), Sh. el-Souk, beim Umm Kulthum Café, Montazah. Obwohl unter britischer Leitung, ist die Qualität der ägyptischen und internationalen Küche hier deutlich über dem ortsüblichen Niveau. Spezialität ist ein Steak im Brotteig mit Tomatensauce und Käse. Salatbar, Dachterrasse, AC. Hauptgericht 35–90 LE. Nachmittags geschlossen.

Sofra (21), 90 Sh. Mohamed Farid, el-Manshiya, www.sofra.com.eg. Ein altes Stadthaus wurde zum Restaurant. Der im Stil vergangener Zeiten eingerichtete Hauptraum bietet gerade mal fünf Tischen Platz, die mit Damast und edlem Geschirr eingedeckt sind. In der warmen Jahreszeit wird man die mit Möbeln und altem Krimskrams vom Trödler dekorierte Dachterrasse bevorzugen – der schmale Hof neben dem Haus gefiel uns weniger. Zu essen gibt's traditionelle ägyptische Küche. Spezialitäten sind die gefüllte Ente oder der Eintopf aus Molouchia mit Kaninchenfleisch. Hauptgericht 30–60 LE, kein Alkohol.

Snobs (12), Sh. El-Rawda el-Sharifa (beginnt gegenüber dem Lotus-Hotel). Service wird hier groß geschrieben – und beginnt mit einer im heißen und staubigen Luxor willkommenen Geste: einem Erfrischungstuch für den eintretenden Gast. Die Karte bietet vor allem britische und internationale Gerichte, von Pizza und Pasta bis zum Filetsteak. Empfohlen sei der üppige Snobs salad (mit Früchten). Hauptgericht 30–60 LE, preiswerte Mittagsgerichte.

Jewel of the Nile (12), Sh. El-Rawda el-Sharifa (beginnt gegenüber dem Lotus-Hotel). Das britisch-ägyptische Gemeinschaftsunternehmen befindet sich am Ende einer im vorderen Teil mit europäischen Restaurants gut besetzten Straße in einem noch unfertigen Wohnviertel. Mit Gardinen, Fliesenboden und Holzmöbeln wirkt es mediterran, informell und gemütlich. Ägyptische Küche (Hauptgericht um 40 LE, Menü 75 LE), auch vegetarische Optionen, dazu die obligaten Steaks und der englische Sonntagsbraten.

New Royal Fish (24), Sh. el-Madina el-Minawra Ecke Nugoum. Ein Familienbetrieb mit schlichter Einrichtung. Frischer Fisch aus dem Roten Meer wird mit Reis, Chips und Salat zu schlappen 30–60 LE aufgetischt. Internationales Publikum, da auch von anderen Reisebüchern empfohlen. Wer's gestylter und lieber mit ägyptischem Publikum mag, geht die Hauptstraße etwas weiter und isst seinen Fisch bei der „Meer-

Essen & Trinken

jungfrau" **Arous el-Bahr (27)** (Menü 65–165 LE).

Oasis (5), Sh. St. Joseph. Das legendäre Bistrocafé mit Galerie ist nun in neuen Räumen beim St. Joseph-Hotel. Es gibt zu Jazzmusik und fremdsprachigen Zeitschriften italienischen Maschinen-Kaffee und englischen Tee. Snacks wie Scones, Sandwichs und Coleslaw zielen auf britische Gäste, hingegen die Kellner etwas distanzlos auftreten. Wer's ägyptisch mag, bestellt die Linsensuppe. Bis 16 Uhr liefert die Küche auch diverse Omeletts und Pfannkuchen, abends z.B. Grillplatte (55 LE) oder vegetarisches Curry (40 LE).

King's Head Pub (11), Sh. Khalid Ibn el-Walid, beim Lotus-Hotel, www.kingsheadluxor.com. Der Pub im britischen Stil (Billard, Darts etc.) ist rund um die Uhr geöffnet. Tagsüber durchgehend einfache Gerichte wie Sandwichs, Fish 'n' Chips oder Bangers 'n' Mash (Würstchen mit Kartoffelbrei und Erbsen). Auf Schweizer zielt das Kalbsschnitzel Appenzeller Art, während Wiener nicht mit dem Schnitzel, sondern mit Hähnchen Viennoise umworben werden. Sonntags Lunch mit Roastbeef und Yorkshire Pudding. „King's Head" ist übrigens ein im Tudor-Stil gewandeter Echnaton.

Amun (3), Corniche, im Savoy Bazar. Preiswerte orientalische Küche, auch Pizza und Vegetarisches, in ansprechender grün-roter Deko mit Straßenblick bei guter Kühlung. Probieren Sie die Moussaka im Tontopf. Hauptgericht 25–75 LE. Zusammen mit dem auf der Nilseite des Gebäudes befindlichen **el-Hussein (3)** zählt es zu den beliebtesten Budget-Restaurants am Ostufer.

Ali Baba Café (17), Sh. el-Karnak, mit Blick auf den Luxor-Tempel. Gute Aussicht, doch

Prêt-à-porter

mäßiges Essen. Auf der Karte z. B. Fish 'n' Chips, Kufta und Tagin. Alkoholausschank.

Metropolitan Café (19), am Nil unterhalb des Winter Palace, mit schöner Aussicht, frischer Luft, Sandwichs und Snacks, Obstsäften, Bier und Musikteppich.

Murphy's Irish Pub (15), Sh. el-Gawazat, Nähe Steigenberger-Hotel. Glänzendes Holz, Poolbillard, Großbild-TV, Pubfood, Cocktails und Bier – geradeso, als wären wir in Dublin.

Besichtigungsprogramm

Für den Besuch der Sehenswürdigkeiten sollte man sich wenigstens zwei Tage gönnen. Das herkömmliche Programm beginnt, die kühleren Tagesstunden nutzend, möglichst früh am Morgen mit dem **Tal der Könige**. Anschließend lässt es den **Hatschepsut-Tempel** folgen, dann eventuell noch das Tal der Königinnen oder Medinet Habu. Den verbleibenden Rest des Nachmittags nutzen Sie zur Entspannung und besuchen erst wieder am Abend den Luxor-Tempel. Den zweiten Tag beginnen Sie wieder auf der Westbank mit den **Gräbern der Noblen** und der Stadt der Grabarbeiter, bevor Sie auf der Ostseite das **Heiligtum von Karnak** und am Abend das **Museum** besuchen. Besser ist es natürlich, Sie können dieses Programm auf mehrere Tage verteilen.

☆☆☆ Karnak (Karte S. 180)

Karnak war das größte und bedeutendste Heiligtum des alten Ägypten. Hier wurde dem Reichsgott Amun-Re, seiner Gattin Mut und dem Sohngott Chons gehuldigt.

Mehr als 2000 Jahre, nämlich vom Mittleren Reich bis in die römische Zeit, wurde an diesem steingewordenen Symbol für die Herrlichkeit des Pharaonenlandes gebaut. Herrscher und Priester ließen immer wieder neue Tempel, Obelisken, Pylone und Kioske errichten, bauten um und aus, tilgten die Namen ihrer Vorgänger und ersetzten sie durch die eigenen, um Ruhm und Gottgefallen einzuheimsen.

Großer Hof

Eine rund 2400 m lange Umwallung aus Lehmziegeln umfasst das Heiligtum des Amun. Zugang hat man heute von der Nilseite über eine **Allee widderköpfiger Sphingen (1)**, die einst bis zum Fluss reichte. Der Widder war das Symbol Amuns, und beim Opet-Fest wurden auf diesem Prozessionsweg die Götterbarken zum Nil getragen. Früher konnte man den **ersten Pylon (2)** besteigen und von oben einen Überblick über die Anlage gewinnen, heute muss ein im Durchgang aufgestellter Plan genügen.

Blickfang im Großen Hof ist die **Säule des Taharqa (3)** als einziger Überrest der Kolonnade. Rechts findet sich ein **Tempel von Ramses III. (4)**, links ein **Tempel Sethos II. (5)**, in dem die Barken für die Nilfahrt von Amun, Mut und Chons aufbewahrt wurden. Ein Durchbruch in der Umfriedung des Hofs führt zum **Freilichtmuseum (6)**, wo Blöcke von bereits in der Antike abgebrochenen Bauten ausgestellt sind. Rekonstruiert haben die Archäologen hier den ältesten Tempel von Karnak, nämlich die Kalksteinkapelle des Sesostris.

Großer Säulensaal

Wieder zurück im Großen Hof, kommt man durch den von zwei Kolossalstatuen Ramses' II. flankierten Durchgang des **zweiten Pylons (7)** in den **Großen Säulensaal**. 134 Säulen mit 2 bis 3,5 m Durchmesser erheben sich zu einem steinernen Wald. Im Nordteil sind sie teilweise noch mit erhabenen Reliefs aus der Zeit Sethos I. verziert, im Südteil dominieren die gröberen, versenkten Reliefs aus der Zeit Ramses' II. Dolden krönen die zwölf dickeren Säulen

Im steinernen Wald von Karnak

des Mittelgangs, die übrigen laufen in Papyrusbündeln aus. An den Architraven und Deckenresten sind noch Farbreste zu erkennen. Die Szenen und Texte an den Wänden berichten von den siegreichen Schlachten Ramses' II. und seines Vater Sethos: Da prescht der König mit seinem Kampfwagen über die Steppe, verstecken sich Flüchtlinge hinter Bäumen, müssen unterjochte Libanesen Zedern für die Schiffe der Ägypter schlagen, werden Gefangene vor die Götter geführt.

Obelisken und Kultzentrum

Im schmalen Hof (8) zwischen 3. und 4. Pylon, von denen nur spärliche Reste blieben, ragt als einzig verbliebener von vier Obelisken der des Thutmosis I. gen Himmel. Im anschließenden Säulenhof steht der aus Rosengranit gefertigte **Obelisk der Hatschepsut (9)**, 30 m hoch und 323 Tonnen schwer. Einst war die Spitze mit einer Legierung aus Gold und Silber verkleidet. Hatschepsuts Nachfolger Thutmosis III. ließ die Nadel ummauern, um ihr die magische Wirkung zu nehmen und das Andenken an seine Rivalin auszulöschen, Echnaton tilgte im oberen Bereich Namen und Figuren des Amun, die Sethos später wieder herstellen ließ. Doch diese Details sieht man besser am zweiten, umgestürzten Obelisken der Hatschepsut, dessen Spitze wir später am Ufer des Heiligen Sees begegnen werden.

Der 5. Pylon wurde unter Thutmosis I. errichtet, der **6. Pylon (10)** unter seinem Enkel Thutmosis III., der auf der Westwand die von ihm unterworfenen Städte und Völker verewigen ließ. Die Annalen setzen sich im folgenden Saal fort, dann betritt man das **Allerheiligste (11)** des Amun-Tempels. Die aus zwei Räumen bestehende Granitkapelle wurde an Stelle einer älteren von Philipp Arrhidaios, dem Nachfolger Alexanders des Großen, gebaut. Reliefs zeigen den Pharao bei rituellen Handlungen, in den nördlich angrenzenden Gemächern aus der Zeit der Hatschepsut sind sogar noch die Farben erhalten.

Festhalle des Thutmosis

Man überquert nun eine mit Trümmern übersäte Freifläche, auf der einst der älteste, schon im Mittleren Reich gebaute Teil des Tempels stand. An der Südwestecke befindet sich der Eingang zur **Festhalle von Thutmosis III. (12)**, einem quer zur Hauptachse des Tempels angelegten Saal, der ein Festzelt nachbildet. Die blaue Deckenbemalung ist noch gut zu erkennen. Kreuze und rudimentäre Umrisse von Heiligen stammen von den Kopten, die den Raum nach der Christianisierung im 4./5. Jh. zur Kirche machten und dabei auch die Reliefs zerstörten.

Weiter auf der Hauptachse kommt man in die Sonnenkapelle und von dort links durch eine Pforte und über ein Treppchen in den **Botanischen Garten (13)**. An den halbhohen Wänden dieses Raums ließ Thutmosis wie in einem Lehrbuch Pflanzen und Tiere darstellen, die er von seinem Syrien-Feldzug nach Ägypten mitgebracht hatte – darunter als eine bis heute geschätzte kulinarische Innovation „den Vogel, der jeden Tag gebiert", wie das Haushuhn in den alten Texten heißt. Bakschischhungrige Wächter hüten die Treppen im Nordosten der Festhalle, von denen man einen guten Überblick über das Gelände hat.

In Richtung Osttor liegen die Reste des **Obelisken-Tempels (14)**, von dem die vor dem römischen Lateran-Palast stehende Steinnadel stammt. Beim Nordtor lehnt sich der Tempel des Totengottes Ptah an die Umfassungsmauer an. Außerhalb der Umfriedung wurde in einem gesonderten **Tempelareal (15) Month** verehrt, der vor dem Aufstieg Amuns der Lokalgott der thebanischen Provinz war. Nur unermüdliche Ruinengänger werden auch diese Heiligtümer besuchen.

Heiliger See und Südachse des Amun-Tempels

Die anderen haben eine Ruhepause verdient, steuern dazu von der Festhalle die Tribünen für das Ton-und-Licht-Spektakel mit dem **Heiligen See (16)** an und finden an dessen Nordwestecke eine Cafeteria samt WC. Einst war der See durch einen unterirdischen Kanal mit dem Nil verbunden. Die Bootsfahrt der Götterstatue gehörte zum täglichen Ritual. Nahe der Cafeteria liegt die **Spitze eines Obelisken der Hatschepsut (17)** neben einem riesigen **Granitkarabäus (18)**.

Man trifft nun auf die durch weitere Pylone markierte **Südachse des Amun-Tempels**. Im Hof vor dem 7. Pylon wurden in einer Grube, der sogenannten **Cachette (19)**, nicht weniger als 18.000 Statuen gefunden, die hier in der ptolemäischen Zeit von den Priestern entsorgt wurden, um in dem übervollen Tempel Platz für neue Götterbilder zu schaffen. Das Areal zwischen dem 8. Pylon und dem Südtor ist wegen Grabungsarbeiten für das Publikum gesperrt. Eine Sphingenallee führte außerhalb des Tors weiter zum **Heiligtum der Mut**, das ebenfalls unzugänglich ist.

• *Hinkommen* Der Eingang zum Tempelstadt Karnak befindet sich von der Uferstraße etwa 3 km nördlich des Zentrums von Luxor. Für die Taxifahrt (einfacher Weg) sind 10 LE angemessen. Sammeltaxis fahren für 0,50 LE von der Kreuzung beim Hotel Emilio über die Sh. Karnak an den Eingangsbereich des Tempels.

• *Öffnungszeiten/Eintritt* Tägl. 6–16.30 Uhr, im Sommer bis 17.30 Uhr. Reisegruppen besuchen Karnak gewöhnlich zwischen 8 und 12 Uhr. Tickets kosten 65/35 LE, Freilichtmuseum 25/15 LE extra. Die Kasse befindet sich am Ausgang des Besucherzentrums rechts.

• *Toiletten* WCs gibt es im Besucherzentrum, in der Cafeteria am Heiligen See und am Eingang zum Freilichtmuseum.

• *Sound & Light* Die Show wird Mi und So 18.30 Uhr (Mai–Okt. 20 Uhr) in deutscher Sprache präsentiert, Eintritt 100 LE. www.soundandlight.com.eg.

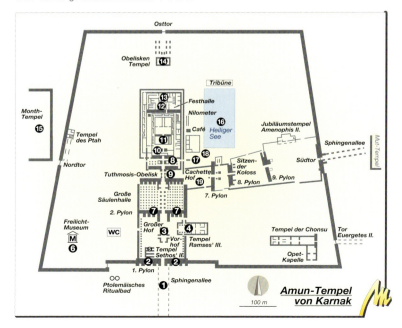

☆☆ Luxor-Tempel (Karte S. 182)

Auch der Luxor-Tempel war der thebanischen Göttertriade Amun, Mut und Chons geweiht. Er steht inmitten des Stadtgebiets von Luxor, nur durch die Corniche vom Nilufer getrennt.

Amenophis III. (1402–1364 v. Chr.) ließ den Tempel an Stelle eines älteren Heiligtums beginnen, viele Erweiterungen gehen auf Ramses II. (1290–1224 v. Chr.) zurück. Um 300 n. Chr. wurde der Tempel zu einem römischen Heerlager, im Mittelpunkt des Kults stand nun der vergöttlichte Kaiser. Die Muslime errichteten später im Hof die **Moschee** des Stadtheiligen **Abu'l-Haggag** (Fotoblick auf den Vorhof des Tempels). Ein Prozessionsweg verband den Tempel mit dem Heiligtum Karnak. Die Barke, die heute am Namenstag des 1243 gestorbenen Sufi-Scheichs in einer Prozession durch Luxor geführt wird, erinnert noch an das altägyptische Opet-Fest, zu dem die Götterstatuen von Karnak nach Luxor reisten, wo sich die Herrscher als Inkarnation der Götter feiern ließen.

Vor dem **ersten Pylon** sind zwei von ursprünglich sechs **Kolossalstatuen** von Ramses II. erhalten. Der Zwilling des **Obelisken** ziert heute die Place de la Concorde in Paris. Am Pylon selbst rühmen Reliefs die Heldentaten des Ramses. In der Südostecke des anschließenden **Hofs von Ramses II.** zeigt ein Relief das ursprüngliche Aussehen des Eingangsbereichs mit dem ersten Pylon.

Mit dem **zweiten Pylon** macht die Tempelachse einen Knick. Wir betreten nun durch einen **Säulengang** den älteren, unter Amenophis errichteten Teil des Tempels, der anders als die vorgelagerten Bauten noch nicht exakt auf das Heiligtum von Karnak ausgerichtet war. Auf den Säulen haben sich außer Amenophis II. auch Haremhab, Sethos I. und Ramses II. verewigt, die Bilder an den Wänden entstanden unter Tutanchamun und zeigen die Nilfahrt der Götterstatuen am Opet-Fest.

Im **Hof von Amenophis III.** drohten infolge des gestiegenen Grundwasserspiegels die mächtigen Säulen auf der Ostseite einzustürzen. In den 1990er Jahren wurden sie deshalb auf ein Betonfundament gesetzt, das Areal wird nun mit unterirdischen Drainagen entwässert. Bei diesen Arbeiten fand man eine Grube mit entsorgten Statuen, deren beste Stücke heute im Luxor-Museum ausgestellt sind.

Durch die **Vorhalle** kommt man in das Vestibül, wo die Römer ihren Kaiserkult zelebrierten. Christen bauten sie später zur Kirche um. Nach einem Raum für die Opfergaben folgt das Allerheiligste, wo in einem von Alexander dem Großen gestifteter Schrein die Barke des Amun stand. Die Götterstatue selbst wurde im hintersten Raum des Tempels aufwahrt. Reliefs im Geburtsraum, dem linken Nebenzimmer des Barkenraums, zeigen die Zeugung des Amenophis (durch Amun), die Schwangerschaft der (jungfräulichen) Königsmutter Mutemwia, die Geburt und den Regierungsantritt des jungen Königs. Diese auch aus anderen Tempeln bekannte Szenenfolge war in mancher Hinsicht Vorlage für die christliche Weihnachtslegende.

Tägl. 6–20.30 Uhr, im Sommerhalbjahr bis 21.30 Uhr. Eintritt 50/25 LE.

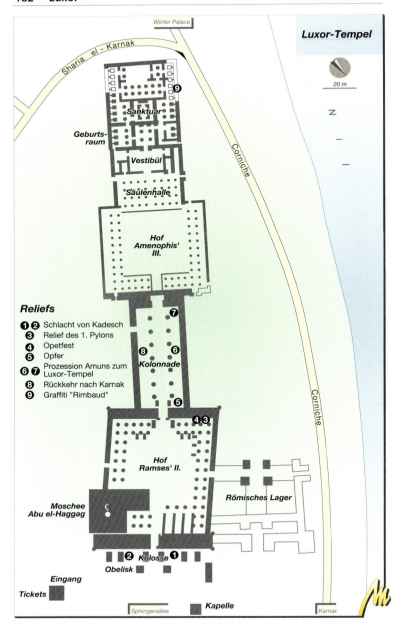

Museen

★★ **Luxor-Museum**: Das 1975 eröffnete Museum ergänzt den Besuch der Tempel und Gräber. Anders als im Ägyptischen Museum zu Kairo, das mit seiner Überfülle lieblos verwahrter Exponate jeden Besucher erschlägt, werden in Luxor nur wenige ausgewählte Funde präsentiert und gut erklärt. Höhepunkte der Ausstellung sind das Haupt der Göttin Hathor in Kuhgestalt und eine Statuette (Nr. 61) von Thutmosis III. Im Obergeschoss wurde eine Wand aus Karnak rekonstruiert, auf deren Reliefs Echnaton und Nofretete dem Sonnengott Aton huldigen. Das Museum verfügt auch über eine Bibliothek, eine (überteuerte) Cafeteria und einen Buchladen.

• *Eingangshalle* In der Eingangshalle begrüßt den Besucher eine **Statue des Amun**. Rechts beachte man das aus rötlichem Granit gearbeitete **Haupt Amenophis' III.** – ein feines Lächeln scheint die Mundpartie zu umspielen. Den gleichen Pharao zeigt an der linken Wand ein farbenfrohes, nur noch in Fragmenten erhaltenes **Fresko** aus dem Grab Nr. 226 in Theben-West. Aus dem Grabschatz des Tutanchamun stammt der **Kopf der Göttin Hathor** in Kuhgestalt aus vergoldetem Holz. Ihre Augen sind aus schwarzem und weißem Glas gefertigt. Der von Hals abwärts schwarze Anstrich deutet an, dass die Göttin gerade aus der Unterwelt emporsteigt und so den Toten die Wiedergeburt verheißt.

• *Untergeschoss* Im Untergeschoss gleich neben dem Eingang sind 16 der 22 Statuen aus der sogenannten **Luxor-Cachette** ausgestellt, eine Art Statuengrab, das 1989 unter dem Säulenhof des Luxor-Tempels entdeckt wurde. Wann und warum die Götter dort verborgen wurden, bleibt ein Geheimnis. Die linke Reihe beginnt mit dem **Krönung des Haremhab** durch Gott Amun, daneben eine Sitzstatue der Göttin Junit aus der Zeit Amenophis' III. Das übergroße Standbild aus rotem Granit am Ende der Galerie zeigt den muskulösen **Amenophis III.** auf einem Schlitten, einem Transportmittel für besonders schwere Objekte. An der rechten Wand thront Göttin **Hathor** in knöchellangem Gewand, das Ankh-Zeichen in der Hand, auf dem Kopf die charakteristische Krone und eine lange, bis zur Brust reichende Perücke. Ungewöhnlich ist die 1,50 m hoch aufgerichtete **Kobra** mit aufgeblähtem Halsschild; sie symbolisiert den Schöpfergott Kamutef. Der Kopf ging wohl schon im Altertum verloren, Bohrlöcher oben am Halsansatz deuten auf einen Ersatz hin. In einem Nebenraum treffen wir das Götterpaar Amun und Muth, einen kopflosen Ramses II. und eine Sphinx.

• *Haupthalle* Die Haupthalle beginnt mit der Kunst des Mittleren Reiches. An der Stirnseite steht eine in Karnak gefundene **Granitbüste Sesostris' III.** mit den für seine Zeit (12. Dyn.) typischen individuellen Zügen, die einen nachdenklichen bis melancholischen Herrscher zeigen. Um die Ecke, also an der Ostwand des Saals, sitzt (kopflos) der **Wesir Mentuhotep** im Schreibersitz mit Papyrusrolle und Tintennapf, als müsse er die Besucher befragen. Die Leibesfülle des aus schwarzem Granit gefertigten Herrn soll seinen Rang und Wohlstand ausdrücken. Verdrossener noch als Vater Sesostris blickt die Stand-Schreit-Statue von Sohn und Nachfolger (reg. 1842–1795) **Amenemhet III.** drein.

Etwa in der Mitte der Ostwand lobt die erläuternde Tafel die geschickt ausgeleuchtete Statuette **Thutmosis' III.** aus grünlicher Grauwacke als schönstes Werk, das je geschaffen wurde. Blickfang im Zentrum des Raums ist die aus einem einzigen Steinblock gemeißelte **Figurengruppe mit Gott Sobek**, der seine schützende Hand auf den Oberarm von Pharao Amenophis III. legt. Ramses II. tilgte den Namen des Amenophis und ließ stattdessen seinen eigenen eingravieren.

An weiteren Kunstwerken der Haupthalle gefielen uns **Jamu-Nedjeh**, ein als Würfelhocker dargestellter Gefolgsmann Thutmosis III.; ihm gewährte der Pharao die außergewöhnliche Gunst, die Statue im königlichen Totentempel aufzustellen. Ein ungewöhnliches Stück ist der von einem gewissen Nebnefer und seiner Familie den Göttern Hathor und Sobek gestiftete **Steinwürfel mit Reliefs**.

• *Anbau Erdgeschoss* Die Ausstellung im neuen Flügel ist unter dem Motto „Die Armee im goldenen Zeitalter" den großen Kriegern des Neuen Reichs gewidmet. Am Eingang stößt man zunächst auf eine **Sitzstatue Thutmosis III.** aus dem Hatschepsut-Tempel. Neben ihm berichtet eine **Stele** von den Siegen des Pharao Kamose (17. Dyn.) über die Hyksos. An der linken Längswand schützt eine Vitrine einen **Streitwagen** aus dem Grab Tutachamuns. Daneben ein Relief mit **Amenophis II. als Bogenschütze**, dann wiederum eine Vitrine mit königlichen **Pfeilen und Bögen** aus dem Tutanchamun-Grab.

In der Mitte des Anbaus sind in einem abgedunkelten Bereich zwei **Königsmumien** zu sehen: Ahmose, der Begründer der 18. Dynastie, und ein noch nicht sicher identifizierter Pharao, in dem viele Ramses I. sehen. Beide Mumien wurden im 19. Jh. in der Cachette von Deir al-Bahri gefunden, einem Massengrab, in dem Priester der 22. Dynastie sie mit anderen Mumien zum Schutz vor Grabräubern versteckt hatten. Die vermutliche Ramses-Mumie erwarb ein kanadischer Arzt, der sie dem Museum in Niagara Falls verkaufte. Nach dessen Schließung reiste der mumifizierte Pharao weiter nach Atlanta (USA) und kehrte von dort erst nach zähen Verhandlungen 2004 wieder nach Ägypten zurück. Die Vitrinen zwischen den Mumien zeigen die goldene Prunkaxt und einen Dolch des Ahmose, dazu ein Halsband mit drei goldenen Fliegen aus dem Grabschatz der Ahhotep, Mutter des Ahmose und Kamose.

Weiter an der Ostwand eine **Statue des Amenophis II.** aus rotem Granit. Dann der Schreiber **Amenophis Sohn des Hapu** als **Würfelhocker**. Von diesem einflussreichen, später sogar als Gott verehrten Beamten stammen die Pläne des Luxor-Tempels und des Tempels von Amenophis III.; auch die Pläne der Großen Säulenhalle im Tempel von Karnak werden ihm zugeschrieben.

Nach Amenophis kommt wieder eine Vitrine mit **Waffen**, daneben **Ramses II.** mit Doppelkrone und ganz am Ende eine **Alabasterstatue Sethos I.** aus Karnak.

Um die Ecke folgt eine Statue des **Nebre**, Kommandeur der westlichen Grenztruppen unter Ramses II., geschmückt mit einem feinen Colliers und einem Sechmet-Zepter.

Weiter die auf dem Sinai gefundene Doppelstatue des Generals **Paser** und seiner Gemahlin Hennet, dann die Kalksteinbüste des **Nachtmin**, Sohn des Pharaos Eje und Truppenführer unter Tutanchamun.

Zu Füßen der Rampe werden wir mit den Verlierern konfrontiert: ein **Gefangener** aus schwarzem Granit, dazu ein unterlegener Libyer, dem gerade **Ramses VI.** den Schädel einschlägt (neben dem Pharao symbolisiert eine Löwe die königliche Macht), und schließlich eine Reihe von Gefangenen auf dem Sockel einer Statue.

• *Anbau obere Etage* Am Ende der Rampe sieht sich der Besucher der Plastiken der löwenköpfigen Kriegsgöttin **Sechmet** gegenüber. Neben ihr der schon bekannte **Amenophis Sohn des Hapu**, diesmal in Schreiberhaltung und aus schwarzem Granit. Dann die Sitzstatue des **Yamunnedjeh**, die Figur des betenden Pharaos **Amenemhet I.** und das bemalte Relief einer **Siegesparade** sowie ein Offizieller mit dem Ehrengold. Ihnen gegenüber die ungeachtet ihrer Größe anmutige Statue **Ramses III.**

Die übrigen Exponate auf der Etage stehen für die Themenkreise Kunst, Schreibkunst und Technik. Die Vitrine neben der Ramses-Statue präsentiert drei **Bootsmodelle**: eine Barke für Prozessionen und andere zeremonielle Anlässe, ein Ruderboot und ein Segelboot. Die edlen Halsketten belegen, dass der **Höfling Thai** (aus Elfenbein) und der **Architekt Mai** (sitzend, schwarzer Granit) sich der besonderen Gunst ihrer Pharaonen erfreuten. Die nächsten Vitrinen zeigen diverse **Tonscherben mit Grundrissen** von Häusern und Gräbern, Werkzeuge der Bauleute und, bewacht von einer Figur des ibisköpfigen Thoth, die Utensilien eines Schreibers.

Am Ausgang werden in einer Nische Funde aktueller Ausgrabungen präsentiert. Bei unserem Besuch waren reich bemalte **Holzsärge** des Richters **Imeni** und der **Geheset** zu sehen, die Forscher des Deutschen Archäologischen Instituts 2004 in der Nekropole Dra Abu el-Naga nahe dem Hatschepsut-Tempel ans Licht brachten.

• *Hauptgebäude obere Etage* Zurück im Altbau setzt sich der Rundgang mit der Rampe zum Obergeschoss fort. Im Aufgang liegt ein entspannter Dionysos, Trauben schleckend, als Halbrelief auf seiner

Museen 185

Couch. Es folgen frühchristliche **Grabstelen** und **Architekturfragmente**, darunter als Glanzlicht die mit einem Adler geschmückte Apsis einer Kapelle aus dem Luxor-Tempel. In der langen Vitrine, die zugleich als Raumteiler dient, findet man Kleinfunde wie **Münzen**, **Papyri**, **Schmuck** und allerlei **Grabbeigaben**. Höhepunkt ist hier ein **Kasten mit Kanopenkrügen** aus dem Hatschepsut-Tempel. An der hinteren Querwand zeigt ein Relief die legendäre Pharaonin in ganz ungewohnter Gestalt, nämlich als Frau (opfernd vor Amun).

An der Westwand des Obergeschosses flankieren zwei Kolossalköpfe des Amenophis IV., also des jungen Echnaton, die 17 m lange und bald 3 m hohe **Echnaton-Mauer**. Diese befand sich ursprünglich in Karnak und wurde im Museum aus 283 bemalten reliefierten Sandsteinblöcken zu einer Wand zusammengefügt. Sie zeigt im linken Teil den Ketzerkönig, begleitet von Gattin Nofretete, beim Anbeten der Aton, der göttlichen Sonne. Auf der rechen Hälfte sieht man Tempeldiener bei den täglichen Arbeiten und Kulthandlungen. Nach Echnatons Sturz wurde die Mauer abgerissen, die Blöcke kamen als Füllmaterial in den 9. Pylon.

• *Öffnungszeiten, Eintritt* Corniche, 1 km nördl. des Luxor-Tempels, tägl. 9–13, 16–21 Uhr (Sommerhalbjahr 17–22 Uhr). Eintritt 80/40 LE.

> Lesetipps: Abeer el-Shahawy, *Luxor Museum. The Glory of Ancient Thebes*, Kairo, AUC-Press, 2006.
>
> Janice Kamrin, *The Illustrated Guide to the Luxor Museum of Ancient Art and the Nubia Museum of Aswan*, Kairo, AUC-Press, angekündigt für Sommer 2011.
>
> Eine virtuelle Reise durch das Museum ermöglicht www.insecula.com/musee/M0017.htm.

Mumien-Museum: Das kleine Museum an der Uferpromenade ist der Technik der Mumifizierung gewidmet. Den Eingang des Gruselkabinetts bewacht Anubis, der schakalgestaltige Gott der Totenzeremonien. Begleitet von spärlichen Erklärungen, sehen wir beim Gang in die Unterwelt das Material und die Werkzeuge der Balsamierer, darunter die Löffel, Schaber und Haken, mit denen das Hirngewebe durch die Nasenöffnung aus dem Schädel gezogen wurde. Ein Krokodil aus Kom Ombo, ein Widder von Elephantine und andere mumifizierte Tiere schauen uns an, so wie Mumien eben noch schauen können. Jüngstes Exemplar ist eine Ente aus dem 20. Jh. Mit ihr bewies Konservator Nasri Iskander, der die Mumifizierungstechnik der Pharaonenzeit rekonstruierte, seine Fertigkeiten. Als menschliche Mumie ist der Priester Maserhati (21. Dyn.) ausgestellt, dazu Sarkophage und Artefakte, die dem Toten die Reise ins Jenseits erleichtern sollten.

Corniche, beim Fähranleger, tägl. 9–14/16–21 Uhr (Sommerhalbjahr 17–22 Uhr). Eintritt 50/25 LE. Oft stellen samstags um 19 Uhr Archäologen und Ägyptologen ihre aktuellen **Forschungsprojekte** im Museum vor.

Luxor Heritage Centre: Das 2007 in einem pompösen Neubau eröffnete Zentrum will den Besuchern Ägyptens Kulturerbe näher zu bringen. Beim Wort sollte man das Zentrum allerdings nicht nehmen. Von den ambitionierten Projekten funktionieren nämlich nur die **Mubarak Public Library**, eine Art Stadtbücherei mit wissenschaftlicher Abteilung zu Ägyptologie und Koptologie; sowie der Kindergarten, der auf den Nachwuchs aufpasst, während Papi und Mami in den Büchern schmökern. Allenfalls auf Vorbestellung und für Gruppen wird das **Culturama** entfaltet – ein 40 Minuten langes Multimedia-Spektakel, welches das ägyptische Erbe auf einer 180-Grad-Panorama-Großleinwand präsentiert. Zuvor dürfen die Zuschauer an Computern 3D-Animationen der Pyramiden, des Tutanchamun-Grabs und von archäologischen Stücken drehen und wenden.

Sh. Mabad el-Karnak, Mi–Mo 10–22 Uhr. Eintritt (ohne Culturama) 10 LE.

Westufer von Luxor (Theben West)

Ein Besuch der Nekropolen des alten Theben gehört zu den Höhepunkten jeder Ägyptenreise. In grandioser Landschaft gibt es neben den Felsengräbern der Pharaonen und ihrer Angehörigen auch monumentale Totentempel und die farbenprächtigen Gräber der Höflinge zu besichtigen.

Von der Frühzeit bis in die koptische Zeit, also über einen Zeitraum von mehr als 3000 Jahren, wurden hier auf dem Westufer am Rande der Wüste immer neue Friedhöfe angelegt, darunter im Neuen Reich auch Gräber der Pharaonen. Das Westufer war aber nicht nur der Ort der Toten. Zu den Tempeln gehörten Bibliotheken, Schulen für die Schreiber und Maler, Wohnungen der Priester und Stallungen. Auch die zahlreichen Grabarbeiter wohnten in einer eigenen Siedlung unweit ihrer Arbeitsplätze.

Außer Denkmälern bietet das Westufer auch ein herrliches Landschaftserlebnis. Vom Nil kommend, durchquert man zunächst das Fruchtland mit seinen Palmenhainen, Gärten und Zuckerrohrfeldern. Von der üppig grünen Vegetation hebt sich am Horizont die kahle, gelbbraune Hügelkette ab, in der sich das Tal der Könige versteckt.

Über den Nil

Zwar verbindet 7 km südlich der Stadt eine **Brücke** die beiden Ufer, doch wer kein Auto hat und auch nicht mit dem Bus unterwegs ist, wird besser die Fähren benutzen. Zudem ist die Brücke von 18 bis 6 Uhr für Touristen gesperrt.

Die **Fähre** kreuzt mit Bäuerinnen, Hühnern, Fahrrädern und allerlei „Traglasten" den Fluss auf Höhe des Luxor-Tempels von morgens gegen 5 Uhr bis nach Mitternacht. Von Ausländern wird ein Fahrpreis von 1 LE erwartet.

Taxiboote *(lunches)* setzen für 1 LE/Pers. über. Minimum 5 LE pro Überfahrt.

Westufer von Luxor (Theben West)

Unterwegs

Bequem ist die Fahrt mit dem Taxi, üblich ist die Tour mit dem Fahrrad, abenteuerlich der Ritt mit dem Esel und am billigsten die Kombination Sammeltaxi und Fußmarsch.

• *Fahrrad* Die etwa 30 km, die man zwischen Fähranleger und den verschiedenen Monumenten weitgehend auf Asphalt unterwegs sein wird, sind gerade die richtige Radlentfernung. Sie können Ihr Velo (10–15 LE/Tag) schon in Luxor oder aber am Fähranleger auf der Westbank mieten.

• *Esel* Im Schritttempo und mit vielen „Hoosch!" (Halt!) und „Hatla!" (Schneller!) erlebt man, auf eher abenteuerliche als bequeme Art, die Welt aus Eselsperspektive. Hier ein frisches Gräslein, dort ein interessanter Artgenosse – die Gräber, zu denen es seine Last bringen soll, interessieren das Tier am allerwenigsten. Erst am Übergang von Deir el-Bahri ins Tal der Könige werden Sie merken, ob der Ihre zur Gattung der „Bergesel" (seit Kindesbeinen mit Touristen unterwegs) gehört oder ein „Feldesel" ist, dem schmale Bergpfade überhaupt nicht zusagen. Die Tour (Tal der Könige, Deir el-Bahri, Noblengräber) sollte nicht mehr als 40 LE + Bakschisch kosten.

• *Taxi* Für einen fünfstündigen Ausflug zu den Sights mit einem privaten Taxi rechne man 80–150 LE. Für die Fahrt zum Tal der Könige und zurück zahle man nicht mehr als 30 LE.

• *Sammeltaxi* Wer gerne wandert, wird sich mit einem der Sammeltaxis (0,50 LE/Pers.) von der Fähre zum Inspektorat (Kasse) bringen lassen, von wo aus die Monumente gut zu Fuß zu erreichen sind.

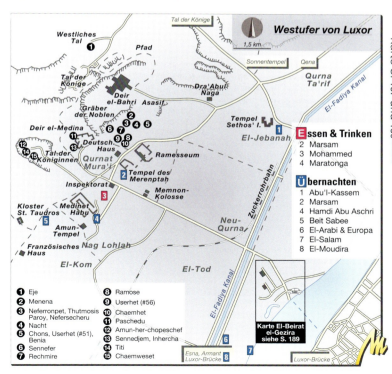

Westufer von Luxor

Essen & Trinken
2 Marsam
3 Mohammed
4 Maratonga

Übernachten
1 Abu'l-Kassem
2 Marsam
4 Hamdi Abu Aschri
5 Beit Sabee
6 El-Arabi & Europa
7 El-Salam
8 El-Moudira

❶ Eje
❷ Menena
❸ Neferronpet, Thutmosis Paroy, Nefersecheru
❹ Nacht
❺ Chons, Userhet (#51), Benia
❻ Sennefer
❼ Rechmire
❽ Ramose
❾ Userhet (#56)
❿ Chaemhet
⓫ Paschedu
⓬ Amun-her-chopeschef
⓭ Sennedjem, Inhercha
⓮ Titi
⓯ Chaemweset

Luxor – Karte S. 187 und 189

Eintrittskarten/Öffnungszeiten

- *Tickets im Tal der Könige*

Je drei Königsgräber nach Wahl	80/40 LE
Grab Ramses VI.	50/25 LE
Westliches Tal, Grab des Eje (Ay)	25/15 LE

- *Tickets am Hatschepsut-Tempel*

Hatschepsut-Tempel (Deir el-Bahri)	30/15 LE
Gräber von Cheruef und Anchor	30/15 LE
Grab des Pabasa	20/10 LE

- *Tickets im Tal der Königinnen*

Tal der Königinnen	35/20 LE

- *Tickets am Inspektor's Office* Diese Kasse befindet sich etwa 3 km landeinwärts der Fähre am Inspektorat der Altertümerverwaltung.

Medinet Habu	30/15 LE
Ramesseum	30/15 LE
Gräber der Noblen	
Gräber von Nacht und Menena	30/15 LE
Gräber Rechmire und Sennefer	30/15 LE
Ramose/Userhet/Chaemhet	30/15 LE
Chons/Userhet/Benia	15/8 LE
Neferronpet/Thutmosis/Nefersecheru	30/15 LE
Deir el-Medina	
Tempel und 2 Gräber	30/15 LE
Grab des Paschedu	15/8 LE
Tempel Setos I.	30/15 LE
Tempel des Merenptah	10/8 LE

Alle Tickets gelten nur an dem Tag, an dem sie gelöst wurden. Die Stätten sind im Sommer 6–18 Uhr, im Winter 6–17 Uhr geöffnet. **Fotografieren und Filmen** ist in den Tempeln erlaubt, in den Gräbern jedoch verboten.

Übernachten (→ *Karten S. 187 und 189*)

Auf der Westbank übernachtet sich's ruhiger und romantischer als in Luxor. Morgens wird man von den Vögeln geweckt, und die Gräber und Tempel sind nur wenige Schritt entfernt. Ferienwohnungen und -häuser, ob zur Miete oder zum Verkauf, sind hier ein gutes Geschäft geworden. Wenigstens 500 Ausländer, meist Briten, haben sich auf dem Westufer niedergelassen.

El-Moudira (8, Karte S. 187), pauschal zu buchen bei Oft-Reisen. Ein Luxushotel mit gerade mal 54 Zimmern, das wohltuend aus dem üblichen Hoteleinerlei herausragt. Der Manager spricht perfekt deutsch. Die Zimmer haben jeweils einen eigenen Garten und sind in einem Dutzend Villen im orientalischen Landhausstil untergebracht: ein Disneyland mit Inszenierungen verschiedener arabischer Stile und Epochen. Alle Räume sind mit erlesenen Antiquitäten und Werken zeitgenössischer ägyptischer Künstler ausgestattet. Pool und wunderschönes Dampfbad. Das hervorragende Restaurant steht auch Nicht-Hotelgästen offen. DZ ab 220 €, pauschal 1 Woche für 2 Pers. mit Flug ab 2300 €. ✆ 012-3251307, ✆ 012-3220528, www.moudira.com.

- *In Medinet Habu (Karte S. 187)* **Beit Sabee (5)**, schicke Pension unter französischer Leitung. 8 farbenfroh eingerichtete Zimmer, die auch schon mal in einem Deko-Magazin gefeiert wurden. Stil ist hier alles. Aufmerksames Personal, Abendessen auf Vorbestellung. DZ 50–80 €. ✆ 2311228, www. nourelnil.com.

- *Beim Inspektorat (Karte S. 187)* **Marsam (Scheich Alis) (2)**, das noch im alten Stil aus Lehmziegeln gebaute Anwesen des legendären und hoch betagt verstorbenen Grabräubers und Großbauern ist die älteste Herberge auf der Westbank. Schöner Innenhof, saubere Sanitäreinrichtungen, die Zimmer in den Nebengebäuden sind mit Bad ausgestattet. Im Winter ist das Hotel oft mit Archäologen belegt. DZ 110–160 LE. ✆ 2372403 www.luxor-westbank.com/marsam_az.htm.

- *Am Fähranleger (el-Gezira, Karte S. 189)* **Gezira Gardens (18)**, die um einen Innenhof Pool gruppierte Anlage umfasst außer herkömmlichen, eher kleinen und nicht mehr ganz neuen Doppelzimmern auch Apartments für bis zu 4 Pers, mit funktionsfähiger Küche, Telefon und TV. Der Einrichter des Hoteltrakts schätzte Schmiedeeisen und Spiegel. Gartenrestaurant mit Alkoholausschank, Dachterrasse mit Luxorblick. DZ 35 €, App. 60 €. ✆ 2312505, ✆ 2312506, el-gezira.com.

Nile Valley (16), wenige Schritte vom Fähranleger bieten Karin und Hamada, ein niederländisch-ägyptisches Paar, in ihrem neu-

Westufer von Luxor (Theben West)

en Hotel auf zwei Etagen Fremdenzimmer, ausgestattet mit Bad, Deckenventilator und teilweise AC. Dachterrasse mit Nilblick und Restaurant, hinter dem Haus ein Pool mit Sonnenliegen. WLAN. DZ 200–260 LE. ✆ 2311477, www.nilevalley.nl.

El-Nakhil (14), das von einer Deutschen geleitete Hotel am Dorfrand setzt auf angepasste Architektur mit Kuppeldächern. Es zählt gerade mal 15 geräumige und mit Geschmack eingerichtete Gästezimmer. Hübscher Garten mit Blumen, Zuckerrohr und Schildkröten, leider kein Pool. Restaurant mit Alkohollizenz. Im Winter die erste Wahl auf der Westbank. DZ 20–35 €. ✆/✉ 2313922, www.el-nakhil.com.

Sheherazade (13), gleich neben dem Nakhil-Hotel fällt ein dreigeschossiger Bau mit Ziegelmauerwerk als Blendfassade im irgendwie orientalischen Stil ins Auge. Die Zimmer sind unterschiedlich groß, manche gar mit Kuppeln, doch deswegen nicht kühl – im Sommer geht's nicht ohne Klimaanlage. Bei unserem Besuch wirkte das Haus etwas vernachlässigt (Staub, kaputte Lampen usw.). Es fehlen Fliegengitter und ein Fahrstuhl. Pluspunkte sind der große Gar-

ten und die Dachterrasse mit ihrem Nilblick. DZ 250 LE. ✆ 010-6115939, www.hotelsheherazade.com.

El-Gezira (15), 300 m von der Fähre. Mit diesem schon älteren Objekt begann Gamal Mahmud, dem auch Gezira Gardens gehört, seine Karriere als Hotelier auf der Westbank. Das Haus liegt an einem Seitenkanal des Nils. Die 11 einfach eingerichteten Zimmer sind mit AC und Bad ausgestattet. Für die lauen Abende gibt es eine Dachterrasse mit Restaurant. DZ 130 LE. ✆ 2310034, www.el-gezira.com.

Fayrouz (12), das deutsch-ägyptische Gemeinschaftsprojekt am Dorfrand bietet 14 Zimmer, teils mit AC. Dachterrasse mit Blick auf Luxor, das Frühstück wird in der warmen Jahreszeit im Garten serviert, wo man im Schatten von Bananenstauden sitzen und den Vögeln lauschen kann. Auch einen Fischteich gibt es hier. DZ 150–200 LE. ✆ 2312709, www.elfayrouz.com.

Amon (9), das Hotel von Ahmed Mahmoud Suleiman liegt am Weg zu den Pharao-Reitställen. Mehrere Gebäude mit Zimmern sehr unterschiedlichen Zuschnitts und Komforts gruppieren sich um einen

Übernachten
9 Amon
10 Hassans Haus
12 Fayrouz
13 Sheherazade
14 El-Nakhil
15 El-Gezira
16 Nile Valley
18 Gezira Gardens

Essen & Trinken
11 Africa Paradise
17 Tutanchamun

Luxor Westufer: El-Beirat el-Gezira

grünen Innenhof mit gewachsenem Baum bestand. Hier wohnten auch die Archäologen von Kent R. Weeks „Theban Mapping Project", der virtuellen Bibliothek der Westbank. DZ 25–35 €. ☎ 2310912, ✆ 2311205, www.amonhotel.com.

• *Beim Sethos-Tempel (Karte S. 187)* **Abu'l-Kassem (1)**, etwas abseits gelegen, abgewohnte Zimmer mit Teppichboden und Ventilator, zudem Restaurant, Fahrradverleih und Souvenirladen/Alabasterfabrik. Im Winter ist das Hotel oft mit Archäologen aus Ungarn belegt. DZ 60 LE. Qurna Ta'rif, ☎ 2313248, www.abou-el-kassem.com.

• *Ferienwohnungen und -häuser* Ausländer und Auslandsägypter erwerben zunehmend Zweitwohnungen auf der Westbank und vermieten diese einen Teil des Jahres an Feriengäste. Ein breites Angebot für 40–75 $/Tag finden Sie im Internet unter www.bikerentalluxor.com und www.flatsinluxor.co.uk.
El-Arabi & Europa (6, Karte S. 189), Mubarak Hassan vermietet 3 Ferienwohnungen. Eine 4. Wohnung ist inzwischen dauerhaft mit der deutschen Rentnerin Helga belegt, die zugleich Ansprechpartnerin für deutschsprachige Gäste ist. Die Apartments haben 1–2 Schlafzimmer. Die Dachterrasse wird auch von der im Haus wohnenden Familie des Vermieters genutzt – Familienanschluss ist also möglich. 70–110 €/Woche. el-Ezba, ☎ 2551735, Kontakt D +49 172 919 3992, www.luxor-info.com.

Hamdi Abu Aschri (4, Karte S. 187), Besitzer der Alabasterwerkstatt am Habu-Tempel; vermietet an Leute, die länger bleiben. Wohnungen für ca. 1000 LE im Monat. ☎ 012-3716606, ahmedhabo@hotmail.com.

• *Camp (Karte S. 187)* **El-Salam (7)**, ca. 1,5 km südlich der Fähre – mit dem Bootstaxi kann man bequem bis unmittelbar vor das Camp fahren. Es bietet Schilfhütten im Dahab-Stil, wo Besitzer und Manager Ahmed sein Handwerk gelernt hat. Schlafsack, Seife und Handtuch muss man selbst mitbringen. Hütte 50 LE. el-Gezira, ☎ 010-6824067, www.alsalamcamp.com.

Essen & Trinken (→ *Karten S. 187 und 189*)

• *Am Fähranleger (el-Gezira, Karte S. 189)* **Tutanchamun (17)**, südlich der Fähre am Nil. Wer die vom Kellner heruntergerasselte Speisenauswahl („ChickenCurry-Rosmarin-KebabHalaRoastbeef") nicht versteht, dem wird ein Fotoalbum mit Bildern der Hauptgerichte gereicht. Aufgepasst, dass Sie sich nicht schon an den üppigen Vorspeisen satt essen. Als landestypischen Nachtisch gibt's Umm Ali oder Kunefe. Hauptgericht mit Fleisch 35 LE.

Nile Valley (16), beim Fähranleger. Auf der Dachterrasse des Nile Valley Hotels speist man abends unter Gehängen von Plastikblumen und im Schummerlicht bunter Kugellampen. Auf der Karte stehen gleichermaßen Weltgerichte wie Spaghetti Bolognese und Landestypisches, etwa gefüllte Täubchen. Hauptgericht 25–40 LE.

Africa Paradise (11), beim Fähranleger. Abu Ali hat sein einst tolles Gartenlokal gegen eine Dachterrasse eingetauscht, auf der mit-

Westufer von Luxor (Theben West)

tags auch Reisegruppen verköstigt werden. Ob's eine gute Wahl war? Geboten wird ein Menü (45 LE) mit drei Vorspeisen, Reis, Gemüse, Kartoffeln und einem aus den üblichen Verdächtigen („Kebab-Kufta-Chicken-Fish?") zu wählenden Hauptgang, abschließend ein Stückchen Süßes. Die Aussicht war gut, das Essen eher lieb- und gewürzlos.

• *In Qurna und Umgebung (Karte S. 187)*
Mohammed (3), beim Pharao-Hotel bzw. Inspektorat. In einem schlichten Lehmziegelhaus mit prächtigem Garten werden Menüs ägyptischer Familienkost serviert (Hühnchen, Tauben, Ente, Kufta, u. ä.). Ziegenkäse aus eigener Herstellung. Das Lokal ist bei den ausländischen Archäologen beliebt und schenkt auch Alkohol aus. Menü 30–40 LE.

Marsam (Scheich Alis) (2), beim Inspektorat. Man speist im angenehm kühlen Innenhof, wechselnde Tagesgerichte und Snacks, auch für eine mittägliche Teepause ist der Platz zu empfehlen. Kein Alkohol.

Maratonga (4), beim Hatschepsut-Tempel. Außer dem Namen hat diese Cafeteria nichts mit dem gleichnamigen Münchner Tanzcafé gemein; der im Schlager besungene „weiße Mond von Maratonga" mag aber auch hier Wünsche erfüllen. Der Deutsch-Ägypter Sayed und sein Team bewirteten mit Getränken, Snacks und warmen Mahlzeiten, die unter Aufsicht von Sayeds Schwester gekocht werden. Verlässliche Qualität bei gutem Service zu anständigen Preisen. Nur tagsüber geöffnet.

Neu-Qurna

Angesichts der vielen Altertümer auf der Westbank wird ein Denkmal aus dem 20. Jh. nur wenig beachtet. Zwischen Fähranleger und den Memnonkolossen, gleich hinter der Brücke über den Nilseitenkanal und der Kreuzung der Zuckerrohrbahn, sieht man rechts der Straße in der zweiten Reihe hinter den Betonhäusern noch einige ungewöhnliche Lehmbauten, denen der Zahn der Zeit sichtlich zugesetzt hat: die Anfänge von Neu-Qurna.

1945 erhielt Hassan Fathy, der nach dem Pyramidenbauer Imhotep berühmteste ägyptische Architekt, den Auftrag, für die 7000 Bewohner des archäologischen Bezirks ein neues Dorf zu bauen. Der Entwurf war für die Zeit revolutionär. Das neue Dorf sollte eine Schule haben, einen Marktplatz, ein Gemeinschaftshaus und sogar einen künstlichen See, damit die Kinder nicht weiter in den bilharzioseverseuchten Kanälen planschen mussten. Dabei griff Fathy bei Material und Form auf die traditionelle ägyptische Bauweise zurück. Lehm, so wollte er zeigen, wird den klimatischen, ökologischen und sozialen Erfordernissen am besten gerecht und ist zudem billig, denn die Bauern können die Ziegel selbst herstellen und der Rohstoff ist reichlich vorhanden.

Als Dachformen wählte Fathy Kuppel und Gewölbe. An den Getreidespeichern des nahen Ramesseums kann man sehen, dass solche Lehmkonstruktionen im oberägyptischen Klima 3000 Jahre überdauern können. Mit einfachen Neuerungen wollte der Architekt das Leben der Fellachen erleichtern. In jedes Haus kamen Latrine und ein Bassin, eine Art Badewanne. „Fließwasser" floss von ins Dach eingelassenen Tonkrügen, die periodisch über eine öffentliche Pumpe aufgefüllt wurden. Kachelöfen statt des offenen Kohlebeckens spendeten an den Winterabenden behagliche Wärme.

Allen Annehmlichkeiten zum Trotz geriet Fathys Neu-Qurna zum Fehlschlag und wurde nie vollendet. Lehmwände wurden durch Beton ersetzt, je nach Bedürfnis wurde angebaut und abgerissen. Nahezu unversehrt blieb neben Fathys eigenem Haus nur die Moschee. Die Dörfler von Qurna dachten überhaupt nicht daran umzuziehen, sie wollten lieber in ihren alten Häusern gleich neben den Gräbern bleiben. Zudem war Neu-Qurna für Kleinfamilien konzipiert, nicht aber für oberägyptische Mehrgenerationenhaushalte, bei denen der verheiratete Sohn einen Anbau an das Vaterhaus zu errichten pflegt.

Die Gräber

✯✯✯ Tal der Könige (Biban el-Moluk)

In 64 Felsengräbern wurden hier Pharaonen und deren engste Angehörige beigesetzt. Grabräuber aller Epochen plünderten die Schätze, und doch reichten die verbliebenen Dinge noch aus, die Museen der Welt zu füllen. Vor Ort blieben herrliche Wandmalereien.

Aus guten Gründen ließen sich die Pharaonen des Neuen Reiches (1550–1070 v. Chr.) in diesem abgelegen Tal bestatten: Man wollte die Gräber in der Nähe der neuen Residenz (Theben) haben. Gleichzeitig sollten sie abgelegen und geschützt gegen Grabräuber sein. Dafür nahm man die weite räumliche Distanz der Gräber zu den Totentempeln in Kauf, die am Rande des Fruchtlandes standen. Schließlich war für die Grabanlagen eine stabile, doch nicht allzu schwer bearbeitbare geologische Formation notwendig, wie sie der bei Luxor-West unter dem Sandstein liegende Kalk beispielhaft bietet.

3000 Jahre Grabraub

Der Fels erwies sich als stabil, doch mit dem Schutz vor Grabräubern war es nicht weit her. Alle Gräber wurden irgendwann geplündert, auch bei Tutanchamun drangen die Räuber bis ins Vorzimmer vor. Bereits aus der Regierungszeit Ramses' III. (1184–1153 v. Chr.) gibt es Hinweise auf Grabräuber, und unter Ramses IX. (1126–1108 v. Chr.), so berichten zeitgenössische Papyri, war der Grabraub ein wohlorganisiertes Gewerbe, in das auch höchste Beamte verwickelt waren. Wenn man schon nicht alle Schätze schützen konnte, sollten wenigstens die Mumien unversehrt bleiben. 974 v. Chr., drei Tage vor der Bestattung des Oberpriesters Pinodjem II., bargen dessen Gefolgsleute alle bekannten Königsmumien und schafften sie samt 6000 Artefakten in Pinodjems Familiengrab.

Doch auch hier war die Totenruhe nicht von Dauer. In der Neuzeit verdiente sich der in Qurna ansässige Clan der Rassuls mit dem Grabraub ein Vermögen. 1874 entdeckte Achmed Abd er-Rassul das Grab des Pinodjem und verscherbelte die Funde. Die Sache flog erst auf, als die Familie über die Aufteilung der Beute in Streit geriet und Achmed von einem Bruder bei den Behörden denunziert wurde, der dafür einen Judaslohn von 500 Pfund und eine Anstellung bei der Antikenverwaltung bekam. Eiligst verschiffte man Kunstschätze und Mumien nach Kairo, wobei die sterblichen Reste, für die die Hafenbeamten keine passende Klassifikation im Zolltarif fanden, pietätlos als „Ladung von Trockenfisch" deklariert wurden.

Im Volk hatte sich die Kunde von der wahren Fracht des Dampfers jedoch in Windeseile herumgesprochen. Zwischen Luxor und Qft versammelten sich die Leute am Ufer, um den toten Pharaonen noch einmal die Ehre zu erweisen, wie es wohl schon die alten Ägypter getan hatten. Bäuerinnen zerrissen unter Klagegesängen ihre Umhänge und streuten sich Staub aufs Haupt, die Männer feuerten Salutschüsse ab. Die Mumien aus der Gruft des Pinodjem sind heute im Ägyptischen Museum ausgestellt.

Die Gräber 193

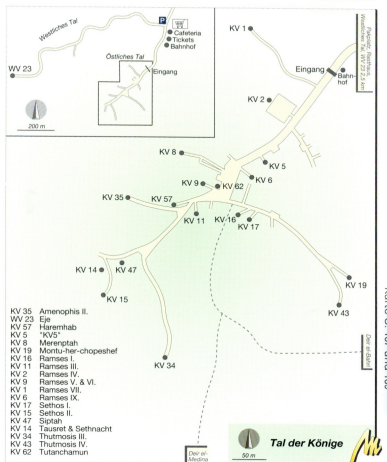

KV 35	Amenophis II.
WV 23	Eje
KV 57	Haremhab
KV 5	"KV5"
KV 8	Merenptah
KV 19	Montu-her-chopeshef
KV 16	Ramses I.
KV 11	Ramses III.
KV 2	Ramses IV.
KV 9	Ramses V. & VI.
KV 1	Ramses VII.
KV 6	Ramses IX.
KV 17	Sethos I.
KV 15	Sethos II.
KV 47	Siptah
KV 14	Tausret & Sethnacht
KV 34	Thutmosis III.
KV 43	Thutmosis IV.
KV 62	Tutanchamun

Architektur: Mit der Arbeit am Grab des Pharaos wurde gleich nach seiner Krönung begonnen. Je länger der Herrscher also regierte, desto größer und prunkvoller geriet seine Gruft. Ob groß oder klein – die Gräber im Tal der Könige folgen weitgehend dem gleichen Design: Ein langer Korridor führt in den Fels und mündet, in den älteren Gräbern um 90 Grad abgewinkelt, in eine Vorhalle oder eine Reihe von Säulenhallen. Von diesen gehen Magazine und Nebenräume sowie die Grabkammer ab.

Totenglaube: Während man zur Pyramidenzeit glaubte, der verstorbene Herrscher würde direkt zu den Göttern gen Himmel aufsteigen, führte im Neuen Reich der Weg ins Jenseits für den zum Osiris gewordenen Toten zunächst in die Unterwelt. Dort bestieg er die Barke des Sonnengottes Re, durchfuhr mit ihm die zwölf Nachtstunden und stieg dann am Morgen mit der Sonne gen Himmel auf.

Jenseitsbücher: Farbenfrohe Malereien und Reliefs illustrieren Szenen aus den Jenseitsbüchern. Das *Totenbuch* erklärt dem Verstorbenen, wie er sich im Jenseits und besonders vor dem Totengericht zu verhalten hat. *Amduat*, „Die Schriften der verborgenen Kammer", und das jüngere *Pfortenbuch* illustrierten die nächtliche Fahrt des Sonnengottes. Ohne Kenntnis dieser Texte und Rituale sind die Bilder kaum zu verstehen – Szenen aus dem täglichen Leben, wie sie die Gräber der Privatleute schmücken, sucht man in den Königsgräbern vergebens.

Konservierung: Wo die Gräber nicht durch Sturzfluten und damit hereinbrechenden Schutt beschädigt wurden, haben die Wandbilder drei Jahrtausende in der trockenen Luft tief im Berg gut überstanden. Umso schneller verfielen sie in den letzten Jahrzehnten, seitdem die Anlagen dem Publikum zugänglich sind. Atem und Schweiß der Besucher heben die Feuchtigkeit in den Stollen um ein Vielfaches und nähren damit Pilze und Algen. Die von den Tritten aufgewirbelten Staubpartikel wirken auf die Malereien wie ein Bombardement mit mikroskopisch kleinen Geschossen. Manche Wissenschaftler fordern, die Gräber umgehend zu schließen, wovon der Staat schon allein aus wirtschaftlichen Gründen nichts wissen will.

Das **Besucherzentrum** beim Parkplatz zeigt ein Plastikmodell des Tals und einen Film über Howard Carters Bergung der Schätze aus dem Tutanchamun-Grab. Eine Kasse verkauft die Eintrittskarten, die andere Tickets (4 LE) für die obligatorische, doch eigentlich überflüssige **Kleinbahn** zum 300 m entfernten Eingang des Areals. In der **Ladenzeile** nebenan gibt's Souvenirs, Bücher und für teures Geld Mineralwasser und Erfrischungen.

Filmen und Fotografieren ist im gesamten Tal verboten, Kameras müssen im Bus oder Taxi bleiben. Und wer mit Rad oder gar zu Fuß gekommen ist? Der bekommt die eindringliche Ermahnung, seinen Apparat in der Tasche zu lassen.

Im **Internet** informieren die Seiten www.kv5.com umfassend über das Tal der Könige und die laufenden Forschungen.

Etwa 15 Gräber sind derzeit für das Publikum geöffnet. Beim ersten und vielleicht einzigen Besuch empfiehlt es sich, die Gräber Nr. 9 (Ramses V./VI.), 47 (Siptah) und 34 (Thutmosis III.) zu besichtigen. Je weiter die Gräber vom Eingang des Tals, desto seltener werden sie von Reisegruppen besucht.

Das berühmteste Grab und zugleich eines der kleinsten, jenes des Tutanchamun, ist seit 2009 nicht mehr geöffnet. Verschlossen sind das mit Abstand schönste Grab (KV 17 von Sethos II.) und KV 5, die erst jüngst wieder entdeckte Anlage für die Söhne von Ramses II., die noch erforscht wird.

Tutanchamun: Tod durch Malaria?

Galten bislang ein Jagdunfall oder ein Schwerthieb ins Knie als Todesursache, so starb Tutanchamun nach der neuesten Theorie an einer schweren Malariainfektion in Verbindung mit der Knochenkrankheit. Ein Gehstock als Grabbeigabe und die gleichfalls im Grab gefundene Medizin gegen Schmerzen und Fieber stützen diese durch eingehende Untersuchungen der Mumie gewonnene Vermutung der Forscher. Geklärt scheint nun endlich auch die Abstammung des so jung verstorbenen Pharaos. Sein Vater war der berühmte Echnaton. Von seiner Mutter kennt man zwar die Mumie, weiß sonst aber nichts über sie.

✫ **Tutanchamun** (reg. 1347–1337), Echnatons Sohn und vermutlich zugleich Schwiegersohn, war, verglichen mit anderen Pharaonen wie Ramses II. oder Thutmosis III., ein recht unbedeutender Herrscher. Er kam nur deshalb zu spätem Ruhm, weil sein Grab durch den Bauschutt von der Anlage Ramses' VI. so gründlich verschüttet wurde, dass es den Plünderern entging und Howard Carter 1922

Die Gräber 195

den weitgehend unversehrten Grabschatz bergen konnte. Hinter Tutanchamun stand sein Erzieher Eje, der die Rücknahme der Echnatonschen Reformen durchsetzte und später selbst den Thron usurpierte. Eje war es auch, der die Beisetzung seines 19-jährig gestorbenen Vorgängers organisierte – und ihn in ein Grab legen ließ, das offenbar zunächst für eine hochrangige Privatperson (Eje selbst?) gebaut worden war. Der Sarkophag war ursprünglich Semenchkare zudacht, dem möglichen Halbbruder und Vorgänger Tutanchamuns auf dem Thron. Oder der Nofretete, denn manche glauben, Semenchkare sei in Wahrheit Nofretete gewesen. Mit viel Mühe haben die Handwerker die alten Inschriften abgeschliffen und die Kartusche Tutanchamuns einsetzt.

☆☆ **Ramses V. & VI.**: KV 9 besteht aus vier Korridoren, gefolgt von einem Brunnenschacht, einer Pfeilerhalle, zwei weiteren Korridoren, einem Vorraum und der Grabkammer. Die Wände sind mit vertieften, bemalten Reliefs in gutem Zustand dekoriert. Ramses V. herrschte gerade einmal vier Jahre, in denen Bürgerkriege das Land erschütterten, und wurde dann von seinem Bruder Ramses VI. gestürzt. Ob Ramses V., der später vermutlich an den Pocken starb, hier beigesetzt wurde, darf bezweifelt werden. Der hintere Teil der Gruft entstand erst unter Ramses VI., der die Namen seines Vorgängers tilgte. Die Anlage ist seit der Antike offen und hat an die tausend Graffiti. Wie uns Papyri berichten, wurde sie bereits zur Zeit Ramses' IX. geplündert. Die Grabräuber zerstörten dabei auch die Mumie von Ramses VI. Bei der „Restaurierung" der Mumie behalfen sich die Priester mit Körperteilen anderer Leichen.

☆☆ **Siptah**: Nach dem Tod von Sethos II. ging die Thronfolge an dessen jüngeren Sohn Ramses über, der sich bald Siptah nannte. Da der Pharao noch minderjährig war, regierte Königin Tausret gemeinsam mit dem Wesir Baj anstelle ihres Stiefsohnes. Siptah war durch einen Klumpfuß behindert, vermutlich die Folge einer Kinderlähmung, und starb nach nur fünf Amtsjahren. Möglicherweise war auch Siptahs leibliche Mutter Tia'a in KV 47 bestattet. Die Situation gegen Ende der 19. Dynastie, als die Enkel und Urenkel von Ramses II. um den Thron stritten, muss recht chaotisch gewesen sein. So wurden im Grab die Kartuschen von Siptah zunächst ausgelöscht, dann aber wieder hergestellt.

Eine Rampe, die auf beiden Seiten von Treppen begleitet wird, führt zum Grab hinab. Im Eingang tritt Siptah vor Re-Harachte, die folgende Decke ist mit fliegenden Geiern geschmückt. Im ebenen Abschnitt des Korridors entdeckt man unter einem Sternenhimmel an den mit Texten aus den Totenbüchern beschrifteten Wänden rechteckige Aussparungen, die einander genau gegenüber liegen. In diesen Löcher waren die Balken verankert, an denen der Sarkophag abgeseilt wurde, der nun in einer Vertiefung der unvollendeten Grabkammer ruht. Ursprünglich sollte die Grabkammer direkt hinter dem Vorraum angelegt werden. Die Stelle ist an seitlichen Ausmeißelungen zu erkennen. Nachdem die Arbeiter dabei versehentlich zu einem angrenzenden Grab durchbrachen, änderte man den Plan und verkleidete die rohen Seitenwände mit Kalksteinplatten. Die Anlage hat durch Überflutungen stark gelitten, im unteren Teil sind nur wenige Dekorationen erhalten.

Eine Figur des Königs schmückt den Sarkophagdeckel. Von einem Säulenstumpf aus können auch wenig bis gar nicht herausragende Menschen die Szene betrachten. Isis (vom Kopf gesehen links) und Nephtys umarmen das Bildnis des Königs, flankiert von einem Krokodil, einer Schlange und zwei Kobras mit menschlichen Köpfen und Armen. Auf der Südwand des Grabraums zeigen vier Paare senkrechter roter Linien die Stellen an, wo Säulen entstehen sollten, hinter denen eine Fortsetzung des Raums geplant war.

✯✯✯ **Thutmosis III.**: Der Eingang zu KV 34 liegt in der Felswand ganz am Ende des Wadis und ist über eine abenteuerliche Metalltreppe zu erreichen. Ein steiler Eingang mündet in den von einer Rampe geteilten Korridor. Hinter dem Brunnenschacht knickt die Anlage ab. Von einem trapezförmigen Raum mit zwei Pfeilern führt eine Treppe in den geräumigen Grabraum. Unmittelbar vor der Beisetzung wurden die Durchgänge verbreitert, um die voluminösen Grabbeigaben ins Innere schaffen zu können. Offenbar wurde die Gruft bereits im Altertum ausgeraubt, doch fanden die Archäologen im 19. Jh. noch viele, wenngleich wertlose und oft beschädigte Objekte. Die Mumie von Thutmosis III. entdeckte man in einem Versteck in Deir el-Bahri, wohin sie wohl während der 21. Dynastie gebracht worden war.

Die Wände des Vorraums verzeichnen in Listen insgesamt 741 Gottheiten und Dämonen aus dem Buch *Amduat*. Darüber sieht man ein Muster aus Weihrauchgefäßen und Sternen. Von der blauen Decke des Grabraums leuchten weiße Sterne. Hier beschreiben die Wandbilder und Texte, schwarz und rot auf grauem Grund, die in zwölf Stunden unterteilte nächtliche Fahrt des Sonnengottes durch die Unterwelt. Die Figuren auf den Pfeilern zeigen die 74 Formen des Sonnengottes aus der *Litanei des Re*, dazu wiederum Texte aus dem *Amduat*. In einer ungewöhnlichen Szene begegnet uns der König, wie er von Isis in Gestalt eines Baumes gestillt wird. Der mit eingeritzten Figuren und Texten geschmückte Sarkophag aus gelbem Quarzit hat die Form einer Kartusche. An Kopf- und Fußende sind Isis und Nephtys dargestellt, an den Seiten Anubis und die vier Söhne des Horus. Nut ziert Innen- und Außenseite des Deckels, in Innenwände und Boden der Wanne ist die Westliche Göttin eingraviert.

Weitere Gräber im Tal der Könige

Ramses VII.: KV 1 ist ein kleines und unvollendetes Grab mit dem typischen Grundriss der späten Ramessiden-Zeit. Der Sarg ruhte in einer Grube im Fußboden der Grabkammer, die mit einem Steinblock bedeckt war. Putz und Malereien sind in relativ gutem Zustand, allerdings mit zahlreichen Graffiti von der griechisch-römischen Zeit bis ins 19. Jh. übersät. In der Spätantike bewohnten christliche Mönche oder Eremiten die Gruft.

Ramses IV.: Auch KV 2 war – wie die Graffiti belegen – schon im Altertum eine Touristenattraktion, das älteste stammt von 285 v. Chr.! Das Grab besteht aus einer Folge sanft abfallender Korridore, einem Vorraum, der Grabkammer und einem weiteren Korridor mit Seitenräumen. Die Gänge sind mit Motiven aus den Jenseitsbüchern dekoriert. Über die Decke der Grabkammer spannen sich die Himmelsgöttin Nut und der Luftgott Schu.

Ramses IX.: Vielleicht mit Absicht wählte Ramses IX. für sein Grab (KV 6) einen Platz direkt gegenüber der Gruft seines großen Namensvetters Ramses II. Die Anlage besteht aus vier aneinander gereihten Korridoren, gefolgt von einer Pfeilerhalle und dem Sargraum.

Der ursprüngliche Plan sah ein viel größeres Grab vor, doch Ramses IX. starb zu früh. Zu diesem Zeitpunkt waren erst die beiden vorderen Korridore verputzt und nur einer bemalt. Der Rest wurde in aller Eile und wenig sorgfältig dekoriert. Schlangen an den Durchgängen sollten wohl vor Grabräubern schützen. Die Grabkammer ist nur teilweise ausgeschmückt, dafür erscheint an der Decke die Himmelsgöttin gleich in zweifacher Ausfertigung, als Morgen- und Abendhimmel.

Merenptah: Merenptah war ein Sohn und Nachfolger von Ramses II. Den Eingang zum Grab (KV 8) bewacht ein Relief des Sonnengottes. Im Inneren haben Sturzfluten und damit eindringendes Geröll große Flächen des Dekors zerstört, und noch immer sind nicht alle Stollen und Kammern vom Schutt befreit. Die verbliebenen Malereien gehören jedoch zu den schönsten im Tal.

Ramses-Montu-her-chopeschef: KV 19 ist am Kopf des östlichen Seitenarms des Tals der Könige in einen Felssporn geschlagen. Einige Forscher meinen, das Grab sei ursprünglich für Seth-her-chopeschef, den späteren Ramses VIII., vorgesehen gewesen. Nur der Eingang zum ersten Korridor

Die Gräber 197

und der Korridor selbst sind mit Malereien auf Putz geschmückt. Beachtenswert an diesen Szenen, auf denen der Prinz den Göttern opfert, sind die verschiedenen Gewänder – fast eine Modenschau!

Thutmosis IV.: Das unvollendete KV 43 ähnelt im Grundriss dem Grab von Thutmosis III. Zwei hieratische Inschriften im Vorraum der Sargkammer berichten von einer Inspektion und erneuten Versiegelung der geplünderten Anlage unter Pharao Haremhab. Carter entdeckte hier jedoch noch eine Vielzahl von Objekten.

Ramses I.: Als Ramses I. nur zwei Jahre nach seiner Thronbesteigung verstarb, musste das unvollendete Grab (KV 16) hastig für die Bestattung hergerichtet werden. Die Korridore sind sauber behauen, aber undekoriert belassen. Die Grabkammer wurde aus einem ursprünglich als Gang geplanten Raum umgearbeitet. Eilig bedeckte man sie mit einer dicken Putzschicht, schenkte den Wandmalereien dann aber wieder mehr Sorgfalt. Die Decken wurden undekoriert belassen.

Den unvollendeten Sarkophag aus rotem Granit beschädigten Grabräuber bei dem Versuch, den Deckel aufzustemmen. Die Inschriften auf dem Deckel waren eingraviert und bemalt, auf der Wanne wurde das Dekor nur mit gelber Farbe auf einen roten Anstrich aufgetragen. Darstellungen von Isis und Nephtys schmücken Kopf- und Fußende, während an den Seiten die vier Söhne des Pharaos mit Horus, Anubis und Thoth abgebildet sind. KV 16 hat durch Überflutungen und von oben eindringendes Regenwasser gelitten. Vier Pfosten müssen deshalb die Decke über dem Sarkophag stützen.

Die Anlage wurde während der 21. Dynastie geplündert und die bis heute nicht gefundene Mumie Ramses' I. irgendwann umgelagert. Statt ihrer befanden sich zwei nicht identifizierte Mumien im Sarkophag. Bald nach dieser Zweitbestattung wurde der Eingang offenbar verschüttet, denn es gibt keine griechischen oder lateinischen Graffiti. Als Belzoni KV 16 wiederentdeckte, fand er unter anderem zwei lebensgroße Holzfiguren des Königs, die sich heute im Britischen Museum befinden.

Ramses III.: KV 11 wurde von Sethnacht begonnen. Das Grab zählt zu den größten im Tal, der hintere Teil ist für Besucher nicht zugänglich. Nachdem die Arbeiter beim Ausschachten einer Seitenkammer versehentlich die Decke des angrenzenden KV 10 durchbrachen, gab der Begründer der 20. Dynastie die Anlage zugunsten von KV 14 (siehe unten) auf. Erst der Sohn von Ramses III. ließ die Arbeiten fortsetzen und wurde hier beigesetzt. Um einen erneuten Durchbruch zu KV 10 zu vermeiden, ist die Achse im hinteren Teil des Grabes leicht versetzt. Gleich links vom Eingang wartet ein Krokodil darauf jene Seelen zu verschlingen, die bei der Reise ins Jenseits einen Fehler machen. Den vorderen Korridor schmücken Opferszenen (besonders schön in den Nischen), dann folgen die Litaneien aus den Totenbüchern, und schließlich wird der Pharao von den Göttern als ihresgleichen begrüßt. Besonders prächtig ist etwa die Szene mit dem Totengott Ptah (im „Knickraum").

Haremhab: Haremhab diente als Offizier unter Amenophis III., wurde unter Echnaton Oberbefehlshaber des Heeres und danach königlicher Stellvertreter von Tutanchamun. Nach dem Tod von Eje, dem Nachfolger Tutanchamuns und vermutlichen Vater von Nofretete, heiratete Haremhab eine Schwester Nofretetes und macht sich damit selbst zum Pharao. Unter seiner Regierung wurden Echnatons Reformen annulliert, dessen Tempel zerstört und der alte Kult des Amun wieder zur Staatsreligion.

Nur die inneren Räume des Grabs (KV 57) sind dekoriert und zeigen den Pharao zusammen mit den wichtigsten Göttern. In der Sargkammer ist die nächtliche Reise des Sonnengottes dargestellt, wie sie im *Buch der Pforten* beschrieben ist. Den Großteil der Nordwand nimmt der Gerichtssaal des Osiris ein. Die Dekoration blieb unvollendet, so dass man hier die verschiedenen Stufen in der Arbeit der Künstler nachvollziehen kann.

Amenophis II. (engl. Amenhotep II.): Der Eingang zu KV 35 findet sich am Ende eines westlichen Seitenarms des Tals der Könige. Während der 21. Dynastie wurden hier mehrere Königsmumien vor den Plünderern versteckt und erst 1898 durch Victor Loret entdeckt. Die einzigen Dekorationen befinden sich in der Grabkammer. Die Wände geben das *Amduat* wieder, die Pfeiler sind mit sich wiederholenden Szenen des Königs und von Osiris, Anubis und Hathor dekoriert. Loret fand die Königsmumie unversehrt im kartuschenförmigen Sarkophag. Dieser ist mit eingravierten und ausgemalten Texten geschmückt. Die Darstellungen zeigen Anubis und die vier Söhne des Horus an den Seitenwänden und kniende Figuren von

Isis und Nephtys am Kopf- und Fußende.

Tausret & Sethnacht: Tausret stieg von der Position als Gattin eines Pharaos (nämlich Sethos II.) zur Regentin (für den minderjährigen Siptah) und schließlich zum Pharao auf. Der zweite Grabraum von KV 14 war vielleicht für die Umbettung von Sethos II. vorgesehen. Später usurpierte Sethnacht die Anlage, nachdem er die Arbeiten an seinem eigenen Grab (KV 11) aufgegeben hatte.

Wo die Dekoration vollendet ist, wurde sie als bemaltes, vertieftes Relief gearbeitet. Hinter der ersten Grabkammer gibt es nur noch unfertige Reliefs oder Vorzeichnungen in schwarzer Farbe. Der zerborstene Granitsarkophag des Sethnacht in der zweiten Grabkammer war ursprünglich für Tausret vorgesehen. Am Kopfende der Wanne sind noch Spuren entfernter Hieroglyphen zu erkennen. Den Deckel ziert ein mumienförmiges Bildnis des Königs, flankiert von Figuren der Isis und der Nephtys, einer Schlange, einem Krokodil und zwei menschenköpfigen Kobras.

Sethos II.: Wie bei Siptah wurden auch in KV 15 die Kartuschen des Pharaos zunächst beseitigt und dann wieder hergestellt. Der erste Sektor des Korridors ist mit vertieften und erhabenen Reliefs dekoriert, doch der Dekor im Rest des Korridors wurde nur mit Farbe ausgeführt oder gar nur auf dem Putzgrund vorgezeichnet. Die Mumie von Sethos II. wurde im Altertum weggeschafft und später mit anderen Pharaonen im Grab des Amenophis II. entdeckt. Die in einem Schaukasten ausgestellte Mumie eines unbekannten Mannes stammt von einer späteren Bestattung.

Vom Sarkophag blieben nur Bruchstücke des Deckels, den die Antikenverwaltung wieder zusammensetzte und auf Stützen platzierte. Die Oberseite zeigt den Pharao als Osiris, eine Skulptur der Göttin Nut bedeckt die Unterseite. Ihr Kopf befindet sich heute im Louvre.

Eje (engl. Ay): Das Grab befindet sich im Westlichen Tal (WV 23) oder Tal der Affen (Wadi el-Gurud), das etwa eine halbe Gehstunde vom Tal der Könige entfernt ist. Es wird nur selten besucht, und man muss sich am Eingang zum Tal der Könige anmelden, um einen Begleiter mit dem Schlüssel zu bekommen.

Die Dekorationen in der einzigen geschmückten Kammer ähneln stilistisch und thematisch jenen des Tutanchamun-Grabs. Szenen an der Ostwand der Grabkammer zeigen Eje und Gattin Tij im Sumpfland, das hier symbolisch für Chaos und politische Wirren steht. Wir sehen das Paar bei der Jagd auf Nilpferde und Enten. Teilweise sind Namen und Darstellungen der beiden getilgt, im unteren Bereich gingen Partien des Dekors durch Wasserschäden verloren.

Ob Eje wirklich hier bestattet wurde, ist ungewiss. Immerhin hat man Überreste seiner Begräbnisausstattung gefunden. Es gibt die Hypothese, dass die Gruft zunächst für jemand anderen vorgesehen war, einige meinen gar, dass hier zuerst Tutanchamun bestattet wurde, bevor er ins KV 62 gebracht wurde. Der Sarkophag aus rotem Granit wurde aus dem Ägyptischen Museum wieder in die Grabkammer zurückgebracht.

Das Grab der Ramses-Söhne

Das Grab „Kings' Valley Nr. 5" (KV 5) war bereits den Reisenden des 19. Jh. bekannt. Howard Carter untersuchte es, fand nichts Aufregendes und schüttete den Eingang mit dem Aushub anderer Gräber zu – danach wurde KV 5 vergessen. Erst der amerikanische Archäologe Kent Weeks stieß 1987 beim Studium alter Lagepläne wieder auf das Grab. Da direkt darüber ein Busparkplatz angelegt werden sollte, entschloss er sich, den Stollen noch einmal zu öffnen, und stieß tiefer in das bis an den Rand mit Schutt gefüllte Grab vor, als Carter es tat. Damit machte Weeks die größte Entdeckung der letzten Jahre: Er fand das Grab der Ramses-Söhne. Darauf deuten jedenfalls die Inschriften hin, auch wenn erst von vier Söhnen als sicher gilt, dass sie hier bestattet wurden. Mit seinen 110 entlang von T-förmigen Gängen angelegten Kammern ist KV 5 auf jeden Fall das größte bislang bekannte Grab in Theben. Das Tal der Könige hat seine Schätze noch längst nicht alle freigegeben.

Carter House

Stilgerecht an einem 4. November, jenem Jubiläumstag, da Howard Carter die Treppe zum Tutanchamun-Grab entdeckte, wurde sein Grabungshaus als Museum eröffnet. Eingerichtet ist es ganz im Stil der 1920er Jahre, und manches Möbelstück, etwa der Schreibtisch, wurde tatsächlich bereits von Carter benutzt. Im Gästezimmer erzählt uns der Hausherr mittels modernster Technik seine Lebensgeschichte. Ansonsten bietet das Haus auch eine technologische Zeitreise: Geräte von der Schreibmaschine über den Küchenherd bis zur Dunkelkammereinrichtung stammen noch aus Carters Zeit. Was für eine Mühe mag es gewesen sein, allein die riesige Kamera zu den Gräbern zu schleppen! Man sieht Kopien seines Feldtagebuchs, seiner säuberlich geführten Karteikarten und seiner Korrespondenz, dazu viele alte Fotografien von den Monumenten der Westbank.

An der Abzweigung zum Tal der Könige. Keine regelmäßigen Öffnungszeiten. Eintritt frei.

✯✯✯ Gräber der Noblen

Während die Könige bei der Gestaltung ihrer Gräber an einen strengen Kanon heiliger Texte und Bilder gebunden waren, schmückten die Privatleute sie mit farbenprächtigen Szenen des täglichen Lebens. Aus diesem Grund sind die Darstellungen in den Privatgräbern dem wenig vorgebildeten Betrachter leichter zugänglich als die Ausstattung der Königsgräber.

In ihrer Gestaltung ungebundene Dekorationskunst bestimmt den lebendigen Eindruck der von Farbe und Bewegung überströmenden Bilder. Die schon aus dem Alten Reich bekannte „Speisetischszene", um nur ein Beispiel herauszugreifen, findet in den Gastmahldarstellungen der Privatgräber eine vom kultischen Bereich losgelöste, freie Darstellung. Der Grabherr und seine Familie bewirten die Gäste nicht nur mit Speis und Trank, sondern auch mit Tanz und Musik.

Die Privatgräber aus der 18./19. Dynastie, die wir in Qurna und Umgebung finden, haben sämtlich den Grundriss eines umgekehrten T. Da der Kalkstein sich schlecht zum Bearbeiten eignete, sind die Innenwände der meisten Felsengräber mit Nilschlamm verputzt und gekalkt. Erst auf diese Schicht wurde die Farbe aufgetragen – die einzelnen Arbeitsschritte sieht man gut im unvollendet gebliebenen Grab des Ramose.

Die etwa 450 bekannten Gräber (nur wenige sind für das Publikum geöffnet) liegen in den Hügeln zwischen Hatschepsut-Tempel und der Straße zum Tal der Königinnen. Die schönsten und am meisten besuchten Gräber findet man beim Dorf Scheich Abd el-Qurna.

✯✯✯ **Nacht, Nr. 52:** In das winzige Grab werden die Besucher nur in Vierergruppen eingelassen, doch die Wartezeit lohnt sich – es gehört zu den schönsten von Qurna. Der Besitzer war Hofastronom unter Thutmosis IV. Nur der enge Querraum ist mit Bildern geschmückt. Links vom Eingang opfert Nacht mit seiner Frau den Göttern und beaufsichtigt die Bauern bei der Feldarbeit. An der linken Rückwand die berühmte Festszene: Das Paar vor dem Speisetisch, auch die Katze nimmt teil und verzehrt unter dem Stuhl einen Fisch. Musikanten und Tänzerinnen begleiten das Mahl, links die nach Geschlechtern getrennten Gäste, darunter ein blinder Harfner; Frauen im Gespräch, eine nackte Dienerin schmückt ihre Herrin.

★★ **Menena, Nr. 69**: Der auch Menna genannte Zeitgenosse des Nacht war Schreiber und Landvermesser in Diensten des Pharaos. In der Eingangspassage betet der Verstorbene mit Frau und Tochter zu Amun. Links in der Querhalle sehen wir Szenen aus der Landwirtschaft: Menena vermisst eine Parzelle. Von rechts kommen Bauern mit Erfrischungen und hoffen damit, der Züchtigung (nebenan) zu entgehen. Darunter wird Getreide abgemessen, geworfelt und gedroschen. Wiederum darunter beaufsichtigt Menena Erntearbeiten. Zwei Mädchen liegen sich in den Haaren, ein Junge spielt Flöte. Ganz unten wird gepflügt. Ein Mädchen zieht sich einen Dorn aus dem Fuß, Flachs wird gerauft. Rechts ist die Querhalle mit Opferszenen geschmückt. Im Längsraum links Begräbnisszenen und das Totengericht. Rechts Wallfahrt nach Abydos, Menena mit Familie bei der Jagd in den Sümpfen, dann Opfer der Verwandten an den Toten und seine Frau.

★★ **Sennefer, Nr. 96**: Nach den mit Reben bemalten Decken und Friesen wird die Grabstätte des Vorstehers von Theben zur Zeit von Amenophis II. auch *Weintraubengrab* genannt. Im Vorraum links nimmt Sennefer Opfer von seiner Tochter und Priestern entgegen, rechts schaffen Diener die Grabausstattung herbei. Im Pfeilersaal links tritt Sennefer mit seiner letzten Frau aus dem Grab heraus, „um die Sonne zu sehen". An der Seitenwand Leichenprozession und Bestattungszeremonien, auf der Rückwand Sennefer und Frau beim Essen, wieder eine Prozession und die Wallfahrt nach Abydos. An der rechten Eingangswand des Pfeilersaals begegnen wir wiederum dem Toten nebst Gattin beim Mahl, ihr Sohn in Priestergestalt räuchert und gießt ein Trankopfer aus. Hinten betet das Paar in einer Laube zu Osiris und Anubis.

★★ **Rechmire, Nr. 100**: Die Malereien zeigen Rechmire, den Wesir von Thutmosis II., bei den Staatsgeschäften. Links vom Eingang empfängt er Boten und Bittsteller, auf der linken Rückwand bringen ausländische Delegationen den Tribut ihrer Länder. Im rechten Teil der Querhalle inspiziert Rechmire die Abgaben der Bauern und Tempelwerkstätten und geht auf die Jagd. Links in der Längshalle beaufsichtigt er den Bau eines Tempels und kontrolliert die Arbeit verschiedener Handwerker, auf der rechten Wand Heimkehr von Schiffen, Festmahl, Barkenprozession und Opferszenen.

★★ **Ramose, Nr. 55**: Der Tote lenkte als Wesir unter Amenophis III. und Echnaton die Geschicke des Reiches. Sein Grab entstand in den ersten Jahren von Echnatons Herrschaft und verdeutlicht den Stilwandel unter dem Ketzerkönig. Als Ramose mit Echnaton nach Amarna umzog, wurde die Arbeit am unvollendeten Grab eingestellt. Vom Vorhof betritt man einen Säulensaal, spärlich beleuchtet durch ein später angebrachtes Oberlicht. Ein besonders feines Relief an der Eingangswand (rechts in der Mitte oben) zeigt den Verstorbenen mit Frau (dahinter) und Töchtern (davor). Auf der linken Eingangswand weiht Ramose Opfergaben. Zwei noch in Umrissen unter Stühlen erkennbare Gänse, zu ihrem Unglück zufällig auch Symbol des Amun, wurden ausgehackt. Diesem Schicksal entging die unter einem anderen Stuhl mit einem Vogel beschäftigte Katze.
An der Südwand eine Begräbnisszene mit Klageweibern und einer Prozession, die die Grabbeigaben trägt. Kahlköpfige Priester stehen vor der Mumie am Grab, Ramose und Frau sprechen Hymnen zu Osiris. Auf der linken Rückwand huldigt der unvollendete Ramose Amenophis IV., dem späteren Echnaton, der mit Göttin Maat unter einem Baldachin steht. Rechts des Durchgangs erscheint derselbe Pharao im Amarnastil. Mit Nofretete steht er im Sonnenlicht des Aton auf dem Balkon des Palasts von Amarna. Vor ihnen wird Ramose geschmückt, hinter ihnen bezeugen (teilweise nur vorgezeichnet) Würdenträger die Zeremonie.

Weitere Gräber in Scheich Abd el-Qurna

Userhet, Nr. 56: Userhet war Schreiber unter Amenophis II. Bei dem von Musikanten begleiteten Festmahl im linken Teil der Querhalle hocken einmal nicht Katzen, sondern Affen unter den Stühlen! Im rechten Teil inspiziert der Grabherr die Rekruten. Darunter sehen wir einen Barbier bei der Arbeit. Einige Kunden sind, des Wartens müde, bereits eingeschlafen!

Chaemhet, Nr. 57: Auch dieser Grabherr lebte unter Amenophis II. und war Inspektor der Kornspeicher. In der Querhalle sehen wir ihn bei der Arbeit.

Chons, Nr. 31: Er war unter Ramses II. Oberpriester in einem Totentempel. Bemerkenswert ist eine Szene, in der Chons dem Mentuhotep II. opfert, der 800 Jahre vor Lebzeiten des Priesters den ersten Tempel auf dem Westufer baute.

Userhet, Nr. 51: Userhet – nicht zu verwechseln mit seinem Namensvetter von Grab 56 – war Priester unter Sethos I. Als Höhepunkt des Grabs gilt die Szene auf der rechten Schmalseite der Querhalle, wo der Tote mit Frau und Mutter an einem See sitzt, aus dem ihre vogelgestaltigen Seelen (Ka) trinken.

Benia, Nr. 343: Das Grab des Aufsehers der Arbeiter im Schatzhaus unter Thutmosis III. hat nur bescheidene Ausmaße, wartet aber mit brillanten Farben auf. An der Eingangswand der linken Querhalle sehen wir ihn, wie er ganze Wägen voll mit Schmuck und Gold entgegennimmt und protokolliert. Am Ende des Grabs die Statuen Benias und seiner Eltern, die Gesichter wurden zerstört.

Neferronpet, Nr. 178: Der Grabherr war unter Ramses II. Schreiber im Schatzhaus des Amun-Tempels. Wir sehen ihn auf der Innenseite des Türsturzes mit Gattin beim Rezitieren der Hymne des Re. Szenen aus dem *Pfortenbuch* schmücken die Längshalle: Beispielsweise trinkt das Paar aus einem Teich, Anubis führt sie vor das Totengericht. Geometrische Muster, teilweise auch Blumen überziehen die Decke.

Weiterhin zu besichtigen sind die Gräber des **Thutmosis Paroy** (Nr. 295), „Führer des Anubis", und des Schreibers **Nefersecheru** (Nr. 296).

Das Dorf der Grabräuber

Die ockerfarbenen Lehmhäuser von Qurna standen bis vor wenigen Jahren direkt über der gleichnamigen pharaonischen Nekropole. Ob als Wächter, Helfer der Archäologen oder gar als Grabräuber – seit Jahrhunderten lebten die Dörfler vom Erbe der pharaonischen Beamten und Würdenträger. Seit dem 2. Weltkrieg bemühte sich die Altertümerverwaltung, die Bewohner umzusiedeln, um das archäologische Gelände von Scheich Abd el-Qurna, wie der Ort amtlich hieß, großräumig absperren zu können. Die Häuser waren den Ausgrabungen im Weg. Abwässer sickerten in die Gräber, und früher hatten die Bauern in den unterirdischen Kammern gar ihre Ställe und Vorratsräume. Doch wer möchte schon seine Pfründe aufgeben. Bis ins Frühjahr 2006 widerstanden die störrischen Dörfler allen Versuchen der Obrigkeit, sie mit Geld oder Schikanen zum Umzug an einen neuen Ort zu bewegen. Dann machten unter Polizeischutz anrückende Abrissbagger deutlich, dass die Behörden es diesmal ernst meinten. Bis auf ein paar wenige, wohl zur Erinnerung oder für Fotografen erhaltene Häuser wurde Qurna abgerissen. Das Ersatzquartier, man findet es an Kreuzung vor dem Tal der Könige, ist nicht halb so pittoresk.

Stadt der Grabarbeiter (Deir el-Medina)

So unscheinbar die Reste der antiken Siedlung Deir el-Medina heute erscheinen mögen, für die Archäologen waren sie eine wichtige Informationsquelle zum Alltagsleben der Ägypter.

In den knapp hundert Häusern wohnten von etwa 1290 bis 1070 v. Chr. die Handwerker, denen das Ausschmücken der Gräber oblag. Der **Tempel** als markantestes Bauwerk wurde jedoch erst im 3. Jh. v. Chr. unter Ptolemaios IV. begonnen und blieb unvollendet. Später bezogen ihn christliche Mönche, von denen Deir el-Medina („Kloster der Stadt") seinen Namen hat.

In einem Brunnenschacht beim Tempel fand man eine Vielzahl von Tonscherben *(Ostraka)*, auf denen Gerichtsverhandlungen bis zu Rechnungen notiert waren. Dazu Skizzen, auf denen die Handwerker, losgelöst vom Kanon, ihrer Kreativität freien Lauf ließen: Karikaturen wie „Pharao mit Stoppelbart", verkehrte Welt wie „Maus frisst Katze", erotische Szenen und andere Tabu-Verletzungen. Auch der älteste historisch belegte Streik fand unter Ramses III. in Deir el-Medina statt, als aufgrund der allgemeinen Wirren die Nahrungsmittellieferungen (und damit der Lohn) ausblieben.

Neben der Siedlung errichteten die Vorarbeiter und Ingenieure, die tagaus, tagein mit dem Bau von Pharaonengräbern beschäftigt waren, nach Feierabend eigene Gräber für sich und ihre Familien. Besonders sehenswert ist das ✩✩ **Grab des Sennedjem** (Nr. 1), das vor der Stadtmauer genau gegenüber seinem Haus gelegen ist. Die Kammer imitiert einen Sarg. Links vom Eingang sehen wir die Mumie auf der Totenbahre zwischen Isis und Nephtys, davor opfern die Söhne. Auf der rechten Eingangswand beten Sennodjem und Frau vor den Wächtern der Unterwelt. Als schönste gelten die Szenen der rechten Schmalwand: Paviane beten die Sonnenbarke an, darunter in vier Registern das Paradies. Auch dort müssen der Verstorbene und seine Frau freilich arbeiten; wir sehen sie beim Pflügen und Ernten.

Weniger gut erhalten blieben die Farben im Grab von **Inhercha** (auch geschrieben *Onuris-Cha*, Nr. 359), das mit Szenen aus den Jenseitsbüchern, Anbetungen und den Freuden des Paradieses geschmückt ist.

Im **Grab Paschedu** (Nr. 3) begegnet man an der rechten Eingangswand dem Verstorbenen, wie er sich, unter einer Palme liegend, am Wasser aus einem Teich labt.

Tal der Königinnen (Biban el-Harim)

Die Gräber der Königinnen und Prinzen ähneln denen der Herrscher im Tal der Könige, sind aber von bescheideneren Dimensionen. Das schöne Grab der Nefertari ist derzeit leider verschlossen.

Neben den Frauen, die selbst Pharao wurden (und damit in männlicher Gestalt erscheinen), wurde keine Ägypterin so gefeiert wie **Nefertari**. Ramses verewigte seine Lieblingsgattin, die eigentlich Nofret-iri hieß, in Abu Simbel mit einer Monumentalstatue und in Luxor mit dem schönsten aller Gräber, das wegen seiner Malereien gern mit der Sixtinischen Kapelle verglichen wird. Nach umfangreichen Restaurierungsarbeiten durch italienische Experten strahlten die Szenen in einer Farbenpracht, als seien sie erst gestern aufgetragen worden. Doch nur kurze Zeit war das Grab wieder der Öffentlichkeit zugänglich: Seit der Putz neuerlich bröckelt, dürfen nur noch VIPs zu Nefertari. Mit 5000 Dollar, so der offizielle Tarif, werden auch Sie für die ägyptische Staatskasse zum VIP und dürfen als Gruppe (bis zu 20 Personen) für 20 Minuten ins Grab.

Leider suchten sich die Grabarbeiter seinerzeit eine geologisch extrem schwierige, um nicht zu sagen: ungeeignete Gesteinsformation aus. Der Kalkstein im Tal der Königinnen ist sehr weich, weshalb die Bildhauer ihre Reliefs nicht direkt in den Fels meißeln konnten. Sie behalfen sich mit dem Auftragen einer Gipsschicht, aus der die Bilder und Texte als feines Hochrelief modelliert wurden. Durch die feinen Risse und Spalten im Fels sickerte Feuchtigkeit in die Gräber, die das Salz des Kalksteins löste und zwischen Stein und Putz wieder auskristallisierte, bis dieser Blasen warf und schließlich abbröckelte.

Prinz ☆ **Amun-her-chopeschef** (Nr. 55) war ein Sohn von Ramses III., der seine Kinder nach den Nachkommen von Ramses II. benannte. Die Wandbilder zeigen einen von Vater Ramses III. begleiteten Knaben im Alter von etwa zehn Jahren, Amun-her-chopeschef dürfte also bereits im Kindesalter verstorben sein. Rätsel gibt noch immer das in einem Glaskasten ausgestellte Skelett eines sechs Monate alten Fötus auf. Vielleicht erlitt die Mutter des Prinzen aus Schmerz über dessen Tod eine Frühgeburt.

Ebenfalls für das Publikum geöffnet sind die Gräber von **Titi** (Nr. 52), der Gattin von Ramses III., und von ☆ **Chaemweset** (Nr. 44), einem Sohn Ramses' III.

Die Tempel

Am Übergang vom Fruchtland zur Wüste reihen sich die Totentempel der Pharaonen – oder wenigstens das, was von ihnen übrig geblieben ist. Absolut sehenswert ist die Anlage der Hatschepsut. In den anderen wird man weitgehend ungestört sein.

So wird etwa der **Tempel von Sethos I.** von den meisten Reisegruppen, wenn überhaupt, en passant auf dem Weg ins Tal der Könige abgehakt. Die ursprünglich 158 m lange Anlage, von der nur der hintere Teil erhalten ist, war wie alle Totentempel Amun geweiht und diente zugleich dem Totenkult für Sethos I. und seinen Vater Ramses I. Die vom Deutschen Archäologischen Institut aufwendig restaurierten Reliefs sind jenen in Abydos (S. 162ff.) vergleichbar.

☆☆ Tempel der Hatschepsut (Deir el-Bahri)

Drei übereinander liegende Terrassen schmiegen sich an den Fuß des Bergmassivs und bieten besonders in der Morgensonne einen herrlichen Anblick: Deir el-Bahri, der Totentempel Hatschepsuts. Angelehnt an die Tempelarchitektur des Mittleren Reichs wurde er von ihrem Vertrauten und vielleicht auch Geliebten Senenmut entworfen. Auch die Lage gleich neben dem heute zerfallenen Tempel Mentuhoteps und unterhalb von Gräbern der 11. Dynastie sollte Hatschepsut wohl in die Tradition des Mittleren Reiches stellen. Polnische Archäologen sind seit geraumer Zeit mit der Restaurierung der Anlage beschäftigt – dabei wurde mit Beton nicht gespart.

Eine schöne, etwa 45-minütige **Wanderung** führt vom Tal der Könige über den Bergrücken zum Hatschepsut-Tempel (hier ist der Einstieg bei den Verkaufsbuden). Allerdings empfiehlt sich die schweißtreibende Tour nur in den kühlen Morgenstunden. Der Aufstieg beginnt am zentralen Platz im Tal der Könige neben dem Grab von Ramses I. (KV 16). Beim Wachposten auf dem Kamm zweigt ein längerer Panoramaweg über Deir el-Medina ins Tal der Königinnen ab – diese Tour dauert insgesamt 1½ Std.

In der Spätantike, als der Tempel als Kloster diente (daher der Name Deir = *Kloster* el-Bahri), wurden viele Bilder gezielt zerstört. Besonders die unteren Hallen haben

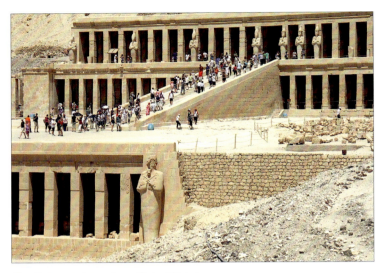

Der Terrassentempel von Deir el-Bahri, gebaut für Ägyptens größte Pharaonin

Hatschepsut – Karriere einer Königstochter

Unter den wenigen Frauen, die den Pharaonenthron bestiegen, war Hatschepsut neben Kleopatra zweifellos die bedeutendste Herrscherin. Als einziges überlebendes Kind von Thutmosis I. mit seiner Hauptfrau („Gottesgemahlin") Ahmes wurde sie, als der Vater starb, mit ihrem Halbbruder Thutmosis II. verheiratet. Ehen zwischen Halbgeschwistern waren bei den Pharaonen keine Seltenheit. Sie stärkten die Legitimation des neuen Herrschers, zumal wenn dieser nur aus der Verbindung des alten Pharaos mit einer Nebenfrau stammte.

Der junge Thutmosis II. starb seinerseits nach wenigen Regierungsjahren. Wieder gab es aus der Ehe mit „Gottesgemahlin" Hatschepsut nur eine Tochter, doch dazu einen Sohn (Thutmosis III.) von einer Nebenfrau. Gemäß der Tradition wurde die junge Königswitwe zur Regentin für ihren minderjährigen Stiefsohn und Neffen. Doch Hatschepsut begnügte sich damit nicht, sondern ließ sich selbst zum König ausrufen. Zeigen ihre frühen Darstellungen noch weibliche Gesichtszüge und Formen in einem männlichen Gewand, erscheint sie später in vollständig männlicher Gestalt mit Königsbart und Schurz.

1468 v. Chr. verschwand Hatschepsut nach 20 Regierungsjahren urplötzlich von der Bildfläche. Wurde sie entmachtet, starb sie, eventuell gar durch Mörderhand? Wir wissen es nicht. Nun schlug die Stunde von Thutmosis III., der seiner Stiefmutter aus verständlichen Gründen nicht wohlgesonnen war. Um ihr Andenken zu tilgen, ließ er ihren Namen ausmeißeln und sogar ihren Obelisken in Karnak zumauern.

Die Tempel 205

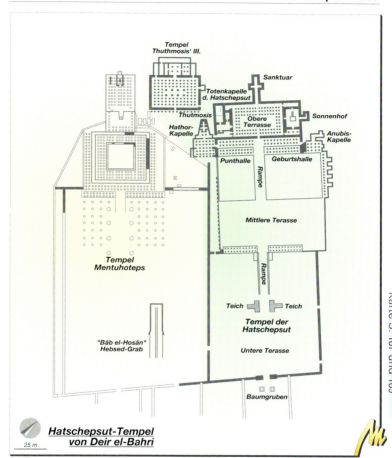

darunter gelitten. Die **mittleren Hallen** zeigen im Nordteil die mythische Zeugung Hatschepsuts durch Amun, ihre Geburt, Kindheit und Krönung.

Im Südflügel wird die legendäre **Expedition nach Punt** (Somalia/Jemen) gezeigt, die phönizische Seefahrer im Auftrag Hatschepsuts unternahmen. Wir sehen (linke Seitenwand) die Palmengestade und Bienenkorbhütten des fremden Landes und die Begrüßung der Expedition durch die fettleibige, kranke Herrscherin von Punt (Original im Museum Kairo). Die Fische im Fries und im Wasser unter den Schiffen sind so realistisch wiedergegeben, dass Wissenschaftler die Arten bestimmen konnten. Auf der Längswand werden die Schiffe mit den Schätzen von Punt beladen, derweil sich Affen in der Takelage tummeln. Nach geglückter Rückkehr der Expedition registriert Thoth den mitgebrachten Weihrauch, der in Scheffeln abgemessen wird. Die ergatterten Schätze Schwarzafrikas stiftet Hatschepsut dem

Amun: Wir sehen Truhen mit Gold, Panther, eine Giraffe, Straußeneier, Elefantenzähne, Ebenholz und was noch alles – wiederum säuberlich von einer Schreibergöttin gelistet, denn Ordnung muss sein. Ein Anbau der Südhalle birgt die teilweise aus dem Fels geschlagene **Hathorkapelle**. Kapitele zeigen die kuhohrige Göttin, Reliefs die göttliche Kuh auf du und du mit dem Pharao.

Die **oberen Hallen** wurden weitgehend rekonstruiert. Den Säulenhof mit seiner schönen Aussicht hinüber nach Karnak flankieren ein Sonnentempel (rechts) und die Räume für die Totenopfer zu Ehren von Hatschepsut und Thutmosis I. (links). Die Mittelachse führt ins Allerheiligste. Hinter einer Tür – ein Wächter wird Ihnen die Stelle zeigen und dafür ein Bakschisch erheischen – sitzt Hatschepsuts Vertrauter Senenmut. Einst nahm der Erbauer des Tempels hier heimlich an den Zeremonien teil, heute beobachtet er die Besucher. Die innerste Kapelle wurde in der ptolemäischen Zeit für Imhotep umgewidmet, den Gott der Medizin und Architektur. Im direkten Vergleich mit der Kunst aus der Zeit Hatschepsuts wirken diese Reliefs plump und grob.

☆ Ramesseum

Der Zahn der Zeit und der Bedarf späterer Generationen an solide behauenen Steinblöcken haben vom gigantischen Totentempel Ramses' II. (1290–1224 v. Chr.) nur wenige Mauern und Säulen übrig gelassen – doch immer noch genug Beute für die Antiquitätensammler des 19. Jh. Belzoni barg hier jene Ramsesstatue, die heute als Blickfang im British Museum steht und den romantischen Dichter Percy Shelley zu seinem Sonett *Ozymandias* inspirierte.

In seiner *Geschichte Ägyptens*, einem in der Antike beliebten Reisebegleiter, beschreibt der Grieche Hekataios von Abdera auch das Ramesseum. Ihn, der in den ersten Jahren der Ptolemäerherrschaft Theben besuchte, führten noch der alten Riten und der Hieroglyphenschrift kundige Priester durch das „Mausoleum des Ozymandias", wie Ramses II. bei den Griechen hieß, und so ist sein Bericht unsere wichtigste Quelle über den Tempel.

Ringsum war er von Magazinen und Werkstätten aus Lehmziegeln umgeben, auch ein Palast für den Pharao gehörte dazu. Die Reste des nahezu 70 m breiten **ersten Pylons** feiern auf der Innenseite den Feldzug des großen Pharaos gegen die Hethiter. Wie in allen von ihm errichteten Tempeln ließ er auch hier die Szenen der **Schlacht von Kadesch** in Stein meißeln, dazu die ebenfalls obligatorische Beischrift mit dem flehendlichen Anruf an Amun („ ... *Ich rufe zu dir, mein Vater Amun ... Alle Länder haben sich gegen mich verbunden und ich bin ganz allein und kein anderer ist mit mir.*"), der – Gott sei Dank, ist man geneigt zu sagen – schließlich erhört wird: „*Vorwärts, denn ich [Amun] bin mit dir und bin dein Vater. Ich bin nützlicher als Hunderttausende von Menschen. Ich bin der Herr des Sieges.*" Ein Sieg wurde es am Ende zwar dann doch nicht, aber immerhin ein leistungsgerechtes Unentschieden.

Auf der rechten, nördlichen Wand (1) des ersten Pylons sehen wir das Lagerleben der Soldaten und den König beim Kriegsrat. Gefangene werden verprügelt. Von oben links greifen die Hethiter an. Am anderen Flügel des Pylons (2) stürmen die Ägypter, Ramses voran, die Hethiterfestung Kadesch.

Vor dem zweiten Pylon bestaunt der Besucher eine umgestürzte **Kolossalstatue von Ramses II** (3). Ohren und Zeigefinger sind einen Meter lang, die gepflegten Fingernägel größer als dieses Buch. Für Hekataios war dieses 1000 Tonnen schwere,

Die Tempel 207

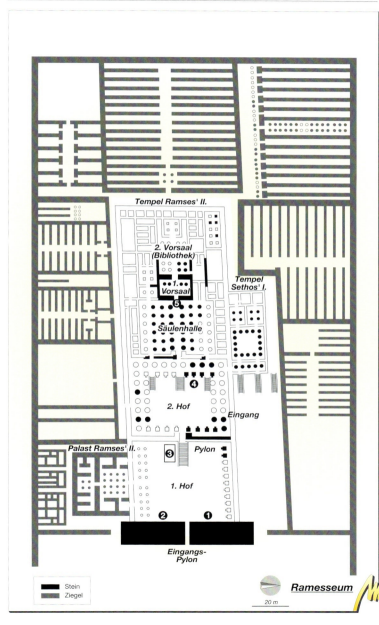

Karte S. 187 und 189 — Luxor

aus einem einzigen Steinblock gefertigte Monstrum die größte Statue in Ägypten überhaupt. Auf dem Sockel stand: „Ich bin Ramses, König der Könige. Wenn jemand wissen möchte, wie groß ich bin und wo ich mich befinde, so überwinde er eines meiner großen Werke."

> **Hauptsache groß – Ramses als Bauherr**
> Um sich die Gunst der Götter zu sichern und der Nachwelt sichtbare Andenken zu hinterlassen, überzog Ramses II. mit geradezu manischer Besessenheit ganz Ägypten mit seinen Bauwerken. Er vollendete die Säulenhalle von Karnak, ließ in Luxor einen neuen Hof anfügen, errichtete mit dem Ramesseum den größten aller Grabtempel. Dazu brachte Ramses unfertige Bauten seiner Vorgänger zu Ende, wobei er ihren Namen gern durch seine Kartusche ersetzte. Um einer entsprechenden Behandlung durch die Nachwelt zu entgehen, markierte er seine Bauten an geheimen, nur den übermächtigen Göttern sichtbaren Stellen. Als ein Obelisk aus Luxor nach Paris verladen wurde, entdeckte man auf der Unterseite (!) den Namen des Ramses.
> Persönlich begab er sich an die Bauplätze und überwachte den Fortgang der Arbeiten. Kriegsgefangene wurden herangezogen, um die Handwerker in den Steinbrüchen und die Transportarbeiter zu entlasten. Gefragt war Größe, nicht Detail: Für aufwendige, mit Putz gefüllte und bemalte Flachreliefs, wie sie unter Vater Sethos üblich waren, blieb keine Zeit.

Die erhaltenen Wände des **zweiten Hofs** (Peristyl) feiern wiederum die militärischen Erfolge von Ramses. An der Front zum **Großen Säulensaal** (Hypostyl) geben **Osirispfeiler** (4) ein hübsches Fotomotiv. Im nächsten Durchgang (5) hat sich rechts Belzoni mit seinem Namenszug in Stein verewigt. Astronomische Darstellungen schmücken die Decke des **ersten Vorsaals**. An der rechten Rückwand kniet Ramses in einer großformatigen Szene vor dem Heiligen Baum im Tempel von Heliopolis. Amun (links), Thoth (rechts) und die Schreibergöttin Seschat (im Tigerfell) schreiben den Namen des Königs auf die Blätter und damit ins Buch der Geschichte.
Thoth und Seschat finden sich auch auf den Pfeilerbasen des Durchgangs zum zweiten Vorsaal, woraus Champollion und andere Ägyptologen folgerten, dieser müsse die von Hekataios erwähnte **Bibliothek** gewesen sein – eine umstrittene Hypothese, denn andere lokalisieren die Bibliothek in Nebenräumen des ersten Vorsaals oder des Hypostyls, und wieder andere vermuten, es habe überhaupt keine Bibliothek gegeben, sondern, wie im Tempel von Edfu, lediglich Regale für die Schriftrollen. Wie auch immer: Die Gemächer nach dem ersten Vorsaal sind vollständig zerstört, und das Rätsel wird nicht mehr zu lösen sein.

☆ Memnonkolosse / Tempel Amenophis' III.

Die Kolosse bewachten einst den Tempel von Amenophis III., dessen Grundfläche sich nur noch als ein übergroßes Fußballfeld präsentierte, bevor die Archäologen den Boden aufrissen. Anders als seine Vor- und Nachfahren auf dem Thron ließ der Vater Echnatons seinen Totentempel großteils ins Fruchtland bauen und damit bewusst alljährlich vom Nil überfluten – der tat dann seinen Teil, dass oberirdisch kein Stein auf dem anderen blieb. Solange die Erforschung noch andauert, kann das Gelände des einst größten Tempels in Theben-West mitsamt den wieder aufgestellten Statuen und Architekturfragmenten nur von der Straße aus betrachtet werden.

Wehe dem Getier, das dem großen Jäger Ramses III. in die Quere kommt

„Fünf Minuten höchstens", drängt der Führer an den Memnonkolossen. Er will im Tal der Könige der Erste sein, damit sich die Gruppe an den Gräbern nicht anstellen muss. Zum Weltwunder und zur Touristenattraktion wurden die Statuen kurz vor unserer Zeitrechnung, als ein Erdbeben den nördlichen Koloss derart mitnahm, dass die Risse im Stein bei morgendlichen Temperaturschwankungen einen Pfeifton von sich gaben. Griechische und römische Schriftsteller verbreiteten den Ruhm des „singenden" Standbilds und lockten die Besucher. Sogar Kaiser kamen und verewigten sich in Versen auf Sockel und Knie. Kaiser Septimus Severus ließ im Jahr 199 den sitzenden Riesen reparieren – wenig kunstvoll, wie man sieht, und das Pfeifen verging ihm dann auch.

> ### Aus dem Reisetagebuch von Gustave Flaubert
> „Die Memnon-Kolosse sind sehr dick; aber sie verfehlen ihren Eindruck. Welch ein Unterschied zu dem Sphinx! Die griechischen Inschriften lassen sich gut lesen, es war nicht schwierig, sie zu entziffern. Steine, die so viele Menschen beschäftigt und so viele Leute herbeigelockt haben, betrachtet man nicht ohne Vergnügen. Wieviel Blicke von Spießern haben nicht darauf geruht! Jeder sagt seine Meinung darüber und geht weiter."

✯✯ Medinet Habu

Der heute größte Tempel auf der Westbank war das Heiligtum von Ramses III. Sein Name, „Stadt des Habu", leitet sich von einer Siedlung ab, die es in der Spätantike innerhalb der festungsartigen Umfriedung gab. In pharaonischer Zeit residierte in

Medinet Habu die Verwaltung aller Anlagen auf der Westbank, dazu die Ausbildungsstätte der Schreiber. Nach dem Vorbild des Ramesseums gab es auch hier einen Palast für den Pharao.

> ### Hadsch-Malerei
> Auf ihre Art sind die Dörfer Oberägyptens Freilichtmuseen moderner Kunst. Wann immer ein Gläubiger, nur selten ist es eine Frau, zur Pilgerfahrt nach Mekka aufbricht, beauftragt er zuvor einen Maler, die Reise in Bildern an der Hausfassade festzuhalten. Die Szenen zeigen das Transportmittel (Flugzeug, Schiff oder Auto), die Kaaba, Episoden aus dem Koran und vom Pilgerritual, aber auch Motive aus dem Dorfleben, Blumen und Bäume. Die Maler sind gewöhnlich Naturtalente und ohne jede künstlerische Ausbildung; im Hauptberuf mögen sie Dorfschullehrer, Krämer oder einfache Bauern sein. Die meisten waren nie reich genug, um selbst nach Mekka zu fahren. Sie malen die Hadsch so, wie sie sie von Erzählungen, von anderen Hadsch-Bildern oder vom Fernsehen kennen. Der eine arbeitet mit kalligraphischen Elementen, bevorzugt blaue und braune Töne und platziert hell- und dunkelhäutige Menschen in seine Bilder, um die Verbrüderung aller Menschen im Islam zu symbolisieren. Ein anderer setzt die Kaaba in eine üppig grüne, paradiesische Traumlandschaft mit Blumenmotiven und Bäumen. Ahmed et-Tayeb (→ Bild S. 190) und Mohamed Abd el-Malik, die viel auf dem Westufer von Luxor gemalt haben, mischen dort pharaonische Motive unter die Hadsch-Malerei und machen so gleichzeitig Werbung für die Souvenirwerkstätten der Pilger. Diese und andere Maler überwinden die naive Folklore, haben ihren eigenen Stil entwickelt und wurden zu echten Künstlern.

Der Tempel wirkt martialisch. Ramses III. (1180–1155 v. Chr.) war eher Soldat als Politiker, Schlachten sind das bestimmende Thema der Reliefs. Bereits am Eingang, dem **Hohen Tor**, sehen wir den Pharao, wie er die Feinde am Schopf packt und zu erschlagen droht. Aus der rechten Wand des Durchgangs ragen als erhabene Reliefs die Köpfe der besiegten Feinde. Hinter dem Hohen Tor steht rechts der **Kleine Tempel**. Begonnen während der 18. Dynastie, wurde er bis in die Spätzeit erweitert und umgebaut. Dahinter befand sich der Heilige See. Auf der anderen Seite **Grabkapellen** von Priesterfürstinnen der Spätzeit. Um 600 v. Chr. errichteten die Ägypter hier ihre ersten echten Gewölbe.

Den **Großen Tempel** betritt man wie üblich durch einen Pylon. Schächte für die Flaggenmasten gliedern die Fassade, Kolonnaden säumen den **ersten Hof**. An die Westwand grenzte der Palast, und von einem Erker konnte der Herrscher die Prozessionen und sportlichen Wettkämpfe beobachten – sie sind auf Reliefs unter dem Erker dargestellt. Religiöse Szenen schmückten die Mauern des **zweiten Hofs**. Die frühen Kopten hatten hier eine Kirche eingerichtet und die heidnischen Reliefs mit einer Mörtelschicht überzogen, dank der die Szenen vom Fest des Erntegottes Min (1) und des Totengottes Ptah-Sokaris (2) gut erhalten blieben. Auf der rechten Längswand erwartet in einer hübschen Szene (3) der Pharao die Prozession des Erntefestes, während die Priester vier blaue Tauben mit der frohen Kunde in alle Himmelsrichtungen fliegen lassen. Farbige Ausmalungen haben sich besonders an den Decken der Durchgänge und oben an der Stirnseite des Hofs erhalten.

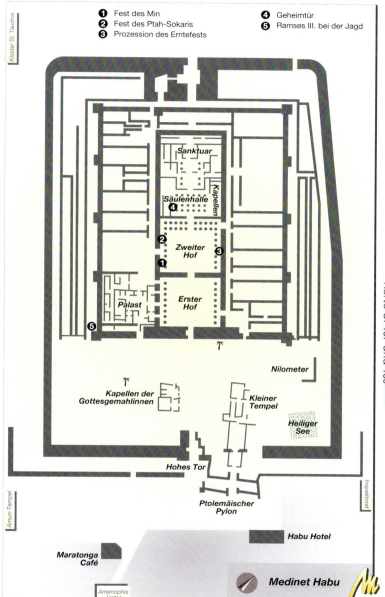

Von den folgenden Räumen stehen nur noch Säulenstümpfe und Grundmauern. An der linken Wand des **Großen Säulensaals** beachte man die „Geheimtür" zur Schatzkammer **(4)**. Sie war dadurch getarnt, dass sich die Reliefs (sie zeigen die Schätze) nahtlos über das Türblatt fortsetzen. Am Ende der Tempelachse ist im **Allerheiligsten** noch der Sockel für die Barke des Amun erhalten. Die Seitenkapellen gehörten Mut (links) und Chons (rechts). Die **Krypten** im hinteren Teil des Tempels wurden in der Spätzeit als Gräber genutzt.

Zum Abschluss mache man noch einen Abstecher auf die südliche **Rückseite des Pylons**. Hier präsentiert sich der Pharao als großer Jäger **(5)**, bevor er (weiter links) einmal mehr die ziemlich erschrocken dreinschauenden Feinde am Schopf packt.

Zwischen Luxor und Assuan

☆ Esna

Die Schleuse von Esna beschert den Nilschiffen oft Wartezeiten. Währenddessen besuchen die Reisegruppen den ptolemäisch-römischen Tempel im Zentrum der Kleinstadt.

Esna war unter den Pharaonen die Heimat des widderköpfigen Schöpfergottes Chnum und seiner Gefährtinnen Menhit und Nebet-Uu. Meist wird Chnum als Töpfer dargestellt, wie er auf seiner Drehscheibe aus einem Klumpen Lehm den ersten Menschen formt. Von dem im 3. Jh. v. Chr. begonnenen Tempel steht noch die Vorhalle – mitten in der Stadt wohl 10 m tief unter dem heutigen Straßenniveau. Die Architektur dieses Säulensaals gleicht weitgehend derjenigen von Dendera. Als ein später Höhepunkt altägyptischer Kunst gelten die Säulenkapitelle. Manche davon zeigen mit ihren floralen Motiven – Weinreben und symbolisierte Blüten – bereits Stilelemente, die man vor allem aus den frühen koptischen Kirchen kennt.

Gemäß der Widmungsinschrift im Fries wurde die Halle unter Kaiser Tiberius (14–37 n. Chr.) begonnen. Über dem Mitteleingang werden Claudius (41–54) und Vespasian (69–79) als Herrscher über Rom gepriesen. Die Kartuschen der Wandbilder und Säulenreliefs nennen weitere römische Kaiser. Dargestellt werden sie in Esna oft nicht mehr im Pharaonengewand, sondern in römischer Kleidung. Als letzter Herrscher hat Decius (249–251) in die linke Rückwand einen Festzyklus meißeln lassen – dies sind die letzten längeren Texte, die in Hieroglyphen in einen ägyptischen Tempel geschrieben wurden. Rätsel geben die merkwürdigen Textspalten aus Widder- und Krokodilzeichen an den beiden Enden der Eingangswand auf: Die kryptographischen Spielereien, wenn sie denn überhaupt einen Sinn ergeben, sind bis heute nicht entziffert.

Bus- und Zugstation liegen 55 km südlich von Luxor auf dem Ostufer des Nils; von dort mit dem Taxi oder der Kutsche in die Stadt und zum Tempel auf dem Westufer.

Tägl. 6–17.30 Uhr geöffnet, Juni–Sept. bis 18.30 Uhr. 20/10 LE. Die Tickets werden nicht am Tempel, sondern 150 m entfernt am Nilufer verkauft.

El-Kab

Das am Eingang eines Wüstentals gelegene el-Kab war von vordynastischer Zeit bis zum Aufstieg Thebens das wichtigste politische und kulturelle Zentrum nilaufwärts von Abydos. Zu entdecken gibt es reich geschmückte Felsengräber, Wüstentempel und allerlei Graffiti.

31 Straßenkilometer südlich der Brücke von Esna und 1,5 km nach dem Bahnübergang von el-Mahamid fällt neben der Landstraße am Ostufer die mächtige **Stadtmauer** des antiken Necheb auf. Mit ihr versuchten die letzten einheimischen Pha-

raonen (30. Dynastie) Oberägypten vor den Persern zu schützen. Necheb (griech. Eileithyias) war der Geiergöttin Nechbet geweiht, der Schutzgöttin Oberägyptens. Vor der Vereinigung mit Unterägypten wurden hier die oberägyptischen Herrscher gekrönt. Archäologen fanden bis zu 9000 Jahre alte Siedlungsspuren. Wer hinter den Wall zu schauen versucht, wird schnell von einem Wächter zurückgepfiffen. Doch es gäbe sowieso nicht viel zu sehen. Die letzten Altertümer der ursprünglich 540 x 570 m messenden Stadt verschwanden im 19. Jh. in den Kalköfen der Fellachen. Auch die Tempel der Nechbet und des hier als ihr Göttergemahl verehrten Thoth wurden bis auf den Grund abgetragen.

Bitterer Zucker

Anderswo mögen Babys einen Schnuller bekommen – in Oberägypten gibt man ihnen ein Stück Zuckerrohr. „Einst waren wir berühmt für unsere Bohnen. Doch damals war die Erde noch fruchtbar, das Klima besser und wir hatten jeden Tag Wasser", klagt ein alter Fellache. „Heute bleibt uns nichts anderes, als Zuckerrohr anzubauen. Wenigstens müssen wir dafür nicht mehr so viel arbeiten wie früher." Nach dem Einpflanzen bleibt das Zuckerrohr die nächsten zwölf Monate sich selbst überlassen. Die dann in einem Durchgang fällige Ernte allerdings kann der Bauer nicht allein bewältigen, er muss dazu Schnitter und Träger anstellen.

40 % der ägyptischen „Bauern" haben überhaupt kein eigenes Land, sondern verdingen sich als Taglöhner oder Wanderarbeiter. Weitere 50 % bewirtschafteten bis zu drei Feddan (1,2 Hektar), die meist nur gepachtet sind. Verschuldet sind sie alle.

Im Spätherbst, vor dem Einpflanzen der Schösslinge, macht der Bauer seinen Kontrakt mit der Zuckerfabrik, der ihm die Abnahme der Ernte garantiert. Damit geht er dann zur Bank und bekommt pro Feddan (0,42 ha) Vertragsfläche 2500 LE Kredit. Davon muss die Familie das Jahr über leben. Nach der Ernte gibt ihm die Fabrik 4000 LE. Inzwischen schuldet er der Bank aber bereits 3000 LE, auch müssen Erntehelfer und das Saatgut für die nächste Saison bezahlt werden. Dazu kommt die Pacht. Nach der Rückabwicklung von Nassers Landreform verlangen die Grundbesitzer heute wieder bis zu 1500 LE Pachtzins für einen Feddan Zuckerrohrland. „Wir haben zum Leben zu wenig und zum Sterben zu viel. Eigentlich müssten wir alle in die Stadt. Doch wie sollen wir dort unser Brot verdienen?"

Interessanter sind die **Felsengräber** in den Hängen des sich östlich der Stadt weitenden Talkessels. Die asphaltierte Zufahrt zweigt kurz vor der Nordostecke der Stadtmauer von der Landstraße ab und endet am Tickethäuschen (Eintritt 30/15 LE). Dahinter führt eine gemauerte Treppe zur Terrasse mit den zugänglichen Gräbern hinauf, die alle recht ähnlichen angelegt sind: als schmaler, lang gezogener Tunnel mit gewölbter Decke, der in einer Statuennische endet. Vor dieser ist rechts manchmal noch ein gesonderter Sargraum angelegt.

Grab des Paheri (EK 3): Am prächtigsten ausgestattet ist das Grab des Paheri, Gaufürst von Nechbet in der Zeit Thutmosis' III. Die **Außenfassade** des Grabs ist heute weitgehend zerstört. Nur auf der rechten Seitenwand erkennt man noch den zur Anbetung Nechbets (so die Inschrift) knienden Grabherrn. Auf der östlichen Innenseite der **Eingangswand** steht er mit einer transparenten und über dem Schurz hoch taillierten Tunika, mit der linken Hand auf den Amtsstab gestützt und in der rechten eine

rätselhafte Schlaufe haltend. Das Boot über ihm könnte eine Pilgerfahrt nach Abydos symbolisieren. An der **Westwand**, vordere Hälfte, sehen wir Paheri als Aufseher landwirtschaftlicher Arbeiten; etwa in der Mitte sitzt er von seiner Frau umarmt unter einem Baldachin, in der oberen Reihe mit dem Prinzen Uadjmes auf dem Schoß. Der hintere Teil der Wand zeigt Begräbnisrituale. Im Zentrum der **Ostwand** feiert die Familie ein üppiges Bankett (in der unteren Reihe drei Musikantinnen); daneben Opferszenen und im vorderen Bereich ein Inschrift für das Wohlergehen Paheris im Jenseits. An der **Stirnseite** schließlich umgibt eine umfangreiche Lobeshymne auf Paheri die Nische mit den stark zerstörten Statuen Paheris, seiner Frau und seiner Mutter.

Grab des Setau (EK 4): Setau war ein Priester Nechbets unter Ramses III. Am Eingang sehen wir ihn mit seiner Frau vor Re-Harachte. Die arg beschädigten Bilder im Inneren zeigen u. a. Opferszenen und den Grabherrn als Priester mit Pantherfell (Ostwand) sowie eine Barke mit dem Schrein der Nechbet (Westwand).

Grab des Ahmose (EK 5): Ahmose, Sohn des Ebana und Großvater des Paheri, diente zu Beginn der 18. Dynastie unter den Pharaonen Ahmose, Amenophis I. und Thutmosis I. als Chef der königlichen Flotte. Seine Grabinschrift, rechts vom Eingang beginnend und fast die gesamte Ostwand einnehmend, ist die wichtigste Quelle über die Vertreibung der Hyksos aus Ägypten, an der Ahmose als Befehlshaber teilnahm.

Grab des Reneni (EK 7): Über Reneni (Renni), Bürgermeister und Oberpriester von Necheb unter Amenophis I., ist wenig bekannt. Sein Sohn Neferhotep war Schreiber am Tempel der Hatschepsut in Theben. Ungewöhnlich sind die vielen Namen im Grab, selbst untergeordnete Helfer werden benannt. Offenbar wollte Reneni auch seinen Bediensteten ein Leben im Jenseits sichern. Die **Westwand** des Grabs ist vorne mit den üblichen Szenen aus der Landwirtschaft geschmückt, dabei im unteren Register das seltene Bild einer Schweineherde mit ihrem Hirten. Hinten sehen wir ein rituelles Bankett mit der Familie des Sobekhotep, eines Großvaters des Grabherrn. Die **Ostwand** zeigt neben dem Begräbniszeremoniell ein weiteres Bankett, diesmal für die Eltern Renenis. Die **Decke** ziert ein Schachbrettmuster, das wohl ein Zeltdach symbolisiert.

Wadi Hilal: Eine Piste führt weiter in das Hilal-Tal hinein. Nach 2 km stößt man auf einen kleinen rechteckigen Bau, den die Einheimischen **el-Hammam** nennen. Diese Kapelle zu Ehren Thoths und des vergöttlichten Ramses II., so erzählt uns die Inschrift, stiftete Setau, Vizekönig von Nubien (und nicht identisch mit jenem Setau, dessen Grab wir gerade gesehen haben). Hinter der Kapelle führt wieder eine Treppe auf eine Felsterrasse mit einem **Felsentempel der Nechbet**. Die Ptolemäer erneuerten dieses auf Ramses II. zurückgehende Felsheiligtum und setzten einen Vorbau mit hübschen Hathorsäulen davor. Rechts davon im Fels eine Stele mit Ramses II. vor Nechbet und Re-Harachte.

Nach weiteren 700 m passiert die Piste den **Geierfelsen**, einen stattlichen Felsturm, der den Wappentieren Oberägyptens wohl einst als Schlafplatz diente. Heute lebt der Weißrückengeier *(Gyps africanus)* nur noch südlich der Sahara. Prähistorische Felsritzungen zeigen Jagdszenen und sogar Boote, Reisende vom Altem Reich bis in die Römerzeit hinterließen ihre Graffiti.

Die Piste endet an dem mit gut erhaltenen Reliefs geschmückten **Tempelchen Amenophis' III.** Glaubt man der Baedeker-Ausgabe von 1929, erlebte die Hieroglyphenschrift hier im 19. Jh. eine unvermutete Renaissance. Vom „Jahr 13 unter der Majestät des Herrn der Welt Napoleon III." steht da am Eingang geschrieben, und ein anderer kontert mit „König Henri V. Graf von Chambord, † 1883", dem die politischen Wirren des Jahres 1830 nur wenige Tage auf dem französischen Königsthron gönnten.

⭐⭐ Edfu

Der Horus-Tempel von Edfu ist der am besten erhaltene Kultbau des alten Ägypten, wenn nicht der gesamten vorchristlichen Mittelmeerwelt. Den Laien beeindruckt er weniger durch seine Reliefs als durch seine imposante Architektur.

Das dem Falkengott Horus geweihte Heiligtum wurde anstelle einer älteren Anlage errichtet, von der noch der Eingangspylon in der östlichen Umfassungsmauer erhalten ist. Ausnahmsweise ist der Tempel nicht wie üblich in Ost-West-Richtung, sondern von Süd nach Nord ausgerichtet. Den Grundstein legte 237 v. Chr. Ptolemaios III. Euergetes, 180 Jahre später wurden die Bauarbeiten unter Ptolemaios XII. Neos Dionysos mit den Reliefs am Eingangspylon abgeschlossen. In christlicher oder islamischer Zeit wurde der Tempel dann zur Wohnstatt, bis die Archäologen im 19. Jh. die Bewohner aus dem Tempel warfen und deren Lehmhütten im Hof und auf dem Dach abrissen.

Es scheint, als hätten die Priester der ptolemäischen Zeit eine Vorahnung vom nahenden Untergang ihrer Religion gehabt. Sie mochten sich nicht mehr auf die mündliche Überlieferung oder vergängliche Papyri verlassen, sondern schrieben die Tempelrituale, Mythen, Feste und Hymnen in Stein, ja meißelten sogar den Katalog der Tempelbibliothek und die Rezepte der heiligen Salben und Öle – eine unschätzbare Quelle für die Ägyptologen.

Bahnhof und Busstation liegen auf dem Ostufer des Nils, Stadt und Tempel auf dem Westufer. Der Taxitransfer (einfache Fahrt) sollte für Ausländer nicht mehr als 15 LE kosten. Tägl. 7–21 Uhr, Juni–Sept. bis 22 Uhr. 50/25 LE.

Besichtigung

Geburtshaus des Harsomtus: Den heiligen Bezirk umgibt eine größtenteils antike Mauer aus Lehmziegeln. Das unter Ptolemaios II. errichtete Geburtshaus des Harsomtus, eines Götterkindes von Horus und Hathor, steht rechts vor dem Tempeleingang. Den Bau umgibt eine Säulengalerie, deren Würfelkapitelle Bes, den Schutzgott der Gebärenden, zeigen. Im Inneren begleiten die den Schicksalsgöttinnen der Griechen vergleichbaren „Sieben Hathoren" musikalisch das Freudenfest zur Geburt des Kindes. Die frühen, in ihrem Glauben wohl noch nicht ganz sicheren Christen haben hier wie im gesamten Tempel ihre Spuren hinterlassen, indem sie die Gesichter und Gliedmaßen der Götter und Pharaonen zerstörten, um die jenseitigen Ebenbilder hilflos zu machen.

Pylon: Den Pylon des Haupttempels, nach dem Eingangsturm von Karnak der zweitgrößte Ägyptens, schmücken auf Höhe der Flaggenschächte (1) martialische Szenen mit Neos Dionysos, dem Vater Kleopatras VII., dessen Beiname „der Flötenspieler" nicht recht zu den kriegerischen Bildern passen will.

Hof: Durch den von granitenen Falken bewachten Durchgang betritt man einen nahezu quadratischen Hof, der auf drei Seiten von Kolonnaden eingefasst wird. Hier wie in den folgenden Säulenhallen zeigen die Kapitelle mannigfaltige Variationen von Blatt- und Blütenformen: Bewegung und Formenreichtum sind an die Stelle der majestätischen Ruhe getreten, wie sie in Karnak und den älteren Tempeln von gleichförmigen Kapitellen erzeugt wurden. Am Fuß von Säulen und Umfassungsmauern ziehen sich Papyrusstauden und Lotusblüten entlang, als stünde der Tempel im Sumpf. Die Reliefs darüber zeigen den namenlosen Pharao mit verschiedenen Gottheiten, auf der Innenseite des Pylons (2) ist unter anderem die Nilfahrt der Hathor von Dendera nach Edfu zu ihrem Gemahl Horus dargestellt.

Vorhalle: Auf der Südseite begrenzt die Fassade der Vorhalle den Hof. Ein vorspringendes Gesims schließt sie nach oben ab. Es wird von schräg ansteigenden Seitenwänden und sechs Säulen getragen, die mit halbhohen Schranken verbunden sind. Den Eingang flankierten kolossale Falken mit Doppelkrone, von denen der rechte zerschmettert am Boden liegt. Die Kapellen an der Innenseite der Eingangsfront dienten zur rituellen Reinigung (3) und als Bibliothek (4). Reliefs an der Westwand (5) halten das Gründungsritual und die Weihe des Tempels fest, ansonsten sehen wir auf den Wänden die Kulthandlungen. Über dem nächsten Durchgang opfert Ptolemaios IV. dem von zwei Horusgestalten geleiteten Sonnenschiff (6), dazu die Götter Thoth und Neith sowie allegorische Figuren, die Sehen und Hören, Erkenntnis und Entschluss symbolisieren.

Säle: In einem Laborraum (7) links des Säulensaals wurden die für den Kult erforderlichen Salben und Duftöle hergestellt – die Rezepturen konnten die Priester von den Wänden ablesen. Von den Seiten des ersten Vorsaals gelangt man über Prozessionstreppen (8) aufs Dach, vom zweiten Vorsaal (rechts) in einen Kiosk (9) mit der Himmelsgöttin Nut, unter deren Leib, anders als in Dendera, die verschiedenen Gestalten der Sonne auf Barken über den Himmel fahren.

Sanktuar: Im Zentrum des Tempels, dem Allerheiligsten, steht noch der Granitschrein für die Kultstatue des Horus (10). Der Inschrift nach wurde er von Nektanebos II. (360–343 v. Chr.) gestiftet und stammt damit noch aus dem Vorgängerbau des ptolemäischen Tempels. Vor dem Schrein wurde eine Nachbildung der Barke aufgestellt, in der die Kultstatue bei den Prozessionen ausgeführt wurde und ihre jährliche Urlaubsreise zu Gattin Hathor nach Dendera antrat. Der innere Umgang erschließt die Kapellen anderer Götter und Magazine für die liturgischen Geräte, auch die Barke hatte hier ursprünglich ihren Platz.

Zwischen Luxor und Assuan

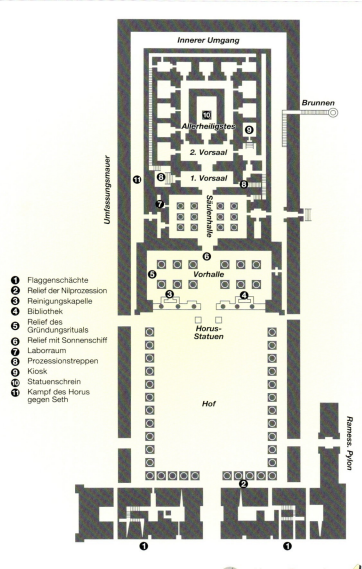

1. Flaggenschächte
2. Relief der Nilprozession
3. Reinigungskapelle
4. Bibliothek
5. Relief des Gründungsrituals
6. Relief mit Sonnenschiff
7. Laborraum
8. Prozessionstreppen
9. Kiosk
10. Statuenschrein
11. Kampf des Horus gegen Seth

Horus-Tempel von Edfu

Äußerer Umgang: Den Tempel umschließt ein schmaler Umgang, der über Durchgänge von der Vorhalle und vom Säulensaal zugänglich ist. Beachten Sie oben die hübschen Wasserspeier! An der Westwand erzählt eine Bildergeschichte **(11)** den Kampf des Horus gegen seinen bösen Bruder Seth, der hier in Gestalt von Nilpferden und Krokodilen erscheint. Die Reliefs sind das komplette Skript eines Mysterienspiels, das ähnlich wie in Oberammergau an hohen Festtagen im Tempelhof aufgeführt wurde. Auf der Ostseite führt eine Treppe hinunter zum Brunnen.

Gebel es-Silsila

Freunde altägyptischer Kunst können sichhier auf dem Westufer am Felsentempel des Haremhab samt allerlei Stelen und Kapellen begeistern. Dazu wurden eigens die Anlagestelle für die Nildampfer erneuert und eine Zufahrt von der Wüstenautobahn geschaffen.

Etwa 40 km südlich von Edfu rücken die Felsen entlang des Nils so eng zusammen, dass kein Platz mehr für Felder und Gärten bleibt. Für einen kurzen Abschnitt verschwindet das Grün aus der Landschaft, der Fluss zwängt sich durch sandsteinbraune Felswände und gewinnt dabei sichtlich an Strömung. Altägyptisch hieß die Stelle Chenu, „Ruderort", weil die Bootsleute bei Südfahrt unter schwachem Wind oftmals die Ruder zur Hilfe nehmen mussten; der arabische Name Gebel es-Silsila, „Kettenberg", soll darauf zurückgehen, dass der Fluss hier einst mit einer Kette gesperrt war.

Steinbrüche: Vom Neuen Reich bis in römische Zeit wurde der hochwertige Sandstein in großen Mengen abgebaut und direkt unten am Fluss auf Schiffe geladen. So sollen unter Ramses II. 3000 Arbeiter damit beschäftigt gewesen sein, Steine für das Ramesseum (S. 206) zu brechen; auch die Steine für die Tempel von Esna, Edfu und Dendera stammen vom Gebel es-Silsila, dazu mancher Obelisk und das Material vieler Großplastiken. Zuletzt lieferte Silsila 1906–09 die Quader für den Staudamm von Esna. Die beste Qualität gab es auf dem Ostufer. Man zeichnete die Trennfugen der Blöcke vor und arbeitete sie dann von oben nach unten und von vorne nach hinten ab. Im Lauf der Zeit wurden immer härtere und längere Werkzeuge eingesetzt, die eisernen Meißel der Spätzeit konnten bereits 50 cm tief in den Stein getrieben werden. Zur Enttäuschung besonders jener, die sich für Bergbau und Transporttechnologie interessieren, sind die Steinbrüche auf dem Ostufer samt ihren unvollendeten Werkstücken, den vielen Felszeichnungen, dem Hafenbecken und Siedlungsresten für Besucher gesperrt.

Felsentempel (Speos) des Haremhab: Hinter einer Schmuckfassade mit fünf Durchgängen öffnet sich eine Querhalle mit tonnengewölbter Decke und umfangreichem Bildprogramm in gutem Zustand. Über dem Türsturz des mittleren Eingangs bewachen eine Sonnenscheibe und die Kartusche Haremhabs das Heiligtum. Links vom Eingang kündigt in einer Nische Prinz Chaemweset das Sed-Fest, ein Thronjubiläum seines Vaters Ramses II., an. Innen, an der linken Schmalwand, reicht die nilpferdgestaltige Göttin Thoeris dem Haremhab die Brust; hinter ihr Chnum, hinter dem Pharao Amun-Re. Daneben, also an der rückseitigen Breitwand, geht es um den Sieg Haremhabs in einem **Feldzug gegen die Nubier**. Der Pharao sitzt auf seinem Thron, getragen von zwölf federgeschmückten Soldaten. Über seinem Haupt die lebensspendende Sonnenscheibe, als Vorhut und Nachhut Fächerträger, dazu ein räuchernder Priester, Soldaten (finden Sie den Trompeter?) und Gefangene. Links davon stehen Pharao und Amun auf den am Boden liegenden Schwarzen. Unter der Szene eine Nische, die von weiteren Gefangenen flankiert wird. Die zugehörige Inschrift preist den Sieg Haremhabs.

Südliche Denkmäler: Vom Felsentempel führt ein Weg am Ufer entlang flussauf und passiert dabei Felsinschriften und Scheingräber, viele mit fein bemalten Deckengewölben. Am Ende des Pfades erblickt man die sogenannten südlichen Denkmäler, zwei etwa 2 m tiefe Nischen zu Ehren des Nilgottes Hapi. Bündelsäulen tragen die mit Hohlkehle und Uräusschlange geschmückten Architrave. Die nördliche Nische stiftete Merenptah, die andere Ramses II. Die Darstellungen in beiden zeigen den König, wie er den Göttern opfert; darunter ein langes Loblied auf den Nil und Listen mit Opfergaben für Hapi. Die türartige Stele, die sich zwischen den beiden Nischen befindet, wurde dem Merenptah von seinem Wesir gewidmet.

Anfahrt vom Westufer: Man verlässt die Wüstenautobahn bei 24°36'12''N/ 32°43'00'' O (56 km nach der Abfahrt Edfu) Richtung Nil. Nach 18 km an der T-Kreuzung links; wenn die Straße den Nil erreicht, noch 400 m rechts.
Vom Ostufer kommend, verlässt man 1,8 km nach dem Bahnübergang von el-Kagug die Landstraße unmittelbar an einer Kanalbrücke (24°38'36''N/ 32°56'51''O) Richtung Nil. Mit Glück findet man an der Mündung des Kanals einen Bootsmann für die Überfahrt.
Öffnungszeiten: im Winter tägl. 7–16 Uhr, im Sommer bis 17 Uhr. Eintritt 30/15 LE.

Kom Ombo

Im Doppeltempel von Kom Ombo waren der Krokodilgott Sobek und der falkenköpfige Haroëris zu Hause. Wer nicht mit dem Nilschiff kommt, besucht das Heiligtum am besten mit einem Tagesausflug vom 45 km entfernten Assuan.

Der Tempel von Kom Ombo liegt direkt am Nil, kaum eine Reisegruppe kommt auch ins Stadtzentrum. Anders als Edfu, wo die Urlauber auf dem Weg vom Schiff zum Tempel den Ort durchqueren müssen und dabei den Händlern beträchtliche Umsätze bescheren, lebt Kom Ombo nur zum geringen Teil vom Fremdenverkehr. Größter Arbeitgeber ist die Zuckerfabrik. Auch die Bauern der Umgebung leben weitgehend vom Zucker: Das fruchtbare Wadi Kom Ombo erscheint aus der Vogelperspektive als eine riesige Zuckerplantage.

Wer von Luxor kommt, dem fallen auf den Straßen Kom Ombos die vielen dunkelhäutigen Menschen auf. Im Winter 1963/64 wurden 50.000 Nubier aus dem Niltal oberhalb von Assuan nach **Neu-Nubien** *(en-Nuba el-Gedida)* ins Becken von Kom Ombo umgesiedelt – die alte Heimat versank in der organisierten Sintflut des Stausees. Jede Umsiedlerfamilie bekam ein Stück Land und ein neues Haus – mit Strom, wie stolz vermerkt wurde. Freilich bedeuteten die neuen Lebensverhältnisse viel Umstellung: Von der Überschwemmungs- zur Dauerbewässerung, Flurzwang, Genossenschaften, Fabrikarbeit, Konfrontation mit der Staatsautorität. Die alten Häuser fehlen. In Neu-Nubien bauten die Ingenieure kompakt und ohne Innenhof, traditionelle Nachbarschaften wurden auseinandergerissen, Witwen, Geschiedene von ihren Verwandten getrennt und willkürlich ans andere Dorfende gesiedelt. Die aufgezwungenen Siedlungsmuster sorgten für viel Unmut.

• *Verbindungen* Einheimische zahlen im **Sammeltaxi** von Assuan nach Kom Ombo 3 LE. Für ein ganzes **Taxi** sind daher 40 LE angemessen. Mit dem **Zug** starten Sie z. B. in Assuan um 7.00 Uhr; zurück um 11.10 oder 11.50 Uhr.
Der **Tempel** (tägl. 7–21 Uhr, Juni–Sept. bis 22 Uhr, 30/15 LE) liegt 6 km vom Bahnhof auf Höhe des südlichen Stadtrands am Nil. Für ein Taxi vom Bahnhof rechne man 5 LE. Zum Sammeltaxi (0,25 LE) Richtung Tempel verlassen Sie den Bahnhof nicht durchs Hauptgebäude, sondern über die Fußgängerbrücke, gehen an der Kirche vorbei weg von der Bahn und finden am Ende der Straße links die Sammeltaxis.

✯✯ Der Tempel von Kom Ombo

Das Doppelheiligtum stammt aus der Ptolemäerzeit, doch haben auch Tiberius und andere römische Kaiser hier ihre Spuren hinterlassen. Die linke Hälfte gehört dem Sonnengott Haroëris (Horus als Sohn des Re), die rechte dem Sobek, ein Gott des Wassers, aus dessen Schweiß der Nil hervorgeht und der auch als Verkörperung des Sonnengottes verehrt wurde.

Man betritt das Areal vom Nil her durch einen Allee mit Verkaufsbuden, an deren Ende links die Tickets verkauft werden. Von Land her passiert man zunächst das Gebäude des künftigen Museums. Auf der Nordseite des weitgehend zerstörten **Geburtshauses** war ein Künstler des überlieferten Kanons überdrüssig und trieb seinen Schabernack. Auf einer Barke gleiten Euergetes II. (145–116 v. Chr.) und mit ihm zwei Götter durch die Papyrussümpfe. Der Herrscher zupft leicht gelangweilt an den Halmen und scheint sich der Gefahr nicht bewusst, die auf ihn lauert: Statt eines Mungos, wie er in dieser Szene üblicherweise durch die Sümpfe schleicht, lauert ein leibhaftiger Löwe auf einem Papyrusstängel.

Der ursprüngliche Eingang zum Tempelbezirk war ein mächtiges **Tor**, das Ptolemaios XIII. errichten ließ, bevor ihn seine Schwester und Mitregentin Kleopatra ins Jenseits schickte. Gleich daneben sind in der **Hathor-Kapelle** vier **mumifizierte Krokodile** ausgestellt. Aus antiken Reiseberichten wissen wir, das die Priester heilige Krokodile im Tempelteich hielten und reichlich fütterten. Nach ihrem Tod wurden die Tiere einbalsamiert und auf einem nahen Friedhof bestattet.

Über die kläglichen Reste des Pylons und des Vorhofs blickt man direkt auf die **Fassade der Vorhalle** mit ihren Säulenschranken, den zwei Portalen und einem Gesims mit wachsamen Uräus-Schlangen. Innen an der linken Wand reicht Haroëris Euergetes II. ein Sichelschwert. Den Pharao begleiten Frau und Schwester, beide mit Namen Kleopatra.

Durch den Säulensaal und drei kleinere Vorsäle kommt man in die beiden Sanktuarien. Zwischen ihnen, genau auf der Tempelachse, eine „Geheimkammer", die über eine Treppe vom Dach her erschlossen war. Vielleicht ließ ein in diesem Raum versteckter Priester die Kultbilder mit seiner Stimme sprechen. Die Reliefs der Gemächer auf der Rückseite des **inneren Tempelumgangs** blieben unvollendet. An der Nordostecke des **äußeren Umgangs** reicht der kniende Kaiser Trajan dem Haroëris einen Satz chirurgischer Instrumente, so jedenfalls die übliche Interpretation – andere deuten sie als Gerätschaften für das Tempelritual.

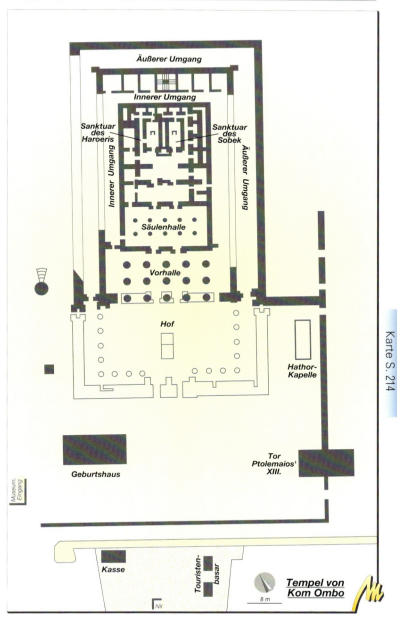

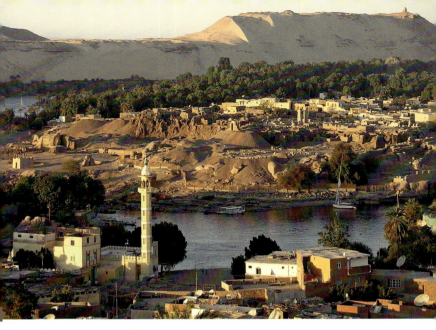

Assuan: Die Insel Elephantine im Abendlicht

Assuan (Aswân)

Grüne Gärten am Ufer des Blauen Nils, auf dem schneeweiße Feluken vor dem Hintergrund der gelbbraunen Wüste kreuzen – Assuan ist ein Fest der Farben, und selbst Kultur wird hier zum Landschaftserlebnis.

„Wer klug sein will, etwas für seine Gesundheit tun möchte und einen Monat wirklichen Vergnügens von seinem sonst ernsthaften Leben zu borgen gedenkt, dem sage ich: Komm und erlebe den Nil", riet einst der Entdecker und New-York-Herald-Reporter Henry M. Stanley seinen Lesern. Assuan, ein bevorzugter Winterurlaubsort für reiche Engländer, war des Klimas und der hohen natürlichen Radioaktivität wegen als Rheumakurort berühmt. Lord Kitchener und andere britische Militärs erholten sich hier von ihren Feldzügen im Sudan.

Assuan ist heute mit 300.000 Einwohnern nach Assiut die größte Stadt Oberägyptens. Die Masse der heutigen Bevölkerung (bzw. der Elterngeneration) verschlug es mit dem Bau der Staudämme nach Assuan. Nubier, deren angestammte Dörfer im Stausee ertranken, fanden hier eine neue Heimat, andere lockten die Arbeitsmöglichkeiten bei Kima, einer riesigen Düngemittelfabrik am Stadtrand.

Die archäologischen Funde auf der vorgelagerten Insel Elephantine reichen bis in die Zeit vor dem Pharaonenreich zurück. Obwohl die Pharaonen auch noch weiter im Süden Handelsstützpunkte unterhielten und die Reichsgrenze lange bis an den 4. Katarakt vorgeschoben war, endete nach dem Verständnis von Ägyptern, Griechen und Römern die zivilisierte Welt in Assuan. Die „Barbaren" aus Schwarzafrika empfing man als Pilger und Handelspartner.

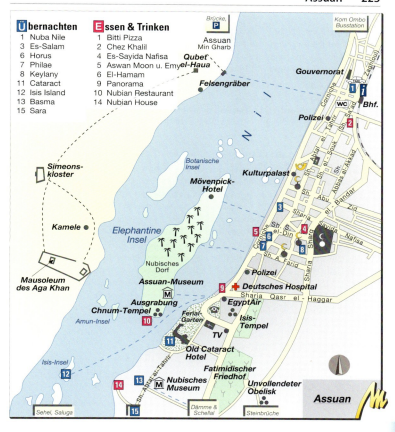

Der Grieche Eratosthenes bestimmte hier den Erdumfang. Römische Beamte residierten in der Stadt, der Schriftsteller Juvenal kommandierte die Garnison (und beklagte sich bitterlich über die Strafversetzung auf diesen Posten). Später waren türkische und schließlich englische Soldaten in Assuan stationiert, wo sich seit jeher die Siedlungsgebiete von Nubiern und Ägyptern überschneiden. Vielleicht dank des langen Kontakts mit Ausländern ist Assuan heute offen und tolerant gegenüber Fremden wie keine andere Stadt am Nil.

Orientierung

Die **Corniche** wurde in der Nasserzeit angelegt. Bevor das Terrain mit dem beim Dammbau angefallenen Aushub aufgefüllt wurde, floss hier der Nil. Als Flaniermeile und modernes Gesicht der Stadt zieht sie sich von den Verwaltungsgebäuden im Norden über nahezu 2 km bis zum **Ferial-Garten** (Eintritt 5 LE), in dem die Einheimischen den Sonnenuntergang genießen. Am Ufer liegen die Hotelschiffe, Feluken warten auf Kundschaft, Fähren setzen zu den Inseln über.

Die Verlängerung der Corniche erklimmt an der pompösen koptischen **Kathedrale** einen Hügel. Auf der Nilseite reihen sich die **Hotels** Cataract (dahinter unten am Ufer ein nubisches Dorf) und Basma aneinander, auf der Landseite findet man das **Nubische Museum**. Nach etwa 1 km führt ein nilseitiger Abzweig zum **Nubischen Haus**, ein Aussichtspunkt mit herrlichem Blick über die Landschaft des Katarakts.

Zwei Blöcke landeinwärts der Corniche und parallel zu dieser erschließt die **Marktstraße** (Sh. es-Sûq) die Basare der Stadt. Im Südteil dominieren inzwischen Souvenirgeschäfte das Angebot. Entfernt man sich noch weiter vom Fluss und überquert gar die Bahnlinie, landet man in den ausgedehnten **Armenvierteln** Assuans.

Teatime mit Agatha Christie

Nostalgiker, deren Geldbeutel eine Übernachtung im von Agatha Christie („Tod auf dem Nil") gefeierten Cataract-Hotel nicht zulässt, nehmen wenigstens einen Drink auf der Terrasse und lassen sich zusätzlich vom Sonnenuntergang jenseits des Nils berauschen – ein im Prinzip den Hotelgästen vorbehaltenes Vergnügen, doch wer gediegen gekleidet und selbstbewusst durch die Halle schreitet, mag für einen Hausgast gehalten werden.

Das Cataract ist ein Hotel der Kolonialzeit par excellence. Dabei war altertümliches Flair so ungefähr das Letzte, was Herr Pignon im Sinn hatte, als er 1899 sein Hotel eröffnete. „Mit elektrischem Licht rund um die Uhr, vollendeten Sanitäreinrichtungen und jedem erdenklichen modernen Komfort", warb er in der Egyptian Gazette vom 11. Dezember 1899. Ein Jahrhundert später wurde der Hotelpalast mit viel Aufwand erneuert und behutsam modernisiert. Für die Authentizität des Designs bürgte Chefdekorateur Am Omar, der schon als kleiner Junge seinem Vater bei der Ausstattung des Cataract zur Hand gegangen war.

---

*I*nformation

Telefonvorwahl: 097

Das Hauptbüro der **Tourist Information** (✆ 2312811) befindet sich am Bahnhofsplatz und sollte tägl. außer Freitagvormittag 8.30–14 und 18–20 Uhr geöffnet sein. Hakim Hussein (✆ 010 5767594) und seine Assistenten informieren freundlich und kundig über die aktuellen Konvoizeiten und Reisebeschränkungen für Ausländer, über die Preise für Taxis und Ausflüge. Auch einen Stadtplan gibt's in diesem für ägyptische Verhältnisse exzellenten Info-Büro.

*V*erbindungen

• *Fernverkehr*
Flüge: Tägl. nach Luxor, Kairo und Abu Simbel. Die letzteren Flüge kosten theoretisch hin und zurück 100–120 €, sind aber oft von den Reisebüros ausgebucht. Diese verkaufen den Tagesausflug Abu Simbel mit Transfer, Eintritt, Führung und Lunch für rund 200 €. Das Egypt-Air-Büro, ✆ 2315000, liegt am Südende der Corniche.
Bahn: Richtung Luxor (3½ Std.) und Kairo (12–14 Std.). Am Schalter werden Ausländern Tickets für die abendlichen Schlafwagenzüge *(tourist trains)* verkauft. Wer nach Darau, Kom Ombo, Edfu oder Luxor will, setzt sich einfach in einen Schnellzug (z. B. morgens 7 Uhr) und kauft sein Ticket direkt beim Schaffner.

Bus: Die Busstation befindet sich etwa 3 km nördlich des Bahnhofs am Stadtrand. Für ein Taxi in die Stadt rechne man 10 LE, Servicetaxis (0,50 LE) zur Busstation starten am Bahnhof hinter der Touristinformation.

Fernbusse von *Upper Egypt Transport* fahren über Darau, Kom Ombo und Edfu nach Luxor und z. T. weiter nach Hurghada und Kairo (12–15 Std.). Am frühen Morgen fährt ein Bus nach Marsa Alam. Busse nach Abu Simbel (25 LE) starten um 8, 11 und 15 Uhr.

Sammeltaxi: Sammeltaxi-Station neben dem Busbahnhof.

Fähre: Montagnachmittags startet im Hafen Sadd el-'Ali (Endstation der Niltalbahn) eine Fähre Richtung Wadi Halfa (Sudan). Wer ein Visum (→ Verschiedenes/Konsulat) vorzeigt, bekommt das Ticket Sa/So 8–14 Uhr bei der *Nile Navigation Company*, Tourist Market, Corniche, ✆ 2303348, oder montags vor der Abfahrt im Hafen. Bei Bedarf transportiert die Fähre auf einem Ponton auch Autos.

• *Stadtverkehr*

Das Zentrum von Assuan erschließt sich gut zu Fuß. Für ein **Taxi** sind innerorts 5–10 LE angemessen, im **Minibus** 0,50 LE. Zum Flughafen rechne man 25 LE, für eine halbtägige Rundfahrt (Obelisk, Alter Damm, Hochdamm, Philae) 40–50 LE. **Fahrräder** werden für 15 LE/Tag vermietet, z. B. jenseits der Fußgängerbrücke beim Bahnhof.

Programmvorschlag Assuan

Bedenken Sie bei Ihrer Programmplanung, dass das Thermometer in Assuan von März bis November nachmittags auf über 40 °C klettern kann.

1. Tag: Rundfahrt Unvollendeter Obelisk, Philae, Hochdamm, Kalabscha, Alter Damm; abends Basarbummel, eventuell Folklore-Show.

2. Tag: Bootsfahrt Elephantine, Westufer (Felsengräber und Simeonskloster), Botanische Insel; abends Nubisches Museum.

Verschiedenes

• *Bücher/Zeitungen* Ein bescheidenes Angebot an fremdsprachigen Büchern haben Läden in den **Hotels Basma** und **New Cataract** sowie die Buchhandlung **Hope** im deutschen Krankenhaus. Ausländische Zeitungen werden in der **Corniche-Arkade** beim Philae-Hotel verkauft.

• *Folklore* Im **Kulturpalast** *(Qasr eth-thaqafa)*, Corniche, zeigt die renommierte **Aswan Troupe** ihre Show mit nubischen und ägyptischen Tänzen. Nov.–Feb. Sa–Do 21.30 Uhr – wenn die Truppe nicht auf Tournee ist oder, so 2010, der Kulturpalast wegen Renovierung geschlossen ist. CDs mit Aufnahmen des Orchesters der Truppe sind auch in Deutschland erhältlich.

• *Geldwechsel* Zwei günstige **Wechselstuben** gibt es in der Corniche-Arkade nahe dem Philae-Hotel.

• *Gesundheit* Das **Deutsche Missionsspital** (mit Ambulanz) gilt als die beste Klinik der Stadt. Corniche, ✆ 2317176.

• *Internetcafé* **Aswanet** im Hotel Keylany, tägl. 9–24 Uhr, 5 LE/Std. Günstiger (doch langsamer) im Information Technology Club an der Corniche auf Höhe der Touristenpolizei.

• *Konsulat* Wer in den Sudan will und das nötige Visum nicht bereits im Heimatland besorgt hat, kann sein Glück im **Konsulat der Republik Sudan** versuchen. Atlas Area, Sh. Ibrahim Ahmad Hussein, ✆ 2307231.

• *Lesen* Idris Ali, *Dongola – a Novel of Nubia*, übersetzt ins Englische von Peter Theroux, Kairo (AUC-Press).

• *Nachtleben* Nachtschwärmer, die mehr als nur die Corniche im Mondschein auf und ab gehen oder ein Bier auf einem Hoteldach genießen wollen, finden nur wenige Angebote. Einheimische Gigolos schleppen ihre ausländischen Eroberungen bevorzugt in die **Disco** des Ramses-Hotels. Die Tanzflächen der Nobelhotels bleiben gewöhnlich gähnend leer.

• *Organisierte Ausflüge* Die Budgethotels vermitteln, manchmal recht aufdringlich, diverse Ausflüge:

Stadtrundfahrt (3–4 Std.): Unvollendeter Obelisk – Alter Damm – Hochdamm – Philae-Hafen; 20 LE/Pers. im Minibus oder 40–60 LE als Taxiausflug (ohne Eintritte und Überfahrt nach Philae).

Felukatrip Elephantine – Botanische Insel – Fürstengräber: 40 LE pro Pers. und Stunde (ohne Eintritte); nach Kom Ombo (2 Tage + 1 Nacht) 125 LE/Pers., nach Edfu (3 Tage + 2 Nächte) 200 LE/Pers. (beide ohne Rückfahrt).

Tagesausflüge nach Abu Simbel: im Minibus 80 LE/Pers. (ohne Eintritt); im Reisebus (mit Eintritt und Führung) ca. 50–100 €; im

Flugzeug (mit Eintritt und Führung) 150–200 €.
- *Passbüro* Corniche, im Polizeihochhaus neben Hotel Continental, ✆ 2322238, Sa–Do 8–14 Uhr.
- *Post* An der Corniche, neben dem Kulturpalast. Postlagernde Sendungen werden im alten Postamt hinter dem Philae-Hotel ausgegeben. Beide haben Sa–Do 8–14 Uhr geöffnet.
- *Schwimmen* Einheimische Bootsleute und Kinder scheinen das Bad im Nil irgendwie schadlos zu überstehen, doch unsereiner schwimmt um der Gesundheit willen besser in einem Pool. Die größten Becken haben **Cataract** und **Isis Island**, preiswerter ist die Abkühlung im **Basma** (35 LE).
- *Telefonamt* Am Südende der Corniche, tägl. 8–22 Uhr. Auch Verkauf von Telefonkarten und Faxversand.

Übernachten (→ *Karte S.* 223)

- *Oberklasse* **Cataract (11)**, nach gründlicher Renovierung sollte das nostalgische Hotel ab 2011 wieder in altem Glanz erstrahlen. Der nüchterne Neubau neben dem alten Flügel kann dem Old Cataract nicht das Wasser reichen, doch wer drin wohnt, sieht das Haus nicht von außen. Preise bei Redaktionsschluss nicht bekannt. Sh. Abtal et-Tahrir, ✆ 2316000, ✉ 2316011, www.accorhotels.com.

LTI-Pyramisa Isis Island (12), der Hotelpalast steht vor dem Stadtzentrum auf einem kleinen Eiland mitten im Nil – gerade einen Steinwurf vom Naturschutzgebiet der Kataraktinseln entfernt, weshalb das Bauprojekt einst sehr umstritten war. Die Beteiligung des Präsidentensohns Alaa Mubarak an dieser Investition mag manche bürokratische Hürde aus dem Weg geräumt haben. DZ ab 80 €. Auf der Insel Abnarti, ✆ 2317400, ✉ 2317405, www.pyramisaegypt.com.

Basma (13), am Südende der Stadt auf einem Hügel mit Nilblick, mit schönem Garten. Das Hotel wurde in den 1990er-Jahren für den Stuttgarter Reiseveranstalter Hetzel gebaut. Da die Vorbesitzer ihr Grundstück in bester Lage nicht hergeben wollten, bedurfte es einer Enteignung. Der Basar kolportiert, der damalige baden-württembergische Landesvater Lothar Späth habe zugunsten der Investoren bei Präsident Mubarak interveniert. Während des alljährlich im Frühjahr veranstalteten Bildhauerwettbewerbs (www.cdf-eg.org) ist hier mit Maschinenlärm zu rechnen. Im Nebengebäude werden familiengerechte Apartments mit Kochzeile vermietet. DZ ab 100 €. Sh. Abtal et-Tahrir, ✆ 2310901, ✉ 2310907, www.basmahotel.com.

- *Mittelklasse* **Anakato**, eine Pension für Reisende, die das Außergewöhnliche suchen und dafür etwas tiefer in die Tasche zu greifen bereit sind: Betuchte Pensionäre etwa oder Hochzeitsreisende. Anakto, übersetzt „unser Heim", liegt etwa 15 Autominuten von Zentrum entfernt auf dem Westufer, dort unterhalb eines Dorfes eingezwängt zwischen Sanddünen und dem Nil, der hier oberhalb der Stadt noch so sauber ist, dass man darin schwimmen kann. Von außen sieht Anakato aus wie das formen- und farbenreiche Werk eines nubischen Friedensreich Hundertwasser, abends stiftet eine ausgeklügelte Beleuchtung romantische Atmosphäre. Zu den angebotenen Aktivitäten zählen Sandsurfen, Segeln, nubische Folklore und Besuche im Dorf. Etwas aufgesetzt wirkt allerdings das Bemühen, diese Oase als „echt nubisch" zu verkaufen – solchen Luxus können sich hier nur wenige leisten. DZ B & B 70 €, All inclusive 150 €. Gharb Soheil, Assuan, ✆ 3451745, ✉ 3451744, www.anakato.com.

Sara (15), etwa 1,5 km südlich des Nubischen Museums auf einem Steilfelsen über dem Nil – die etwas abseitige Lage wird also mit wirklich herrlicher Aussicht belohnt. Die Zimmer haben Balkon, die Einrichtung ist eher zweckmäßig als schön. Es gibt eine Panoramaterrasse mit Pool, die am Wochenende gern für Hochzeitsfeiern und ähnliche Anlässe gebucht wird. DZ 100 $. Sh. el-Fanadek, Naser City, ✆ 2327234, ✉ 2327236, www.sarahotel-aswan.com.

Philae (7), das noch etwas schäbige Foyer erweckt einen falschen Eindruck. Frau Hanan, die ausgezeichnet Deutsch spricht, lässt ihr Hotel gerade Etage für Etage renovieren, und die bereits neu eingerichteten Zimmer können sich sehen lassen: roséfarbene Bäder, orientalische Lampen, Klimaanlage, Flachbildschirm, Kühlschrank und kleiner Balkon mit Nilblick – was will man mehr? Auf Wunsch ägyptisches Frühstück. DZ 42–50 €. 79 Cornish el-Nil, ✆ 2312090, ✉ 2324089, hanan-atiatallah@web.de.

Essen & Trinken 227

Nile Hotel, das Hotel der (ägyptischen) Mittelklasse umwirbt in bester Lage an der Corniche zwischen Polizeihochhaus und Egyptair die Kunden. Klimatisierte Zimmer mit TV, teils mit Balkon und Nilblick, weitgehend ägyptische Gäste. DZ 40 €. Corniche, ✆ 2314222, www.nilehotel-aswan.com.

• *Einfach* **Horus (6)**, die Lage an der Corniche gewährt auf der Straßenseite unverbauten Nilblick, dazu aber auch ziemlichen Autolärm. Die teilweise renovierten Zimmer (vorher anschauen!) sind geräumig und mit AC ausgestattet. Der hoteleigene Nachtclub (Bauchtanz!) wirkte bei Licht betrachtet ziemlich heruntergekommen. Sollte das Haus wider Erwarten ausgebucht sein, bleibt als Alternative in der gleichen Preisklasse das benachbarte Hotel **es-Salam (3)** (mit großzügiger Dachterrasse; ✆ 2312651). DZ 100–150 LE. Corniche, ✆ 2313323, ✉ 2313313.

Hathor, sticht aus der Reihe der Corniche-Hotels hervor, weil es als einziges Haus einen kleinen Pool auf dem Dach hat. Manche Zimmer sind allerdings klaustrophobisch klein. DZ 150 LE. Corniche, ✆ 2303462, www.hathorhotel.com.

Nuba Nile (1), älteres Haus mit frischem Anstrich, 5 Min. vom Bahnhof. Unterschiedlich große Zimmer mit AC und dunklen Möbeln aus Großmutters Zeiten. Sitzecken und PCs in der Lobby. Die Dachterrasse hätte Potential, war 2010 aber eine ungenutzte Baustelle. DZ 180 LE. Sh. Abtal el-Tahrir/Ecke Md. el-Mahatta, ✆ 2313267, hussein45@hotmail.com.

Keylany (8), das Hotel hat seinen Namen von einem Heiligen, dessen Schrein in das Gebäude integriert ist. Ein Internetcafé gehört zum Haus, in dem man auch Fotos auf CD brennen kann. Die unterschiedlich großen Zimmer sind mit Naturholzmöbeln ansprechend eingerichtet, haben Deckenventilatoren, Safe, TV, teilweise AC und Balkon. Gefrühstückt wird auf der chilligen Dachterrasse, wo man auch in einem Wasserbecken planschen kann. DZ 130–160 LE. Sh. Keylany, ✆/✉ 2317332, www.keylanyhotel.com.

Ein zufriedener Gast auf der Dachterrasse des Hotels Keylany

• *Camping/Sonstiges* **Captain Ashraf's**, 6 km südlich der Nilbrücke auf dem Westufer, N 24°08'03" E 32°52'18". Der alte Campingplatz Adam's Home ist geschlossen. Als Alternative für Sudan-Fahrer wurde in der Nachbarschaft ein neues, bislang sehr schlichtes Camp eingerichtet. Es gibt heißes Wasser und Kochgelegenheiten. Übernachtung im Zelt oder Auto 50 LE/Pers. Gharb Aswan, Sahlol Family. ✆ 012-28867775.

Ferienwohnungen: Das Team *Assuan individuell* bietet auf seinen Webseiten auch Wohnungen, Häuser und sogar ein Hausboot an. Die Preise sind allerdings gesalzen. www.assuan-individuell.de.

Essen & Trinken (→ *Karte S. 223*)

Ed-Dokka Nubian Restaurant (10), Essa Island, wird gern von Reisegruppen besucht. Eher internationale statt nubische Küche mit wechselnden Menüs (ca. 60 LE), dazu eine Folkloreshow. Die einen sind begeistert, den anderen ist es zu kitschig. Kostenlose Fähre vom Anleger vor dem Egypt Air Office.

Chez Khalil (2), Sh. es-Sûq; ein kleines Fischlokal nahe dem Bahnhof. Süß- oder Salzwasserfisch, den man sich aus der Vitrine selbst aussuchen kann, wird frisch zubereitet, Preis nach Gewicht. Als Beilage Salat mit Reis oder Pommes. Hauptgericht 20–100 LE.

El-Masri, Sh. el-Matar; das alteingesessene, auch von Einheimischen besuchte „gutbürgerliche" Lokal serviert ägyptische Fleischgerichte (Kebab, Kufta, Täubchen oder Huhn) in riesigen Portionen mit Salat und Tahina. Menü 35–50 LE. Kein Alkohol.

Nubian House (14), auf der Anhöhe hinter dem Basma-Hotel. Schöner Aussichtspunkt, tagsüber (teurer) Tee und Snacks, abends auf Vorbestellung nubisches Essen. Hauptgericht 20–30 LE. Gelegentlich Folkloreveranstaltungen.

Aswan Moon (5), Corniche; das populäre Lokal (mit Alkoholausschank) schwimmt auf einem Ponton im Nil, Spezialität ist *Daoud Pascha* (Fleischbällchen in Tomatensauce); auch Pizza und Pasta. Hauptgericht 15–50 LE.

Emy (5), Corniche, beim Aswan Moon; einfacher und preiswerter als die benachbarten Lokale, ist diese Cafeteria mit Alkohollizenz eher ein Ort zum Trinken als zum Essen. Gleichwohl gibt es hier auch einfache warme Gerichte.

Panorama (9), am Ufer nahe dem Südende der Corniche. Internationale und ägyptische Küche. Spezialitäten sind Ragouts im Schmortopf *(tagen)*, Reispudding *(milhalabiya)* und „Beduinen-Kaffee", ein langsam auf heißem Sand erhitzter Mokka, dazu Kräutertees von Ägyptens erster biologisch wirtschaftender Farm. Angenehm unaufdringlicher Service, dezente Hintergrundmusik. Das Lokal ist im nubischen Stil und mit allerlei Kuriositäten und Antiquitäten dekoriert. Im Büro zeigt der Besitzer, ein pensionierter Geologe, gern seine Mineraliensammlung. Leider verstellen die ankernden Nildampfer den Blick von der Terrasse, auch schließt das Lokal abends schon gegen 21 Uhr.

Bitti Pizza (1), Bahnhofsplatz. Auf zwei Etagen, angenehm kühl klimatisiert, kann man hier süßen ägyptischen Pfannkuchen oder Pizza im westlichen Stil genießen – dafür sind 40 LE für die örtlichen Verhältnisse allerdings ein stolzer Preis.

Es-Sayida Nafisa (4), Sh. es-Sûq, zwischen der Moschee und den Limonenhändlern etwas versteckt in einem Hinterhof an der östlichen Straßenseite. Kofta, gegrilltes Lamm oder Rindergulasch schmecken zart und lecker. Kleine Portionen, die gegrillte Taube ist geradezu ein Häppchen.

El-Hamam (6), Corniche, in der Kolonnade nahe dem Horus-Hotel. Imbiss mit Snacks für den kleinen Hunger. Einige Schritte weiter gen Norden findet sich nach dem Kaufhaus eine einfache **Konditorei**.

**Rezeptvorschlag:
Nilpferd in Burgunder**

„Etwas für festliche Tage, vorausgesetzt, daß sich das Nilpferd in Burgunder wohl fühlt. Nilpferd waschen und trocknen, in passendem Schmortopf mit 2000 Litern Burgunder, 6 bis 8 Zwiebeln, 2 kleinen Mohrrüben und einigen Nelken 8 bis 14 Tage kochen, herausnehmen, abtropfen lassen und mit Petersilie servieren."

Vorgeschlagen von Loriot in „Der gute Geschmack", Diogenes 1964.

---

*E*inkaufen

Assuans **Suk**, in einer Parallelstraße zur Corniche gelegen, erwacht während der heißen Sommermonate erst am Abend. Als klassische Mitbringsel eignen sich die fotogen präsentierten Gewürze und Kräuter: *Karkadee* (Hibiskus) als Teesorte, Kardamom als Beigabe für den typisch arabischen Kaffee, dazu Ingwer, Zimt und andere afrikanische Gewürze, die meist aus dem Sudan importiert sind. Dazu gibt es Korbwaren und eher afrikanisch als ägyptisch anmutende Holzschnitzereien. Freundliche Schneider fertigen *Galabiyas* nach Maß.

Afrikanika, von der Voodoopuppe bis zur Maske verkauft Farag Sa'ad seine Produkte im Südabschnitt der Sh. es-Sûq gegenüber vom Bata-Schuhgeschäft.

Nubisches Kunsthandwerk und allerlei Trödel gibt es bei Abu Sahlah, einem höhlenartigen Laden im Südabschnitt der Corniche zwischen dem Polizeihochhaus und dem deutschen Krankenhaus.

Segeln

„Feluka! Sailing boat! Trip to the Islands!", schallt es dem Fremden entlang der Corniche auf Schritt und Tritt entgegen. Zum Standardprogramm jedes Assuanbesuchs gehört die Segeltour zu den Inseln vor der Stadt und hinüber ans Westufer. Für die Fahrten nach Kom Ombo (1 Tag, 1 Nacht) und Edfu (3 Tage, 2 Nächte) lassen sich dagegen nur Rucksacktouristen gewinnen: Man muss mit einfacher Campingküche vorlieb nehmen, sich mit Nilwasser waschen und auf einem Inselchen oder am Ufer unter freiem Himmel übernachten.

- *Kurztrips* Die Boote dürfen je nach Größe maximal 6–8 Personen befördern. Die offiziellen Preise, die man allerdings selbst mit hartem Feilschen kaum erzielen wird, betragen pro Boot (!) für 1 Std. 30 LE, für einen halben Tag 120 LE.
- *Mehrtägige Touren* Verlässliche Kapitäne? Sie heiraten ins Ausland, lassen ihr Boot von einem Verwandten fahren, oder andere bedienen sich des guten Namens. Deshalb gebe ich hier keine Tipps. Schukri Sa'ad und die Touristinformation haben die Szene besser und aktueller im Blick und vermitteln auch Reisepartner für längere Touren.

Die **Preise** betragen pro Person etwa 120 LE nach Kom Ombo (zwei Tage, eine Übernachtung) und 200 LE nach Edfu (drei Tage, zwei Übernachtungen). Bei weniger als 6 Passagieren muss für die leeren Plätze mitbezahlt werden. Weiter nach Luxor fahren die Bootsleute nur ungern – die Uferlandschaft unterhalb von Edfu ist weniger attraktiv, der Gegenwind stärker und die Schleuse von Esna kostet Zeit und Geld.

Schauen Sie sich das **Boot** vorher an. „Wie der Herr, so's Gescherr", heißt es im Volksmund, und der Zustand steht für die Sorgfalt und Seriosität des Kapitäns. Gibt es Decken für die bitterkalten Nächte (besser wäre ein eigener Schlafsack), einen funktionierenden Kocher, ein Schließfach für Wertsachen?

Vereinbaren Sie die Zahl der Mitreisenden und den exakten **Endpunkt** der Tour. Manche Kapitäne entlassen ihre nach Edfu gebuchten Gäste gern schon 30 km vor der Stadt in ein Sammeltaxi! Alternativ vereinbaren Sie einen **Zeitraum** (z. B. 2 Tage + 1 Nacht). Dann gibt es keinen Stress und Sie vermeiden, bei Windstille von einem stinkenden Motorkahn geschleppt zu werden.

Begleiten Sie den Kapitän beim Einkauf der **Verpflegung** oder besorgen Sie diese selbst – so bekommen Sie, was Ihnen schmeckt. Denken Sie an Wasserflaschen. Die Bootsleute sind Nilwasser gewöhnt, Ihr Darm mag da empfindlicher reagieren.

Broker versuchen mit allerlei Vorwänden, Ihren **Pass** zu bekommen – u. U. müssen Sie dann tagelang warten, bis er eine Gruppe zusammen hat. Händigen Sie niemandem Ihren Pass aus. Begleiten Sie stattdessen den Bootsführer zur Polizei, wenn er dort die Tour anmeldet.

Schwimmen im Nil? Seien Sie flussabwärts von Assuan vorsichtig. Selbst in der Strömung (Flussmitte) droht Bilharziose; die infektiösen Larven sind auch nach Verlassen ihres Wirts noch ca. 2 Tage lebensfähig, können also mit der Nilströmung auch dorthin weitertransportiert werden, wo es keine Wasserschnecken gibt. Zudem ist das Nilwasser zum Schwimmen schlicht zu schmutzig. Noch immer entsorgen selbst manche Kreuzfahrtschiffe bei Dunkelheit heimlich Unrat ins Wasser.

Sehenswertes in der Stadt

☆ **Basar**: Ungeachtet der aufdringlichen Nepper, Schlepper und Bauernfänger sollte kein Besucher auf den Gang durch die Marktstraße verzichten. Nubische Körbe, T-Shirts, Parfüm, Gewürze, natürlich auch die üblichen Papyri und Alabasterstatuen warten auf Käufer, Straßenhändler quälen sich mit Obstkarren durch die Menge. An manchen Stellen dämpfen über die Gasse gespannte Schattensegel die Tageshitze. Vom späten Vormittag bis Sonnenuntergang schließen viele Händler ihre Läden, zumal die Touristen tagsüber ohnehin mit Besichtigungsprogrammen beschäftigt sind und erst am Abend kommen.

☆☆ **Nubisches Museum**: Das mit dem Aga-Khan-Preis für islamische Architektur ausgezeichnete Museum (tägl. 9–13 und 17–21 Uhr, Eintritt 50/25 LE) präsentiert die Geschichte Nubiens sowie Kunst und Alltagskultur des Volkes. Äußerlich am traditionellen nubischen Baustil angelehnt, fügt es sich harmonisch in die Felslandschaft oberhalb des Cataract-Hotels ein. Den Bau entwarf Mahmud el-Hakim, der auch das Luxor-Museum plante, die Innendekoration gestaltete der mexikanische Architekt Pedro Ramirez Vasquez.

Im Saal rechts neben dem Eingang stehen verschiedene Großstatuen und Mumien, darunter ein **Widder mit Goldmaske** von Elephantine. Alte Fotos dokumentieren die im Stausee untergegangenen Monumente. Am Fuß der Eingangstreppe zeigt ein Modell die Topografie Nubiens vor der Flutung. Dahinter als Blickfang eine **Kolossalstatue von Ramses II.**

Der folgende Rundgang (im Uhrzeigersinn) durch den Hauptsaal ist weitgehend chronologisch aufgebaut. Kritiker werfen der Ausstellung vor, zu sehr den ägyptischen Einfluss auf die nubischen Kulturen in den Tonen. Höhepunkte sind der **Felsschrein des Usersatet** (15. Jh. v. Chr.) aus Qasr Ibrim, die **meroitische Doppelstatue** einer Königin und eines Prinzen, Reliefs aus dem Tempel von Gerf Hussein und die Kapelle des Haremhab aus Abu Oda. Aus den Gräbern von Kostul wurden zwei Pferdeskelette mit edlem **Zaumzeug** geborgen, aus der Kirche von Abdallah Nerqe stammen die **christlichen Fresken**.

In der **ethnografischen Abteilung** unter der Treppe stellen lebensgroße Puppen Wohnkultur, Handwerk und landwirtschaftliche Aktivitäten in den untergegangenen nubischen Dörfern nach.

Nach dem Besuch versäume man nicht die hübschen **Außenanlagen** mit Springbrunnen und künstlichen Wasserläufen. Repliken prähistorischer Felszeichnungen zieren eine Höhle, auch ein nubisches Wohnhaus wurde rekonstruiert. Historisch sind die in das Museumsareal integrierten Gräber, darunter das Kuppelgrab eines Heiligen.

Nubisches Haus: Das private Museum steht in bester Lage auf einem Felsen über dem Nil. Besitzer Tariq sammelt Einrichtungs- und Alltagsgegenstände, um so die untergehende Wohnkultur der Nubier zu dokumentieren. Das Haus ist zugleich Café und ein schöner Ort, um einen beschaulichen Nachmittag zu verbringen.

In der Regel tägl. ab 9 Uhr, Eintritt frei, doch Mindestverzehr von 5 LE im Café.

Fatimidengräber: Auf dem Friedhof hinter dem Nubischen Museum fallen die aus Lehmziegeln errichteten Kuppelgräber auf, manche sind mehr als 1000 Jahre alt. Fähnchen markieren die besser erhaltenen Mausoleen der Heiligen, doch die meisten Grabbauten sind verfallen. Bis Ende des 19. Jh. verzeichneten Marmortafeln die Namen und Sterbedaten der Toten. Dann brachte man die Inschriften allesamt nach Kairo, wo sie seither in einem Magazin lagern – und vergaß zu notieren, welche Tafel aus welchem Grab stammt.

Eintritt und Führung durch den Wächter gegen Trinkgeld.

Isis-Tempel: Verglichen mit seinem berühmten Namensvetter auf der Insel Philae fristet der von Ptolemaios III. im 3. Jh. v. Chr. gestiftete Stadttempel der Göttin völlig zu Recht ein Schattendasein. Er steht wenige Gehminuten nordöstlich der Koptischen Kathedrale in einer Grube tief unter dem heutigen Straßenniveau und kann hinter einem Zaun nur von außen betrachtet werden.

☆ **Unvollendeter Obelisk**: In Assuan fanden die Pharaonen den für ihre Statuen und Tempel so geschätzten Granit. Auf den Inseln, am Alten Staudamm und am Südrand der Stadt findet das geübte Auge noch die Spuren der antiken Steinbrüche. Prominentester Zeuge ist der knapp 42 m lange unvollendete Obelisk. Aufgestellt hätte er 1168 Tonnen gewogen. Doch dazu kam es nicht mehr, nachdem sich ein Riss im Stein zeigte. Auch der Versuch, aus dem Werkstück einen kleineren Obelisken herauszuschneiden, scheiterte. So kann man an dem aufgegebenen Koloss noch gut die Arbeitstechnik der Steinmetzen achvollziehen.

Tägl. 9–16 Uhr. Eintritt 30/15 LE.

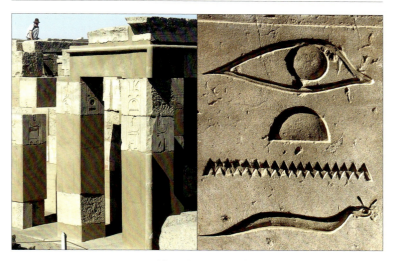

Hieroglyphen am Satet-Tempel auf Elephantine

☆☆ Insel Elephantine

Archäologen legten an der Südspitze des Eilands die Reste der uralten Siedlung frei. Schon die Siedler der Frühzeit wählten den Elefanten als Symbol, denn Elephantine (altägyptisch *Yebu*) war der Handelsplatz für Elfenbein. Noch zu Beginn des Alten Reiches, so glauben die Klimaforscher, war die Umgebung Assuans eine Savannenlandschaft, in der auch wilde Elefanten lebten, später kamen die wertvollen Zähne dann nur noch aus Schwarzafrika. Irgendwann verlagerten sich Handelsplatz und Siedlung auf das heutige Stadtgebiet, und Elephantine wurde zu einem reinen Tempel- und Verwaltungszentrum.

Heute dominiert der Turm des **Mövenpick-Hotels** die Insel, ein hässlicher Betonklotz, dessen Abriss immer mal wieder diskutiert und verworfen wird. Ein hoher Zaun trennt die mondäne Welt des Hotelgeländes von den beiden **nubischen Dörfern**, wo die Frauen Geschirr und Kleider noch immer im Fluss waschen. In der Mitte der Insel verbindet ein Fußweg das nördliche Siou mit dem südlichen Koti. Auf halber Strecke lädt ein Gartencafé zur Rast.

Motorfähren setzen von den Stegen beim Telefonamt und beim Thomas-Cook-Büro für 2 LE inkl. Rückfahrt nach Elephantine über. Feluke je nach Verhandlungsgeschick um 50 LE.

Museum: Das archäologische Museum residiert in einer Villa mit hübschem Garten. Gebaut wurde sie einst für William Willcocks, den Architekten des Alten Staudammes. Die eingestaubte Sammlung, weitgehend bei den frühen Ausgrabungen auf Elephantine (1906–1910) und in Nubien geborgene Stücke, bedürfte dringend einer zeitgemäßen Präsentation. Neuere Funde werden in einem modernen Nebengebäude gezeigt. Aufschluss über das Alltagsleben gibt hier ein etwa 350 v. Chr. geschlossener Heiratsvertrag, der mit anderen Papyri aus einem pharaonischen

Familienarchiv geborgen wurde. Ein Modell veranschaulicht Elephantine zur Ptolemäerzeit, Pläne zeigen die Entwicklung der Siedlung.
Sa–Do 8–17 Uhr, Juni–Sept. länger. Eintritt (mit Ausgrabung) 30/15 LE.

Grabungsgelände

Der Rundweg beginnt im Garten links neben dem Museum. Das Gelände präsentiert sich für den Laien als ein unübersichtliches Durcheinander von Hausmauern, Treppenfluchten und mehrfach überbauten Tempeln verschiedener Epochen. Einige der vor Ort von 1 bis 28 nummerierten Sehenswürdigkeiten wurden aus später anderweitig verbauten Blöcken rekonstruiert.

Tempel der Satet: Satet (Satis), dargestellt mit hoher Krone und zwei Antilopenhörnern, wurde auf Elephantine als „Bringerin des Wassers" verehrt. Ihr Heiligtum belegt die erstaunliche Kontinuität der Kultstätten. Ein in der Frühzeit zwischen zwei Granitfelsen errichteter Schrein aus Lehmziegeln, innen mit blauen Fayencen geschmückt, wurde im Alten Reich zu einem Tempel **(3)** erweitert. Unter Sesostris I. (ca. 1950 v. Chr.) legte man darüber einen neuen Tempel **(25)** aus Kalkstein an – die Archäologen haben ihn etwas nördlich rekonstruiert. Weitere 500 Jahre später, das Bodenniveau lag nun einige Meter höher, entstand in der 18. Dynastie ein Tempel **(2)** mit Säulenumgang (Peripteros), der heute auf einer Betonplatte steht. Ein Schacht führte hinunter in das alte Heiligtum. In der Spätzeit erweiterten die Pharaonen Amasis (26. Dyn.) und Nektanebos II. (30. Dyn.) die Anlage, unter den Ptolemäern wurde wiederum ein neuer Tempel **(1)** gebaut. Die Römer restaurierten die Kultstätte, Christen und Muslime nutzten sie als Steinbruch.

Nilometer: Gleich zwei Messstationen zeigten auf Elephantine den Wasserstand des Nils, nach dem die Feldarbeit organisiert wurde. Mit dem seit der Nilregulierung konstanten Pegel haben die Nilometer nur noch musealen Wert. Die Anlage beim Satet-Tempel **(10)** stammt aus dem 6. Jh. v. Chr., wurde von den Römern restauriert und mit neuen Skalen versehen, 1822 wiederentdeckt und 1870 erneut in Betrieb genommen. Markierungen im Stein zeigen Hochwasser, Niedrigwasser und Mittelwasser. Der zweite Nilometer **(7)**, ein gemauerter Schacht aus der 3. Dynastie, liegt südlich der Terrasse des Chnum-Tempels (siehe unten). Er hat eine zusätzliche Skala, an der sich die Höhe der Nilflut über dem Niveau des Ackerlandes ablesen lässt, und wird von Strabo beschrieben:

Den Ackerbauern nützlich

„Dieser Nilmesser ist ein an dem Ufer des Nils aus gleichmäßigen Quadersteinen erbauter Brunnen, in welchem man die Anschwellungen des Nils, sowohl die größten als die kleinsten und mittleren, bezeichnet; denn das Wasser im Brunnen steigt und fällt mit dem Strome. An der Mauer des Brunnens nun sind Merkzeichen als Maße der vollkommenen und der anderen Anschwellungen. Diese beobachtet man und macht sie den anderen bekannt, damit sie es wissen; denn aus solchen Zeichen und Maßen erkennt und verkündigt man die zukünftige Anschwellung schon lange vorher. Dies aber ist sowohl den Ackerbauern nützlich der Wasserbenutzung, der Dämme, der Kanäle und anderer dergleichen Dinge wegen, als auch den Statthaltern der Staatseinkünfte wegen; denn größere Anschwellungen verheißen auch größere Einkünfte."

Strabo, griechischer Geograf

Insel Elephantine 233

Der **Tempel des Chnum (13)** wuchs aus einem anfangs schlichten Schrein zu dem die Insel beherrschenden Bauwerk. Von seiner weitläufigen Terrasse und einer Aussichtsplattform **(17)** überblickt man die Insel und den Stadtkern von Assuan. Eine **„ptolemäische" Kapelle (15)** steht an der Südspitze von Elephantine, wo während der Versetzung die Steine des Kalabscha-Tempels (S. 244 f.) lagerten. Aus jenen Ziegeln, Steinblöcken und Relieffragmenten, für die es in Neu-Kalabscha keine Verwendung mehr gab, bauten die Archäologen besagte Kapelle im ptolemäischen Stil. Nördlich des Chnum-Tempels befand sich das in zahlreichen Schriftquellen erwähnte **Jahwe-Heiligtum** der jüdischen Kolonie auf Elephantine, später gab es auch eine christliche **Basilika (21)**.

Vom Chnum-Tempel führt der Rundweg hinunter zum **Tempel des Heqaib (18)**. Heqaib-Pepinacht, ein hoher Beamter unter Pepi II., starb ca. 2200 v. Chr. und wurde in einem der Felsengräber am Westufer bestattet. Nach seinem Tod wurde er als Heiliger verehrt und im Mittleren Reich schließlich vergöttlicht. Sarenput, Gouverneur von Assuan und angeblich Nachfahre von Heqaib, erwirkte von Pharao Sesostris I. die Erlaubnis zum Bau eines Tempels. In diesem fanden sich porträthafte Statuen von Heqaib und Würdenträgern des Mittleren Reiches – viele sind im Nubischen Museum ausgestellt, im Tempel befinden sich Kopien.

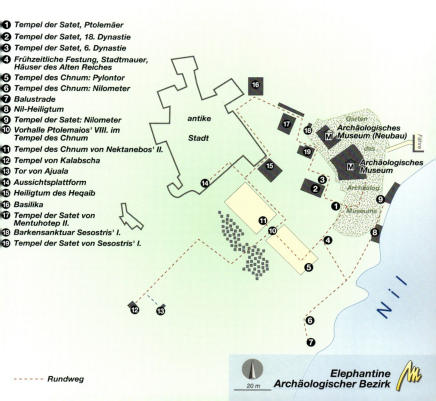

❶ **Tempel der Satet, Ptolemäer**
❷ **Tempel der Satet, 18. Dynastie**
❸ **Tempel der Satet, 6. Dynastie**
❹ **Frühzeitliche Festung, Stadtmauer, Häuser des Alten Reiches**
❺ **Tempel des Chnum: Pylontor**
❻ **Tempel des Chnum: Nilometer**
❼ **Balustrade**
❽ **Nil-Heiligtum**
❾ **Tempel der Satet: Nilometer**
❿ **Vorhalle Ptolemaios' VIII. im Tempel des Chnum**
⓫ **Tempel des Chnum von Nektanebos' II.**
⓬ **Tempel von Kalabscha**
⓭ **Tor von Ajuala**
⓮ **Aussichtsplattform**
⓯ **Heiligtum des Heqaib**
⓰ **Basilika**
⓱ **Tempel der Satet von Mentuhotep II.**
⓲ **Barkensanktuar Sesostris' I.**
⓳ **Tempel der Satet von Sesostris' I.**

----- Rundweg

Elephantine Archäologischer Bezirk

Weitere Inseln

☆ **Botanische Insel**: Auf dieser Insel residierte einst Horacio Herbert Kitchener, nach dem sie gelegentlich auch Kitchener-Island genannt wird. Er befehligte von Assuan aus, also weitab der Front, zwischen 1896 und 1898 die englischen Truppen, die den Sudan unterwarfen und von der Mahdiherrschaft „befreiten". Von 1900 bis 1902 erlangte er als „Schlächter" im Burenkrieg zweifelhafte Berühmtheit und hätte wohl besser daran getan, sich weiter mit seinem Garten auf der Nilinsel zu beschäftigen. Im Ersten Weltkrieg Kriegsminister, ging er im nördlichen Eismeer mit einem Schiff unter. Unter Kitchener wurde die Insel zu einem botanischen Garten mit afrikanischen und asiatischen Tropenpflanzen umgestaltet. Jüngst verschönerte man die Anlage mit viel Aufwand: Neue Wege sind angelegt, ein Kakteengarten, Sprinkler machen manchen Gärtner überflüssig. In einem Versuchsgarten werden fremde Pflanzen auf ihre Eignung für das ägyptische Klima getestet. Besonders am Ostufer nisten Ibisse und andere Vögel. Ärgerlich für Tierfreunde ist der kleine Zoo, in dem etwa Affen unter erbärmlichen Bedingungen gehalten werden.

Tagsüber geöffnet. Eintritt 20 LE. Die Insel ist nur mit der Feluke erreichbar.

Saluga: Flussab wird jeder fruchtbare Quadratmeter der Uferlandschaft von den Bauern kultiviert, flussauf ertrank das ursprüngliche Biotop in den Fluten des Stausees. Damit sind die etwa 30 kleinen Inseln vor Assuan die letzten Zeugen der natürlichen Vegetation des oberen Niltals. Saluga ist das größte Eiland eines Naturschutzgebiets, zu dem auch Awad und Ghazal gehören. Fünf verschiedene Arten von Akazien gedeihen im Schwemmland zwischen den Granitfelsen und bieten den Zugvögeln einen Rastplatz. Ein befestigter Weg führt über die Insel, die wichtigsten Bäume und Sträucher wurden beschriftet, außerdem richtete man eine Plattform zum Beobachten der Vögel ein. Leider fehlt es an Wächtern, um die Insel vor Picknickgesellschaften und deren Müll zu schützen.

Sehel: Gewöhnlich am Spätnachmittag steht der Wind günstig für eine gemütliche Segelpartie zu den Kataraktinseln weiter flussaufwärts. Auf den Felsen von Sehel, der größten Insel zwischen Assuan und dem Alten Damm, haben sich Reisende aller Zeiten in zahllosen Graffiti verewigt. Die nubischen Dörfer warten schon auf die Besucher, Kinder betteln um Bakschisch, und Erwachsene wollen Ketten und andere Souvenirs verkaufen. Altertümerfans lassen sich die *Hungersnotstele* zeigen (Zutritt 25 LE). Dieser „Josephstein", wie ihn der Volksmund nennt, wurde unter den Ptolemäern von den Priestern des Chnum errichtet, um Stellung und Besitz gegen die wachsende Konkurrenz der Isispriester von Philae abzusichern. Er erinnert – die Parallelen zur Bibel sind unverkennbar – an eine Hungersnot der „sieben mageren Jahre" unter Pharao Djoser, die erst endete, als der Herrscher die Tempel des Kataraktgottes restaurieren ließ.

Alternativ zur Fahrt mit dem Segelboot setzen vom Nubierdorf el-Mahatta auf dem Festland Ruderboote nach Sehel über.

Sehenswertes am Westufer

Aga-Khan-Mausoleum: Der steinreiche Mohammed III. Aga Khan (1877–1957) ließ sein der Kairoer Gijuschi-Moschee nachempfundenes Grabmal noch zu Lebzeiten beginnen und wurde am 20. Februar 1959 hier bestattet. Nachdem sich Besucher allzu respektlos benahmen, ist die einstige Touristenattraktion heute nicht mehr öffentlich zugänglich. Das aus Indien stammende Oberhaupt der Nazari-Ismailiten wählte Assuan zur letzten Ruhe, um die Verbindung zu den Fatimiden zu betonen. Die Stadt am Nil hatte er als Ferienort kennengelernt. Aga Khan war ein Weltbürger: Herrscher von über alle Kontinente verstreuten Gläubigen, zeitweise Präsident des Völkerbunds, gleichermaßen in Paris, Genf, Assuan und Karachi zu Hause. Seine junge Witwe überlebte ihn um 40 Jahre – die meiste Zeit davon in Assuan, wo sie täglich zum Mausoleum hinaufpilgerte und eine Rose auf den marmornen Sarkophag legte.

Simeonskloster *(Deir Amba Sam'an)*: Kameltreiber bedrängen den Reisenden an der Anlegestelle auf dem Westufer, um ihm für stolze 50 LE den zu Fuß gut 20-minütigen Aufstieg zu einem verlassenen koptischen Kloster zu erleichtern. Dieses wurde bereits im 13. Jh. wegen der schwierigen Wasserversorgung und den wiederholten Angriffen der Nomaden aufgegeben. In den Fels gehauene Grotten umgeben die Ruine der dreischiffigen Basilika. Auf der oberen Terrasse sind noch Reste des Hauptgebäudes mit Mönchszellen und dem Refektorium auszumachen, daneben alte Mühlsteine, die Olivenpresse und ein großer Backofen.

Tägl. 9–17 Uhr. Eintritt 25/15 LE.

Henna-Schmuck

Seit jeher dienen die pulverisierten Blätter des Henna-Strauchs *(Lawsonia inermis)* von Marokko bis Indien als Haarfärbemittel und Körperschmuck. Lange als altmodisch abgetan, gelten die Henna-Tattoos seit einigen Jahren auch unter Kairos Jeunesse dorée wieder als schick. Schon die Pharaonen benutzten den pflanzlichen Farbstoff zum Styling – Spuren davon fand man an den Fingernägeln von Mumien. Die aufwendigsten Henna-Tattoos stammen aus dem Sudan und aus Nubien. Dort trifft sich die Braut am Vorabend der Hochzeit mit ihren weiblichen Verwandten und Freundinnen zur *Laylat al-Henna*, der Hennanacht. Zunächst wird die Braut unter Anleitung der *Hennana*, der Hennaspezialistin, an Händen und Füßen mit wunderbaren Designs geschmückt, dann bemalen sich die übrigen Frauen mit dem Rest der Paste. Auch der Bräutigam, so will es die Tradition, muss zur Hochzeit mit gefärbten Handflächen oder wenigstens einem Henna-Finger erscheinen. Etwa zwei Wochen hält die Färbung der Haut, dann ist sie verblichen.

Die echten Henna-Tattoos sind mit den Tuschezeichnungen, wie sie in den ägyptischen Ferienorten an jeder Straßenecke angeboten werden, nicht zu vergleichen. Die jungen „Maler" im Suk – nur selten sind es begabte Künstler – werden von Altersgenossen darum beneidet, mit der Berührung meist weiblicher Haut Geld verdienen zu können. Bessere Adressen sind die nubischen Dörfer, wo frau Gelegenheit hat, sich von Frauen schmücken zu lassen und dabei die Nubierinnen gleich ein bisschen kennenzulernen. Auch im Nubischen Haus (S. 224) werden Tattoos gemalt. Für ein Tattoo rechne man je nach Aufwand 15–50 LE. Allergiker, so der Hautärzte-Rat, sollten auf Henna-Tattoos besser verzichten. Neben dem Hennapulver enthält die Paste auch Öle und Essenzen anderer Pflanzen.

Felsengräber

Die Gräber der Gaufürsten und hohen Beamten wurden im Alten und Mittleren Reich an einem Steilfelsen über dem Nil angelegt. In Anlage und Ausstattung erinnern sie an die Nekropole von Beni Hassan in Mittelägypten, sind aber in sehr viel schlechterem Zustand. Nachts werden die Terrassen mit den Grabeingängen effektvoll illuminiert, tagsüber bieten sie einen herrlichen Ausblick auf die Kataraktlandschaft. Auf der Höhe über den Felsengräbern thront der muslimische Heiligenschrein **Qubbet el-Haua**.

Am südlichsten liegt das **Doppelgrab** von **Mechu** und seinem Sohn **Sabni I.** (**Nr. 25/26**, 6. Dynastie). Mechu, so die Inschrift auf der Fassade, fiel bei einem Feldzug in Nubien, doch der Sohn rächte mit einer Strafexpedition den Vater, barg den Leichnam und brachte ihn nach Assuan zurück. Ein schönes Wandbild zeigt Sabni mit seinen Töchtern bei der Jagd in den Sümpfen.

Gott Thoth als sitzendes Äfflein im Museum Elephantine

Im Korridor des Grabes von **Sarenput II.** (**Nr. 31**, 12. Dynastie) begegnen wir Statuen des Grabherrn in Mumiengestalt. An der Stirnseite der hinteren Kammer sitzen Sarenput und Sohn (mit Blumen) vor dem Speisetisch, auch an den Seitenwänden wird er von seiner Familie mit Nahrung versorgt.

Hor-Chuef (**Nr. 34**), auch Herhuf oder Harchuf genannt, wurde wegen der Inschriften am Grabeingang berühmt, die ausführlich von seinen Expeditionen in die Oasen, nach Nubien und in den Sudan berichten. Bekanntestes Mitbringsel für den damals gerade mal acht Jahre alten Pharao Pepi II. (2254–2160 v. Chr.) war ein leibhaftiger Pygmäe, der mit anderen Kleinwüchsigen den Aufgang des Sonnengottes als Tanzzwerg feiern sollte. „Meine Majestät wünscht diesen Zwerg mehr noch zu sehen als die Erzeugnisse Sinais und Punts. Passt auf, dass er nicht ins Wasser fällt!", schrieb Pepi nach Assuan.

Zwei verjüngte Säulen markieren den Eingang zum Grab jenes **Heqaib-Pepinacht** (**Nr. 35**, 6. Dynastie), der später auf Elephantine einen Tempel bekam. Die Votivgaben aus dem Grab sind im Museum auf der Insel ausgestellt, Reliefs zeigen Jagdszenen und einen Stierkampf.

Ganz im Norden liegt die Anlage von **Sarenput I.** (**Nr. 36**, 12. Dynastie). Darstellungen des Toten und biografische Texte schmücken die Säulen der Eingangsfront, in der ersten Halle sehen wir Jagdszenen, einen Stierkampf und in einer Laube die Familie des Toten.

Eine **Fähre** setzt vom Ostufer auf Höhe der Provinzverwaltung (Governorate Building) über. Die durch den Wüstensand recht beschwerliche **Wanderung** vom Kloster zu den Felsengräbern (immer den Kamelspuren nach) dauert 40 Minuten.

Öffnungszeiten: Geöffnet sind die Gräber tägl. 7–17 Uhr. Eintritt 25/15 LE. Tickets werden unten am Nil verkauft.

Sehenswertes am Westufer 237

☆☆ Philae

Hier fand Isis, so weiß es der Mythos, das linke Bein ihres Gatten Osiris, der vom bösen Seth zerstückelt und über ganz Ägypten verstreut worden war. Im heiligen Hain der Nachbarinsel Bigeh, den nur die Priester betreten durften, bestattete sie das Bein des Totengottes. Nach einer anderen Legende entsprang aus ihm der Nil.

Während alle anderen ägyptischen Tempel längst zu Kirchen geworden oder geschlossen waren, gestatteten die byzantinischen Kaiser hier in Philae noch für geraume Zeit die Verehrung der pharaonischen Götter – ein Zugeständnis an die heidnischen Blemmyer (Beja) und Nubier. Erst 535 fiel im Zuge einer Strafexpedition des byzantinischen Feldherrn Narses gegen die Blemmyer auch diese letzte Bastion des Heidentums. Christen übernahmen den ptolemäisch-römischen Isis-Tempel, richteten eine Kapelle ein und zerstörten Gesichter, Hände und Füße der Reliefs, um die magische Macht der alten Götter zu brechen.

Handelsexpeditionen hinterließen Graffiti, Tiervater Brehm schrieb sich in die unvollendete Wand des Trajan-Kiosks ein, gegenüber entdecken wir einen Baron von Uxküll. Gordon war da, das napoleonische Korps hinterließ eine Inschrift im Durchgang des Pylons, nicht zu reden von den zahllosen Kritzeleien in griechischer Schrift. Im hinteren westlichen Seiteneingang finden sich sogar hebräische Buchstaben. Man nimmt an, dass diese Steine von der Synagoge auf Elephantine stammen.

Alte Postkarten zeigen die Tempelanlage, wie sie nur mit dem oberen Teil aus dem Wasser ragt und von Booten durchfahren wird. Der Bau des unteren Damms (siehe „Alter Staudamm", S. 241) hatte Philae ins Wasser gesetzt. Zwar wurden so alle Farben ausgewaschen, doch sonst tat das 70 Jahre während Wasserbad dem Tempel eher gut, indem es das Salz auswusch und den Stein härtete. Erst seit der Errichtung des Hochdamms Sadd el-'Ali droht ihm Gefahr. Der Wasserstand des unteren Sees schwankt jetzt täglich analog der von den Kraftwerken angeforderten Leistung – und die mit dem Wechselbad verbundenen Temperaturschwankungen gefährdeten die Bausubstanz.

So wurde Philae versetzt. Die Ingenieure glichen die höher gelegene Nachbarinsel Agilkia im Terrain dem alten Philae an, trugen Stein für Stein von der eingedockten Anlage ab und bauten sie auf Agilkia wieder auf. Von der ursprünglichen Insel Philae ist nichts mehr zu sehen.

Anfahrt: Zum Hafen Shellal, wo die Boote nach Philae übersetzen, kommt man von Assuan mit dem **Taxi** (einfach 15 LE, mit Wartezeit und Rückfahrt 50 LE). Die **Überfahrt** kostet mit den kleinen Kuttern (max. 8 Passagiere) pro Boot 25 LE (abends 30 LE), inkl. Wartezeit und Rückfahrt; die größeren Boote verlangen nicht gern sehen, wartet man zweckmäßig, bis sich mehrere Passagiere zusammengefunden haben.

Öffnungszeiten: Tägl. 7–16 Uhr, im Sommer bis 17 Uhr. Eintritt 50/25 LE. Tickets gibt es bereits am Hafen auf dem Festland.

Sound & Light: Das allabendliche Spektakel (80 LE) bietet Gelegenheit, den Tempel bei Dunkelheit und Scheinwerferlicht zu besichtigen. Shows in deutscher Sprache nur So um 18.30 Uhr (Mai–Sept. jeweils 20 Uhr).

Besichtigung

Links des Aufgangs vom Landesteg steht der **Pavillon des Nektanebos I.** (378–361 v. Chr.) als ältester Teil des Heiligtums. Von ihm verläuft eine Mauer mit Säulengang zum Haupttempel. Ihr Pendant auf der Ostseite des **Vorplatzes** beginnt mit dem

Philae 239

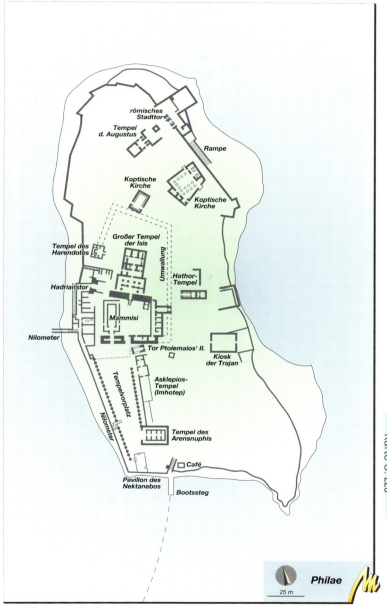

Assuan

Tempel des Arensnuphis, eines nubischen Lokalgottes. Vor dem Eingang des Isis-Tempels wachen zwei Granitlöwen. Auf dem **ersten Pylon** schlägt Ptolemaios XII. Neos Dionysos (81–51 v. Chr.) seine Feinde nieder, überreicht Horus und Nephtys die Kronen von Ober- und Unterägypten und räuchert vor den Göttern. Im Haupttor beachte man die koptischen Kreuze, auf der Rückseite tragen Priester die Barke der Isis. Im **Vorhof** links das **Geburtshaus des Harpokrates**, Sohn von Isis und Horus.

> ### Die letzten Hieroglyphen
>
> An einem heißen Sommertag, man feierte den Geburtstag des Osiris, vollendete der greise Esmet-Achon sein Relief des Mandulis an der inneren Nordwand des Hadrianstors. Nun bedurfte es noch der zugehörigen Inschrift. Mit unsicherer Hand, kaum leserlich und dabei manche Zeichen verwechselnd, ritzt der Priester die übliche Eröffnungsphrase in den Stein: *„Vor Mandulis, Sohn des Horus, (gemacht) von Esmet-Achom, dem Sohne des Esmet, zweiter Priester der Isis, für alle Ewigkeit. Zu rezitieren durch Mandulis, den Herrn von Abaton, den großen Gott."*
>
> Doch wie weiter? Was spricht der Gott? Mandulis schweigt. Der Alte weiß die Texte nicht mehr und auch nicht die Zeichen, lässt Raum, damit vielleicht ein anderer die Inschrift vollende. Weiter unten notiert er noch eine persönliche Bemerkung und bedient sich dabei der demotischen Schreibschrift, wie sie in der profanen Welt außerhalb der Tempel benutzt wurde: *„Ich bin Esmet-Achon, Schreiber des Archivs der Isis, Sohn des Esmet-Panechetut, des zweiten Priesters der Isis; dessen Mutter Asetweret ist. Ich habe die Arbeit an diesem Mandulisbild für die Ewigkeit ausgeführt, denn er ist wohlwollend mir gegenüber. Am Geburtstag des Osiris, am Fest desselben, im Jahre 110."*
>
> Niemand hat den Text zu Ehren des Mandulis mehr vollendet. Die unbeholfenen Zeilen des Esmet-Achon waren die letzten, die in der ägyptischen Hieroglyphenschrift geschrieben wurden. Mit den Priestern ging die Kenntnis der alten Zeichen verloren, und die Christen, die später das Relief des Mandulis zerstörten, konnten den Text nicht mehr verstehen. Bei seiner Jahresrechnung benutzte Esmet-Achon bereits den koptischen Kalender, der 284 n. Chr. mit dem Regierungsantritt Diokletians beginnt. Als Datum der letzten Hieroglypheninschrift lässt sich damit der 24. August 394 errechnen.
>
> 58 Jahre später endete auch die Ära der demotischen Schrift. Nach einem missglückten Feldzug gegen die Blemmyer bestätigte der kaiserliche General Maximinus diesen am 11. Dezember 453 ihr Recht auf die Pilgerfahrt nach Philae. Dieser Vertrag, auf dem Dach des Isis-Tempels als Inschrift festgehalten, ist das letzte Dokument in demotischer Schrift.

Mit dem **zweiten Pylon** – vor ihm erinnert ein Gedenkstein „aus dem Jahre 7 der Republik" an Napoleon und den Sieg von General Desaix über die Mameluken – erzwingt die Topografie der Insel ein Abknicken der Tempelachse. Den folgenden **Hof** schützte einst ein Zeltdach vor der Sonne. Wie die zahlreichen Kreuze bezeugen, diente er mit den angrenzenden Hallen als christliche Kirche. Der Altar befand sich auf der Ostseite, wo die Reliefs besonders stark zerstört wurden. Im Durchgang rühmt sich Bischof Theodor (ca. 495–580) dieses „guten Werks". Durch die Vorsäle gelangt man ins Sanktuarium, in dem noch der Sockel für die Barke steht. Von der linken Seitenkammer führt eine Treppe aufs **Dach** mit dem Osiris-Heiligtum.

Westlich des Tempels befindet sich auf Höhe des ersten Pylons ein **Nilometer**, der nach der Versetzung des Tempels nun im Trockenen steht. Auf Höhe des zweiten Pylons sieht man im **Hadrianstor** (rechte Wand) ein schönes Relief der Nilquellen. An der Nordseite des Isis-Tempels wurden die Reste des **Augustus-Tempels** und des **römischen Stadttors** rekonstruiert. Auf den Säulen des **Hathor-Tempels** tummeln sich die Fabelwesen wie in einer romanischen Kirche. Affen musizieren, der koboldartige Gott Bes spielt Harfe und Tamburin. Der fotogene **Kiosk des Trajan**, in dem die Prozessionen empfangen wurden, blieb unvollendet.

☆ Alter Staudamm

Der kürzeste Weg von Assuan zum Flughafen oder nach Abu Simbel führt über den Alten Staudamm. Auf der Krone ist jedes Anhalten streng verboten, doch von den Brückenköpfen kann man einen Blick auf die Kataraktlandschaft werfen.

Von Frühjahr 1898 an schufteten unter der Aufsicht britischer Ingenieure 800 italienische Steinmetze sowie Tausende Nubier und Ägypter vier Jahre lang Tag und Nacht, um die „Pyramide des 19. Jahrhunderts" zu bauen, wie Zeitgenossen die damals größte Talsperre auf dem Planeten überschwänglich nannten. Nach zwei Aufstockungen (1912 und 1931) hebt der aus Granitblöcken errichtete Damm den Wasserspiegel heute von 85 auf 121 m an.

„Dieser Staudamm ist keine gewöhnliche Sache", schrieb Julius Meier-Gräfe 1927. „Er hat die Breite einer anständigen Straße und zweier Geleise. Er ist ganz aus Stein und seine schnurgerade Länge beträgt fast zwei Kilometer. Nach der einen Seite, nach Süden, überragt er nur wenig die große Wasserfläche. Das andere Steingeländer steht in gewaltiger Höhe über dem fast leeren Felsenbett des Nils. Und das Wasser, das die Siebe in Kaskaden durchließen, war eine Winzigkeit neben der Ausdehnung des steinigen Flußbettes, das einem hingelegten und auseinandergefallenen Riesengerippe glich. Es bleibt erstaunlich, daß der Damm der Wassermenge, die auf Hunderte von Kilometern nach Nubien hineingestaut wird, standhält. Obwohl sicher alles doppelt und dreifach kalkuliert ist, wird man nicht sein Unbehagen los und fühlt sich als Seiltänzer."

Die Funktion des Alten Dammes ist nur aus der Zeit vor dem Bau des Hochdamms Sadd el-'Ali zu verstehen. Der bis 300 km lange Stausee konnte 4,9 km^3 Wasser aufstauen, also etwa 7 % der durchschnittlichen Jahreswassermenge des Stroms. Dieses Volumen erlaubte, das Land stromab bis in den Winter hinein zu bewässern. Um die Nilflut aufzuhalten oder gar Schwankungen zwischen wasserreichen und wasserarmen Jahren auszugleichen, war der See aber zu klein. Vor der Nilregulierung kamen im Durchschnitt auf dem Höhepunkt der Flut Anfang September in Assuan 8500 m^3/sec Wasser an, hingegen im Mai nur 520 m^3/sec.

Kam die sommerliche Flutwelle, öffnete man alle 180 Tore im Damm und ließ das Wasser hindurchrauschen. So wurde das Ackerland stromab weiterhin überschwemmt, und der fruchtbare Nilschlamm konnte sich auf den Feldern ablagern. Nach der Flut, in den immer noch wasserreichen Monaten bis zum Jahresende, schloss man die meisten Tore und füllte den See auf. Im Januar machte der Damm gänzlich dicht. Dann wurden in Ägypten die Kanäle gereinigt, die Uferbefestigungen erneuert und die Brücken repariert. Von Februar bis zum Beginn der Flutwelle wurden wiederum einige Tore geöffnet und das aufgestaute Wasser langsam abgelassen.

> Soldaten wachen darüber, dass niemand über den Damm läuft, dort fotografiert oder auch nur anhält. Radler berichten, dass ihnen der Film aus der Kamera genommen wurde. **Fotografierverbot** gilt auch an den Brückenköpfen.

Der **Erste Katarakt** war schon vor dem Bau des Damms eine Stromschnelle, kein tosender Wasserfall. Andere Passagen im Fluss, etwa die Enge von Kalabscha oder der 150 km lange „Steinbauch" Batn el-Hadschar, waren für die Bootsleute weit schwieriger zu überwinden. Bei Niedrigwasser war der Katarakt unpassierbar, doch während der Flut brachten die Pharaonen ganze Flotten den Nil hinauf. Schon im Alten Reich baute man einen Kanal, um die Passage zu erleichtern. Gordon Pascha, der unglückliche Befehlshaber des von den Truppen des Mahdi belagerten Khartum, verfügte über ein Dutzend Raddampfer, die allesamt irgendwann die Stromschnellen überwunden hatten.

Der Alte Staudamm ist 5 km südlich vom Stadtzentrum.

Park der Skulpturen: Jedes Frühjahr kommen Bildhauer aus aller Welt zum *Aswan Sculpture Symposium* (www.cdf-eg.org) und arbeiten coram publico auf der Terrasse des Basma-Hotels. Die dort über die Jahre entstandenen Skulpturen sind auf einem Freigelände nahe den antiken Granitsteinbrüchen ausgestellt. Die Anhöhe ist auch ein guter Platz zum Genießen des Sonnenuntergangs (siehe →Bild S. 248).

Das Freilichtmuseum *(el-mathaf el-maftouna)* findet sich auf dem Ostufer an der Straße vom Alten Staudamm zum Hochdamm.

✫ Hochdamm (Sadd el-'Ali)

Kaum ein technisches Projekt in der jüngeren Geschichte Ägyptens war derart umstritten wie der Hochdamm mit seinem Stausee, der 500 km weit bis in den Sudan reicht.

Optisch ist der Sadd el-'Ali weniger spektakulär, als viele Besucher erwarten. Die Barriere ist nicht als Mauer, sondern als mit Steinen, Lehm und Sand gefüllter Damm ausgeführt, der auf der Talseite in flachem Winkel abfällt und an der Basis fast einen Kilometer stark ist.

Mit dem Hochdamm wollte Ägypten auch das letzte Drittel noch ungenutzten Nilwassers für die Landwirtschaft verfügbar machen. Mit den so ermöglichten Bewässerungsprojekten erhöhte sich die Ackerfläche des Niltals um 8000 km^2, also um ein Viertel. Für ein Land, das zu 95 % aus Wüste besteht, ein entscheidender Einschnitt. Auch die Flotte der inzwischen über 300 Hotelschiffe könnte ohne den Abfluss des Sees nur im Sommer verkehren.

1954 waren die Vorbereitungen im Wesentlichen abgeschlossen – ein deutsches Konsortium hatte den Zuschlag erhalten. Doch die Finanzierung barg noch mancherlei Schwierigkeiten. Amerikaner und Briten erklärten sich zu einer Anleihe bereit, ebenso die Weltbank, die dafür allerdings die Kontrolle über den ägyptischen Staatshaushalt bis zur Tilgung der Anleihe verlangte – Nasser willigte gezwungenermaßen ein.

Am 16. Juli 1956 kündigten die USA ihre Versprechungen. Das ägyptische Regime sei nicht gefestigt genug, und man habe kein Vertrauen in die Rückzahlung der Anleihe. England und die Weltbank schlossen sich dem amerikanischen Schritt an. Daraufhin gewann Nasser die Sowjetunion als Partner. Am 9. Januar 1960 feierte man mit der ersten Sprengung den Baubeginn, am 15. Januar 1971 wurde der

3,6 km lange und 110 m hohe Damm eingeweiht. Ein lotusförmiges **Betondenkmal** – ein Fahrstuhl bringt die Besucher zur Aussichtsplattform – feiert die ägyptisch-sowjetische Zusammenarbeit.

Baupläne, ein Modell des Damms und Fotos von den Bauarbeiten sind im **Besucherpavillon** auf dem Ostufer ausgestellt. Seine Bewährungsprobe bestand der Sadd el-'Ali 1979–88, als er die ägyptischen Bauern vor einer Dürrekatastrophe bewahrte. Damals fiel zunächst über neun Jahre in Äthiopien fast kein Regen, und der Wasserzufluss des Nils blieb weit unter dem Durchschnitt. Der Speicherinhalt des Nasser-Stausees halbierte sich, und sein Pegel sank von 175 m über Normalnull auf gerade noch 150 m, trockenen Fußes konnte man zum Kalabscha-Tempel gelangen. 1988 kam der Regen dann geballt über das äthiopische Hochland: Ohne den Hochdamm wäre es in Ägypten damals zu schweren Überschwemmungen gekommen.

Zum Hochdamm (Straßenzoll 20 LE) fährt man zweckmäßig mit dem Taxi. Zu Fuß und per Rad darf der Damm nicht überquert werden. Taxis halten gewöhnlich nur am Parkplatz in der Mitte des Damms, wo Fotografieren erlaubt ist. Zusätzliche Stopps am Denkmal *(el-burg)* und am Pavillon *(mekat)* nur auf Anfrage.

Ökologische Folgen des Hochdamms

Fehlender Nilschlamm: Der Nilschlamm, der früher während der Flut auf die Felder geschwemmt wurde oder sich wenigstens in den Fluss und in den Kanälen ablagerte, sinkt durch den im Stausee verlangsamten Wasserfluss schon an der sudanesisch-ägyptischen Grenze auf den Seegrund. Für die Nährstoffversorgung der Böden hatte der Schlamm jedoch nur geringe Bedeutung. Die Ziegeleien, die den Schlamm zu Baumaterial verarbeiteten, versorgen sich heute mit Ton aus der Wüste.

Schrumpfendes Delta: Jedes Jahr geht ein etwa 30 m tiefer Streifen der Deltaküste im Mittelmeer unter. Der Zusammenhang zwischen fehlendem Nilschlamm und der Küstenerosion ist jedoch umstritten, da die Küste schon lange vor dem Dammbau zu schrumpfen begann.

Ufererosion: Die Veränderung der Abflussverhältnisse brachten den Fluss „in Bewegung", und noch hat der Nil sein Bett an die neuen Verhältnisse nicht gänzlich anpasst. Er mäandert, vertieft hier das Flussbett und spült Ufer ab, wird dort flacher und lagert Land an. Die natürliche Fahrrinne der Schifffahrt verschiebt sich häufig und unerwartet.

Gestiegenes Grundwasser und Versalzung: Vor Errichtung des Hochdamms stieg und fiel der Grundwasserspiegel im Niltal und bis weit in die Wüste hinein mit dem Kommen und Gehen der Nilflut. Heute fehlt diese zyklische Bewegung, die zusammen mit der Flut auch das Salz aus der Erde löste. Mit der Ausdehnung der Bewässerungsflächen und der Siedlungen versickerte flussabwärts mehr Wasser im Boden, der Grundwasserspiegel stieg und brachte manches Baudenkmal aus dem Lot. Da vielerorts die notwendigen Drainage-Kanäle erst Jahrzehnte verspätet gebaut wurden, versalzten die Böden.

Klimaveränderung: Der Nasser-Stausee gibt nur etwa 90 % der Wassermenge wieder her, mit der er gespeist wurde. Der Rest löst sich in Luft auf – er verdunstet. Seit der Füllung des Stausees gibt es in Assuan mehr Wolken und Regen, so sagen wenigstens die Einheimischen.

☆ Neu-Kalabscha

Auf der Insel nahe dem Hochdamm wurden einige der vor den Fluten des Nasser-Sees geretteten Denkmäler neu aufgebaut. Besonders sehenswert sind der römische Mandulis-Tempel von Kalabscha und das Felsenheiligtum Beit el-Wali.

Blickfang der Insel ist der **Kiosk von Qertassi**, der als weithin sichtbare Landmarke einst den Eingang zu einem Steinbruch bewachte. Mit seinen hübschen Hathorsäulen erinnert er an den Trajanskiosk auf Philae. Zwischen Kiosk und Mandulis-Tempel lagern Felsen mit **prähistorischen Tierzeichnungen**. Nachdem seine Blöcke an die 40 Jahre auf der Insel gelagert hatten, wurde 2002 auch der **Ramses-Tempel** von Gerf Hussein rekonstruiert.

Mandulis-Tempel: Das Heiligtum des Mandulis, einer nubischen Sonnengottheit, stammt aus der Zeit des Kaisers Augustus. Ursprünglich stand es etwa 40 km weiter im Süden und wurde als deutscher Beitrag zur Unesco-Rettungsaktion der nubischen Denkmäler hierher versetzt. Dabei kamen die verbauten Blöcke eines älteren ptolemäischen Schreins zu Tage, der als Dank für die deutsche Hilfe nun im Berliner Ägyptischen Museum steht.

Der Mandulis-Tempel folgt dem üblichen Plan ptolemäisch-römischer Heiligtümer. Die Reliefs blieben unvollendet, der vorhandene Wandschmuck ist oberflächlich und wenig kunstvoll, fast grob ausgeführt. Amelia Edwards, die bei ihrem Besuch 1873 noch die Farben sah, echauffierte sich über die Maskerade der Gottheiten und die krude und grelle Kolorierung: „We have never seen the like of."

Vom Ufer führt ein 30 m langer Aufweg zum Pylon, der leicht schräg gegen die Tempelachse steht. Im Eingang zum Hof belegen Kreuze und koptische Graffiti die spätere Nutzung als Kirche, an den Säulenschranken der Säulenhalle entdeckt man die Farbreste eines biblischen Bildes der drei Männer im Feuerofen. Die linke

Rückwand zeigt rechts in der zweiten Reihe von oben Amenophis II. (18. Dynastie) mit einem Trankopfer vor Min-Re und Mandulis – ein Hinweis, dass es hier bereits im Neuen Reich einen Mandulis-Tempel gab. Im nächsten Raum findet sich am Westende der Südwand eine kuriose Abwechslung im Einerlei der üblichen Opferszenen: Thoth und Horus reinigen einen kopflosen Pharao.

Interessante **Graffiti** finden sich im Hof rechts des Eingangs zur Säulenhalle: Über einer beschädigten Opferszene mit Pharao vor Mandulis und Isis befiehlt Gouverneur Aurelius Besarion in einer griechischen Inschrift von 248 n. Chr., dass Schweine vom Tempel fern zu halten seien. Auf der zweiten Säule, zwischen zwei griechischen Votivtexten, eine meroitische Inschrift des Blemmyer-Fürsten Charamadeye (4. Jh.).

Am rechten Rand der Fassade feiert Silko, Christ und König von Nobatia, seinen Sieg über die Blemmyer. Neben dem in fehlerhaftem Griechisch geschriebenen Text durchbohrt Silko den Feind mit der Lanze, ein geflügelter Siegesengel reicht die Krone. Kleidung und Pose des Siegers erinnern an die römischen Soldatenheiligen der Spätantike, wie sie uns in der koptischen Ikonografie begegnen.

Beit el-Wali: Der Felsentempel Ramses' II. war schon am alten Standort Nachbar des Mandulis-Tempels. Der Hof war einst mit einem Ziegelgewölbe überdacht, das in christlicher Zeit, als der Tempel als Kirche diente, erneuert wurde. Sehenswerte Reliefs schildern die Feldzüge des Pharaos. Auf der Nordwand sind die Kriege gegen Libyer und Syrer dargestellt, auf der Südwand (linkes Bild) jagt er mit zwei Söhnen in Streitwagen die nubischen Feinde. Diese fliehen in ihr Dorf, das inmitten eines Dumpalmen-Hains liegt. Zwei Männer führen einen Verwundeten, Frauen und Kinder kommen ihnen entgegen. Im rechten Bild empfängt der in einem Pavillon thronende Ramses die Schätze Afrikas als Tribut der Nubier: Leopardenfelle, Goldringe, exotische Tiere wie Affen, Giraffen, Leoparden und Strauße, dazwischen Gefangene samt Frauen mit Kindern.

Die Museumsinsel ist tägl. 8–16 Uhr geöffnet, Eintritt 35/20 LE. Taxiboote (70 LE) setzen von der Werft am Westende des Hochdamms über.

Meroitisch – die Sprache, die niemand versteht

Die einst in Nubien herrschende Meroë-Kultur, die Tempel und Pyramiden nach ägyptischem Vorbild baute, hatte von etwa 120 v. Chr. bis zu ihrem Untergang (Ende 4. Jh. n. Chr.) eine eigene Schrift. Man schrieb von links nach rechts und benutzte für förmliche Anlässe ein Alphabet mit aus Ägypten entliehenen Hieroglyphenzeichen. Für den Alltagsgebrauch genügte eine Kursivschrift. 1909 gelang es dem britischen Gelehrten Francis L. Griffith, die beiden Alphabete zu entziffern und ihren je 23 Zeichen Vokale und Konsonanten zuzuordnen.

So weit, so gut. Wir können dank Griffith die vielen tausend meroitischen Inschriften und Papyri laut lesen und wissen dank neuerer Forschungen auch ein wenig über die Grammatik. Doch wir verstehen die Sprache nicht! Vergeblich sucht man bislang einen Rosetta-Stein aus Meroë, auf dem ein meroitischer Text zusammen mit der Übersetzung in eine andere Sprache steht. Meroitisch scheint mit keiner bekannten afrikanischen Sprache verwandt zu sein. Wissenschaftliche Außenseiter suchen den Schlüssel zum Meroitischen gar in zentralasiatischen Idiomen. Solange kein neuer Champollion die Sprache von Meroë entschlüsselt, bleibt uns auch die Kultur dieses Reiches weitgehend verschlossen.

Unternubien/Nasser-Stausee

Der Tagestrip im Flugzeug nach Abu Simbel ist ein Höhepunkt vieler Ägyptenreisen. Gemütlicher reist sich's mit dem Schiff über den Nasser-Stausee, in dem die Kulturlandschaft zwischen dem ersten und zweiten Katarakt unterging. Unterwegs werden auch die geretteten und an höhere Standorte versetzten Tempel von Unternubien angelaufen.

Die Kreuzfahrt von Assuan nach Abu Simbel ist bislang noch eine eher exklusive Angelegenheit. Gemächlich zieht die Wüstenlandschaft vorbei, in der trockenen Luft leuchten Sand und Felsen in intensiven Braun- und Gelbtönen. Reiher thronen auf kleinen Felsinseln, Pelikane jagen im Sturzflug über das Wasser.

Nur wenige Menschen wohnen am Buharat en-Nuba, dem „Nubischen See", wie die Nubier Nasser-Stausee nennen. Die einzigen Städte sind **Abu Simbel** und der sudanesische Grenzort **Wadi Halfa**. Die sich mit dem wechselnden Wasserstand stetig verändernde Uferlinie erschwert den Feldanbau. Hier und da trifft man auf ein Zeltlager der Fischer, keine Nubier, sondern Ägypter aus den Provinzen Qena und Sohag. Mit ihren Netzen holen sie riesige Nilbarsche ein. Einst waren die Fischer arme Knechte in der Hand einer Assuaner Familie, die das Fischereirecht gepachtet hatte. Dann ging die Fischpacht an eine Genossenschaft, welche die Fischer allerdings kaum weniger ausplünderte. Das Sagen hat eine Gruppe von Bootsbesitzern – wer nur seine Arbeitskraft mitbringt, kann nicht Genosse werden.

Geschichte Nubiens

Auf einem jetzt in Khartum aufgestellten Sandsteinblock des Gebel Suleiman, drei Fußstunden von Wadi Halfa entfernt, hat ein Kriegsberichterstatter vor 5000 Jahren die Kunde vom Triumph des Pharaos Djer hinterlassen: Das ägyptische Schiff schwimmt inmitten von Leichen, am Vordersteven baumelt der feindliche Häuptling, und am Ufer steht ein Gefangener mit auf dem Rücken gefesselten Händen vor dem symbolisierten Sieger Djer. „Das Nubierland zerhackt; als Gefangene siebentausend Männer und Weiber fortgeführt und zweihunderttausend Rinder und Schafe", feiert der Palermostein den Pyramidenbauer Snofru. Dem Gaufürsten Hapdjefai, der in Kerma als Gouverneur über Nubien gewaltet hatte, wurden 200 bis 300 mit Drogen betäubte Menschen bei lebendigem Leibe mit ins Grab gegeben. Menschen? „Waren alle nur Nubier", sucht die Inschrift zu beschwichtigen.

Als Rohstoffbasis, wegen seines „Menschenmaterials" und als Handelsweg war Unternubien die meiste Zeit unter ägyptischer Kontrolle. Aus dem „Land vor der südlichen Türöffnung" kamen Rinder, eine sonst nirgendwo erhältliche Sorte Weihrauch, Elfenbein, Holz (!), Kupfer und vor allem viel, viel Gold. In friedlichen Zeiten verdingten sich die Nubier in Ägypten als Söldner und Hausknechte. War Ägypten jedoch geschwächt, bedrohten die Nubier das Pharaonenland. In einer Botschaft lud der Herrscher der Hyksos seinen nubischen Kollegen aus Kusch zu Verhandlungen über die Aufteilung Ägyptens ein. Doch das „Jalta" der Zweiten Zwischenzeit fiel aus – ägyptische Spione hatten den Brief abgefangen. Wie die germanischen Legionen die „Kaisermacher" der römischen Spätzeit waren, so hoben auch die nubischen Söldner 1085 v. Chr. in einem Militärputsch den General Herihor auf den Pharaonenthron. „Dem jugendlichen Heer, das du [Amun] ausgesandt hast, gehört der Sieg. Und viele sollen beben vor ihm", verkündet die Stele des Pianchi, König von Napata am 4. Katarakt. 730 v. Chr. fiel er in Ägypten ein und beherrschte es

Geschichte Nubiens 247

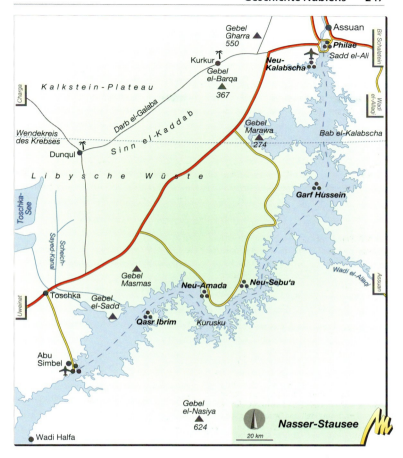

mit seinen Nachfolgern als 25. Dynastie für 75 Jahre. In dieser Periode sind die geschichtlichen Hintergründe von Verdis *Aida* angesiedelt.

Auch in Zeiten der politischen Unabhängigkeit standen die Nubier unter dem Einfluss der ägyptischen Kultur und Religion. Ab etwa 300 v. Chr. blühte zwischen dem 5. und 6. Katarakt das Reich von Meroë. Zu dieser Zeit klaffte in der Kulturbrücke zwischen Schwarzafrika und dem Mittelmeer eine Lücke, denn das Niltal zwischen Assuan und Wadi Halfa war unbesiedelt. Trotzdem blickte Nubien nach Norden. 1000 Jahre nach dem Bau der letzten ägyptischen Königspyramide ließen sich die dunkelhäutigen Herren von Meroë wieder in Pyramiden beisetzen – und bauten mehr davon, als die Ägypter je schufen. Kultureller und religiöser Wandel ging zwischen den Katarakten immer ein wenig langsamer vonstatten als in Ägypten. Bis ins 6. Jh. blühten die heidnischen Kulte, und erst im 14. Jh. wurde der letzte christliche König von Nubien nach Kairo deportiert.

Urlaub auf dem Nasser-Stausee

• *Schiffe* Nur sechs Touristenschiffe kreuzen auf dem See. Am schönsten (und teuersten) ist die im Stil eines alten Salondampfers gebaute **MS Eugénie**. Auch das Schwesterschiff **MS Kasr Ibrim** kann sich mit seiner dem Art déco der 1930er-Jahre nachempfundenen Inneneinrichtung sehen lassen. Beide werden von *Belle Epoque Travel* betrieben, dessen Eigentümer Mustafa el-Guindi als Erster das Wagnis einging, Kreuzfahrten auf dem See anzubieten.

Ebenfalls in altem Stil wurde die von Mövenpick gemanagte **MS Prince Abbas** gebaut. **MS Omar el-Khayam** ist mit rund 80 Kabinen das größte Schiff auf dem See. Dann gibt es noch die bei deutschen Veranstaltern und Gästen besonders beliebte **MS Nubian Sea**. Die von *Travco* gemanagte **MS Tania** ist wegen ihrer nur vier Sterne etwas preiswerter als die Konkurrenz. Mit ihren 30 Kabinen wird sie von Veranstaltern gern komplett gechartert oder für Sonderfahrten eingesetzt.

• *Programm* Die Kreuzfahrten dauern bei einer reinen Fahrtzeit von 18 Stunden 3 Tage, je nach Programm verbringt man 3 bis 4 Nächte an Bord. Von Assuan aus schifft man sich montagabends am Hafen **Sadd el-'Ali** ein. Dienstag früh stechen die Schiffe in See. Nach kurzer Fahrt wird **Kalabscha** besichtigt, dann geht es weiter nach **Sebu'a**, wo die Schiffe über Nacht am Ufer ankern. Nach dem Landgang am nächsten Morgen Weiterfahrt gen **Amada**. Am Donnerstagmorgen Halt vor **Qasr Ibrim**, der nur von Deck aus betrachtet werden kann. Mittags Eintreffen in **Abu Simbel**, Ausschiffung Freitag früh, dann nimmt das Schiff für die Rückfahrt neue Gruppen an Bord, mit der es das Programm in umgekehrter Reihenfolge abwickelt.

• *Konvoi* Da die Reiseprogramme auf Montag bzw. Freitag beginnende Kreuzfahrten geeicht sind und es so auch für den Begleitschutz wie für die Tempelwächter bequemer ist, fahren vier Schiffe nach dem gleichen Fahrplan. So fallen einige hundert Urlauber stets gleichzeitig in die archäologischen Stätten ein und treten sich dort auf die Füße. Nur mit der **MS Eugénie** (Fr ab Assuan und Mo ab Abu Simbel) und **MS Kasr Ibrim** (Sa ab Assuan, Mi ab Abu Simbel) lassen sich Konvoi und massenhafter Landgang vermeiden.

• *Buchung* Kreuzfahrten auf dem Nasser-Stausee werden von nahezu allen Ägypten-Reise-veranstaltern angeboten. Billigofferten wie auf dem Nil erwarte man nicht. Zumindest die **MS Eugénie** und **MS Kasr Ibrim** können auch direkt bei der Reederei gebucht werden, **Nubian Sea** wird nur über Reisebüros vermarktet.

Eugénie und **Kasr Ibrim**: Belle Epoque Travel, Kairo, ✆ 2516 9653, ✉ 2516 9646, www.eugenie.com.eg, www.kasribrim.com.eg.

Tania und **Omar el-Khayam**: Travcotels, Kairo, ✆ 3854 3222, ✉ 3854 2259, www.travcotels.com.

Prince Abbas: Nile Exploration Group, Kairo, ✆ 2738 3382, ✉ 2738 3386, www.nile-exploration.com.eg.

• *Anglerferien* Nach Ägypten zum Fischen? Einige hundert Petrijünger kommen jedes Jahr an den Nasser-See, um kapitale Nilbarsche, Tigerfische und Welse zu angeln. Bei der Uferfischerei gilt etwa eine 70 Pfund schwere Beute als nur mittelprächtiger Fang, vom Boot aus sind noch dickere Brocken üblich – ganz ehrlich und kein Anglerlatein! Für den Erfolg bürgt der Veranstalter African Angler (www.african-angler.co.uk), dessen Chef Tim Bailey einst in Kenia Safaris führte. In Deutschland vermittelt Andrees Angelreisen Baileys Angeltouren auf dem See (www.andrees-angelreisen.de, ✆ 06127-8011).

> Mehr über Nubien erfahren Sie unter www.thenubian.net und www.nubien.de.

☆ Neu-Sebu'a

Das Wadi es-Sebu'a („Tal der Löwen") hat seinen Namen von den Sphingen vor dem Felsentempel Ramses' II. Mit Festbeleuchtung empfangen die drei wiedererrichteten Tempel abends die ankommenden Kreuzfahrtschiffe.

Neu-Sebu'a liegt etwa 140 km Luftlinie südlich von Assuan und kann derzeit nur per Schiff besucht werden. Für die Besichtigung aller drei Tempel zahlt man 45/25 LE.

Tempel von Wadi es-Sebu'a

Das Amun Re-Harachte und dem vergöttlichten Ramses geweihte Heiligtum wurde 1961–1965 um 4 km nach Westen versetzt. Die **Sphingen** im ersten Hof symbolisieren mit menschlichem Antlitz und Doppelkrone den Pharao, im zweiten Hof stehen sie mit Falkenkopf für Horus. Eine Treppe führt auf die Tempelterrasse, vor dem Eingangspylon wacht links eine **Kolossalstatue** des Königs. Ihr beinloser Zwilling liegt seit der Umsetzung 30 m entfernt im Sand und wartet dort vielleicht auf eine Prothese. So lässt sich der Kopf aus nächster Nähe betrachten, man entdeckt in der Frisur die Löcher, in denen die Krone befestigt war. Auf dem **Pylon** begegnet uns ein martialischer Ramses, wie er seine unterworfenen Feinde den Göttern zum Opfer anbietet.

In den Kolonnaden des Hofs das übliche Programm mit Opferszenen, an denen unten in langen Reihen auch die zahlreichen Kinder des Ramses teilnehmen. Die folgende aus dem Fels geschlagene **Säulenhalle** wurde in christlicher Zeit als Kirche genutzt. An den Säulen zerstörte man die heidnischen Figuren, doch an den Wänden blieb mancherorts sogar die Bemalung der Reliefs erhalten. Durch eine **Querhalle** mit Seitenräumen gelangt man ins **Sanktuarium**. Hier ist noch ein Teil des koptischen Wandputzes samt den darauf gemalten Heiligen zu sehen. Durch das Nebeneinander von pharaonischen Reliefs und christlichen Fresken ergibt sich an der Rückwand eine kuriose Szene, in der Ramses dem Apostel Petrus opfert.

Tempel von Dakka

Das Heiligtum thront etwa 1 km entfernt vom Felsentempel auf einem Hügel. Wer den schweißtreibenden Marsch durch den Wüstensand scheut, mag auf dem Rücken eines Kamels zum Tempel schaukeln. Am Ziel warten Souvenirhändler. Andere verdienen sich ihr Bakschisch, indem sie Skorpione als Fotomodell ausleihen – noch im heimischen Wohnzimmer kann der Urlauber so beim Sichten der Aufnahmen seinen Nervenkitzel auffrischen. Vom Dach des Pylons bietet sich eine herrliche Aussicht über den blauen See, die goldbraune Wüste und die grüne Oase einer nahen Farm.

Der Tempel war dem Weisheitsgott Thoth, seiner löwenköpfigen Gattin Tefnut und dem Arsenuphis geweiht, einem nubischen Gott, den die Ägypter mit Schu identifizierten. Das Gebäude ist, wie bereits am alten Standort, unüblich in Nord-Süd-Richtung ausgerichtet. Sein ältester Teil, nämlich die Kapelle vor dem Allerheiligsten, wurde ca. 220 v. Chr. unter dem meroitischen König Ergamenes II. (= Arqamani II.) gebaut, Querhalle und Vorsaal unter den Ptolemäern. Unter Kaiser Augustus kamen der Pylon und ein neues Sanktuarium hinter der Ergameneskapelle hinzu.

Tempel von Maharraka

Der kleinste und arg zerstörte römische Tempel von Neu-Sebu'a blieb unvollendet. Gewöhnlich wird er Serapis zugeschrieben, doch die wenigen erhaltenen Reliefs zeigen vor allem Osiris, Isis, Horus, Thoth und Tefnut. Aufs Dach führte die einzige bekannte Wendeltreppe aus der Pharaonenzeit.

> **Ritueller Königssuizid**
>
> Der Geschichtsschreiber Diodor von Sizilien, der sich auf einen heute verschollenen Text des im 2. Jh. v. Chr. lebenden Geografen Agatharchides von Knidos stützt, berichtet von einem ungewöhnlichen Brauch der Napata-Kultur: Zeigte ein Herrscher die ersten Anzeichen körperlicher oder geistiger Schwäche, sandten ihm die Priester eine vorgeblich von Amun stammende Nachricht, dass seine Zeit auf Erden nun abgelaufen sei – worauf der brave König für sein eigenes Seelenheil und zum Wohl des Landes den rituellen Freitod vollzog. Erst der reformfreudige Ergamenes I. (ca. 280 v. Chr.) habe sich dieser Barbarei verweigert und stattdessen eine andere bevorzugt: Er ließ die Priester töten und ihre Tempelstadt Napata zerstören.

✫ Neu-Amada

An einer Biegung des Nils, wo der Strom für eine kurze Strecke gen Süden fließt, wurden drei weitere antike Stätten vor dem Stausee gerettet. Die Wächter zeigen den Reisenden ein bedauernswertes, im Kanister gehaltenes Krokodilbaby, die Schiffsmannschaften liefern sich in der Abenddämmerung ein Fußballmatch.

Neu-Amada liegt etwa 160 km Luftlinie südlich von Assuan und ist derzeit nur per Schiff zu erreichen. Für die beiden Tempel und das Grab zahlt man zusammen 45/25 LE.

Tempel von Amada

Das älteste pharaonische Heiligtum in Nubien wurde unter Thutmosis III. und seinem Sohn Amenophis II. (18. Dynastie) errichtet. Die Kopten nutzten es als Kirche. Eine Putzschicht mit den Heiligenbildern bewahrte die alten Reliefs und ihre Bemalung vor dem Verfall.

Der aus Lehmziegeln errichtete **Eingangspylon** wurde nach der Versetzung des Tempels ansatzweise rekonstruiert. Die folgende **Pfeilerhalle** war ursprünglich ein offener Hof, der Umbau wurde von Thutmosis IV. veranlasst. In der linken Ecke der Eingangsfront hat er sich als „Liebling von Senusret III." verewigt, einem Pharao der 12. Dynastie, der in den nubischen Tempeln des Neuen Reichs als Eroberer Nubiens vergöttlicht wurde. Im Gesims der Rückwand begegnen uns krude Ritzzeichnungen, die Kamele darstellen. Diese Graffiti stammen wohl von Beduinen oder Reisenden des Mittelalters, als der Tempel bereits bis unters Dach versandet war. Noch 1873 musste Amelia Edwards auf Händen und Knien in den Bau kriechen.

Ein **Querraum** und drei Kapellen bilden den Kern des Tempels. Reliefs in der **rechten Kapelle** zeigen die Gründungszeremonie und Einweihung. Der Tempel war den Göttern Amun-Re und Re-Harachte geweiht, die uns auf der Rückwand des **Allerheiligsten** begegnen, wo ihnen Amenophis II. aus einem Boot heraus opfert. Darunter berichtet eine lange Inschrift vom Syrienfeldzug des Amenophis und vom rüden Umgang mit den Feinden. Die Leichen der erschlagenen syrischen Anführer wurden für alle sichtbar am Bug des königlichen Schiffes nilauf geschippert und schließlich in Theben und Napata zur Schau gestellt. Dergleichen Schicksal, so macht der König klar, droht allen Aufrührern und besonders jenen in den Randregionen des Reiches. Auf diese dürfte die Inschrift jedoch kaum Eindruck gemacht haben, da nur der Oberpriester das Allerheiligste betreten durfte. Erst Ramses II. ließ seine Kriegstaten in den äußeren Bereichen der Tempel dokumentieren.

Um die feinen Reliefs nicht zu beschädigen, wurde der hintere Teil des Gebäudes bei der **Umsetzung** nicht in einzelne Blöcke zerlegt, sondern in toto versetzt. Dazu unterlegte man den Bau mit einem Betonsockel, packte ihn in ein Stahlgerüst und zog ihn dann auf drei Gleisen mit hydraulischen Winden über 2600 m an den neuen Standort. Drei Monate dauerte dieser Transport im Schneckentempo.

Der Herr des Nils ist zurück

Fast schien es, als habe er Ägypten für immer verlassen. Doch zumindest im Nasser-See zeigt er seit geraumer Zeit wieder Präsenz, sonnt sich ungeniert auf den Sandbänken oder treibt träge in der Strömung, sodass gerade mal die Nasenlöcher und Augen aus dem Wasser ragen. Es scheint nur eine Frage der Zeit, bis der „Herr des Nils" den Hochdamm überwindet und auch den Unterlauf des Stroms zurückerobert.

Die alten Ägypter verehrten und fürchteten ihn. Mit Hymnen und magischen Sprüchen suchten sie ihn zu besänftigen, derweil sie den Nil überquerten. Auch ihre Nachfahren appellieren heute wieder an höhere Mächte. Besonders die Fischer fordern vom Staat eine Aufhebung des Jagdverbots, dem das Nilkrokodil sein Comeback verdankt. „Vor unseren Augen schnappen sie sich die dicksten Fische! In meiner Jugend waren sie gerade 1,50 m lang. Nun verwickeln sich 4,50 m lange Bestien in unseren Netzen", klagt ein alter Fischer. Seine Nachkommen müssen sich auf noch stärkere Konkurrenten gefasst machen. *Crokodylus niloticus* kann unter günstigen Lebensbedingungen bis zu 10 m lang und hundert Jahre alt werden. Wittert er Beute, vermag der Räuber seine 600 kg Kampfgewicht blitzschnell bis auf 50 km/h beschleunigen. Selbst Nilpferde greift das Krokodil ungeniert an und schlägt seine 66 messerscharfen Zähne in die sprichwörtlich dicke Haut.

Sind die Krokodile im Nasser-See für den Menschen gefährlich? Wer die niedlichen Krokodilbabys im Basar von Luxor oder auf dem Kairoer Kleintiermarkt sieht, mag dies kaum glauben. „In den letzten zehn Jahren gab es nur einen einzigen Fall, in dem ein Krokodil einen Menschen tötete", erklärt Mustafa Fuda, Chef der ägyptischen Naturschutzbehörde. Sie seien menschenscheu, jagten in ihrem an Landtieren armen Wüstenhabitat nahezu ausschließlich Fische, und wer gewisse Vorsichtsmaßnahmen berücksichtige, könne im See sogar schwimmen, versichert der Safari-Veranstalter *African Angler* den potenziellen Kunden. Die einheimischen Fischer jedenfalls halten die Krokodile für alles andere als harmlos: Eine junge Hirtin habe sterben müssen, als sie ihre zur Tränke geführten Schafe zu verteidigen suchte. Ein Fischer sei verspeist worden, als er sein aufgelaufenes Boot von einer Sandbank schieben wollte. Manchmal scheint ein Krokodil gar der Teufel selbst: So wurde ein Frommer zerfleischt, der am Ufer seine religiösen Waschungen vollzog.

Betrachten Sie die Krokodile also besser aus respektvoller Entfernung. Und wenn Sie eines der am See den Touristen oft angebotenen Jungtiere kaufen, dann nur, um es wieder in die Freiheit zu entlassen. Krokodile fallen unter das internationale Artenschutzabkommen. Wer eines im Gepäck hat, ob lebend oder ausgestopft, riskiert die Beschlagnahme durch den Zoll und eine empfindliche Geldstrafe.

Der große Tempel von Abu Simbel

Tempel von Derr

Dieser Tempel von Ramses II. stand ursprünglich am anderen Nilufer. Der Pylon ist verschwunden, von der ersten Halle mit Szenen von den Kriegszügen des Ramses blieben nur Grundmauern. Die zweite, aus dem Fels gehauene Halle zeigt grobe Reliefs mit religiösen Motiven. An der Rückwand des Allerheiligsten stehen die von koptischen Bilderstürmern demolierten Statuen von Ramses II. und Ptah (links) sowie Amun-Re und Re-Harachte (rechts).

Grab des Pennut

Das Grab besteht aus einer rechteckigen Kammer mit Grabnische. Die Inschriften stellen uns den Pennut als obersten Verwaltungsbeamten des Gaus Wawat (Unternubien) unter Ramses VI. vor. Mit ihm wurde auch seine Familie hier beigesetzt. Die linke Hälfte der Kammer ist mit Szenen aus den Jenseitsbüchern geschmückt, die rechte präsentiert den Alltag des Grabherrn. Eine 1937 veröffentlichte Dokumentation zeigt den Wandschmuck noch weitgehend intakt, doch seither sind zahlreiche Reliefs verschwunden.

Qasr Ibrim

Was heute als flache Insel aus dem See ragt, war einst ein 70 m hoher Hügel. Zu sehen sind, leider nur vom Schiff aus, die Ruinen der einzigen archäologischen Stätte am Stausee, die nicht überflutet wurde.

Die *Burg Ibrim* wurde nach der osmanischen Eroberung (ca. 1550) als Grenzfestung ausgebaut. Ab dem 17. Jh. errichteten die hier stationierten türkischen Janitscharen private Häuser, trieben Ackerbau, rekrutierten Soldaten aus dem eigenen Nachwuchs und verschmolzen schließlich mit den Einheimischen. Vornehme nubische Clans behaupten heute, über diese Soldaten von bosnischen Vorfahren abzustammen, doch Historiker betrachten solche Genealogien eher mit Skepsis. Von der französischen Besetzung Ägyptens (1798) blieb das abgelegene Qasr Ibrim ausgespart und wurde so zum Exil für aus Oberägypten geflohene Mameluken, bis diese 1812 von den Truppen Mohammed Alis vertrieben wurden. Danach blieb das zerstörte Fort verlassen und wurde seit den 1960er-Jahren zu einem ergiebigen Feld für Archäologen, die aus dem Schutt auch uralte Papyri und Pergamentrollen bargen.

Als ältesten Fund entdeckten die Forscher eine **Stele** aus der Zeit Amenophis' I. (18. Dynastie). Eine **Felskapelle** aus dieser Zeit, die unten am Flussufer stand, wurde herausgeschnitten und ist jetzt im Nubischen Museum von Assuan zu sehen, drei weitere warten in Neu-Sebu'a auf den Wiederaufbau. Unter einer Kirche fand man die Reste eines **Lehmziegeltempels** aus der Zeit des nubischen Pharaos Taharqa (7. Jh., 25. Dyn.). In der römischen Epoche florierte Ibrim, damals Primis genannt, als Handelsplatz und religiöses Zentrum, nach der Christianisierung wurde es Sitz eines Bischofs. Aus den Steinen der demolierten Tempel baute man im 7. Jh. die stattliche **Kathedrale** am höchsten Punkt des Hügels, die dann im 15. Jh. in eine Moschee umgewandelt wurde.

Toschka

Gleich einer Badewanne hat der Nasser-See einen Überlauf. Ab einem Wasserstand von 178 m füllt sich ein 22 km langer Stichkanal und leitet das überschüssige Nass in eine Wüstensenke nordöstlich von Abu Simbel. In den wasserarmen 1980er-Jahren hatte mancher diese Vorkehrung belächelt, doch im Oktober 1996 trat erstmals Wasser in den Überlauf. Da auch die Folgejahre ungewöhnlich große Wassermengen brachten, lief schließlich auch der von den Ingenieuren angelegte **Toschka-See** über, und es entstanden drei weitere Seen, nüchtern Toschka-B, -C und -D genannt. Mit Spannung beobachten Gewässerkundler nun das Schicksal der neuen Seen. Wie lange werden sie bleiben, wie schnell versalzen?

Zwar gibt es an der Abzweigung des Überlaufs vom Nasser-See inzwischen einige Farmen, doch die Toschka-Seen selbst eignen sich nicht zur Neulandgewinnung. Ihr Volumen schwankt, und in durchschnittlichen Wasserjahren bleibt der Zufluss aus. Um die Toschka-Senke für die Landwirtschaft nutzen zu können, bedarf es einer durchgehenden Wasserversorgung. Für dieses 1997 begonnene **Toschka-Projekt** hebt 8 km nördlich des alten Überlaufs die größte **Pumpstation** der Welt Wasser aus dem Nasser-See auf ein Niveau von 203 m. Dort speist es den zunächst 72 km langen **Scheich-Sayed-Kanal**, der später einmal bis in die Oasen Charga, Dachla und Farafra verlängert werden soll. Bis 2017 will man in der Toschka-Senke etwa 2200 km² neues Bewässerungsland und damit 300.000 neue Arbeitsplätze schaffen. Investoren, allen voran der saudi-arabische Prinz al-Walid Bin Abdul Aziz, haben sich bereits Flächen für neue Farmen gesichert. Nach Vollendung des gesamten Kanals soll sich die landwirtschaftlich nutzbare Fläche Ägyptens um bis zu 50 % erhöht haben und drei Millionen Menschen eine neue Heimat in der Wüste bieten.

Vagen Schätzungen zufolge wird das Vorhaben insgesamt zwischen 50 und 100 Mrd. Dollar kosten. Woher dieses Geld kommen soll, weiß keiner so recht. Ebenso unklar bleibt, woher die jährlich benötigten 5 km³ Wasser kommen sollen. Denn schon jetzt verbraucht Ägypten den gesamten ihm zustehenden Anteil an Nilwasser.

254 Unternubien/Nasser-Stausee

Abu Simbel

Hier an der Grenze seines Reiches demonstrierte Ramses II. den unterworfenen Nubiern mit zwei gewaltigen Tempeln seine und der ägyptischen Götter Macht. Besonders die Kolossalstatuen nötigen uns noch heute Respekt ab.

Abu Simbel liegt 280 km südlich von Assuan und 40 km vor der sudanesischen Grenze. Jenseits der touristischen Infrastruktur mit Flughafen, ein paar Hotels und den Tempeln samt einem schicken Besucherzentrum besteht der Ortskern aus einigen Verwaltungsgebäuden mit Postamt und Krankenstation sowie einer Einkaufszeile mit Läden für den täglichen Bedarf. Einige Modellhäuser sind im „nubischen Stil" gebaut, die meisten jedoch nur schlichte Betonwürfel. Außer den Tempeln gibt es also keinen Grund, den Ort zu besuchen.

> Abu Simbel liegt südlich des nördlichen Wendekreises. An Tagen um die Sommersonnenwende steht die Sonne zur Mittagsstunde im Norden, am Nachthimmel kann man das legendäre Sternbild **„Kreuz des Südens"** ausmachen.

• *Anfahrt* **Tagesausflüge von Assuan** per **Flugzeug** kosten mit Transfer, Eintritt und Führung ca. 200 €. Die Flüge sind oft knapp im Voraus ausgebucht und lassen nur 90 Minuten Zeit für die Besichtigung. Kurzfristig einen Platz bekommt jedoch, wer in Abu Simbel übernachtet, nämlich in der letzten Abendmaschine von Assuan nach Abu Simbel und in der Morgenmaschine für den Rückweg. Vom Flughafen Abu Simbel fahren **Zubringerbusse** zum Tempel.
Im Konvoi per **Minibus** 80 LE/Pers. (ohne Eintritt), per **Reisebus** (mit Eintritt und Führung) ca. 100 €. Die Konvois starten in Assuan um 4 und 11 Uhr, Rückfahrt 11 und 14 Uhr. Die 390 km lange Fahrt dauert rund 3½ Std. Von den Minibusfahrten ist allerdings abzuraten, da sich die Fahrer unterwegs halsbrecherische Rennen zu liefern pflegen.
Sicherer und bequemer ist der **Linienbusse**, der am frühen Vormittag nach Abu Simbel (25 LE) fahren. Fragen Sie den Fahrer nach der Zeit der Rückfahrt. Von der Endstation im Dorf läuft man etwa 15 Min. zum Tempel.
• *Übernachten & Essen* Außer zu den Tempelfesten (22. 2. und 22. 10.) übernachten nur wenige Reisende in Abu Simbel und genießen die sternenklare Wüstennacht, den Sonnenaufgang und am frühen Morgen auch den Tempel ungestört. Das tröstet vielleicht über das niedrige Niveau der Hotels in Abu Simbel hinweg.
Nefertari, das älteste Hotel des Orts wurde einst für die Ingenieure gebaut, die an der Versetzung der Tempel arbeiteten. Es steht etwa 500 m von den Tempeln auf einer Anhöhe über dem See und hat 120 teils renovierte Zimmer in Reihenbungalows – dank einer architektonischen Fehlleistung sind alle ohne Seeblick. Der schleppende Service und die 08/15-Küche („chicken-kebabfish") sind legendär. DZ mit HP 80–120 $, bei Oft-Reisen 60–70 €. ☏ 3400508, ☏ 3400510.
Abu Simbel Village, („Abbas Hotel"), das Hotel ist in seiner Preiskategorie ohne Konkurrenz. Hübsch gebaute Zimmer im nubischen Stil, doch schlechter Service und keine Instandhaltung. Viele Moskitos, zu kleine Boiler, aber für eine Nacht hält man's aus. DZ 120 LE. ☏/℡ 3400092 und 3400105.
Eskaleh. Endlich gibt es auch in Abu Simbel eine einladende Unterkunft. Fikry Kachif, Musiker, Intellektueller und nach einem Studium in der Schweiz auch mit der französischen Sprache bestens vertraut, hat sich direkt am See und nur 20 Gehminuten vom Tempel eine Villa im nubischen Stil gebaut. Nicht billig, aber gut. Auch das Restaurant empfiehlt sich. DZ 50/70 €. ☏ 012-3680521, www.eskaleh.110mb.com.
Außer in den Hotels kann man sich tagsüber auch in den einfachen **Garküchen** an der Dorfstraße verpflegen. Kulinarische Highlights erwarte man dort nicht.
• *Öffnungszeiten der Tempel* Mai–Sept. 7–18, sonst 8–17 Uhr. Eintritt 90/50 LE, inkl. Gebühr für einen Führer, der freilich, wenn man ihn denn bucht, nur im Visitor Center und vor den Tempeln etwas erzählt. In den

Tempeln selbst sind keine Führungen erlaubt. Auch Fotografieren ist dort verboten.

Telefonvorwahl: 097

• *Sound & Light* Für 75 LE bekommt man am Abend ein raffiniertes Laserspektakel zu sehen, dank computergesteuerter Überblendtechnik fühlt man sich wie im Freilichtkino. Per Kopfhörer ist die deutsche Simultanübersetzung zu hören. Bei zu wenig Publikum fällt die Show leider aus.

• *Abu-Simbel-Festival* Am 21./22. Feb. und 21./22. Okt. feiert Abu Simbel mit Tanz und Musik. Anlass ist, dass nur um diese Zeit die Strahlen der aufgehenden Sonne ins Innerste des Großen Tempels dringen.

☆☆☆ Großer Tempel

Der Große Tempel war dem Sonnengott in den Gestalten des oberägyptischen Amun-Re und des unterägyptischen Re-Harachte geweiht, dazu Ramses II. selbst. Der erhob sich hier als noch lebende Person selbst zum Gott, ein Schritt, den vor ihm nur der mächtige Pharao Amenophis III. gewagt hatte.

Vom Eingang auf der Rückseite des Tempelareals geht man noch ein gutes Stück ans Ufer hinab, kommt dann von der Seite auf den einst eingefassten Vorplatz und steht schließlich unvermutet vor der aus dem Fels gemeißelten **Fassade** des Tempels. Statt der üblichen Zwillingspylone beschränkten sich die Baumeister auf einen „Turm", aus dem die paarweise neben der Mittelachse angeordneten **Sitzstatuen** des Königs herauswachsen. Kolossale Wucht empfängt den winzigen Menschen, der sich dem vierfachen Ramses zu nähern wagt. Der blickt fern über den Horizont der aufgehenden Sonne entgegen, entspannt, verhalten lächelnd und ein wenig entrückt, aber mit ganz und gar nicht gewalttätiger Miene. Zu seinen Füßen Mitglieder der königlichen Familie, ganz oben am Gesims begrüßen **Paviane** die aufgehende Sonne. In der Nische über dem Eingang sieht man den Sonnengott Re, gestützt auf das schakalköpfige Zepter *(User)* und die Göttin Maat – zusammen ergibt das *User-Maat-Re*, den Thronnamen des Pharaos.

> ### Lichtspiel
> Die 33 m lange Achse des Großen Tempels ist so ausgerichtet, dass die Strahlen der aufgehenden Sonne zweimal im Jahr an wenigen Tagen auf die Kultstatuen im Sanktuarium fallen. Ab Mitte Februar beginnt das längstens 20-minütige Lichtspiel kurz vor 6 Uhr mit der Ausleuchtung des Amun, erreicht am 20. Februar seinen Höhepunkt mit der Illumination des Ramses und klingt mit der kurzen Bestrahlung des Re-Harachte aus. Ab Mitte Oktober – die Tage werden kürzer – verläuft das Phänomen in umgekehrter Reihenfolge: zuerst Re-Harachte, dann am 23. Oktober Ramses und zuletzt Amun. Die Statue des Unterweltgottes Ptah bleibt bezeichnenderweise bei beiden Durchgängen weitgehend im Dunkeln.
>
> Durch dieses natürliche „Wunder", das sich mit der Versetzung des Tempels um einen Tag hin zur Wintersonnenwende verschob, wurde die Götterkraft auf den Pharao übertragen. Der oft hergestellte Zusammenhang mit dem angeblichen Geburtstag (21. Februar) und Krönungstag (22. Oktober) von Ramses ist wissenschaftlich nicht haltbar – wir wissen weder das Geburtsdatum noch das Krönungsdatum des Königs. Damit bleibt auch ungewiss, ob die Tempelachse bewusst auf den Sonnenaufgang dieser Tage ausgerichtet wurde.

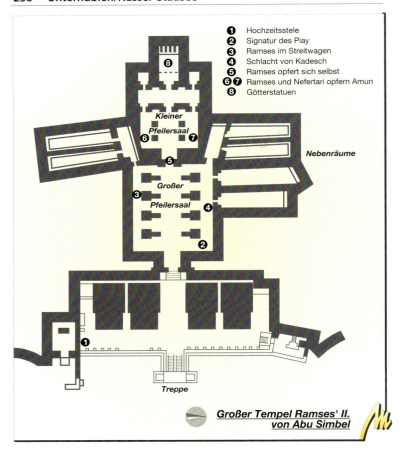

Noch zu Lebzeiten des Ramses erschütterte ein Erdbeben den Tempel. Die Schäden wurden weitgehend repariert, doch den abgebrochenen Oberkörper eines Kolosses vermochten die Bauleute nicht wieder zu montieren. So liegen Kopf und andere Brocken seither im Sand. Die **Hochzeitsstele (1)** am Südende der Terrasse berichtet von der Vermählung des Ramses mit der Tochter des Hethiterkönigs, die den Frieden zwischen den beiden Großmächten besiegeln sollte. Am **Eingang** in den Berg haben antike und neuzeitliche Reisende ihre Graffiti hinterlassen. Hoch oben, nahe dem Knie des Kopflosen, verewigten sich etwa griechische und levantinische Söldner, die 593 v. Chr. hier vorbeikamen.

Im **großen Pfeilersaal** empfängt der Pharao als an die Pfeiler gelehnte Osiris-Gestalt, Geier und Sterne schmücken die Decke. An der **Eingangsfront** begegnen wir den zahlreichen Prinzen (rechts) und Prinzessinnen (links), in der Nordostecke **(2)** hat Bildhauer Piay sein Werk sogar mit einer Hieroglypheninschrift signiert. Die

Seitenwände zeigen die militärischen Erfolge des Königs. Manche Reliefs, zum Beispiel Ramses mit Pfeil und Bogen im Streitwagen (**3**), sind doppelt ausgeführt. Die Fachleute streiten, ob damit die Dynamik der Bewegung betont werden sollte oder unter dem abgefallenen Gipsputz nur eine ältere, verworfene Version des Reliefs zu Tage kam. An der **Nordwand** (**4**) sieht man die schon aus Karnak und Abydos bekannten Szenen der Schlacht von Kadesch.

Europa befreit Abu Simbel

Die Natur besiegt auch den Größten, sagen die Nubier. Und wie um die Unterworfenen davon zu befreien, auf ewig das Denkmal ihres Unterdrückers anschauen zu müssen, begrub der Treibsand allmählich den Tempel von Abu Simbel. Als der Basler **Johann Ludwig Burckhardt** 1813 in Nubien auf Entdeckungsfahrt unterwegs war, hätte er die vier je 20 m hohen Kolosse vor der Schaufassade fast übersehen. Von dem „für Millionen Jahre, ewiglich" angelegten Denkmal der pharaonischen Kolonisation Nubiens ragten gerade noch zwei Kronen und ein Kopf mit Schulterpartie aus dem Sand. Der vierte Kopf war schon zu Ramses' Lebzeiten heruntergedonnert – die Baumeister hatten Spannungen im Fels übersehen. Wie ein mächtiger Lavastrom war dann die Wüste über einen Sattel im Kamm des Tempelhügels gequollen, hatte en passant den Tempel eingehüllt und ergoss sich unten in den Strom, als ob das Wasser ihr eigentlicher Feind sei, den es auszutrocknen gilt.

1817 kam **Giovanni Battista Belzoni**, um die Fassade freizulegen und die vermuteten Schätze zu bergen. Da den Einheimischen die Köpfe nicht geheuer waren, fand der Italiener statt bereitwilliger Arbeitskräfte kaum verhohlene Feindseligkeit. Der Schatzsucher und seine Begleiter mussten selbst Hand anlegen. Was für ein Team! Zwei britische Offiziere, ein Konsularbeamter, ein griechischer Koch, ein türkischer Soldat und Belzoni selbst schaufelten bei einer Hungerdiät aus Maisbrei und Wasser Tag für Tag von Aufgang bis Untergang der glühenden Sommersonne Sand, Sand, immer nur Sand. Am 27. Tag war der Eingang des Felsentempels freigelegt, und der frühere Zirkusathlet Belzoni konnte beglückt auf dem Bauch ins Innere kriechen. Die weitere Ausgrabung (im wörtlichen Sinne) überließ er späteren Reisenden. Wie zum Rombesuch der Münzwurf in den Trevi-Brunnen gehörte es zu einer Abu-Simbel-Reise, wenigstens ein paar Schaufeln Sand abzutragen. Selbst Flaubert ließ es sich nicht nehmen, ein Kinn freizulegen. Erst 1910 wurden Tempel und Vorplatz gänzlich entsandet.

In den lang gezogenen **Nebenräumen** lagerten einst Vorräte und vielleicht auch der Tribut der Nubier. Rechts im **Durchgang** (**5**) zur kleinen Pfeilerhalle opfert Pharao Ramses sich selbst, dargestellt als Gott zwischen Amun und Mut. Hier zeigt sich, dass diese in der späten Regierungszeit des Königs proklamierte **Selbstvergottung** die überlieferten Vorbilder sprengte und den Künstlern Probleme bereitete. Die ursprünglich sitzende Mut wurde zu Gott Ramses umgearbeitet und dahinter erneut eingefügt – nunmehr stehend und mangels Platz verkleinert, was ganz und gar nicht ihrem Rang entsprach. Auch in anderen Szenen musste Mut dem göttlichen Ramses weichen. Nur hier in Nubien, fernab der thebanischen Priesterschaft, ließ Ramses seiner Selbstherrlichkeit so ungestört freien Lauf.

Den **kleinen Pfeilersaal** schmücken vor allem Opferszenen. Auf der Südwand **(6)** opfern Ramses und Nefertari dem in seiner Barke getragenen Amun, auf der Nordwand **(7)** wiederholt sich die Szene mit Gott Ramses im Boot. Drei Durchgänge münden in den **Vorraum** und zielen auf drei Kapellen, von denen die äußeren ohne Dekor blieben. An der Stirnseite des **Sanktuariums** sitzen auf einer Bank **(8)** von links nach rechts Ptah, Amun-Re, Ramses II. und Re-Harachte.

☆☆ Kleiner Tempel

Der kleine Felsentempel feiert Hathor als Göttin der Liebe, Schönheit und Mutterschaft – und passend dazu Ramses' Lieblingsfrau **Nefertari** (auch *Nofret-iri*). Wie in ihrem Grab wird ihr auch in Abu Simbel ungewöhnliche Verehrung zuteil. Während Nefertari rechts neben dem Eingang zum Großen Tempel dem Gatten nicht mal bis ans Knie reicht, ist sie ihm auf der Fassade ihres Tempels der Größe nach ebenbürtig. Zwei **Kolossalstatuen** zeigen sie mit Sistrum (ein rasselartiges, mit dem Hathor-Kult verbundenes Musikinstrument) und Hathorkrone, die anderen vier Riesen stellen Ramses dar. Zu Füßen der beiden stehen Prinzen und Prinzessinnen.

Die Pfeiler der **Halle** sind auf der zum Mittelgang gerichteten Seite mit übergroßen Sistren geschmückt. An der Südwand findet sich eine ungewöhnliche Krönungsszene mit Ramses zwischen Horus und Seth – ungewöhnlich, weil Seth hier nicht als Inkarnation des Bösen, sondern als Schutzgott auftritt. Der farbenfrohe **Wandschmuck** kommt nicht ganz ohne kriegerische Szenen aus (an der Ostwand schlägt Ramses die Feinde), auch in anderen Szenen ist der Pharao häufig präsent. Allerdings gibt es Bilder, auf denen Nefertari ohne den Gatten opfert. Viele Darstellungen mit Blumen und die grazil gezeichneten Figuren geben dem Tempel ein feminines Flair von subtiler Schönheit. So wird etwa Taueret, Schutzgöttin der Schwangeren und Gebärenden, an der rechten Eingangswand des **Quersaals** nicht in der üblichen Gestalt eines schwangeren Nilpferds, sondern als schlanke Frau mit Hathorkrone dargestellt. Als künstlerisches Glanzlicht gilt die Krönungsszene (Nefertari zwischen Hathor und Isis) an der linken Eingangswand des Querraums. In ihrer Kuhgestalt, halb verborgen im Schilf, wird Hathor (über den Durchgängen an den Stirnseiten) von Nefertari (links) und Ramses (rechts) verehrt. Auch das Kultbild im **Sanktuarium** zeigt Hathor als Kuh, diesmal den Ramses beschützend.

Kuppeln

Die Felsentempel waren unten am Fluss angelegt und wären wie die nubischen Dörfer in den Fluten des Stausees untergegangen, der Nubiens Vergangenheit ertränkte, um Ägyptens Zukunft zu retten. In einer aufwendigen Aktion wurde deshalb der gesamte Felsen in kleine Blöcke zersägt und 64 m oberhalb des alten Platzes wiederaufgebaut. Damit die Tempel am neuen Standort Halt haben, hängen sie an Spannbetongerüsten, die ihrerseits von zwei Hohlkuppeln aus Beton geschützt sind, auf die wiederum Erde aufgeschüttet wurde. So sind die Kuppeln äußerlich der Landschaft angeglichen und müssen dem Nichteingeweihten als natürliche Hügel erscheinen. Sie entlasten das Tempelinnere vom Druck der künstlich aufgetürmten Erdmassen und beherbergen die aufwendige Technik zur Klimatisierung und Beleuchtung der Tempel.

Fachausdrücke (Glossar)

Anch – als „Lebensschlüssel" (eigentlich ein Sandalenriemen) ein Glücksbringer und Symbol des Weiterlebens nach dem Tode

Architrav – auf Säulen, Mauern u.ä. Stützen aufliegender tragender Sturz

Ba – in der Pharaonenzeit Träger der immateriellen Substanz des Menschen, vergleichbar unserer Seele, oft als Vogel dargestellt

Bab – Stadttor

Beit – Haus

Darb – Gasse, Weg

Deir – Kloster

Djed-Pfeiler – ein stilisierter Baum als altägyptisches Symbol für Dauer und Ewigkeit, Kultsymbol des Osiris

Duat – Unterwelt, welche die Sonne während der Nacht durchquert

Emir – Ehrentitel mit der Bedeutung Fürst, Statthalter, Befehlshaber u.ä.

Gami' – Moschee für das Freitagsgebet

Hadith – schriftliche Überlieferung der Worte und Taten des Propheten Mohammed

Hadsch (Hagg) – Pilgerfahrt, besonders nach Mekka; Ehrentitel eines Mekkapilgers

Hamiten – Sammelbegriff für die nichtsemitischen Völker Nordafrikas mit (umstritten) verwandten („hamitischen") Sprachen, z.B. Altägyptisch-Koptisch und Nubisch (Ägypten), Berberisch (Sahara), Kuschitisch (Sudan, Eritrea)

Hammâm – öffentliches (Dampf-)Bad

Hijab – wörtl. Schranke, meint züchtige Bekleidung und besonders das Kopftuch

Ikonostase – mit Ikonen geschmückte Wand, die in den Ostkirchen den Altarraum vom Kirchenschiff trennt

Iwan oder **Liwan** – Ursprünglich persische Bezeichnung für die Audienzhalle des Königs. In der muslimischen Zeit Bezeichnung für eine zum Innenhof offene Bogenhalle in Medresen, Moscheen oder Wohnhäusern.

Ka – bedeutet in der Pharaonenzeit die Lebenskraft des Menschen

Kaaba – würfelförmiges Hauptheiligtum des Islam in Mekka, an dessen Südostecke ein schwarzer Meteorit eingemauert ist, der schon vor Mohammed ein Kultobjekt der arabischen Stämme war

Kalif – Nachfolger Mohammeds als Führer der Muslime

Kanopen – Krüge, in denen die alten Ägypter die Eingeweide der Mumifizierten aufbewahrten

Kartusche – Ovaler Ring mit dem Geburts- oder Krönungsnamen eines Pharaos

Kenotaph – Grabmal zur Erinnerung an einen Toten, der anderswo bestattet ist

Khan – Lagerhaus, Karawanserei

Khedive – Titel (1867–1914) der Vizekönige von Ägypten, die nominell dem türkischen Sultan unterstanden

Kibla → Qibla

Kom – Hügel aus Siedlungsschutt

Mammisi – „Geburtshaus", nämlich ab der ptolemäischen Zeit errichtete Nebentempel, in denen die Geburt des Gottes gefeiert wurde

Marabu – muslimischer Volksheiliger

Maschrabiya – gedrechselte Holzgitter für Fenstern und Erkern

Mastaba – pharaonisches Bankgrab

Medrese – traditionelle islamische höhere Schule, an der vorwiegend theologische Fächer gelehrt werden

Midan – Platz

Mihrab – nach Mekka gerichtete Gebetsnische in der Moschee

Minbar – Kanzel in der Moschee

Monolith – Steinblock aus einem Stück

Mulid – „Namenstag" und zugleich Volksfest zu Ehren eines muslimischen oder christlichen Heiligen

Naos – Hauptraum des Tempels, in dem das Kultbild stand

Obelisk – quadratischer, nach oben verjüngter und von einer Pyramide abgeschlossener Steinpfeiler

Peristyl – die einen Hof umgebende Säulenhalle

Ptolemäer – makedonisches Herrschergeschlecht in Ägypten (305–30 v. Chr.), benannt nach Ptolemaios I., einem Feldherrn Alexanders des Großen

Pylon – „Einzugstor" eines Tempels mit zwei mächtigen Tortürmen beiderseits des Eingangs

Qal'at – Burg

Qasr – Palast, Schloss

Qibla – Gebetsrichtung nach Mekka

Rundstab – halbrunder Wulst als Kantenabschluss bei Pylonen und Stelen

Scharia – „Weg zur Tränke", das islamische Rechtssystem, entstanden aus den Arbeiten islamischer Rechtsgelehrter vom 7. bis 10. Jh. und beruhend auf dem Koran und der Sunna

Schari' – Straße

Sebil kuttab – „Brunnenschule"; wohlhabende Muslime stifteten im alten Kairo gerne Gebäude mit öffentlichem Brunnen und Koranschule

Semiten – Gruppe westasiatischer Völker mit verwandten („semitischen") Sprachen, z.B. Araber, Aramäer, Amharen und Tigrer (Äthiopien), Hebräer

Serdab – Statuenraum einer Grabanlage

Sistrum – rasselartiges Musikinstrument, verbunden mit dem Kult der Göttin Hathor

Stele – freistehender, mit Inschrift oder Reliefs versehener Pfeiler

Sunna – „Brauch", d.i. die in den Hadith überlieferten Reden und Taten des Propheten

Suq – Markt

Uschebti – kleine, mumienförmige Figur, die als Stellvertreter eines Dieners dem Verstorbenen mit ins Grab gegeben wurde

Wakala – Lagerhaus, Karawanserei

Zitierte Werke

Robert Curzon, *Visit to the Monasteries in the Levant*, Erstausgabe London (Murray) 1849, zuletzt New York (Gorgias Press) 2001; zitiert nach der Übers. von Nicolaus N. W. Meißner, „Besuche in den Klöstern der Levante", Leipzig 1854

Gustave Flaubert, *Notes de Voyage*, zit. nach der Ausgabe *Ägypten*, Potsdam (Kiepenheuer) [1918]

Abd-ar-Rahman al-Gabarti, *Aga'ib al-atar fi taragim wa-'l-ahbar*; dt. in der Übers. von Arnold Hottinger, „Bonaparte in Ägypten", Zürich 1983

Herodot, Historien, zit. nach der Ausgabe Stuttgart 1971

Ibn Battuta, *Reisen ans Ende Welt*, zit. nach Ursula Beyer (Hg.), *Kairo. Die Mutter aller Städte*, Ffm. 1983

Ahmad Maqrizi, zit. nach Else Reitemeyer (Hg.), *Beschreibungen Ägyptens im Mittelalter aus den geographischen Werken der Araber*, Leipzig 1903

Strabo von Amaseia, *Erdbeschreibung*, zit. nach der Ausg. von A. Forbinger, Berlin 1903

Register

Vorbemerkung zum Register

Bei der Transkription von arabischen Namen in die lateinische Schrift gibt es kein einheitliches System. Selbst wissenschaftliche Arbeiten folgen heute nicht mehr durchweg jener Umschrift, die der Orientalistenkongress von 1935 zur Norm erhob – mit ihren vielen Sonderzeichen ist sie für den Laien nur schwer zu lesen. Auch in Ägypten selbst konkurrieren unterschiedliche lateinische Schreibweisen von Ortsnamen, steht die Hochsprache *(fusha)* neben der Umgangssprache *(ammiya)*. Namen werden oft zunächst ins Englische übertragen und kommen erst auf diesem Umweg ins Deutsche. Jede Schreibvariante kann deshalb nur ein Kompromiss sein. Ich habe das Englische *sh* als *sch* wiedergegeben und den Artikel el- (hocharabisch *al-*) weitgehend aussprachegerecht zu en-, es-, esch- usw. assimiliert. Ein etwaiger Artikel am Beginn eines Ortsnamens (z.B. „el-Minya") wird im Register nicht berücksichtigt (Eintrag als „Minya").

Abbas Pascha 32
Abd er-Rassul, Achmed 192
Abu Simbel 254
Abu'l-Haggag 173
Abydos 162
Achet-Aton 156
Achmim 160
Aga Khan,
 Mohammed III. 234
Agatharchides
 von Knidos 250
Aida (Oper) 96, 247
Aijubiden 29
Alexander der Große 27
Altes Reich 22
Amada 250
Amasis 232
Amenemhet I.. 24
Amenophis I. 25
Amenophis II. 197, 250
Amenophis III. 25, 181
'Amr Ibn el-'As 29
Anreise 51
Antonius 29
Anubis 185
Architektur der
 Pharaonenzeit 46
Aristoteles 11
Arius 29
Arqamani *siehe Ergamenes*
Aschmuneïn 153
Assuan 222
 Aga-Khan-
  Mausoleum 234
 Agilkia 238
 Alter Staudamm 241
 Archäologisches
  Museum 231

Bigeh 238
Botanische Insel 234
Cataract-Hotel 224
Elephantine 231
Fatimidengräber 230
Felsengräber 236
Hochdamm 242
Isis-Tempel 230
Kalabscha 244
Katarakt 242
Nilometer 232
Nubisches Haus 230
Nubisches
 Museum 229
Park der Skulpturen 242
Philae 240
Sadd el-'Ali *siehe*
 Hochdamm
Saluga 234
Sehel 234
Shellal 238
Simeonskloster 235
Unvollendeter
 Obelisk 230
Athanasius 29
Augustus 27
Aybek et-Turgumani 29

Badr el-Gamali 111
Bähler, Albert 96
Bahn 56
Bahri-Mameluken 30
Bakschisch 66
Ballonfahrt 173
Balyana 162
Behinderte 66
Beit el-Wali 245
Belzoni,
 Giovanni Battista 257

Beni Hassan 152
Bes 168
Bettler 66
Bewässerung 23
Bier 64
Blauer Nil 12
Blemmyer 238
Burckhardt,
 Johann Ludwig 257
Burdschi-Mameluken 30
Bus 55

Camp David 35
Carter, Howard 194, 199
Cäsar 27
Chaemweset. 26
Chalkedon, Konzil von 40
Champollion,
 Jean-François 208
Chamsin 16
Cheops-Pyramide 135
Chephren-Pyramide 138
Chnum 212
Christie, Agatha 224
Cordier, Charles H. J. 121

Dahschur 147
Dakka 249
Dattelpalme 16
Decius 212
Deir el-'Adra 152
Dendera 166
Derr 252
Desaix, Louis 240
Description de l'Egypte 31
Devisen 51
Diodor von Sizilien 250
Diplomatische
 Vertretungen 67

262 Register

Djedefre 22
Djer 246
Djoser 22
Dongola 250

Echnaton 92, 156
Edfu 215
Edwards, Amelia 244
Einkaufen 67
Einreisebestimmungen 51
Eje 195, 198
Elektrizität 68
Eratosthenes 223
Ergamenes II. 249
Esna 212
Essen 61

Faruk, König 33
Fathy, Hassan 191
Fatimiden 29
Feiertage 68
Feilschen 67
Feluke 60, 229
Fesmacher 118
Filmfestival 87
Foul 61
*Franckenau,
  Georg F. von* 153
Fremdenverkehrsämter 70
Fruchtsäfte 64
Rotfüchse 18

Gayer-Anderson, John 124
Gebel es-Silsila 218
Gebel et-Ter 152
Geld 68
Geniza-Dokumente 132
Gerf Hussein 244
Geschichte 21
Geschwisterehen 22
Gesundheit 69
Getränke 64
Gewichte 71
Glasbläser 111
Götter der Pharaonen 44
Gourna *siehe Qurna*
Gräber der
  Pharaonenzeit 46
Grabraub 192
Griffith, Francis L. 245
Groppi, Giacomo 96
Großbritannien 32

Hadsch (Pilgerfahrt) 38
Hadsch-Malerei 210
Hakim, el- 30
Hakim, Mahmud el- 230
Haremhab 197

Hassan, -el (Sultan) 117
Hathor 166
Hatschepsut 204
Hekataios von Abdera 206
Heqaib-Pepinacht 233
Hermopolis Magna 153
Herodot 11
Herz, Max 118
Hochprozentiges 64
Hochzeitsstele 256
Horus 215
Hungersnotstele 234
Hussein, Taha 154
Hyksos 24
Hypatia 40

Ibisse 19
Ibn Tulun 122
Imhotep 22, 142
Impfungen 69
Information 70
Inlandsflüge 57
Iskander, Nasri 185
Islam 37

Juvenal 223

Kab 212
Kaffee 64
Kairo 76
  Alabastermoschee 119
  Andalusische Gärten 99
  Aquarium-Park 100
  Aussichtsturm 100
  Bab el-Futuh 112
  Bab el-Qulla 121
  Bab en-Nasr 112
  Bab Zuweila 116
  Bain el-Qasrain 110
  Beit el-Harrawi 114
  Beit el-Kiritliya 124
  Beit es-Suhaimi 110
  Beit Zeinab Khatoun 114
  Brunnenhaus Abdel Rah-
    man Katchuda 110
  Ezbekiya-Garten 96
  Garden City 95
  Gezira 99
  Josephsbrunnen 120
  Khan el-Khalili 104
  Kirchen
    Abu Sarga 132
    Mari Girgis 131
    Mu'allaqa 130
    Sitt Barbara 132
  Kloster des
    St. Georg 131
  Koptisches Viertel 126

Mausoleen, Medresen
  Baibars II. 112
  Barquq 108
  Ghuri 115
  Nasir 108
  Salih Ayub 107
  Sunqur as-Sa'adi 124
Mevlevi-Museum 124
Midan el-'Ataba 96
Midan et-Tahrir 95
Moscheen
  Aqmar 110
  Azhar 113
  Hakim 111
  Hussein 105
  Ibn Tulun 122
  Mohammed Ali 119
  Mu'ayad 115
  Nasir 120
  Omar Makram 96
  Rifa'i 118
  Suleiman Pascha 122
  Suleiman Silahdar 110
  Sultan Hassan 117
Mougamma 95
Museen
  Ägyptisches
    Museum 88
  Gayer-Anderson 124
  Islamische
    Keramik 100
  Koptisches
    Museum 126
  Kutschenmuseum 122
  Militärsmuseum 121
  Moderne ägyptische
    Kunst 99
  Polizei und
    Feuerwehr 120
Opernhaus 99
Paläste
  Beschtak 110
  Gauhara 120
Pyramiden von Giza 133
Qasr esch-Scham' 126
Reiten 139
Saiyida Zeinab 122
Sound & Light 134
Sphinx 138
Stadtmauer 111
Sûq el-Chayamiya 116
Synagoge Ben Ezra 132
Synagoge
  Haschmamain 96
Ton&Licht-Show 134
Wakalat el-Basar'a 112
Wakalat el-Ghuri 115

Register 263

Wakalat Qaitbey 114
Zamalek 99
Zitadelle 118
Kalabscha 244
Kamele 17
Khalili, Jarkas el- 104
Kitchener, Horacio H. 234
Kleopatra 27, 28
Kleopatra VII. 169
Kom Ombo 219
Königsliste 165
Konvoi 53
Kopten 40
Koptische Kirche 40
Koran 37
Krankenversicherung 69
Krokodile 18, 251
Kunst der Pharaonenzeit 48
Kuschari 62

Lesseps, Ferdinand 32
Literatur 71
Luxor 170
  Amenophis-Tempel/
    Kom el-Hettan 208
  Carter House 199
  Deir el-Bahri *siehe*
    Hatschepsut-Tempel
  Deir el-Medina 202
  Gräber
    Amenophis II. 199
    Amun-her-chope-
      schef 205
    Eje 200
    Haremhab 197
    Inhercha 202
    KV 5 198
    Menena 200
    Merenptah 196
    Nacht 199
    Nefertari 204
    Paschedu 202
    Ramose 200
    Ramses I. & III. 199
    Ramses IV. 198
    Ramses V. & VI. 197
    Ramses VII. & IX. 198
    Ramses-Montu-her-
      chopeschef 196
    Rechmire 200
    Sennedjem 202
    Sennefer 200
    Sethos III. 198
    Siptah 195
    Tausret & Seth-
      nacht 198
    Thutmosis III. 196
    Thutmosis IV. 197
  Hatschepsut-
    Tempel 203
  Karnak 178
  Luxor-Tempel 181
  Medinet Habu 209
  Memnonkolosse 209
  Museen 184
  Ramesseum 206
  Sethos-Tempel 203
  Tal der Königinnen 202
  Westufer 186

Maharraka 249
Makuria 250
Mallach, Kemal el- 136
Mallawi 155
Mameluken 29
Mamelukenmassaker 32
Mandulis 244
Maneto-Chronologie 21
Mansouriya-Kanal 134
Mariette, Auguste 88
Markus Antonius 27
Maschrabiya 111
Maserhati 185
Maße 71
Mastaba 46
Meier-Gräfe, Julius 241
Meketaton 159
Mellaui *siehe Mallawi*
Menes (Narmer),
  (König) 21
Merenptah 26, 196
Meroë 245
Mietwagen 53
Minjeh *siehe Minya*
Minya 149
Mittelägypten 148
Mittleres Reich 24
Mohammed Ali Pascha 31
Mubarak, Hosni 42
Mumien 94
Mykerinos-Pyramide 138

Napata 250
Napoleon I. 31
Narmer (Menes),
  (König) 21
Nasser, Gamal Abdel 34
Nazlet es-Seman 133
Necho II. 27
Nefertari 258
Nektanebos II. 232
Neues Reich 25
Neu-Nubien 219
Nilkreuzfahrt 58
Nilquellen 13
Nobatia 250
Nofretete 195
Notruf 71
Nubien 246

Obelisken 179
Öffnungszeiten 72
Oktoberkrieg 35
Opet-Fest 178
Osiris-Grab 238
Osmanen 30
Osterhase 153

Pachomius 29
Paez, Pedro 13
*Pahlawi, Moh.
  Reza Schah* 118
Palermostein 246
Paulus von Theben 29
Pennut (Grab) 252
Pepi II. 236
Petosiris 154
Pflanzen 16
Pharao 49
Philae *siehe Assuan*
Pinodjem II. 192
Politik 42
Post 72
Ptolemäer 27
*Ptolemaios III.
  Euergetes* 215
*Ptolemaios XII. Neos
  Dionysos* 215
Ptolemaios XIII. 220
Ptolemaios XV. Cäsarion 27
Ptolemäus, Claudius 13
Punt-Expedition 205
Pyramiden 46
  Dahschur 147
  Giza 133
  Saqqara 142
Pyramidenbau 137

Qasr Ibrim 252
Qertassi 244
Qurna 191

Ramadan
  (Fastenmonat) 39
Ramses I. 25, 197
Ramses II. 26, 178, 206, 255
Ramses III. 26, 197, 210
*Ramses IV., V., VI.,
  VII. und IX..* 195, 196
Reisekrankheiten 69
Religion der
  Pharaonenzeit 4

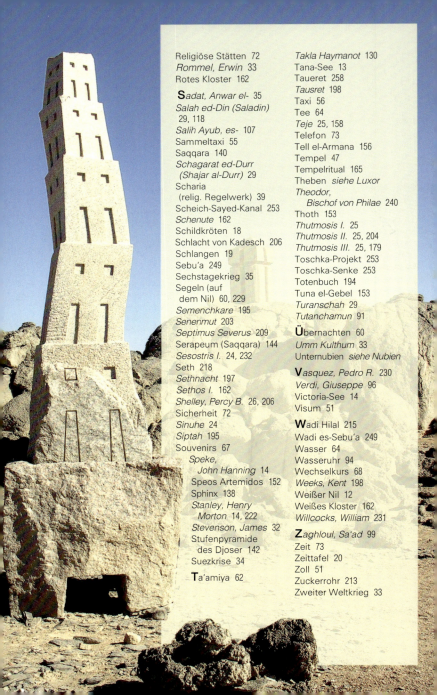

Religiöse Stätten 72
Rommel, Erwin 33
Rotes Kloster 162

Sadat, Anwar el- 35
Salah ed-Din (Saladin) 29, 118
Salih Ayub, es- 107
Sammeltaxi 55
Saqqara 140
Schagarat ed-Durr (Shajar al-Durr) 29
Scharia (relig. Regelwerk) 39
Scheich-Sayed-Kanal 253
Schenute 162
Schildkröten 18
Schlacht von Kadesch 206
Schlangen 19
Sebu'a 249
Sechstagekrieg 35
Segeln (auf dem Nil) 60, 229
Semenchkare 195
Senenmut 203
Septimus Severus 209
Serapeum (Saqqara) 144
Sesostris I. 24, 232
Seth 218
Sethnacht 197
Sethos I. 162
Shelley, Percy B. 26, 206
Sicherheit 72
Sinuhe 24
Siptah 195
Souvenirs 67
Speke, John Hanning 14
Speos Artemidos 152
Sphinx 138
Stanley, Henry Morton 14, 222
Stevenson, James 32
Stufenpyramide des Djoser 142
Suezkrise 34

Ta'amiya 62

Takla Haymanot 130
Tana-See 13
Taueret 258
Tausret 198
Taxi 56
Tee 64
Teje 25, 158
Telefon 73
Tell el-Armana 156
Tempel 47
Tempelritual 165
Theben siehe Luxor
Theodor, Bischof von Philae 240
Thoth 153
Thutmosis I. 25
Thutmosis II. 25, 204
Thutmosis III. 25, 179
Toschka-Projekt 253
Toschka-Senke 253
Totenbuch 194
Tuna el-Gebel 153
Turanschah 29
Tutanchamun 91

Übernachten 60
Umm Kulthum 33
Unternubien siehe Nubien

Vasquez, Pedro R. 230
Verdi, Giuseppe 96
Victoria-See 14
Visum 51

Wadi Hilal 215
Wadi es-Sebu'a 249
Wasser 64
Wasseruhr 94
Wechselkurs 68
Weeks, Kent 198
Weißer Nil 12
Weißes Kloster 162
Willcocks, William 231

Zaghloul, Sa'ad 99
Zeit 73
Zeittafel 20
Zoll 51
Zuckerrohr 213
Zweiter Weltkrieg 33